十八世紀叢書　第二巻

国書刊行会

責任編集＝中川久定　村上陽一郎

習俗　生き方の探求

目次

当世習俗論

シャルル・P・デュクロ　森村敏己訳

国王へ、

陛下、

光栄にも陛下より与えていただいた地位により陛下に親しくお仕えできます幸福、また陛下が私にお寄せくださる御厚意、そして私がお目にかけましたる作品に陛下がくだされた許可に鑑み、この作品を陛下に献呈いたす次第であります。今後、私は輝かしい出来事に満ち満ちた陛下の治世の記念碑を収集いたすことに生涯を捧げる所存です。著述家なら誰しも、英雄やヨーロッパに平和をもたらした人物を競って描くのでありましょうが、私は有徳なる国王、ユマニテを大切になさる君主の姿を人々に知らしめることができるという点で恵まれた境遇にあると申せましょう。陛下に当然ながら捧ぐべき称賛の言葉を申し上げるにあたり、私は世評と真実にのみ耳を傾けているのであります。それだけが私を導き、私に権威を与えてくれるのです。偉大なる国王に捧げる称賛とはその生涯を物語ることでなければなりません。

いと深き尊敬の念を込めまして

陛下、

いとも卑しく忠実なる臣下にして僕、

デュクロ

当世習俗論　内容目次

当世習俗論

序文

これまで齢を重ねてきたものとして、わたしはこれから人生を送ろうとする人々の役に立ちたいと願っている。そこで、世間でわたしの興味を引いた様々な事柄に関して、若干の考察をまとめておこうという気持ちになった。経験、吟味、諸事実の照合により人々が諸々の体系に光をあて、時にこれを破壊し、時にこれを堅固にすることに努力を傾けるようになって初めて、諸科学は真の進歩を遂げるようになった。習俗の科学に関してもこれと同様でなければならない。この主題についてはすでに何冊かの優れた作品も存在する。しかし、習俗において生じる変化を考えるならば、ある時代に行われた省察を、別の時代にそのまま適用することはできない。自然の中から汲み出された諸原理は決して消え去ることはない。だが、そうした原理の正しさを確かめるためには、これらの原理を変化させはしないまでも、覆い隠している様々な形態をとくに観察しなければならない。こうした形態と諸原理との関係を知ることによって、われわれはますます諸原理を揺るぎないものにできるのである。

したがって、人間というものを理解することのできた人々は、自分の観察を公にすることが望ましいであろう。航海者の日誌が航海にとって有益であるように、彼らの観察は習俗の科学にとって有益であろう。純粋に思弁的な原理が確実なものであることは稀であり、確固とした適用に耐えうることはさらに稀である。そうした原理は茫漠とした体系の中に消え失せてしまう。これに対して、事実とたゆまぬ観察は必ず原理の発見に結び付く。

習俗を考察するにあたり、わたしは人々の行為の中に彼らの行動原理を読み取り、そうした原理の間に見られる矛盾を解明することを目的とした。人々が行為において一貫していないとすれば、彼らがその原理において一貫していないことがその唯一の原因なのである。

この作品が今世紀の習俗に関する理解を固有の対象としているように見えるとしても、現在の習俗の検討があらゆる時代の人間の認識に役立つことをわたしは希望している。

これから扱う様々な問題をより整然と、また、より明晰に論じるために、わたしは章ごとに項目を分けることにする。そしてもっとも重要と思われる主題、もっとも頻繁かつ広範に適用される主題を選び、これらの主題を結び付けることで、作品全体が習俗の認識というひとつの目的に向かって進むよう努力するつもりである。わたしは自分の見解が恣意に流れることも奴隷根性に囚われることも避けたいとは思うが、しかし市民として自由は行使させていただく。自由なくして真実はありえない。

この作品が人々に気に入ってもらえれば嬉しいが、有益なものであってくれれば、なおのことわたしは嬉しく思うだろう。

第一章　習俗一般について

習俗について語る前に、この言葉に結び付けられている諸々の概念を明確にしておくことから始めよう。あえて諸々の概念と言ったのは、多くの人にとってこの語は単一の意味で理解されておらず、複数の意味で受け取られているからである。

個人や私生活について語る場合、習俗とは、この語が良い意味もしくは悪い意味で解釈されるのに応じて、徳の実践あるいは素行の無軌道ぶりを意味するものにほかならない。しかし、国民全体に関るものとして見た場合には、この言葉は国民の習慣、慣習として理解される。ただし、それ自体に重要性のない、単に気紛れな流行の元になるような慣習ではなく、人々の考え方、感じ方、行動の仕方に影響を与える慣習、あるいは、それらを支配するような慣習のことである。わたしが習俗を考察するのは、こうした側面においてである。

このような考察が思弁的観念にすぎないと思うのは誤りであろう。道徳について著述する人々の中には、人間の存在など不幸と堕落の寄せ集めにすぎず、敬意を表するに値することなど何ひとつできはしないと初めから決めてかかっている人たちがいる。それがこのテーマを論じるに際して誤謬に陥る原因なのだ。こうした説は危険であるのと同じく、誤りでもある。人間は善も悪も等しくなしうる。堕落することが可能であるからには、矯正することも可能なのだ。さもなければ、罰や報酬、教育は何のためにあるのか。しかし、人々を叱り、矯すことができるためには、まず人間というものを愛さなければなるまい。そのときこそ、われわれは彼らにとって、正しくはあるが苛酷ではない、寛大ではあるが臆病ではない存在となるだろう。

人間とは自尊心に満ち、自分の利害に執着するものだ、と言われている。よろしい。ではそこから出発しよう。こうした性向それ自体は何ら悪いものではない。そこから生じる結果次第で良くも悪くもなるものだ。いわばそれは植物の樹液のようなものであり、その善し悪しはどんな果実をつけるのかで判断するしかない。もし、社会からその原動力を奪い、情念を排除したら、世の中はどうなってしまうだろう。人々に互いに愛し合うことを教え、それが彼らの幸福には必要なのだということを示してやらなければならない。自分の義務を遂行してこそ、栄光も利益も手に入るということを彼らに証明してみせることは可能である。彼らを欺いても彼らをいっそう不幸にすることにしかならない。人間など卑しいものだと思わせてみたまえ、人々は罪を犯しても恥じることもなくなるだろう。犯罪とはつねに誤った判断の結果である。ゆえに人間を今より優れた存在にするには啓蒙してやりさえすればよい。

それが道徳科学のすべてなのだ。そして、この科学は証明に立脚した諸科学以上に重要で、これらと等しく確実な科学なのである。社会が成立すればすぐに、道徳および確固とした行動原理がそこに形成される。われわれに対して義務を負っている人々全員に対し、われわれの方でもまた義務を負っているのである。義務にいくぶんの違いはあるにせよ、われわれも同じように彼らに対して果たすべき義務がある。このことは、円の半径はどれも等しく、一点で結合することが幾何学において確実であるのと同じくらい、道徳において確実なのである。

したがって、人間の誤謬を検討することが重要である。ただし、この検討は習俗一般について、および社会を構成する様々な階級について行われるべきであり、個々人の習俗を対象にするべきではない。必要なのは一覧表であり、肖像画ではないのである。道徳論と風刺との主要な違いはここにある。

国民も個人と同じく、はっきりとした固有の性格をもっている。ただし、次のような違いはある。つまり、ひとりの人間の個人的な生活態度が彼の性格の結果であることはありえても、生活態度が必ずしも彼の性格を形成するわけではない。これに対し、一国民の習俗はまさに国民的性格を形成するのである。

もっとも未開な国民はもっとも犯罪に走りやすい国民である。国民における幼年期は無垢の時代ではない。法に関する最初の観念は過度な無秩序から生まれるのである。法の観念をもつようになったのは必要に迫られたからであり、しばしば犯罪のおかげなのである。先見の明によるのではない。

もっとも洗練された国民がそれだけもっとも有徳な国民かといえばそうとは限らない。素朴で厳格な習俗が存在するのは、理性と公正さによって文明化されてはいるが、いまだ才知を悪用して堕落するには至ってはいない国民の間だけである。文明化した国民には洗練された国民以上の価値がある。未開人においては法が習俗を形成しなければならない。文明化した国民においては習俗が法を改良し、時には法を補う。見せかけだけの上品さは法を忘れさせる。もっとも幸福な国とは、美徳がとりたてて長所とはならない国であろう。美徳が目を引くようになり始めた時には、習俗はすでに変化してしまっている。そして、もし美徳が嘲笑を誘うものになったとしたら、堕落は極限に達しているのである。

諸国民の様々に異なる性格と、この違いを生み出した物理的、道徳的な原因とを検討することはきわめて興味深いテーマである。しかし、比較の対象とする諸民族のことを等しく熟知しているわけではない以上、こうした試みは無謀なものとなるだろうし、それに人は絶えず公正さを欠いた見方に陥りがちだ。加えて、われわれが共に暮らしていかなければならない人々の研究が、われわれにとって本当に有益な研究でもある。

それに、わが国の国民に限定するだけでも、どれほど広大で変化に富んだ領域が広がっていることだろうか。細部にまで立ち入れば、見た目以上に実質的な違いが存在するのだろうが、そこまでしなくても、首都と地方との間でも習俗の差異や対立はどれほど大きいことか。一国民と他の国民の間となればなおさらである。

首都から百里のところに暮らしている人たちの考え方や行動様式は、首都に比べて一世紀は遅れている。例外は否定しないが、わたしは一般論を言っている。まして、どちらが実際に優れているかを決めるつもりもない。単に違いがあるといっているのだ。

首都を長く離れていた人が首都に戻ったとしよう。彼はいわゆる「焼きが回った」と思われるだろう。おそらく彼は分別を身につけただけなのだ。しかし、確かに昔の彼ではなくなっている。フランス人を考察する場はパリでなければならない。他のどこにもましてパリにいてこそフランス人はいっそうフランス人となるのである。休みなく続く仕事や辛い労働に追われる人々は観察の対象とはしない。彼らはどこにいても自分の境遇に関わりのあることしか考えていないし、そうした考えはどこに住んでいようが変わり映えがしない。労働のこうした犠牲者たちは、世界の他のどこよりもパリに多く見られる。

わたしが主に考察するのは、富裕と余暇のおかげで見解も変化に富み、判断も独自で、感情や情緒も不安定であるだけに、その性格もいっそう際立っている人たちである。こうした人たちは首都でひとつの国民を形成している。彼らは代わる代わる、そして過度に、放蕩、野心、そして彼らが哲学と称するもの、つまり不機嫌と厭世的気分に身を委ね、快楽に我を忘れ、時には儲け話やつまらぬ酔狂に頭を悩ましている。彼らの見解はまったく一貫していない。互いに矛盾しているのだが、彼らは次々と浮かぶ見解をどれも確実なものだと思っている。パリと地方とでは仕事が違うように無為のありかたさえもが異なる。一方の無為が、憂鬱、無気力、物質的生活であるのに対し、他方は意図なき活動、目的なき運動である。パリでは考えるよりも感じ、計画を立てるよりも行動し、決断するよりも計画に走る。評価されるのは趣味的な才能や技芸だけであり、実用的な技芸についての知識はほとんどなく、知りもしないままにそれを享受している。

パリでは血がつながっているからといって親密な関係が結ばれるわけではない。血縁関係はただ礼節の義務を課すだけだ。地方では血縁は奉仕を要求する。だからといって、地方の方がパリよりも人々が互いに愛し合っているということではない。いっそう強く憎み合うこともしばしばだ。ただ、親族関係はより強固なのである。

パリではある種の無関心が一般に広まっており、これがその場限りの好意ばかりを生み、本来の人間関係に取って代わっている。このため余計な人間もいないが必要な人間もいない。全員がうまく付き合ってはいるが、いなくなったからといって惜しまれる者もいない。度を越して浮ついた暮らしをしているために、人々は互いのことに関心をもたなくなっており、人間関係が面倒で不安定なものとなっている。

互いに求め合うことはないが、会えば会ったで喜び合う。人を迎える際、はつらつとはしているが熱意は感じられない。相手の姿が見えなくなっても残念に思ったりはしないし、それに気付かないことさえある。

パリの習俗はロンドンにおける統治の精神と同じ効果を生み出している。つまり、国家の中では区別され上下づけられている諸身分を、社会の中では混ぜ合わせ、同等なものにしているのだ。ロンドンではすべての身分が親密な交際をしている。それは市民がお互いを必要としているからであり、利害が彼らを近づけているのだ。

パリでは快楽が同じ結果を生んでいる。快楽を分かち合うもの同士は仲がいい。ただし統治原理に由来する平等は善だが、習俗を原因とする平等はきわめて大きな不幸だという違いはある。後者の平等は習俗の腐敗からしか生まれないからである。

フランス人の大きな欠点は、いつまでたっても若者のままで、ほとんど一人前の大人にはなれないということである。このためフランス人は人好きはするが信頼はできない。壮年期というものがほとんどなく、青年から老人に飛び移ってしまう。どの分野においてもわれわれフランス人の才能は早い時期に芽生える。しかし、放蕩三昧の暮らしを送っているためこれを磨こうともせず、いざ才能を発揮しようと望み始めた頃には、時すでに遅しという具合だ。経験に学ぶことができる人間はフランス人の中にはめったにいない。

わたしが思うほどには確かなことではないかもしれないが、ここであえて指摘しておきたいことがある。開花を求めている才能の持ち主が、六〇歳までその力を衰えぬままに保っていることは普通はないと思われる。どんな仕事であろうと、成功を収めるためには、いつにもまして相応しい年齢というものがある。この時期はわずかしか続かず、むしろ青年期に訪れる。年を取りすぎてからでは遅い。もし、われわれが早くから思慮深い精神を培うようになれば、またそのように教育することは可能だとわたしは思うが、われわれフランス人は異論の余地なく世界第一の国民であろう。何しろ、われわれの欠点にもかかわらず、われわれ以上と目される国民は他にいないのだから。他国民から向けられる嫉妬さえもがおそらくわれわれの優越性を示している。人は自分より優れた相手にしか嫉妬しない。無邪気にも自分たちの方がわれわれより優れていると思っている国民がいても、それは嫉妬する資格もまだないからである。

他方、フランス人の多くはフランス人であることを長所だと思っている。こうした気持ちがある以上、フランス人が愛国者になるうえで欠けているものは何もない。わたしは外国人しか褒めない連中のことを話しているのではない。自国民を軽蔑するふりをするのは、自分のすぐ側に自分より優れた人間、あるいはライヴァルがいるのを認めたくない時だけだ。

どの国に属していようと、有徳の人たちは彼らの間でただひとつの国を形成している。彼らは国民的な、そして子供じみた虚栄心に捕らわれることがない。そんな虚栄心は凡俗の輩に、つまり個人的な名声をもたず、同国人の名声を自慢の種にするしかない連中に任せているのだ。

したがって不当で軽率な対比はするべきではない。しかし、フランス国民の欠点を指摘することが許されるのなら、その長所も明らかにするのが義務というものだ。そして、フランス人には特徴的な長所がひとつある。

フランス人は習俗が腐敗することはあっても、心の奥底までは堕落せず、勇気も失わないただひとつの国民、英雄的な性質と快楽、奢侈、柔弱さを調和させている唯一の国民である。フランス人の美徳は一貫性を欠いているが、その悪徳も根深いものではない。アルキビアデス〔ペロポネソス戦争期に活躍したアテナイの将軍、政治家。ソクラテスにその徳性を愛されたが、同時に傲慢な野心家でもあった〕のような性格をフランスに見つけるのは難しいことではない。習俗の乱れや奔放な想像力はフランス人の率直さや生まれもった善良さを何ら損なっていない。自尊心のおかげでフランス人はかえって愛想よくなっている。人に喜ばれていると思えば、いっそう、その相手を愛するようになるのだ。

軽薄さは才能や美徳の発達の妨げとなってはいるが、同時に陰険で用意周到な犯罪を防いでいる。フランス人に裏切りは無縁だし、陰謀は似合わない。時には醜悪な犯罪が見られたこともあるが、そうした犯罪は、法の厳格さよりもむしろ国民的性格のおかげで姿を消した。

きわめて啓蒙され、多くの点で敬意を表すべき国民がこう嘆いている。我が国の堕落は頂点に達した。名誉の原理はもはや失われた。どんな行動も計算ずくとなり、利益と完全に釣り合った行動ばかりとなった。誠実さの価格表ができてしまっているのだ、と。わたしはこうした苛立ちや偏った宣言を信じる気には到底なれない。信じたくはないが、しかし仮にこのような国民が存在するとしたら、その国の住人は卑劣な犯罪者ばかりということになろう。また、褒められるような美徳が存在しないからには、そこは世界中のどこよりも悪党の多い国ということになるだろう。

幸いなことにわれわれの国は違う。フランスでは計画的な犯罪者は実に少ない。貧困が正直な生き方を挫折させる主要な原因である。フランス人は悪い手本に引きずられるし、必要に迫られると弱い。しかし、意図的に徳に背くことはしない。必要に迫られて犯す過ちは、時には許してやってもよい程度のものばかりだ。うまいやり方を見つけた貪欲さが犯罪を生むのである。

誠意は金で買えると思わないだけでもすでに大きな長所だ。多くの人が自分たちの誠意の価格を知りたいと思わないのはそのおかげである。誠意が競売に掛けられるようでは、誠意はもはや存在しない。

フランス人の間に見られる悪習や欠点は、その気になれば治療できないものではない。哲学や権力の領域に関わるような対策を細かく論じるつもりはないが、国民の才能と、固有の性質と、美徳と、そして欠点にまでもうまく調和した教育が普及すれば、人々は自らその力を発揮するだろう。

第二章　教育について

フランスでは知識を与える教育は盛んだが、人間を育てる教育はほとんど見られない。あらゆる種類の学者、職人が育成されており、文芸、学芸のどの部門でも成功を収めている。しかし、人間を形成することは考えられてこなかった。つまり、人々を互いの役に立つような人間に育て上げ、一般教育の基礎の上にあらゆる個別的な知識教育を位置付けることは目指されてはいなかったのである。そうした教育があってこそ、人は社会全体の幸福を目的とした計画の中に自分個人の利益を求める習慣を身に付け、どんな職業に就いていようと、何よりもまず愛国者となるのである。

誰の心の中にも美徳と悪徳の芽がある。大切なのは、一方を抑え込み、他方を伸ばしてやることだ。魂の機能はすべて感じることと考えることに帰着する。愛し、認識することのうちに快楽はある。したがって、こうした性向をうまく導き、鍛練しさえすれば、人々は自ら善を施し、かつ自らも利益を得ることで、有益で幸福な人間となるのである。全員を対象とした統一的な教育とはこうしたものでなければならない。逆に、知識教育は教育される側の境遇、気質、素質に応じて変化に富んだ多様なものであることが必要である。

わたしはありもしない国家を空想しているわけではない。こうした国を思い描くことは少なくとも好ましいモデルを示すことになる。それに、このような国家は全くの妄想というわけではなく、ある程度は実現することが可能なものである。多くのことが不可能であるのは、ただ単に、それを不可能なものだと思い込んでいるからにすぎない。逆の考え方をし、勇気をもてば、偏見と臆病な目には実行不可能と映ることも、しばしば容易なものとなるのである。

現に実行されたことを妄想だと考えることなどできようか。エジプト人やスパルタ人などいくつかの古代民族は国家との関係を重視した教育を行い、それを国制の一部としていたのではなかったか。

われわれの習俗とは余りにもかけ離れた習俗など認めまいとしても無駄である。古代に関しては歴史家の証言によってしか知ることができないが、この問題についてすべての歴史家の証言は一致している。ただ、自分と同時代の人々によってしか人間というものを判断しようとしないために、いくら熱心に繰り返されるのを耳にしても、かつてはより賢明な人間がいたのだということを人はなかなか納得できないのである。歴史家は対象を美化して描くものだと考えて、哲学的な疑問を呈することには一理ある。しかし、まさにそのことが、歴史家の叙述の中には真理の源泉が存在するということを哲学者に証明しているのである。歴史家たちは、他の諸国民についてその栄華を描こうとする場合には、同じような証言は全くしていない。

したがって、スパルタで行われていた教育においては、何よりもスパルタ人を育成することに全力が注がれていたことは確実である。同じように、すべての身分に市民としての感情を鼓舞し、われわれの間でもフランス人を育成しなければならない。そして、フランス人をフランス人たらしめるには、彼らを人間とすることに努力を傾けるべきなのである。

自分の時代に対するわたしの評価は甘すぎるのかもしれない。しかし、わたしには普遍的な理性の高揚とでもいえるものが広がりつつあるように思われる。おそらくそれは消え去るままに放置されるかもしれないが、優れた教育が行われれば、その進歩を確実で迅速なものとすることも可能であろう。

世間の人々はこうした大原則を立てるどころか、個別教育の方法にばかり気を取られ、その適用ぶりもおよそ賢明なものとは言いがたい。

職人や芸術家、要するに自分の労働から生活の糧を得ようとしている人々はおそらく、彼らの目的に相応しい知識教育を受けている唯一の人たちである。しかし、ある種の財産をもって生まれた人々に対しては、誰彼構わずまるで同じ教育が施されている。慣習的に決められている雑多な知識の寄せ集め、彼らはそれを完全に習得することもなく、どんな職業に就くことになっていても、こうした教育を終えると、彼らは知るべきことはすべて学んだと見なされるのである。

これが教育と呼ばれているものだが、その名にはほとんど値しない代物だ。ものを考える人たちは大抵、立派な教育が行われていないことを確信しているために、自分の子供たちに関心をもつ人々はまず、子供たちを育てる新しい計画を自分で立てようと思っている。彼らが思いつく改革手段がしばしば誤っていることは事実だし、彼らの関心が通常、学問の道を短縮し、平坦なものにすることばかりに向けられていることも事実だ。しかし、彼らの行動は少なくとも、日ごろ目にする教育には欠陥があるのだということを彼らが漠然と感じていることを証明している。ところが、こうした人たちはどこに欠陥があるのか正確には見抜いていない。

善意はあるが洞察力がそれに追いつかないままに真理を探求しようとする人々が自分で風変わりな方針を立ててみたり、誤謬に陥ったりする原因はここにある。一般教育が立ち止まるべき限界も、一般教育に続くはずの個別教育の性質も分からないままに、自分が望む人間形成にはもっとも適していない教育をしばしば採用してしまう人たちがいる。しかしながら、ここには最大の注意を払うに値する問題が存在している。一般教育においては、人間を人類や祖国との関係で考察しなければならない。それは道徳の対象である。個別教育においては境遇、生まれもった資質、個人的才能を考慮する必要がある。これが知識教育の対象であるし、またそうでなければならない。人々が行っているやり方はこれとは随分と違ったものにわたしには思える。

君主の教育用に書かれた作品が評判を呼ぶと、つまらぬ下層貴族もそれが自分の息子の教育にうってつけの本だと考える。ここでは愚かしい虚栄心が判断力よりも幅をきかせているのだ。ひとりは命令を下す人間、もうひとりは服従相手を選ぶこともなく、ただ服従する人間。このふたりの間にどのような関連があるというのだろう。

他方、自分たちが多くの偏見に囚われていることにショックを受けて、もっともできの悪い教育よりもいっそう危険で極端な方向に走るものもいる。彼らは自分が受け入れてきた原則はすべて誤りだと思い込み、それを全面的に禁じてしまう。しかし、偏見といえども慎重に議論し、扱わなければならないのである。

偏見とは、検討を加えることなく下された、あるいは受け入れられた判断に他ならないのだから、真理である場合も誤謬である場合もあるのだ。

社会に有害な偏見は誤謬でしかありえない。こうした偏見には全力を挙げて闘いを挑まなければならない。仮にそんなものがあるとしてだが、それ自体毒にも薬にもならない誤謬であっても、それを維持するべきではない。ただし、慎重さは要求される。悪徳と闘う際にこうした偏見が必要なこともある。軽率に毒麦を引き抜いてはならないのである。社会の幸福に貢献する偏見、美徳の芽となる偏見についていえば、それは尊重し、従うべき真理とみて間違いはない。人々がすでに受け入れている真理をいまさら証明したところで何になるというのか。その実践を勧めるだけで十分だ。人々に過度に知識を与えても、危険なうぬぼれを持たせるだけだ。感情に導かれ、有益な偏見に従って行っていることを、なぜ推論によって実践させようとするのか。感情や有益な偏見は推論と同じくらい確実な道案内なのである。

しばらく前から偏見に対する非難は激しくなっている。偏見を打ち破ることに熱心すぎたくらいだ。だが、偏見というものは大多数の人たちにとっての法なのだ。偏見をめぐる議論には確実な原理と非凡な知識が要求される。ほとんどの人間がこうした検討を行う能力をもたない以上、彼らは内なる感情に問いかけるべきなのである。もっとも賢明な人間でさえも、道徳に関しては自分の知性よりも内的感情を優先し、好悪の感情を一番確実な行動規則とする場合がある。この方法を取って道を誤ることはほとんどない。他人との関係で心底自分に満足している時に、他人の方では不満を抱いているということはまずないといってよい。自ら咎めるところのない人には、非難すべき点はほとんどないものだ。また、もはや自ら咎めようともしない人物を非難したところで無駄なのである。

この件に関していえば、迷信の打破——あくまで市民としての哲学者の立場に徹するのであればそれ自体は立派でもあり有益でもある動機なのだが——を口実にして、道徳の基礎を掘り崩し、社会の絆を傷つけている著述家たちをわたしは非難せずにはいられない。それにこうした説への支持が広がることが彼ら自身にも危険であることを思えば、このような著述家たちはますます無分別な連中だということになろう。彼らの作品を読む読者は致命的な影響を被ることになる。つまり、若いうちは悪しき市民、恥ずべき犯罪者となり、歳を取ったら取ったで今度は我が身の不幸を嘆くことになる。というのも、それまでに十分に恥知らずな暮らしをしてきたのだから、もうこれからは平穏な暮らしで結構だと思えるようになるという利点、それも痛ましい利点だが、そんなものを手に入れる人間などほとんどいないからである。

この手の作品が競って読まれるという事実は、他の長所がある著述家の場合でも、作家にとっての自慢にはならない。こうした分野における最低の著述家でさえ、競って読まれるという名誉に関しては、彼らと等しく分かちもっているのだということを忘れるべきではない。風刺、放縦、冒瀆、それだけでは才気を証明したことには決してならないのである。まるで取りに足りない三文文士でもこうした悪口雑言のおかげで一度は読んでもらえることもある。しかし、その作品が度を越して悪辣なものでなかったとしたら、人々の間で彼らの名が売れることは決してなかったであろう。彼らはちょうど、境遇ゆえに人知れず生きる運命にありながら、罪を犯し、刑罰に処せられたためにもっぱら世間に知られることになるような不幸な人々に喩えられよう。

偏見に話を戻そう。形式的に議論するのを避けながら、偏見を判断するための確実な方法がひとつある。この方法は厄介なものではないし、とりわけ道徳については、しばしば細部にまで適用することも可能なものである。その方法とは、人々が自慢の種にしているものを観察することである。そうすれば自慢など誤った考えに由来しているのだということがはっきりする。人は有徳になればなるほど、それを鼻にかけたりしなくなるものだし、自分の義務を果たしているだけだと思えば思うほど、徳を実践したところで、思い上がったりする気にはなれないものだ。

もっとも抜き難い偏見とは常に、その基礎がもっとも不確かな偏見である。推論の結果生じた誤謬なら誤りに気づくことは可能だ。推論したという事実それ自体がその可能性を保証している。つまり、より確かな推論を行えば、先の推論の誤りを見つけることはできるのである。しかし、原理も一貫性も欠いたものが相手では闘いようがない。悪しき偏見とはどれもこうしたものだ。それは偶発的な状況によって知らず知らずのうちに生まれ、増加していく。そして、その進展に誰も気がつかないままに、最後には人々の間に広く定着してしまう。つまり、誤った見解というものが、それに一番固執する人たちも知らないうちに力を増していくからといって驚くことはないのである。だが、誤謬はそれが生まれたのと同じような形で滅びていく。誤謬を追放するのは理性ではない。誤謬はただ時間が経過する中で次々と入れ替わり、消滅していくのだ。われわれの精神が一定数の誤謬しか受け付けない以上、ある誤謬は別の誤謬に席を譲ることになるのである。

われわれの間では神聖視されている見解の中にも、われわれの子孫の目には馬鹿げていると映るものもあるだろう。子孫たちのうちで、こうした見解でもかつては支持者を得られたのだということを理解できるのは、ただ哲学者のみであろう。人間はある見解を採用する際に証拠を求めたりはしない。われわれの目が流行に慣れるように、彼らの精神がその見解に慣れてさえいれば、それで十分なのである。

それをいちばん有難がっている当人が誤りだと分かっている、少なくとも誤りだと認めざるをえないような偏見がある。たとえば、自分の生まれをうんざりするほどくどくど言い立てる人々にとって、生まれについての偏見とはそうしたものだ。愚かしい思い上がりに取りつかれていなければ、彼らにしてもきっと、血の高貴さなど幻想にすぎないことくらい分かっていると言うに違いない。しかし、これほど捨てるのが難しい偏見はない。貴族であることを有利ではあるが長所ではないと考え、それを鼻にかけることなく単に享受するだけに留めておくほどの賢者は滅多にいない。貴族になったばかりの成り上がり者が自分には似つかわしくない称号に有頂天になるとしても、こうした連中は大目に見てやってもよい。しかし、自分の名がすでに世間に知れ渡っている人々までが称号にこだわるのは驚きだ。もし、そうすることで尊敬の念を押し付けようとしているのなら、それは彼らの権利を越えた不当な要求をしていることになる。尊敬が義務づけられるのは、服従することが務めであるような相手、自分より真に優れた相手に対してのみであり、こうした人たちと単に身分が自分より上の人間とは常に区別しておく必要がある。ただ高貴な生まれだという理由だけで払う尊敬の念とは、単なる礼儀上の義務であり、その名を有名なものとした先祖の追憶に対する敬意である。その子孫についていえば、彼らへの尊敬はいわば偶像崇拝のようなものだ。偶像自体には何の功徳もなく、材料もおそまつなら時にはできばえも悪いが、ひたすら信仰心のおかげで下らぬものだと思われずに済んでいる、そして人々が払う尊敬も口先だけのものにすぎない。

もし、既存の見解の大半を議論し始めたら、その検討が教育に関わるものだけに限定して考えるとしても、それこそ無数の誤った偏見が見つかるだろう。偶然に定着しただけの見解に、人々は習慣から、しかし自信たっぷりに従っているのである。

仮にしっかりとした論理に基づいた教育が行われていれば、わずかな誤謬を受け入れるよりも、膨大な真理を獲得するほうがたやすいであろう。真理は互いの間で関係を保ち、関連し合い、接点をもっている。このため、認識し、記憶するのも容易だ。逆に誤謬はそれぞれが孤立しており、一貫性を欠くだけに印象が強い。誤謬から身を守るよりも、誤謬から目を覚ますほうが多くの努力を必要とする。

通常行われている教育はおよそ系統立ったものとはいいがたい。たいした役にも立たぬことについて不完全な概念がいくつか与えられると、あとは出世の方法が教育そのものとして、礼儀正しさが道徳としてまかり通り、推奨されている。いまだに教育は、人として学ぶべき教訓であるよりも、栄達に必要な手段なのである。

これほど推奨され、多くの著述の対象ともなり、規則が定められていながら、その概念はおよそはっきりしないこの礼儀正しさとは、一体何なのか。これだけ話題となったのだからこのテーマはすでに論じ尽くされた、これだけその大切さが喧伝された以上、この件はもはや解明済みだと思われている。わたしも、この問題を先人たち以上にうまく扱えるなどと自惚れてはいないが、若干、思うところを述べてみたい。論じ尽くせぬテーマというものはあるものだし、それに、知ることが重要なテーマなら、異なる目で異なる角度から検討してみるのが有益だ。視力が弱くても、まさにその弱さゆえに注意深くなっていれば、視野が広くて鋭敏な目が見逃していたことに気付く場合も時にはあるのだ。

礼儀正しさとは、社会的徳の表れもしくはその模倣である。つまり、礼儀正しさが本物なら徳の表れ、偽物ならその模倣なのである。共に暮らしていかねばならない相手にとって有用で快い存在になること、それが社会的徳である。こうした徳をすべて備えている人がいたとしたら、彼は必ずや最高の礼儀を身に付けていることだろう。

では、優れた才能と高潔な心をもち、厳格な正義感を兼ね備えた人物が礼儀正しさに欠け、一方で心が狭く、欲得ずくで誠意も疑わしい人間が礼儀正しいということがどうして起こるのだろう。それは、前者が慎重さや慎み深さ、自制心、人間の欠点や弱点に対する寛大さといった社会的資質に欠けているからである。基本的な社会的徳のひとつは、自分には許してはならないことでも、他人に対しては大目に見てやることである。逆に、後者は何の徳も備えてはいないが、どんな徳でも模倣するだけの技巧を身に付けているのである。目上の者には尊敬の念を、目下の者には善意を、同等の者には敬意を示す術を心得ており、誰であれ、自分は好意をもたれていると思い込ませてしまう。しかし、本当にこうした感情を抱いているわけではない。ただ、そう装っているだけだ。

今日では人々はこうした感情を求めることさえない。われわれの時代の礼儀正しさとは、こうした感情を装う技術にあるのだ。この技術は多くの場合、余りに滑稽で卑しいものであるため、化けの皮が剝がれる、つまり偽物であることがばれてしまう。

自分たちが示し合っている礼儀が敬意の模倣に過ぎないことは人々も承知している。一般に、互いに交わし合う好意に満ちた会話は真実の言葉ではないと彼らも認めているが、場合によってはそれに騙されることもある。誰もが自尊心ゆえに、自分は礼儀上していることだが、相手はそうではない、本気で敬意を払うのが当然だと愚かにも信じ込んでしまうのである。

敬意の表明がまやかしであると分かっていても、それでもなお人は率直さよりも偽りの敬意を好むであろう。真実をいえば無礼に当たる場合も、この偽りのおかげで外観上は尊敬の念を示すことができるからだ。相手に悪く思われていることが分かっているのも惨めだが、しかし、それを公言されるのは屈辱であろう。それによって、いくら自分で真実から目を背けようにも背けようがなくなるし、相手が自分をほとんど評価していないことがあからさまになってしまう。いくら仲がよく、多くの点で尊敬し合っている間柄であろうと、お互いが相手について思っていることをいっさい包み隠さず言い合えば不倶戴天の敵となるであろう。いわば闇のヴェールとでもいうべきものが存在し、それが多くの人間関係を維持しているのだ。そして、どちらの側もこのヴェールを取り払うことを恐れている。

互いに思っていることを容赦なく言い合えなどと、人々に薦めるつもりは毛頭ない。人を判断する際に人間は始終過ちを犯すものだし、ほどなくその判断を撤回することもあるが、だからといってより正しい判断ができるわけでもない。いくら自分の判断に自信をもっていても、こうした容赦のなさは友情があって初めて許されるものであり、しかも必要と成功への希望によって支えられていなければならない。激しい苦痛を伴う手術が考案されたのはもっぱら命を救うためである。痛みを和らげるためなら対症療法でよい。

冷酷な真実を知らせる役目など習俗の監視を務めとする人々に任せておけばよい。彼らの声は多数者にしか向けられていない。だが、個々人を矯正するには、それが本人の得になることを証明し、自尊心に働きかけるしか手はないのである。

許される偽りとはどういった類いのものか。あるいはむしろ、卑劣な欺瞞と無礼な率直さとの中間とはどういったものであろうか。社会の絆を形成しているのは相互に尊重し合う気持ちである。この気持ちを生み出すのは、自分自身が不完全な存在だという感情と、人間には寛大さが必要だという事実である。人を侮辱してもならないし、欺いてもならないのである。

社交界の人々の教育においては、人間は有徳たりえないと思われているようだ。そのため彼らには、あるがままの自分をさらけ出すのは恥ずべきことであるらしい。そこで、礼儀正しさという名の欺瞞だけが推奨されることになる。仮面は醜さの埋め合わせになるとでも言わんばかりである。

型通りの挨拶など時代遅れの隠語に過ぎない。誇張された表現に満ちてはいるが、感情も意味も込められてはいないのである。

しかし、礼儀正しさは高貴な生まれの徴だとも言われる。もっとも身分の高い人間がもっとも礼儀正しいというわけだ。だが、こうした礼儀正しさは尊大さの第一の特徴であり、親密さを拒む防壁だとわたしは思う。礼儀正しさと優しさとは違うのだし、優しさと善良さの距離はさらに大きい。善意を欠いた礼儀によって人々を遠ざけているお偉方たちは、愛情を伴わない敬意によって仲間うちでも遠ざけ合うことしかできない。

さらに、礼儀正しさとは立派な教育の証しであり、選ばれた世界で生きてきたことを証明しているとする意見もある。礼儀正しさは作法に対する鋭敏な機転と洗練された感情を要求するため、早くから身につけておかなかった人間があとからいくら手に入れようと努力しても無駄であり、その優美さを理解することは決してできないというわけだ。しかし、まず第一に、物事の難しさはそれが優れたことであるという証明にはならない。第二に、はっきりとした意図をもって自分の個性を捨てるような連中は、結局は笑い者になるほうが望ましいのである。そうなれば、彼らはおそらく本来の素朴な自分に戻るだろう。

それに、こうした極めて洗練された礼儀正しさも、他に長所をもたない人たちが思わせたがっているほどには、珍しいものではない。今日ではそうした礼儀正しさはほとんど効果を生まず、それが欺瞞であることも知れ渡っているため、相手をうんざりさせることもあるほどだし、率直さを装い、自分の意図を隠すために、野卑で粗暴な態度を気取ってみせる者まで出てくる始末だ。彼らは、粗暴ではあっても率直ではなく、偽善的ではあるが礼儀は欠いている。

こうした小細工はすでにありふれたものとなっており、もっと世間はこのことに気がついてしかるべきである。非のうちどころのない行動のおかげで性格上の欠点を大目に見てもらえる人間以外は、粗暴な態度を取ることは許されるべきではないだろう。

真っすぐな気持ちと手練手管とを結び付けることができないわけではない。しかし、手練手管や技巧との区別を確かなものとするには、継続して率直な態度を取り続けるしかないのである。

だからといって野蛮な時代を懐かしむべきではない。その頃の人間はひたすら自分の利害にばかり捕らわれ、凶暴な本能に従い、他人を犠牲にしながら自己利益の追及を行っていたのである。粗暴、野蛮は詐欺も策略も排除するわけではない。飼い馴らすのがもっとも難しい動物の中にも詐欺や策略は見られるのである。

自己を洗練することによって初めて、人間は自分の個人的利害と共同の利害とを折り合わせることを学び、この利害の一致のおかげで各人は自分が与える以上のものを社会から受け取ることができるのだと理解するようになったのである。

ゆえに、人間は誰もが感謝し合わなければならないのであり、このため互いに尊重し合う義務がある。人は互いに自らに見合った礼儀を守らなければならない。礼儀とはものを考える存在にこそ相応しいものであり、どんな気持ちから礼儀を尽くそうとしているのかに応じて、かたちを変えるものなのである。

このため、お偉方たちにとっての礼儀とは人間愛でなければならない。そして、彼らがそれに値するようならば、身分の低い者たちにとっての礼儀とは感謝でなければならない。同等の者同士の礼儀とは相互の敬意と奉仕でなければならない。粗暴な態度など許すべきではない。習俗の穏やかさに由来する礼儀正しさが、真っすぐな心から生まれた礼儀正しさといつも結び付いていることが望ましいのである。

慣例的な礼儀から生じるもっとも不幸な影響とは、礼儀は徳の模倣であるはずなのに、肝心の徳なしで済ませる技巧を教え込んでしまうことである。大切なのは教育によって人間愛と慈愛心を心に刻み込むことだ。そうすれば、われわれは礼儀正しい人間になるだろう。あるいはもはや礼儀を必要としなくなるといってもよい。

そのときには、優美さを特徴とする礼儀には欠けるかもしれないが、誠実な人間であること、市民であることを示す礼儀は身につけることになるだろうし、欺瞞に頼る必要もなくなるだろう。

また、相手に気に入られるために技巧を尽くす代わりに、善良でありさえすればよくなるだろうし、他人の欠点におもねるために嘘をつかなくても、寛大でありさえすれば十分となるだろう。

こうした態度で接していれば、相手は慢心することも堕落することもない。ただ感謝の念だけを抱き、いっそう優れた人間になるだろう。

個別的な知識教育の準備として、一般教育が依って立つべき基礎とはこうしたものなのである。

第三章　誠実、徳、名誉心について

誠実、徳、名誉心。世間は寄るとさわるとその話ばかりだ。だが、こうした表現を使っている人たちは皆、それについて同じ概念を抱いているのだろうか。この三つの概念を区別しておこう。思弁に耽るだけでは済まされない問題においてはおそらく感情に訴えるほうがいいのだろうが、しかし、われわれの義務の諸原理を明らかにし、確固たるものにしておくことは常に有益である。実践が知識に左右される場合も多いのだ。

誠実さの第一の原理は法の遵守である。しかし、政治社会に反する企てを抑制する法とは別に、市民社会や人々の私的な交流を安全で穏やかなものにしている感情および慣習的行為といったものがある。これを遵守することは、自由と自発性に任されているだけに、いっそう不可欠なのである。これに対して、法は自ら法の執行に必要な力を備えている。法が要求する程度の誠実さしかもたない人間は相当に疑わしい人物であろう。

社会を公然と攻撃する行為だけを抑制する、そうすることで法は人間の弱点や情念と折合いを付けたのである。もしも法が、社会を間接的に傷つけかねない程度のことにまで細かく関与していたら、法は誰にでも理解できるものとはなっていなかっただろうし、その結果一貫性も欠いていただろう。また、犯罪とされることが余りに多くなり、過失と刑罰の間に常に存在すべき均衡を考えれば、時には罰することが酷な場合も生じただろうし、罰することが難しい場合も頻繁に起きていただろう。

人間は自己を洗練し、知識を増してきた。もっとも誠実な人たちは、暗黙の合意のうちに行動規則を確立し、この行動規則は慣習化することで良心的な人々の間では法に等しい力をもつようになった。こうして、彼らは一般法の欠陥を補ってきたのである。この場合、実際には違反行為に対して罰が宣告されることはない。だが、それでも罰は現実に存在する。軽蔑と恥辱である。その痛みを強く感じられるだけの感性を持った人間には、この罰がいちばん辛い。正義を執行する世論は、この点で正確に罪と罰の均衡を測り、実に細かい区別をする。

人は、相手の身分、教育、境遇、知識によって人間を判断する。誠実さといっても様々な種類があり、人間は自分の身分に適した誠実さだけを義務とすればよい、それに自分の知性に応じた誠実さしか身につけようがない。世間はそう思っているらしく、このため、世の注目を浴び、手本となるような立場にある人たちに対しては、無名の人たちに対するよりも世間の目は厳しい。多くを望んで当然の相手にわずかしか求めないのは、それだけ相手を侮辱することになる。どんな振る舞いも大目に見てもらえるようでは、その人物は軽蔑されているに等しい。世論が裁判官を務める訴訟では、世論そのものが刑罰となる。このため、自分が有罪判決を下す相手にはどうしても厳しく当たることになろう。こうした訴訟では疑惑が証拠となり、世間に知られることが懲罰となるのだ。単なる行為に対してこれほど厳しい世論が、驚いたことに法の管轄に属する犯罪には首を突っ込もうとしない。こうした犯罪が真に恥ずべきものとなるのは懲罰を伴った場合だけなのだ。

「罪を犯すのは恥ずべきことだが、罰を受けることは恥ではない」という格言ほどわれわれの習俗において誤ったものはない。そうあるべきかもしれないが、しかし、犯罪が処罰されなければ名誉は回復されたことになってしまう。ただし、懲罰を課すことが有罪を確定することであり、それだけが犯罪を立証する十分な証拠となる、だから逆に、罰を受けなければ名誉は回復されたことになる、ということではない。人間が下す判断など慎重なものとはいいがたい。むしろ軽率なものだ。本当の理由は、人間は肉体的、感覚的事実にしか実際は強く影響されないという点にある。このため、有罪が確定しようとも恩赦により処罰を免れてしまえば、罰を受けるほどには名誉は傷つかない。残酷な偏見は犯罪者の血縁者まで辱めるが、こうした不正で異常な偏見を見ればこのことがよくわかる。有罪が確定したとはいえ処罰は免れた犯罪人の身内であるよりも、処刑されたあとで初めて無実が明らかとなった不運な人物の身内であるほうがおそらくより不幸なのである。

このような偏見が向けられる場合に関して、不可解なことがもうひとつある。それは、世間は子供の恥を親に向かって非難する以上に、親の恥を子供に対して非難するという事実だ。しかし、むしろ逆ではないか。そのほうが不正の度合いは少ないようにわたしには思われる。というのも、その場合なら、適切な教育によって子供の悪しき性向を矯正しなかったという理由で親を罰することになるからだ。もし、世間がそうは考えないとすれば、それは老人への同情の念によるか、あるいは、ようやく歩み始めたばかりの人たちの人生を汚そうとする残忍な快楽によるかのいずれかではないだろうか。

最後に、誠実さに関わる問題を明らかにするうえで重要なのは、法に服従し、慣習的行為を実践するだけで誠実な人間となるのに十分か否かを知ることである。よく考えれば、それだけでは完全な誠実さにはまだ不十分だということが分かるだろう。実際、冷酷な心、悪辣な精神、残忍な性格、卑しい感情の持ち主であろうと、利害や教育や自惚れやあるいは恐怖心ゆえに、いうなれば誠実に振る舞うことは可能である。そうすることで世間のどんな非難からも身を守ることができるのだ。

しかし、法や習俗よりも賢明で、厳格で、公正な裁判官が存在する。それは良心と呼ばれる内的感情である。過去に有罪判決が下った過失と同程度の過失、あるいはいっそう重大な過失であっても、法はいつも有罪を宣告するわけではない。また、習俗も、法が見逃してきた罪をすべて裁けるわけではない。各人が自らの心の中に、他者を擁護し、自分自身を糾弾する裁判官を抱えているということは、人間にとって幸福なことである。

法が禁じている事柄以上に危険でありながら、習俗においては大目に見られていることがどれほどあるだろう。自分より高い身分の人間から皮肉られ、嘲られたとしよう。標的とされた側にとっては時には立ち直れないほどの打撃となることもあるというのに、それでも、こうした行為は罪ではないと見るべきなのだろうか。相手の運命が自分の手中にありながら、ついつい救いの手を差しのべるのを怠った場合はどうだろう。その他にも、誰もが分かっていながらやめようとしない多くの過失も、やはり罪のないものと見るべきなのか。

しかし、まさにこうしたことが、厳格な誠実さがあれば決して行ってはならないことなのである。そこでは良心が過たざる裁判官となる。法によって有罪とされながら、習俗においては許されていることも多いのだ。

わたしはここで宗教的な立場から論じようとしているわけではない。宗教は道徳の完成した姿ではあるが、道徳の基礎ではない。理性だけに基づき、推論によってのみ議論を進めるのが、道徳哲学者としての仕事である。形而上学者としてとらえ難い問題を扱っているのではない。したがって、この良心が生得的感情か否かを検討する必要はない。良心が確実に存在する知恵であり、どんなに狭量な精神の持ち主であろうと、法や習俗に教わる以上に、この良心によって正・不正の認識を得ているのだということだけでわたしには十分である。

こうした認識はわれわれの義務の尺度となる。自分が相手の立場なら当然要求するはずだと思う事柄はすべて、他者に対するわれわれの義務である。さらに、人がわれわれに期待できるのは、本人が当然してもらえると思う事柄だけではない。たとえ当人は要求したこともなければ予想すらしなかった事柄でも、するのが当然だとわれわれのほうで考えれば、それもやはり期待することができるのだ。つまり、われわれ自身の良心がわれわれに対する彼らの権利の範囲を決定しているのである。

知識が増すほどにそれだけ果たすべき義務も多くなる。知性が義務感を抱かせるわけではないにせよ、知性は取るべき態度を示唆し、それを実行することが義務であると証明するのである。

この点に関しては、もうひとつ別の、知性そのものより優れた洞察原理が存在する。すなわち魂の感受性である。この感受性のおかげで、われわれは事物の正しさを見抜く一種の明敏さを身につけ、知性だけでは見極めることのできない問題まで洞察できるようになるのだ。

心はそれ独自の観念を有するといってよいだろう。純粋に知的な事柄に関しては同じ程度に広く、深遠で、洞察力に富んだ知性を備えた人間がふたりいても、こと感性に関わる問題については感受性豊かな魂の持ち主のほうが相手をはるかに凌駕しているものだ。冷たい感情の持ち主には理解できない観念というものがある。礼儀作法に従っているだけの人間ならとても犯しそうにない過ちに、鋭敏な魂は自ら飛び込むように陥ってしまう。しかし、どれだけ多くの善行を行うかを考えれば、こうした人たちのほうがずっと優れているのである。

鋭敏な魂の持ち主は、他の人々以上に充実した人生を送っている。彼らは人よりも多くの善、多くの悪を感じるのだ。そのうえ彼らは社会にとって有益な資質を備えている。それは、知性が頭で理解するだけの真理を、彼らは心から受け入れるという点だ。信条はしばしば受動的なものにすぎないが、確信は能動的なものである。知性だけでも人を誠実にできるし、またそうでなければならない。しかし、感受性は人を有徳にする。この点を説明しよう。

法が要求すること、習俗が勧告すること、良心が示唆すること、そのすべては、広く知れ渡ってはいるがその意味はほとんど明らかにされていない次の金言の中に含まれている。すなわち「己の欲せざるところ人に施すことなかれ」である。この格言を厳格かつ正確に守ること、それが誠実さであり、「己の欲するところを人に施すべし」、その実行が徳なのである。

一見したところ、立法者というのは、心の狭い、私利私欲に駆られた人間で、他人のことなど気にも懸けず、自分が人から危害を加えられるのは真っ平だし、社会に奉仕することも、できれば御免被りたいと望んでいたように見える。初期の立法者たちは君主であり、人々の指導者であった。要するに失うものは多く、得るものは少ない人間だっただけに、こうした考えは益々真実味を帯びてくるように思われる。かくして法はもっぱら禁止事項の制定ばかりに専念することになる。よく考えれば、法がこのように禁止という手を用いたのは賢明だったのだ。習俗は法が求める以上のことを要求したが、それでも元の原理は同じである。良心ですら悪に対する嫌悪感をかき立てることだけに専念している。この意味で徳は誠実さに勝る。徳は人が善をなすことを求め、善をなしたいという欲望に火を点けるのである。

誠実さは禁じ、徳は命じる。誠実さは高い評価を受けるが、徳は尊敬される。誠実さとはほとんど何もしないことにあるといってもよいが、徳は行動する。徳には感謝を捧げなければならないが、誠実さに感謝する必要は必ずしもない。というのも、たとえ自分の利益だけが目的だとしても、賢明な人間にとって、この目的に到達するうえで誠実さ以上に確実な手段はないからである。

露見することなくやりおおせた犯罪を引きあいに出して異議を唱えることは可能だろう。そうした反論を無視するわけではない。しかし、幸福といっても内容は様々だ。危険と成功の蓋然性を計算し、それを自分が目指している幸福と比較しなければならない。成功が見込める根拠がいくらしっかりしていても、名誉を失ってまで釣り合いが取れる幸福など存在しないし、単に名誉を喪失する危険とですら釣り合うような幸福も存在しないことは確実である。このように、この問題を単に計算の問題と考えるだけでも、誠実さを選ぶことはつねに最良の選択なのである。この真理について道徳的証明を行うことは難しいことではないだろう。しかし、議論の対象としてはならない諸原理がある。これ以上はないほど明白な真理が、議論されることで、未解決な問題のように見えてしまうことは常に危惧すべき事態である。真理は決してそのように見えてはならない。

徳は心の中にある。それはひとつの感情であり、善に向かう性向、人類への愛である。徳と正しい行動との関係は悪徳と犯罪の関係と同じである。つまり原因と結果の関係なのである。

徳と誠実さとを区別し、双方の本性の違いを観察したうえで、両者の価値を知るためにはさらに人物、時代、環境に注意を払うことが必要である。

人によっては、一方の誠実さが他方の徳性よりも称賛に値するという場合がある。資力がまるで異なる人々に同じ行動しか期待してはならないというのだろうか。裕福な暮らしをしている人物も、貧困に追われる人間と同じ義務、責務さえ果たせばよいのだろうか。それでは正義に反するというものだ。貧者の場合は誠実であることが徳であり、富者が誠実であるとは有徳たることでなければならない。

人は時折、徳とはほとんど関わりのない行動を徳に結び付けている。虚栄心から、あるいは気の弱さから援助を申し出たとしても、それは徳にとって名誉な話ではない。単に誠実な人間でありさえすれば、こうした援助を行うのは当然のことだ。

不名誉が自分にまで及びかねない場合、その惨めな境遇から一族の人間を救い出してやる。これは寛大さだろうか。せいぜい礼節、あるいは自尊心といったところだろう。

他方、徳の原理が感じられるような誠実な行為を人は称賛するし、また称賛すべきである。自分がある物を預っている、しかし誰もそのことを知らない。それでもこの預り物をきちんと返却したとする。そうしなければ犯罪である以上、その人は自分の義務を果たしただけだ。しかし、それでもこの行動は彼にとって名誉となるし、そうなるべきなのだ。ある状況のもとで悪事を行わない人間は、善を行う能力があると判断される。単に誠実な行為において、称賛されているのは徳なのである。

貧乏に追われ、貧しさという不名誉のために辱めを受ける不幸な人物が、どんなに危険な誘惑にも屈しないとする。裕福な人間が不幸な人たちの存在を忘れず、そうした人々を探し出しては要求をかなえてやるとする。わたしはこのふたりを高く評価する。どちらも称賛する。しかし、感嘆の念を覚えるのは前者のほうだ。

ある種の誠実さ、ある種の徳に向けられる称賛は、実は世間一般への非難に他ならない。だからといって、こうした称賛にけちを付けるべきではない。ある行動が社会の幸福を目的としている場合には、その行動原理にまで遡ってうるさく詮索すべきではないのだ。人々に正しい行為を奨励するのは常に賢明であり、好ましいことだ。人間とは悪徳の習慣と同じく、徳の習慣も身につけることができるのである。

徳の実践に伴う誇らしさから人は徳を身につける。たとえ自尊心から始めたことでも、名誉心から続け、習慣によって固執するようになる。善行にまるで向いていない人物が、偶然あるいは本人の努力で何らかの寛大な行為を行うことになったとしよう。その結果、彼は一種の満足感を味わうだろう。そして、この満足感に押されて彼は第二の行動を起こすだろう。第二の行動は前に比べて骨の折れるものではなくなっている。やがて彼は自ら第三の行動へと向かう。ほどなく善良さが彼の性格となる。人は繰り返し行われる行動に見合った感情を身につけるものだ。

さらに、有徳な行動を感情よりもむしろものの考え方や行動の仕方に結びつけて説明しようとしたところで、他人の長所の価値が下がるわけではない。それに、こうした説明をすることで有徳な行動に伴う栄誉の値打ちを下げてやろうというつもりだろうが、それも思惑どおりにはいくまい。何にでも文句を付けるこの手の連中は、他人を正当に評価するか、それがいやなら称賛するしかないという状況に追い込んでやればよい。この二者択一はなかなかに見ものである。

われわれの行動原理たるべき徳や誠実さ以外にも、十分検討に値する第三の原理が存在する。すなわち名誉心である。名誉心は誠実さとは異なる。おそらく徳との違いはないかもしれない。しかし、名誉心は徳に輝きを与えるし、もうひとつの美点といってもよいと思う。

誠実な人間は教育、習慣、利害あるいは恐怖によって振る舞う。有徳な人間は善意に従って行動する。名誉心の強い人間は高貴さを指針として考え、感じ取る。彼が服従するのは法ではない。彼を導くのは省察ではない。ましてや模倣ではない。彼の思考、発言、行動には一種の尊大さが伴い、彼本人が自らの意志で掟を定めているように見える。

人は権力によって法の支配を脱する。その影響力ゆえに法の支配を免れる。狡猾さによって法をすり抜ける。礼儀正しさを愛情の代わりとし、不品行の埋め合わせとする。偽善によって徳を模倣する。だが、名誉心とは徳への本能である。徳を熱意に変える。名誉心は問いかけることなく、策も弄さず、慎重さすら振り捨てて行動する。心の弱い人たちの中で多くの徳を窒息させているあの臆病さや誤った羞恥心も知らない。弱い性格の人間の中で徳が育たないのは彼らのもつ二重の欠点のせいだ。つまり、こうした人たちは自分の内にある徳に応えることができないうえに、誰であれ自分を支配する人々の悪徳の道具となってしまうのである。

いかに名誉心が生まれもっての資質だとはいっても、それが発達するのは教育の成果であり、それが持続するのは確固たる方針が備わっているからである。また、それが強化されるのはよき手本のおかげである。従って、名誉心の観念を呼び覚ますには、とにかく名誉の感情を奮い立たせ、名誉に伴う利益と栄誉を示し、名誉を損ないかねないものすべてを攻撃することだ。

この問題に関する考察はますます進行している習俗の腐敗を食い止めるために役立つだろう。いつの時代にも人々は自分の生きる時代に向けて非難の言葉を投げつけてきた。わたしは同じことを繰り返すつもりはない。いつも繰り返されるためにかえって、どの時代における非難も取り立てて根拠のあるものではないと思われることになるのだ。世の中の徳と悪徳との配分はいつでも変わらないとわたしは確信している。しかし、時代が異なれば、国民と国民、民族と民族との間の配分が均等でないことはありえる。多かれ少なかれ輝かしい時代というものがあるが、われわれの時代が名誉心の時代であるとは思えないのである。

人間関係において、われわれはかつてほど繊細でも細心でもなくなっているのは確かだ。昔なら、誰かが法的には黙認される、あるいは処罰はされないが、名誉の点からは糾弾されるような振る舞いをした場合、遺恨を抱くのは侮辱された当人には限らなかった。心ある人たちは皆、断固たる態度を取り、こぞって公然たる軽蔑を示すことで制裁を加えたものだ。

今日では、利害がからんでいるわけでもないのに、どんなに見下げ果てた人間相手にも手加減している。そして、自分個人としては彼に文句を言ういわれはないし、彼が犯した過ちを自分が償うつもりもない、などと言うのである。何たる惰弱ぶりであろうか。こうした態度を取るのは社会の利害を、従って自分自身の利害を正しく理解していないからだ。もし誠意ある人々が共通の大義のために手を結ぼうとすれば、彼らの戦列は極めて強固なものとなるだろう。知力や名誉心において優れた人たちが団結すれば、愚か者や詐欺師連中など物の数ではない。不幸なことに戦列を組んでいるのはぺてん師ばかりだ。善良な人たちは互いに孤立したままである。

かつてはある種の振る舞いは秘密にしていたものだ。露見した時にはそれを恥じた。今ではそうした振る舞いが余りにも堂々と行われているように思われる。多くの人々は気がねや羞恥心のせいで思い止まっていたのだ。公然と行う人間が現れるようになると、ますますそういった振る舞いが増えるに違いない。

昔よりも今のほうがいっそう非難されるものといえば、賭け事での不正くらいしかわたしは知らない。しかも、この点でいかがわしい人物でも、他の場所では受け入れられている。こうした連中に対して人々が下す唯一の裁きといえば、彼らとは勝負しなくても済むように礼儀と手練手管を尽くすことなのである。このような態度は軽蔑というより用心深さに近い。しかし、この点で問題がなく、社交界の価値観から見て非の打ちどころのない人物であれば、その人は名誉心の強い人だということになるのである。こうした人物が自分はあなたの友人だと公言したとしても、利害や野心や自尊心に関わることで彼と揉め事を起こしてはならない。もし彼が自分の声望が傷つくことばかり恐れているとしたら、肝心の時にためらいなくあなたを見捨てるだろうし、誰もそれを非難しないだろう。彼を非難するのは当然だとあなたは思う。だが、そんなことをしても彼は戸惑う以上に驚くだけだ。そして、相変わらず名誉心の人であり続けるのである。あなたが単なる儀礼的な台詞を約束だと信じ込むとは、彼は夢にも思わない。かくも推奨されているこの礼儀正しさを身に付けておけば多くの卑劣な行為が許されるのである。礼儀が単に凡庸さを隠しているだけならよしとしなければならない。

実際、あまりにも悪辣で、ほかに解釈のしようもないといった行為がある。だが、それでもなお、大胆な性格の人間には不名誉を免れるための秘策がある。わざとこうした行為を自ら真っ先に公表し、自分を非難しそうな連中をからかってやればよいのである。彼が自分の行為を自慢しているのを見て、もはや人々は敢えて彼を批判しようとはしない。大胆さが彼の行為を正当化したのだ。彼を非難しても物笑いとなるだろう。誰もそんな目には会いたくはない。そのうち、人々は彼が悪いのかどうか疑わしく思うようになり、間違っているのは自分たちではないかと心配になる。通常の考え方では、反論を封じるというのは、正面から答えることを避けながら、相手をやり込めてしまうことだが、習俗において非難を防ぐとは、それを粉砕することなのである。

このうえなく巧妙かつ邪悪な策略で他人を騙した人間は、良心の呵責や恥ずかしさを感じるどころか、かえって自分の手腕に満足するものだ。こうした人物は成功するために秘密を守るのであり、成功したことを隠すわけではない。彼は単にチェスの勝負で見事に勝ったと思うだけだ。騙されたほうも同じようにしか考えない。せいぜい、自分がしくじったから勝負に負けたと思うくらいのもので、文句を言う相手は自分自身なのである。怨恨はもはや気高すぎる感情になってしまった。嫌悪の感情を抱くのが関の山だ。復讐とはもはや有効な償いのことにすぎない。人はこの償いを成功の手段、そこから生じる利益と見ている。

こうした考え方、こうした習俗のゆるみは、それに染まっていない人々までも堕落させ、次第に社会にとって危険なものとなる。地位や知識からみて、世の模範となるという栄誉を担ってよさそうな人々も、原則を侵害しているとはいわないが、余りにも原則を尊重していないように思われる。行動とは別に、自分たちの軽率な言葉や、ふと垣間見せる感情が人々の手本となってしまうことに彼らは気付いていない。下層の民衆は何の原則ももたず、教育も受けていないために、恐怖以外に彼らを抑制するものはなく、模倣以外に彼らを導くものもない。いまでも誠実さがもっとも名誉ある地位を保っているのは中間の身分においてである。

習俗の弛緩は、人々が名誉心や徳を称えることを妨げるわけではない。名誉心や徳に無縁な人間も他の人たちが名誉心や徳を備えていることが自分にとってどれだけ大切かは分かっているのだ。口では立派なことをあれこれ言うが、していることはまるで逆、かつてならこうした振る舞いは憚られたものだ。言葉にするという行為は感情に対して好ましい前例となるものだった。今では、口に出したからといって結果が伴わないことが多すぎる。

このため、彼は誠実さを褒めたたえている、しかし誠実な人だ、などという評判さえ時折耳にしかねない。しかし、正しい発言はいつでも社会にとって有益たりうる。ただし、本当に名誉を手に入れ、名誉を保つに相応しい人物になるには、行動による以外に方法はない。言葉にするというのはひとつの誓いである。誓いを果たすのが好ましい時、誓いを立てることを恐れてはならない。

かつては狂信的な名誉心がわれわれを支配していたとする主張がある。名誉に対するこうした熱情は好ましいものだ。なのに、それをいまだ野蛮だった時代に結び付けようというのである。今日、この熱情が蘇るとすれば望ましいことであろう。われわれが獲得した知識はこの熱狂を冷ますことなく統制するのに役立つだろう。それに、この件に関しては行き過ぎを心配する必要などない。誠実さには限界がある。大多数の人間にとっては誠実であるだけでも大したことだ。しかし、徳や名誉心は無限に広がり、向上する。その限界を押し広げることは常に可能であり、度を越えることは決してないのである。

第四章　評判と名声について

人間は社会生活を営むよう定められている。それに、人々が互いを必要としていることからも社会生活は避けられない。この点で、人間は全員が相互依存の関係にある。しかし、人々を結び付けているのは単に物質的必要だけではない。人間とは互いに相手がどう思うかに左右される道徳的存在なのである。

自分自身に対して抱く評価に十分な自信をもち、それに満足して、他人からの評価など気にかけないという人間など滅多にいるものではないが、生活上の必要よりもむしろ他人からの評価に思い煩う人間はいる。

他人からそれなりに認められたいという欲望が評判や名声を生み出す。社会を動かすこのふたつの強力な原動力は、同一の原理に由来するとはいえ、その手段や結果に関しては若干の違いがある。

程度の違いがあるだけで、評判、名声のどちらにも等しく役に立つ手段もあれば、もっぱらどちらか一方にだけ役立つ手段もある。

そこそこの評判なら大抵の人間にも手が届く。社会的徳を備え、たゆまず義務を果たしていればよいのだ。実際のところ、この種の評判は広がる範囲も知れたものだし、別段輝かしいものでもない。しかし、これが一番役に立つ場合が多いのである。

知性、才能、天分は人を有名にする。それは名声への第一歩である。だが、こうした長所よりも誠実な人物という評判を獲得するほうがおそらく実質的には意味がある。われわれにとって本当に有益なのは、大した苦労なしに手に入るものだ。非凡なもの、華々しいものを手にしようとすれば大変な労苦が必要だし、手に入れたにしてもその喜びは観念的なものに過ぎない。

名声を獲得する人間にはふたつの種類がある。第一は、自分自身の力で有名となる人である。彼らにはそれだけの権利がある。もうひとつは君主たちだ。君主は否応なく名を知られる運命にある。有名にならずに済むはずがない。一般の人々の中にもやはり他に抜きん出た人物はいるし、高い地位の人もいる。われわれはこうした人たちの優越性がその人物に由来しているのか、それともその地位に基づいているのかを区別しているが、偉人と単に君主だというだけの君主との関係および両者の差異もこれと同じことだ。

しかし、君主だというだけで贔屓したり毛嫌いしたりすることのないよう、大勢の君主のことはひとまず除外しておこう。そのうえで、個人の力で名声を得ている人物との関係に絞って名声とは何か考察することにしたい。

もっぱら名声だけに固有な性質というものはすぐに見分けがつく。功績を残し、国民の幸不幸を左右する運命を担う政治家の資質などがそうだ。

名声を獲得する才能の中には、私生活の面では役に立たない、時には危険なものもある。もし状況に恵まれず、名声を得ていなかったとしたら、他にはどうしようもない、何をやらせても駄目だろうと思われるような偉人がいる。

評判と名声がずいぶんと異なる場合もあれば、同時に存在する場合もある。

政治家はあらゆる機会を捉えてよい評判を得るように努めるべきだ。しかし、当てにしてよいのは名声だけである。名声だけが彼の評判を傷つけようとする連中に対して自分を守ってくれる。政治家が責任を負う相手は世間一般であり、欲に駆られた盲目で軽率な個々人を相手にしているのではない。

だからといって、輝かしい名声を博しながら評判はすこぶる悪いという場合がないではない。しかし、名声とは主として事実に基づくものであり、普通、評判よりも根拠が確かである。評判の場合、その出所が曖昧なことがままある。名声は恒常的で変化しない。評判は大抵そうではない。

不当に評判を傷つけられた偉人を庇おうとして、その結果、彼の名声を守るためわずかでもその評判を犠牲にしてしまっては何にもならない。名声と評判は互いに手を貸し合うことでその輝きを増しているからだ。立場上やむをえない状況のため評判を犠牲にするとしたら、それは不幸なことである。その痛みは心に突き刺さるに違いない。これに耐えるには公共善を想ってあらん限りの勇気をふりしぼることが必要だ。評判を無視してまで人類のために尽くすとすれば、実に高邁な人類愛だといえよう。あるいは、世間の判断をまったく斟酌しないとすれば、それは人間をあまりに軽蔑することになるだろう。後者の場合、人々のために尽くしたりするだろうか。義務によって強いられたわけでもないのに、名声のため評判を犠牲にするなど狂気の沙汰だ。人が本当に楽しんでいるのは名声よりも評判なのである。

人々が実際に心地よく感じているのは周囲の人たちから寄せられる友情、評価、尊敬、敬意だけである。このため、単に名前が広く知られているだけよりも、よい評判を得ることのほうが有利なのである。

著名な人物が面識のない人々と居合わせたとしよう。本人がいるとも知らず彼らが自分の名を称賛するのを聞けば、彼は自分が有名人であることに満足するだろう。もし、自分から名乗り出る気にならないとしても、それは名乗るつもりになればいつでも名乗れるからであり、また自尊心にゆとりがあるためである。しかし、仮に正体を明かすことが絶対に不可能だとしたら、彼の喜びはもはや屈託のないものではないし、多分、こうした状況は彼にとって苦痛であろう。自分とは別の人物の話を聞いているのとほとんど変わるまい。逆の状況についても同じ考察を行うことができる。つまり、自分の名が軽蔑されているところに居合わせながらも、本人がそこにいることを誰にも気づかれていない人物の場合である。彼も正体を明かすことはないだろう。彼は苦痛の中にも一種の慰めを感じるだろう。この慰めは、沈黙を強いられていると仮定しておいた第一の人物の苦痛とは逆の関係にある。

もし、有名であることが本当はどれくらい価値のあることなのか明らかになれば、それを有難がる人間はずいぶんと少なくなるだろう。いくら評判が広く知れ渡っているといっても、その範囲はたかが知れている。名声ですら決して普遍的なものではない。人数だけを考えた場合、アレクサンドロスの名を聞いたことがない人間がどれだけいることだろう。彼がアジアの征服者だったことを知っている人はもっと少ない。フビライ汗が地上の一部の様相を変えてしまった当時、彼の存在を知らなかった人間がどれほどいることか。

地の果てといっても知れたものだ。しかし、名声がいくら広まっても地上を覆い尽くすことは決してできない。絶えず拡がっていけるというのに、決められた終点に達することもできないのだ。無力なものである。

少なくとも、教育のある人々から称賛されれば、他の人たちに知られていなくてもその埋め合わせになるはずだ、そう考えて得意になる向きもあるが、名声の本質とは票数を数え、増やすことであり、票の鑑定をすることではない。この場合、名声を得ることの利益は名前を構成している音節に対して払われる敬意を越えることはないと思われる。それでも名声を得るためなら苦痛も労苦も厭わないという人がいるのだ。彼らは名声を博すことができなくても、せめて名を知られようと努力する。彼らは世間の話題になりたい。世間の関心の的になりたい。無名であるくらいなら不幸であるほうが好ましいのだ。不幸であるために注目を浴びる人は、それで半分は慰められているのである。

有名になりたいという欲望がひとつの感情にすぎない時、この感情は目的次第では、本人にとっても見苦しいものではないし、社会の役にも立つ。しかし、この欲望が偏執の域に達すると策をめぐらすようになり、このため不正で、狡猾で、卑しいものとなる。傲慢な人間は欲得ずくの連中と同じくらい卑劣なまねをするものだ。これが、無理やり手に入れても長続きしない評判が多い原因である。

有名になるとはどういうことか冷静に判断するには、評判がたやすく確立しては、破壊され、変化する様を知り、そして、この変転の原因は何かを知るのが一番である。

どんな仕事であれ何かの道で世に出て、わずかでも天分を示したりすると、時には天分を示さない場合でさえ、誰もが熱心にその人物に手を貸し、彼のことを吹聴し、褒めたたえてくれる。人が天才でいられるのはいつも最初のうちだ。こうした好意はどこから来るのか。寛容、善意、それとも公正さだろうか。そうではない。嫉妬、多くの場合妬んでいる当人も気付いていない嫉妬のせいである。どの道にも優れた人間はいつも幾人かいるものだ。凡庸な連中は自分が一番になれる望みはないため、対抗馬を仕立てることで頂点に立っている人たちを引きずり落とそうとするのである。

頂点に立つことのできない連中にとっては、誰が第一位を占めようがどうでもよいはずだという反論もあるだろう。しかし、そう考えるのは、情念というものがよく分かっていないからである。情念には動機はあるが原則はない。嫉妬心は感じとり、行動はするが、熟考したり予見したりすることはない。仮に企てに成功しても、すぐに自分自身が作り上げたものを壊しにかかる。第一歩を踏み出すために自分が手を貸してやった相手を、今度は頂上から突き落とそうとするのだ。その相手がもはや自分の助けを必要としなくなったことが許せないのである。

評判というものはこのようにして作られ、壊されていく。時には評判が長続きすることもあるが、それは、評判を支えている長所が揺るぎないものであるためだ。あるいは、陰謀によってのし上がってきた人物の場合なら手練手管に長けているためである。こうした連中は他の人間以上に陰謀を動かす力、または陰謀の動きを封じ込める力に精通している。

自分が立てた評判なのに当の世間がそれに驚くこともよくある。評判の原因を探そうとするが見つからない。そもそも原因などありはしないからである。そこで世間は自分が作り出した亡霊にますます称賛と敬意を抱く結果となる。こうした評判は、本当は資産などないのに信用で成り立っている裕福さに通じるものがある。こうした富裕も実体がない分、いっそう立派なものに見えるのだ。

世間が気まぐれに評判を作り出すように、個人は小細工や一種の厚かましさによって不当に評判を手に入れる。そのやり口はいくら自己愛を理由にしても到底褒められたものではない。こうした連中は自分には多くの長所があると触れ回る。初めのうちは笑い者にされるが、何度も何度も自信たっぷりに同じことを繰り返しているうちに、とうとう回りをその気にさせる。人々はもはや誰からその話を聞いたのか思い出せず、最後にはそれを信用してしまう。こうして誰も深く考えることもないまま、彼らの自慢話は町の噂として伝わっていくことになる。また、この種の策謀のために結託する連中まで現れる。これが陰謀と呼ばれるものだ。

彼らは意図的に評判を立てようと画策し、それに成功するのである。

この手の評判がどれほど華々しいものであっても、本気で信じているのは評判になっている当人だけということも時々ある。評判を立てた本人は事情を心得ているものだが、しかし中には自分がでっち上げた話を最後には本気で有難がる者もいるのだ。

実際の人物と評判とがあまりに掛け離れているのに驚いて、世間のいうことなどあてにならないと思いながらも、自分の意見は敢えて表に出そうとはしない人もいる。彼らは臆病さ、愛想、あるいは利害のせいで偏見に同意するのである。このため、誰も内心では信じていないのに、多くの人が同じ言葉を繰り返すのを耳にするのも珍しいことではない。大抵の人間は自分ひとりでは非難も称賛もしない。擁護する際も批判する場合に劣らず臆病だ。支持者あるいは加担者がいなくても平気だというだけの勇気のある人は実に少ない。ただし、自分の意見を表明するうえで人々が臆病だと言っているのではない。自分の意見を貫くことに関して臆病だと言っているのである。人は他人に自分の意見を示すことで確信を深めようとしているのであり、同意が得られなければ自分の意見を放棄してしまう。

いずれにせよ、不当に手に入れた評判には沢山の幻想が付きまとうものであり、そこには常に愚かしい一面がある。それを考えればそんな評判にのぼせ上がることもなくなるに違いない。しかし、十分な長所を備え、策などめぐらす必要もない人たちまでが、同じような策を弄する場合もある。

せっかく評判を勝ち取るだけの長所があるというのに、策略で評判を手に入れようとするのはいかにもまずいやり方だ。策略は、望みの評判を手に入れるために役立つというより、得て当然の評判をむしろ傷つける。世間が策略に気づくようなことになれば、それにいずれは気づくものだが、そうなれば人々は憤慨し、どんなにうまく手に入れた栄誉も剝奪してしまう。それは不当なことではあるが、不当な態度に出ても当然だと思わせてしまうことがそもそも間違いなのだ。嫉妬心にとっては口実さえあればよい。理由が見つかったとなれば大歓迎だ。熱心に機を捉えては巧みにこれを利用する。嫉妬心が長所を大目に見てくれるのは、悪意のせいで長所を見誤った時か、餌食にできそうな欠点を見つけたと思った時だけだ。褒めないわけにはいかない相手をその一方で貶めてやると思うことで、嫉妬心は慰められるのである。侮辱してやろうと楽しみにしている相手を粉々にしてしまうことはあまり望まないものだ。

自分自身の長所に対する一種の無関心は、評判を維持するうえでもっとも確実な支えである。光に幻惑された人々の目をわざわざ開いてやる必要はない。謙虚さは栄誉に付け加えることが許された唯一の輝きである。

策略が評判を得るうえで恥ずべき手段だとはいっても、慎重さと分別に由来する軽蔑すべきでない技巧、正しいといってもよい技巧が存在する。単に栄誉を獲得するためばかりでなく、有徳という評判を手に入れ、その評判に恥じない人物となるうえでも、知性に優れた人は他の人間より有利である。鋭敏な知性は軽率さとも不誠実とも等しく対立するものだ。迅速で確かな判断力があれば、人は善行を選び、適切に語り、黙し、行動することができる。時には人間誰しも、立派な、そして勇気はいるが危険は伴わない行動を取れる機会に恵まれるものだ。愚か者はこの機会に気がつかず、やり過ごしてしまう。優れた知性の持ち主はこの機会を見抜き、これを捕らえる。ただ経験が証明しているように、知性だけでは十分ではない。この正しい技巧を用いるためにはさらに気高い心が必要なのである。

わたしはこうした輝かしい成功を見てきた。称賛に取り巻かれた本人自身が、苦労もせずにそれほどの賛辞を浴びることになって驚いたに違いないと思うが、それでも彼はやはり称賛に値したのだ。

親切心にあふれた心の持ち主であり、有徳な行為を始終していながら、知性が足りず、時宜を得ることができないために、然るべき評価をまったく受けていない人たちもいる。彼らの長所は世間の耳目を引き付ける類いのものではないため、ほとんど気づかれることがなかったのだ。もし、素朴で飾らない美点が運よく人目を引くようなことになれば、こうした美点も一挙に光り輝くものとなるだろう。世間は快く褒めてくれるし、褒められたほうもこの長所をいっそう伸ばそうとするだろう。嫉妬心ですら拍手を送る。ただし、妬む気持ちを捨てたからではない。他の人間の長所を貶めるためにこうした美点を利用するのである。

評判が簡単に作られ、また、たやすく壊れていくものであるとしたら、同じ人物に関する評判が変化することも、しばしば矛盾したものであることも何ら驚くにはあたらない。ある場所での評判が、他の場所に行けばまったく違ってしまうのも同じことだ。いちばん相応しくない評判を立てられたり、誰にもまして得て当然の評判が得られなかったりする。どんな身分にもこうした例はある。ここで、若干細部に立ち入らないわけにはいかない。それにより、これから行う適用を通じて、これらの原理はいっそう明確なものになるだろう。

豪勢な暮らしを軽蔑し、名もない不幸な人たちに必要なものを与えるため、自分は余計なものを一切もたない人物は、吝嗇漢だと決めつけられる。また、策略や暴力によって奪い取ったものをこれみよがしにばらまくおかげで、気前がよいと褒められる人間もいる。こうした人間は人にものは与えるが、自分の借金は払わない。彼は豪勢な暮らしと同時に貪欲さの虜にもなっているのだが、世間はその鷹揚さを称えるのである。

不当な権力の前で媚びへつらうことを拒めば傲慢だと非難される。卑劣なまねをするのが我慢できなかったがために、気でもふれたのかと咎められる人間もいる。我慢には限度があるため、生まれつき温厚な人でも限界ぎりぎりまで耐えた揚げ句、悪気がなくても人を傷つけてしまうことがよくある。軽蔑されても構わないと思っているのなら別だが、余りの侮辱は許さないという姿勢が争いを防ぐうえでいかに重要かは信じがたいほどである。逆に世間は、性格的に頑固一徹でありながら、傲慢なために礼儀正しいだけの人間を温和な人物だと褒めそやす。

人目を引くほど苦しみ、恥じ入るせいでかえって自分の過ちを認めたことになり、名誉を傷つける女性がいるかと思えば、呆れた鉄面皮のおかげで一切の非難を免れる女もいる。こうした女は陰口を叩かれることさえない。人間は敢えて懲らしめてやろうとまでは思わない相手でも憎むものだが、軽蔑するのは声高に非難できる相手だけだ。判断が行動を統制しているというよりも、行動が判断を決定しているのである。

単なる私人から、もっと人目を引く舞台に立っているため世間によく知られる立場にある人々に話を移そう。この場合もやはり、彼らに対してより公正な判断が下されているわけではない。

公平で、金をもらって陳情に応じることをせず、廷臣たちが「取引」と呼んでいることに加担するのを拒む大臣は冷血漢呼ばわりされる。この「取引」とは能力のある者を不当に扱い、世間から見れば破廉恥で、権威の価値を下げ、国家にとって危険な商売のことである。

過ちを罰するはめに追い込まれるよりも、過ちを未然に防ぐことを好む君主は厳格だとの評を立てられる。見るに堪えない役人の専横を咎めると残忍だと言われる。抑圧者に対して厳しい法こそ社会にとっていちばん好ましいのだ。しかし、個人的利害に囚われると人はいつでも公共秩序を定めるのは自分だと思ってしまう。

最良の君主のひとり、したがってフランスが戴いたもっとも偉大な君主のひとりだったルイ十二世〔在位一四九八―一五一五。司法改革や税の軽減を実施し、「民衆の父」と呼ばれた〕は吝嗇だと非難された。というのも彼は取り柄もない寵臣を裕福にしてやるために人民を虐げるようなまねをしなかったからである。人民こそ王の寵臣でなければならない。君主が余剰を求めてよいのは国民が衣食に不自由していないときだけだ。図々しくもルイ十二世に向けられた非難は、彼の善良さを証明しただけだった。舞台で王の物まねをするという無礼極まることもあったが、この立派な君主はこう言ったものだ。「人々を苦しめることになるくらいなら、けちだと笑い者にされているほうがよい」と。多くの場合、廷臣に非難されるというのは称賛すべきことなのだ。それに、廷臣たちの褒め言葉は実は罠なのである。

誠実さという評判に関して言えば、資格もないのにいともたやすくこの評判が手に入ることがあるというのに、これほど安定した評判もないというのは驚きである。かつては偽善者といえばありもしない徳を装うものだったが、いまでは悪徳を装うものがいる。非難される覚えがない時には人は用心などしないものだし、うっかり本心を漏らしはしないかと心配しなくていい場合は自分の言動に気を配ることも少ない。このため厳格な徳はどうしても多少の冷酷さを伴うものだ。このことに気づいた人間は自分の生来の残酷さを利用し、またしばしばその残酷さを過度に見せつけることで、自分が厳格な徳の持ち主だと思わせようとする。彼らは他人の厚かましさを大袈裟に非難するが、その非難自体が彼らこそ恥知らずであることを絶えず証明している。冷酷さだけが取り柄の徳、こんな人間がいるのだからあきれた話だ。また、軽率さが率直さの証明になるかといえばなおさら疑わしい。信用できるとすれば、そそっかしいために損ばかりしている人たちの軽率さだけである。

冷酷さと軽率さ。このふたつの性格上の欠点は絶対に両立しないというわけではないし、ましてや徳を前提にするものではない。それどころか冷酷でしかも軽率となると徳があっても台無しだ。しかし、世間は何度この外見に騙されてきたことだろう。

人は、誠実だという評判に軽々しく同意することもあるが、情念や利害のために、これまた軽率にこうした評判を中傷することも多い。この手の軽率さの方がいっそう質が悪い。相手の誠実さを傷つけるためにその人物の不幸を悪用するのである。他人の評判に反対するのはもっぱら、有徳なのは自分だと言うためだ。

その攻撃は不当だと信じ、敢えて非難に晒されている評判を擁護する人物がいたとしよう。君の方が騙されているのだ、と世間が思ってくれるとは限らない。そんなことを当てにするようでは馬鹿だ。普通とは逆のことを主張するのもどうせ欲得ずくだろうと勘繰られるだけである。相手に不利な判断をして明らかに間違っていた場合には目端が利きすぎたのではないかと疑われる。しかし、あまりに好意的な判断をして間違うと何とおめでたい奴だといわれる。どちらも間違ったことに変わりはないが、その性格はまったく別だ。

こうした誤った判断がいつも悪意に由来するとは限らない。意地が悪いわけでなくても、軽率さ、性急さ、愚かさ、無謀さ、無分別などのせいで人は不正なことを多くしてしまう。

根拠が曖昧でも、確固たる自信にあふれた判定がいちばん強い印象を与えるものだ。はてさて、こうした判定を下す権利を我がものにしている人間とはいったいどのような連中だろうか。軽蔑されることなど意に介さないおかげで、結局は尊敬を勝ち獲り、人の模範になる人間、一般的な意見を振りかざすだけで、自分の見解などない輩、まったく無自覚に、それに気づきもしないまま、見解を変え、捨て去り、またそこに戻る人々、あるいは、まるで首尾一貫していないくせに頑固な連中、こうした人間たちである。

しかしながら、このような連中が声望ある裁判官なのである。世間は彼らの意見など軽蔑しているが、彼らの賛同は得たいのだ。彼ら本人は何ら尊敬されているわけではないが、彼らのおかげで尊敬を得ることはできるのである。

尊敬を受けることと有名であることとは別だ。評判も、名声でさえもいつも尊敬に結び付くとは限らないし、また、派手に人目を引くようなことをしなくても尊敬を勝ち得ることは可能である。

尊敬とは、ある人物に対して抱く一種の個人的敬意が入り交じった評価の感情である。地位や生まれの点で自分より下の人々、同等の人々、そして上の人々の間でも尊敬を勝ち得ることはできる。高い地位にあり、名門の生まれで、優れた知性あるいは傑出した才能をもっていても尊敬されないことはあるし、また徳を備えていても、その徳が他の長所をまるで伴っていなければ、尊敬を得られないことがある。逆に、さほどの知性もなく、生まれが卑しく、身分が低くても尊敬を受けることは可能である。

偉人が必ずしも尊敬されるとは限らないが、有能な人間は尊敬を受けて然るべきだ。有能な人間とはその地位に相応しい資質と長所を備え、いかなる点でもこうした美点を汚すことのない人物である。最後に、尊敬の念についてより明確な観念を持ってもらうためにいうなら、能力、節度、自己への敬意、それに誰もが認める権力を備え、他者に恩恵を施すことも他者を傷つけることもできる場合にその権力を賢明に用いること、こうした要素が結びつくことで、人は尊敬を得られるのである。

「つまらぬ奴」という語は新しい言葉だが、正確な意味をもっている。それは「尊敬すべき人間」に対立する概念である。どんな地位にもこうした人間はいる。「つまらぬ奴」とは地位に相応しい長所もなく、そのうえ自分から己の品位を下げる人間のことである。こうした人物は他人への敬意以上に、自己への敬意が欠けているのである。

正当に尊敬を獲得することもあれば、不当に我が物にすることもある。その長所が評判になっている人物に会う。どこが彼の長所なのか見極めてやろうとすると、何の長所もないのに驚いてしまう。あるのは雰囲気だけ、重々しく尊大な調子だけだ。少々無作法でも差し支えないし、それらしい物腰があれば十分な場合もある。こうした人間は尊敬されて当然という顔をしており、回りも実際に敬意を抱いているのである。こうした見せかけがなければ彼らは評価されることさえないだろう。

これまで行ってきたような分析、検討してきた議論から次のように結論していいだろう。名声は優れた才能への報酬であり、多大な努力によって支えられている。このため、その影響は人類一般、少なくも国民全体にまで及ぶ。また、評判はその範囲において、時にはその原理においても名声とは異なる。不当に手に入れた評判は決して確実なものではなく、時に恥辱となることもある。もっとも正直な人間がもっとも有益な人間であり、各人は自分の地位に見合った尊敬を望むことができる。

第五章　大貴族について

人間一般に関わる対象を検討したところで、次に社会における階級をいくつか取り上げて考察してみよう。まずは、大貴族からである。

大貴族。この言葉の実態はもはや歴史の中にしか存在しない。大貴族とは出自のうえでは臣下だが、それ自体が偉大な存在であり、法には従うが、その権勢ゆえに、服従するとはいってもあくまで当人の自由な意志に委ねられる人間であった。このため、大貴族はしばしば主君にとっては反逆者、臣民にとっては暴君となったのである。こうした大貴族はもういない。

人民は貴族の凋落によって勢力を伸ばすことができた。そのため貴族はさらに権勢を失ったが、国家にとっては彼らが何も失わないよりもすべてを失うほうが望ましいのである。

貴族と呼ばれる、あるいは貴族と称する人々の名簿をこれから作るとした場合、その名簿を誰から始めればよいかで悩むことはあるまい。しかし、その名簿を誰で終えるべきかを正確に示すことは不可能である。区別の指標となる微妙な差異を見分けることができないまま、ブルジョワジーにまで到達してしまうだろう。ヴェルサイユに出向く者は誰もが宮廷に伺候すると思っているし、宮廷の一員であると信じているのだ。間近で接することのない民衆があの人は貴族だと思ってくれる。世にいう貴族の大半は単にそのおかげで貴族として通っているに過ぎない。華やかな外観に度肝を抜かれた民衆は彼らを遠くから崇めてしまう。何かを期待できる相手でもないし、もはや怖がるにも及ばないということが分からない。たまたま民衆の支配者だとはいっても、他の場所に行けば、彼らを相手に民衆自身が取っているのと同じような態度を貴族たちも取るはめになるのだが、民衆はそのことを知らないのである。

権勢が身分の高さに追いつかない貴族たちは、恐ろしく金のかかる、とはいえ、なしではすまされない贅沢三昧のために絶えず金銭的な援助を必要としている。したがって、たとえその気があっても廉直の士を助けてやる余裕などない。そうするには奢侈に限度を設けなければならないが、これ以上の贅沢はもう金が続かないというところまで行かないかぎり、奢侈には際限がない。つまり、余計なものに出費を続けるために、必要なところでしか切り詰めようがないのである。

貴族が人々の心に抱かせる畏怖の念についていえば、いくらでも実例を挙げてわたしの意見に反論できるだろう。しかし、そうした実例が増えるのは、この問題に関して誤解があるからだ。お偉方も下層の人間も同じ支配者を戴いていること、同じ法によって縛られていること、思い切って法に訴えればまず間違いなく効果があること、こうしたことに気がつけば、貴族への畏敬の念など消え去ってしまうだろう。だが、その勇気をもつのは並大抵のことではない。現実の権力に抵抗するよりも、想像上の権力を滅ぼすほうがいっそう勇気が必要とされる。人は心の中よりも頭の中のほうがより臆病なものだ。暴君が力ずくで人々を奴隷にする以上に、自ら進んで奴隷になる人間が暴君を生み出すのである。

おそらくこの点で知的勇気と心情的勇気とは区別される。常にその境界線が固定されているわけではないが、この区別自体は正しいものである。思うに知的勇気とは、危険、脅威、災い、不幸をあるがままに正確に見据え、その結果、これを切り抜ける方策を見いだすことにある。こうした危機を実際以上に過小評価するのは知性の欠如であり、過大評価するのは勇気の欠如である。臆病さは危機を誇張し、そのため危機を増大させる。盲目的勇気は危機を見えなくするが、常に危機を弱めるわけではない。いずれの場合も危機に打ち勝つことはできない。

知的勇気は多くの場合、心情的勇気を前提とするし、また必要とする。心情的勇気は大抵、肉体的苦痛や身体に迫る危険、あるいはそれに関わる危険が相手の場合のみ発揮される。知的勇気は人生の中でいっそう厄介な状況でものをいう。一目でそれと分かる危難に敢然として立ち向かう人間はいくらもいる。しかし、不幸に見舞われても挫けることなく、災い転じて福となすことのできる人間は滅多にいない。戦場では英雄だったのに、宮廷では臆病な人間をどれほど目にしたことか。

お偉方に話を戻そう。正確にいえば、力を握っているのは貴族と呼ばれている人々ではない。貴族たちは高官に援助を仰ぐことを余儀なくされている。名もなく生きることを定められ、求めるべき好機も期待すべき野望ももたない民衆よりも、貴族は援助を必要とすることがはるかに多いのである。

影響力のある貴族がいないというわけではない。しかし、その影響力はもっぱら、彼らが手に入れてきた尊敬や行ってきた奉仕、それに、国家がまだ彼らを必要としているという事実に由来しているのだ。

だが、単に貴族であるだけのお偉方には権力も人を直接動かす信望もないため、彼らは小細工や如才なさや陰謀によってそれを手に入れようとする。こうした手段に頼るのは力のない者の特徴である。威厳に満ちた態度を取っていれば敬意くらいは払ってもらえるだろうが、権力を与えてくれるのは地位だけだ。

こうした区別がいかにはっきりしたものだとはいえ、宮廷に暮らす人々はこの区別を頭で理解する以上に肌で感じているようだ。彼らの考えよりも彼らの行動のほうがこの区別に適応している。というのも、彼らは考えなくても誰の機嫌を取るのが自分にとって大切か分かっているのである。民衆はといえばこんな区別があるとは思いもよらない。そして、このことが貴族にとってもっとも有利な点のひとつになっている。相手が何も知らないのをいいことに、貴族たちは、民衆が当然の義務のように黙って自分たちに奉仕するよう要求しているのである。

身分の低い者たちは貴族に向かって義務を果たすよう迫ろうとしても、ついためらってしまう。その原因は単に臆病さだけではない。彼らは自分たちの権利に確信が持てないのである。貴族の豪勢な暮らしを見てその費用を支えている当の貧者が圧倒される。自分の手で神像に仕上げたばかりの大理石を震えながら崇めた彫刻家のように、貧者は自分が作ったものを前にして尊敬の念を抱いてしまうのである。

もし、このお偉方が完全に没落したら、彼にとって民衆が誰にもまして残酷な迫害者となることは事実だ。民衆が抱いていた尊敬の念は宗教的崇拝だったのであり、軽蔑は瀆神だといってよかろう。偶像が倒れたとなれば、民衆はそれを粉微塵にするだけのことだ。

貴族たちは、同じ身分の人間が相手の場合でも尊敬を得られるのは贅沢三昧のおかげだと確信しているので、全力を尽くして豪勢な暮らしを維持しようとする。宮廷人は財産を失った途端に馬鹿にされる。己を厳しく律する気高い心の持ち主よりも、法に触れるような手段を使ってでもやり繰りしている人間のほうが尊敬されるほどである。しかし、このうえなく汚い手段まで使い尽くしたあげく没落すれば、これもまた徹底的に品位を落としたことになる。はっきり悪徳と認められるのは不幸に結びついた悪徳だけなのだ。

第六章　信望について

わたしがいま貴族について述べたことは、信望とは何か、その本質、原理、効果とはどのようなものかを検討するためのきっかけとなってくれる。

信望とは他人の権力を利用することである。信望の大きさはどれだけ有効に、また頻繁に他人の権力を利用できるかに応じて決まる。したがって、信望は、少なくとも利用する相手である権力に比べれば劣っているが、それ以外の面では何らかの優越性を備えていることを示している。

だからこそ、信望が話題になる時、貴族よりも単なる私人の信望が、大臣よりも貴族の信望が、君主よりも大臣の信望が称賛されるのである。意識して注意しなくても、人間の知性が信望について抱く観念は実に公正なものであるため、君主の信望などというものが話題になるのが馬鹿げたことだと思わない者はいない。ただし、彼と対等の地位にあり、結束すればある種の優位を獲得できるヨーロッパの他の国王たちの間で君主が得ている信望を問題にする場合は別だ。

本人が偉大で自国では絶対的な権力をもつ王よりも、限られた権力しかもたない国王のほうが、ヨーロッパではより大きな信望を得ることができる。前者の権力はこうした信望を手に入れるうえで唯一の障害となりかねない。どの時代を見てもこうした例には事欠かない。時には私人がこの点で君主に勝る場合も見受けられる。

この点について主題と関わりのない細部にまで立ち入ることはしない。私人に関わる点にのみ考察を絞りたい。ところで信望とは、自分のために権力を要請するのであれ、他人のために要請するのであれ、権力とそれを求めるものとの関係である。ただし、次の違いがある。他人のために助力を獲得してやるのが信望であり、自分自身のためにそれを得るのは寵愛にすぎない。

信望は、その本質においてはとりたてて自尊心を満足させるものではないが、その原理、結果から見れば実に心地よいものとなりうる。その原理とは人が得ている個人的な敬意、尊敬であり、周囲から寄せられる好意であり、差し出される利益であり、あるいは回りに抱かせる恐怖である。

高い評価に基づいた信望は何にも増して心をくすぐるはずである。それは長所に対して認められた当然の報酬だと考えられる。好意をもたれることに由来する信望は、それ自体が名誉なことかどうかという点では劣るにしても、普通、前者の信望よりもいっそう確実なものである。だが、どちらの信望もたいていの場合、期待あるいは恐怖——どちらも同じ原因のふたつの結果である以上、つまりは利害ということになるのだが——には膝を屈する。このように、異なる動機が競合し合っている時、どの動機がもっとも優勢かを判断するのはたやすい。

前二者の動機は通常あまり強力なものではない。長所を認める場合にはいつも悔しさが付きまとう。当然すべきことをしただけになってしまう。恩を売るほうが自尊心はいっそう満足する。他方、好意を寄せることは相手を喜ばせはするが、世間が思うほど感謝の念を抱かせるものではない。他の多くの動機のほうが、つまりあまり立派なものとはいえないにせよ、友愛の快楽に勝る種々の快楽のほうが、好意よりも優勢であることがよくある。

さらに、高い地位にある人間には友人が極めて少ないし、彼らはそれをほとんど気にもとめない。野心と仕事で頭が一杯なため、彼らの心には友情が入り込む余地など残されていないのだ。人々が彼らに友情を抱くのは、神に礼拝を捧げるようなものである。友人に心を開いているように見えても、彼らは気晴らしをして憂さを晴らすことしか求めてはいない。彼らは甘やかされた子供のようになる。愛されながら感謝することもなく、自分の意志や気まぐれにわずかでも障害が立ちはだかると苛立ってしまうのである。彼らが人間というものを知る機会、人間など尊敬もできず、当てにもできないものだと学ぶ機会は確かに多い。たとえ自分が人に好まれ敬意を受けるに相応しい人間である場合でも、人々が自分を取り巻いているのは好みや敬意からではなく、利害のためだということを彼らは知っているのである。自分に取り入ろうと競い合う連中が回りで互いに卑劣で悪辣な策略を用いるのを彼らは間近に見ており、こうした連中の忠誠に果たして応えてやるべきかどうかを判断しているのだ。大袈裟な言葉で褒め讃えれば、それがまるで心からの賛辞であるかのように、彼らも気持ちをくすぐられる。だからといって彼らがいつも卑劣な動機を見逃してくれるわけではない。かつて自分の同僚たちが失脚した時の周囲の変節ぶりを彼らは経験している。このため高位にある人々に対しては多少の猜疑心は大目に見てやるべきだ。彼らの友情は他の人たちの友情より見識あるものに違いない。

長所や友情が信望に寄するところが極めて少ないとすれば、信望とはもはや利益に対して支払われる報酬、期待と恐怖により決定され、それらを貨幣とする純粋な取引にすぎなくなるであろう。引き立ててやることで恩を売れそうな相手、そのことで感謝してもらえばそれが自分にとって名誉となるような相手、こうした相手を拒むことはほとんどない。この場合、引き立ててもらうことが相手が手に入れる利益である。返礼を期待できる相手を拒絶することはなおさらない。この期待はたいていの人間にとってもっとも分かりやすい利益なのである。また、恨まれるのが怖い相手には人はたいてい何でも与えてやるものだ。とくにこの恐怖を思いやりという仮面で隠すことができる時にはそうである。しかし、本当の動機を隠せない場合でも人は迷ったりしない。人々は互いの心を読むことで、自分でもやりそうなことだとなれば、相手も内心ではそれを是認するだろうと考えているようだ。

いちばん包み隠しようのない恐怖とは、廷臣が特定の人物に対して抱く恐怖である。その地位は取るに足りないが、宮廷の内部に親しく通じているために、あるいは様々な状況ゆえに彼らは危険な存在となることがある。人々は気を使いながら彼らに対応する。この気遣いが恐怖に慎重さという外観を与えてくれる。このため人々は赤面しなくても済むのだ。知性にとって名誉となることのために性格が貶められるとは思えない。この種の人たちの懇願、単なる推薦がもっとも有力な大貴族の要請、推薦にも勝ることはよくあるし、友人の要請、推薦より効果があることは間違いない。とりわけ、新しい友人のほうが有利であることを思えば、旧友からの頼みなどよりずっと効き目がある。人間は、味方にしたい、仲間に引き入れたいと思う相手には何でもしてやるが、もう大丈夫だと踏んだ相手には何もしてやらないものだ。古い友人の特権とは、真っ先に拒絶されること、そして拒絶されても文句が言えないことくらいだ。もし、自分を信用してくれるあまり、相手が拒絶の理由を教えてくれたりすれば、過分なる幸福と思わねばならない。

どんなにささいな恩恵についても実に多くの状況が競合し、錯綜しているために、恩恵がどのように、誰によって与えられるのかを見分けるのは難しい。ここから、寛大な気持ちもないのに親切にしてやり、感謝の念も抱かずそれを受けるということが起こるのである。というのも、恩恵を施そうにもそれを必要としている相手にうまく出会うことは稀だし、してもらった親切が本当にありがたいことはさらに稀だからである。必要なものは冷たく拒まれ、要りもしないものはたやすく与えられる。人は奉仕は申し出るが、援助は拒む。

信望の効果あるいは動機とは利益、尊敬、寛大さである。

利益のためにしか自分の信望を利用しない人は、信望ある人間とさえいいかねる。こんな連中はもはや卑しい飼い犬にすぎず、その卑劣さは保護者の側にも跳ね返る。報酬と引き換えの恩恵は、恩恵を受ける者を貶め、恩恵を与える者の名誉を汚す。

尊敬されることを目的とする場合は、普通、自分の信望を周囲に知らせ、これに輝きを添えるために信望を利用する。信望を確かなものとし、これを広げるうえで、また信望を手に入れるうえでも、信望を備えているという評判はそれだけでもっとも確実な手段のひとつである。いずれにせよ、こうした評判は極めて心地よい報酬である。このため、多くの人が見せかけのために現実を犠牲にするほどだ。信望ある人という偽の評判のせいで多くの請願に悩まされながらも、しつこく付きまとう連中の目を覚まして彼らを遠ざけたりしないよう用心している人間がどれほどいることだろう。

しかしながら、恩恵を施すとはいいながら実につまらないことしかしてやろうとしない人々は、次の点を肝に銘じておくべきである。つまり、どんな信望があるにせよ、彼らは人に役立つ以上に不満を抱く者を増やしてしまうということだ。こうした輩は、自分には彼らから奉仕を受ける特別な権利があると思っているのである。

恩恵を施したいという欲望で頭が一杯なのに、まるで正反対の評判を招いてしまうこともないではない。この世では、善行の総量が要求の総量に追いつくことなど決してないからである。どんな信望でも、その結果手に入れる評判に追い越されてしまう。少しでも信望があるように見られると要求はどんどん増えていく。寛大な気持ちからいくらかの援助をしてやった人間が、要求のすべてには応じてやれないために不親切な人物だと見なされてしまうこともある。高い地位にある人間がやむを得ず拒絶する場合、事を荒立てないためにはいくら親切な態度を取っても取り過ぎることはないというのはこうした理由によるのである。

自分が拒絶した相手から不当な仕打ちを受けても、親切にしてやった人たちからの感謝がその慰めとなってくれる。このように考えることは可能だ。しかし、厚意を乞う時には熱心で、そして多くの場合卑しいまねまでするくせに、それを受ける段になるとまるで当然のような顔をして平然と受け取り、自分は何の働きかけもしていない、向こうがこちらの思いを察してくれたのだと思わせようとする人間があまりに多すぎる。こうした振る舞いは必ずしも、見識を備えた公正な人物という栄誉を恩人に残してやりたいというこまやかな感謝の念の結果であるとはいえない。

わたしは慈善家のやる気をなくさせようとしているわけでは決してない。逆に、わたしは私心のない、気高い感情を鼓舞することで、彼らに嫌気がさすことを防ぎたいのだ。こうした感情があればいつでもうまくいく。それは、寛大な気持ちだけを理由に恩恵を施すこと、人に親切にするという喜びだけを目的に恩恵を施すことである。こうした喜びは絶対に確実な報酬、人々の忘恩といえども奪い取ることのできない報酬である。しかし、もし慈善家が感謝に弱いものだというのなら、恩恵を施す相手は有徳な人物にすべきだ。感謝の念を抱くのはこうした人物だけである。

第七章　時代の寵児について

あらゆる国民の中でフランス人はすべての時代を通じてその性格が変化を被ることのもっとも少なかった国民である。十字軍時代のフランス人のうちに現在のフランス人を見いだすこともできるし、ガリア人にまで溯ってもなお多くの類似点が認められる。この民族はいつも生気に満ち、陽気、寛大、勇敢、真摯で、自惚れが強く、移り気で、傲慢、かつ軽率であった。その美徳は心情に発しており、その悪徳はもっぱら才知に由来している。優れた性質が悪しき性質を矯正し、あるいはこれと釣り合いを取り、おそらくそのすべてが等しく競合して、フランス人をあらゆる人々の中でもっとも社交的な人間にしている。これがフランス人特有の性格であり、それは高く評価すべきである。しかし、このところのフランス人は度が過ぎているのではないかと危惧される。つまり社交的であるだけでは飽き足らず、愛される人間になることを望むようになったのだ。人々は行き過ぎと完璧さとを取り違えているのではないだろうか。このように言うからには証拠が、つまり説明が必要だ。

社会にとって望ましい性質とは偽りのない礼節、粗野にはならない率直さ、卑劣さに陥らない心遣い、追従にならない親切、遠慮とは異なる敬意、とりわけ善行へと向かう心である。このように、社交的な人間とは実に優れた市民である。

愛すべき人間、すくなくとも今日そう呼ばれている人間は、公益にはまるで無関心で、趣味が合うからとか、あるいはたまたま交際することになった人たち全員に気に入られようとして躍起になり、そのためならひとりひとりを犠牲にすることもやぶさかではない、といった人間である。こうした人物は誰も愛してはいないし、誰からも愛されない。誰にでも気に入られるが、交際を求めてくる当の相手から軽蔑されている場合も多い。

奇妙なことだが、こうした人物は相対立する二つの方向に引き裂かれていて、いつも他人のことで頭が一杯なのに、自分にしか満足しておらず、その割には他人からどう思われるかだけに自分の幸福をかけている。そのくせ、おそらく本人が想像している他人からの評価は不正確なものだし、あるいはどのように評価されているのか知らないこともある。人を楽しませたいという度を超えた欲望に動かされて、自分がもっとも高く評価している人物でも、その場にいないとなれば、内心では馬鹿にしているくせに自分の話を聞いてくれる連中の悪意の犠牲にしてしまう。危険であるだけでなく軽薄極まりないことだが、こうした人間はほとんど本気で誹謗、中傷が気晴らしと同列のものだと信じている。誹謗、中傷がそれ以外の効果を生むとは思ってもみない。幸いなことに、とはいえ習俗にとってはより恥ずべきことだが、彼がこの点で下している判断が正しい場合が時折あるのだ。

社交的な人間が取り結ぶ個々の人間関係は、彼をますます国家へと結び付ける絆である。愛すべき人間の場合、それは新たな気晴らしにすぎず、それだけ本質的な義務から遠ざかる。社交的な人間といると、この人と共に生きたいという思いが沸いてくる。愛すべき人間とはたまに顔を合わせるだけで十分だ。こうした性格の中には悪徳、浮薄さ、欠点が寄り集まっているため、多くの場合、愛すべき人間とはもっとも愛される価値のない人間である。

　しかし、愛すべき人間だという評判を手に入れたいという野心は次第に一種の伝染病になりつつある。嗚呼、徳の輝きをも凌ぎ、悪徳の免罪符となってくれる称号に心がくすぐられずにおられようか。ある人物がひどく体面を汚すまねをして、彼と付き合っている人々までが非難されるような場合、その人々は世間の言い分をすべて認めてしまう。我が身を守るにも、体面を汚した当の人物の弁護に努めたりはしない。そうではなく、彼らはこう言うのだ。「おっしゃる通り、でもあいつはとても愛すべき男なんです」と。こう言われると反論できないため、いやおうなくこの理屈が筋の通ったもの、あるいは世間に通用するものになってしまうのである。われわれの習俗においていちばん危険な人間とは、陽気で愛想のいい悪徳漢だ。そうであれば何をやっても通用するし、醜悪に映ることもない。

　その結果どうなるか。世間はこぞって愛すべき人間になりたがり、他のことは気にかけない。そのためには義務も、そしてこれで尊敬を失うとしたら尊敬も犠牲にしてしまう。この浅薄な熱狂がもたらすもっとも不幸な影響のひとつは、自分の地位を軽蔑し、自分が責任を担っている職業を軽視することだ。本来なら、自分の職業においてこそ人間は真っ先に栄誉を求めるべきなのである。

　司法官は、研究や勉学を、もっぱら社交界に向いていない人間に適した見栄えのしない仕事だと考えている。また、いくら義務の遂行に身を捧げたところで、ほんのいっとき彼らを必要とする人たちに何かの拍子に分かってもらえるだけだと思っている。このため、司法官たちが愛すべき人間であるのを目にすることは珍しくない。彼らは華々しい訴訟において、裁判官であるというよりも、むしろ著名な人々の利害を同僚たちに説いて回る請願者なのである。

　ある特定の階級出身の軍人は、軍務に就くというのは部下を分与されることだと信じている。そうなれば軍隊における階級とはもはや位階を区別するだけのものとなり、任務遂行を求められる職務ではなくなってしまうだろう。

努力を傾けて作品を残せばその時代を教化し、後世に名を残すこともできたはずの文人も、自分の才能をいかすことなく、磨きをかけることを怠ったために才能を失ってしまう。著名人のひとりになれたかもしれないのに、いつまでたっても仲間内での才人というだけで終わるのである。

いつの時代もあれほど熱くたぎり、かつてはあれほど活動的だった野心からして、小細工と人に気に入られる技術だけを栄達の手段としている有り様だ。昔の方が今よりも野心家の行動原理がより公正なものだったわけではないし、その動機が称賛に値するものでも、そのやり方が罪のないものでもなかった。しかし、その仕事は国家にとって有益なものでありえたし、徳に向かう競争心をかきたてることも時にはあったのだ。

愛すべき人物になりたいという欲望のおかげで、社会はかつてよりも心地よいものになった、という意見もおそらくあるだろう。そうかもしれない。だが、これだけは確かだ。つまり、社会が得をした分だけ国家は損をしたのであり、この交換は得にはならないということだ。

他のすべての職業にまでこの病が伝染したら一体どうなってしまうのか。もっぱら人々の教化のために存在する団体にこの病が入り込むのを目にしている以上、こうした心配もありえないことではない。現在いわれている愛すべき性質などというものは、かつてならこの団体にとって少なくとも品位を欠いたものであっただろう。

愛すべき性質なるものは大部分が他愛のないことに基づいているのだが、われわれがそれを評価してしまうために、もっと自分たちの利益にとって大切なはずの性質に対して無頓着であることに、われわれは知らず知らずのうちに慣れてしまうのである。公益に関わることは自分たちには縁がないとでもいわんばかりだ。

偉大な将軍なり、政治家なりがこのうえなく立派な任務をやり遂げたとしよう。われわれはとにかく敬意を表する前に、彼らが愛すべき人間であるかどうかを自問し、そんな点で傑出していることが偉人にとって相応しいとは限らない場合もおそらくあるだろうに、彼らはどういった部分で感じがいいかと問うてみるのである。

重大な問題、筋の通った推論、合理的な意見、こうしたものはすべて華やかな社交の場から締め出され、「上品さ（bon ton）」〔本来は、洗練された口調や物腰〕から外れるものとなっている。この表現が発明されたのはつい最近だが、その意味も明らかにされないまま、すでに陳腐なものになってしまっている。そこで、この表現について思うところを述べてみたい。

一流の才人たちが備える上品さとは次のようなことである。取るに足らないことを愉快に語る。話の優雅さのおかげで大目に見てもらえる場合以外は、決して道理にかなった台詞は口にしない。そして最後に、何か自由な見解を表明するはめになった場合、昔なら慎みの気持ちから気を使ったものだが、それと同じくらい気を使って、自分の見解の根拠を示すことを余儀なくされているのに、これを隠そうとする。愛嬌はなくてはならないものとなったために、悪口を言う場合でも愛嬌がないと人には喜ばれないほどだ。他人を傷つけるだけでは十分ではない。何をおいても楽しませなければならないのである。そうしないと、どんなに悪意に満ちた話も、話題となっている相手よりもむしろ話し手のほうの汚点となる。

この、いわゆる上品さなるものは才気の濫用に他ならないのだが、それでも多くの才気を必要とすることに変わりはない。このため、愚かな連中の間でこの言葉は仲間内の隠語になった。世の中で数がいちばん多いのは愚か者であるために、この隠語が幅をきかせることになったのである。その意味はいわゆる「茶化す」ということである。それはつまり、概念を伴わない言葉のうんざりするような寄せ集めであり、馬鹿には受けるが、理性ある人間なら眉をひそめる、また立派な人物や臆病な人間なら戸惑ってしまう類いの、そして社会を耐え難いものとするような話をまくし立てることである。

この手の振る舞いが度を越えた下品さに陥らない場合もある。しかし、そのほうがいっそう油断がならない。自分でも気がつかないままに、誰かに何かそのかしたり、悪気のない告白を引き出したりして、その人物をたちの悪い冗談の道具にしたり犠牲にしたりすることで、彼を一座の悪意の生け贄にする場合がそうだ。

この種の才気の持ち主が初めてこうした悪ふざけをしてみたとき、彼は当然受けたに違いない。新しい発明品が常にどんどん改良されるのと同じで――そもそもの出発点が間違っている場合には、それはつまり、ますますひどいものになるということだが――、悪口も今やある種の交流関係を成り立たせる中心になっている。悪口という名称がなくなったわけでもないのに、悪口は忌まわしいことではなくなってしまったのである。

悪口はいまではひとつの流行に他ならない。高い地位にある人たちは、かつてなら到底こんな流行を容赦しなかったであろう。というのも、こうした人々がいくら世の中のために貢献しても、悪口が社会にもたらす損失を埋め合わせることはできないからである。悪口は社会の基盤を掘り崩してしまう。それゆえ、悪口は悪徳の権化とはいわないまでも、少なくとも悪徳の結果なのである。現在では悪口はひとつの芸になっている。他に何の取り柄もない連中にとって、悪口は長所の代わりとなり、それで尊敬が得られることも多いのだ。

凡庸で他人の猿真似をするだけの小悪党や月並みな皮肉屋が大勢生まれる原因はここにある。こうした人間の中にはまったく邪心のない者もいる。彼らの性格はこのような悪意とはまるで正反対なものだ。自分の心情に従っていれば彼らは実に善良な人たちだったろう。時には彼らに同情したくなるほどだ。人を苦しめるのは、彼らにとっては大いに骨の折れることなのである。このため、自分の演じている役柄が堪え難くなり、これを放棄してしまう者もいる。一方、演じているうちに進歩を遂げ、それでいい気になって堕落してしまい、いつまでもその役に固執する者もいる。この流行を通じて得をしたのは、生まれながらに堕落した心、常軌を逸した想像力、不誠実で偏狭で無節操な精神を備え、徳を蔑ろにし、良心の呵責にも縁がないといった連中だけだ。こうした手合は自分たちが一座の中の英雄だと思って悦に入っている。だが、本来なら、彼らは憎まれて当然であろう。

面白いのは、この手の人間関係を形成している人々の間にも上下関係が行き渡っているということである。上下関係がこれほどうまく調整されているところは他にはない。かつてある国々では運悪く近づいてきた人たちを生け贄にしたのと同じように、通常、彼らはたまたま自分のもとへやってきたよそ者を標的にして名を上げる。

しかし、新しい犠牲者に事欠くようになると、その時は内乱が始まるのである。首領は自分の部下を代わる代わる犠牲にすることで、自分の支配を維持する。その日の犠牲者となったものは他の連中に容赦なく打ちのめされる。彼らは嵐が自分の方に向かうのを逸らすことができて大喜びなのだ。多くの場合、残酷さは恐怖の結果である。しかし、下っ端たちは互いを相手に力量を試し合う。どちらも気の利いた毒舌しか口にしないように努める。辛辣ではあっても、粗野にはならない言い方がしたいのである。だが、いつもこんな軽妙な才気を発揮できるわけではないし、自尊心というのは敏感なものだから、しまいにはひどく侮辱的な台詞をぶつけ合うことになりがちだ。そうなればどんな結果になるか。こうした心配をしなくても済むようになるには経験を積むしかない。しかし、気難しい性格であることと自ら品位を堕とすことの間には何らかの中庸を得た気質というものがある。そう考えることができれば、こんな不愉快な思いをしながら生きることもないだろうし、人々の団結も強まり、相互に抱く敬意も増すだろう。

因果応報が世の習い。このため、いかに自尊心を傷つけられようと、こうした人間には何であれ真面目に受け取る権利などない。彼らはいわば才気を競うために果し状を交わしたのであり、才気以外の武器に頼ろうとすれば負けを認めなければなるまい。才気で栄冠を勝取るかどうかはいまや名誉の問題である。

しかし、どんなに恐怖や軽蔑や憤りや退屈を覚えても、こうした交際をやめようとはしないのにはやはり驚かされる。こうなればもう行くところまで行って、ついには悪口を言うのも馬鹿馬鹿しいと思うようになることを願うしかない。それが悪口を消滅させる唯一の手段である。醒めた理性だけがこうした連中を威圧し、時には狼狽させることができるのだ。

他人を侮辱する習慣を身につけてしまった人間は、いまさら自分の栄達のために節を屈して骨身を削るようなまねなどできないだろうと思われがちだ。しかし、そうではない。出世しようと思えば、敬意を抱かせるよりも恐怖をかき立てるほうがよいのである。それに、皮肉屋であれ、悪党であれ、人間嫌いであれ、風変わりな人物を装っている連中は、実に見事に自分にとって必要な人物の取り巻きに収まってしまう。自ら作り上げてきた評判のお陰で、彼らが親切な素振りを見せると、それは極めて重みのあるものとなる。世間が考えるよりも彼らは簡単にへりくだり、卑屈な世辞を振りまくようになる。そして、世辞を言われた方はこう信じ込むのだ。「こんな性格の連中が、自分を相手にする時には彼らに似つかわしくない言い回しをせざるを得ないのだ、してみると自分にはよほど確たる長所があるに違いない」と。陳腐で大袈裟な称賛はいちばん確実に相手を喜ばせる。気が利いていて洗練された褒め言葉は、褒めた側の名誉となる。誇張された賛辞は受け取る相手の心をくすぐる。彼は誇張を的確な表現だと取り違え、偉大な真実は手練手管に頼って言い表わせるものではないのだと考えるのである。

いま話題にしているような交際がそうそうあるものでないことは認めねばなるまい。唯一これ以上に珍しいのが、非の打ち所がないほど快適な付き合いである。このような交流はおそらく、人々が多少なりともそれに近づいていくための美しき夢想であろう。こうした仲間は離散した国家のようなもので、どの階級にもそのメンバーはいるが、彼らをひとつの団体に結集するのは実に難しい。しかしながら、自分たちの間の交際がまさにそれだと主張しない人間はひとりもいない。それは人を集める合図のようなものだ。ただ次のことを指摘しておこう。こうした交際は自分が属しているよりも上の身分に存在することはあっても、自分より下の階級に存在することなどありえないと思っていない人間もまたひとりもいないのである。高官たちは自分たちのところと同じように宮廷にもこうした交際があるものと考えているが、ブルジョワ連中のところにはないと信じている。しかし、ブルジョワはブルジョワで同じような思い上がりを抱いているのだ。

この点でまったく聞く耳をもたない宮廷人について言えば、彼らは快い交際など自分と同じ境遇の人間の間にしか存在しないものだと思い込んでいる。知性が同等だとすれば、彼らが一般の人々に比べてひとつの長所を備えていることは事実だ。それは、彼らが最良の言葉とより心地よい言い回しで自分を表現できるという点である。

町に住む馬鹿がたわごとをいうよりも、宮廷に暮らす馬鹿のほうが優雅にたわごとを語るというわけだ。身分の低い人間にとって、自分をうまく表現するというのは知性の証拠、あるいは少なくとも教育の証拠である。宮廷人がうまく表現するのは当たり前なのだ。不適切な表現を使わないのは、それを知らないからである。下品に話す宮廷人がいるとすれば、彼には外国語を習得した学者に匹敵するほどの価値があるとわたしは思う。実際、どんな才能も生まれもった能力次第なのであり、とりわけ、その能力をいかに鍛練するかにかかっているのだ。だから、言葉の才能、あるいはむしろ会話の才能は他のどこよりも宮廷で磨かれるのが当然なのである。宮廷では言葉を発しないわけにはいかないが、何も語ってはならないことになっている。このため、言い回しは増えて行くが、考えは狭くなる。わざわざ断る必要はないだろうが、わたしがここでもっぱら話題にしているのは、ヴェルサイユを必要としているくせに、そこで何の役にも立っていない無為な廷臣たちのことである。

これまで述べたきたことから次のように言える。宮廷において才気ある人々が心情のうえでも美質を備えている場合は、彼らの間の交際がもっとも快いが、こうした付き合いは稀である。社交界の人々にとって賭け事は彼らの生活の耐え難い重苦しさを軽くするのに役立つ。また、快楽を追い求める際に彼らが時折助けを求めて招きいれる才人たちは、社交界の人間のおつむが空っぽであることを証明しているが、その空白を埋めてくれることはない。趣味や信頼や自由によって結び付いている人たちにこうした治療薬など無用だ。

世間は普通、社交界よりもブルジョワたちのある種の交際のほうを好んでいると知れば、おそらく社交界の人間はひどく驚くだろう。そこには洗練された快楽はないにしても、少なくとも皆の心に伝わる喜びがある。多くの場合、多少は粗野なところもあるが、しかし、社交界の半可通が入り込んでいないことは実に喜ばしいことだ。そんな人間はここではなおのこと笑い者になるだけだろうし、さらに、自分を受け入れてくれた相手に自分を強く印象づけることもないだろう。幸いなことに、彼らは理性と習俗に反すること以外、滑稽だとは思っていない。

交際という点に関して、表現の仕方が若干違うことを考慮に入れないとすれば、社交界に属する全階層とブルジョワジーとは実際には世間が思う以上によく似ていることが分かるだろう。そこには同じ煩わしさ、同じ空しさ、同じ辛さがあるのだ。了見が狭いかどうかは、対象が何であるかよりも、対象を検討する人間次第で決まるのだ。日常的な交際について言えば、一般に社交界の人間はブルジョワに比べて勝っているわけでも劣っているわけでもない。ブルジョワが社交界の人間をまねたところで得にもならなければ損にもならない。自分に必要なものに関わることしか考えず、それ以外の問題については概して何の考えもない下層の民衆を除けば、残りの人間はどこでも同じようなものだ。快適な交際は地位や身分には左右されない。それは、思考力と感性を備え、正しい意見と誠実な感情をもった人々の間にのみ存在するのである。

第八章　滑稽さ、独自性、気取りについて

滑稽さとは多くの場合、それを信じる人間にとってだけ存在する亡霊のようなものだ。抽象的な言葉というものは多用されるとそれだけその概念が曖昧になる。各人がその概念を拡大したり、縮小したり、あるいは変更してしまうためである。結果が違うのを見て初めて、あるいは様々な適用をしてみてようやく、人々は原理の違いに気がつく。意味のいちばんはっきりしない言葉を定義したいと思うのであれば、いちばんよく用いる言葉を定義すべきであろう。

滑稽さとは流行あるいは世論に衝撃を与えるものである。普通、世間は流行や世論を理性と混同していること

が多い。しかし、理性に反するものとは愚昧もしくは狂気であり、また公正さに反するとすれば、それは犯罪である。したがって、それ自体は正しくもなければ誤りでもないが流行のお陰で正当なものとされている事物、そうしたものとの関係で初めて滑稽さというものが生まれるはずなのである。服装、言葉遣い、態度、物腰、これがその管轄領域であり、この領域を侵すとは次のような場合を指す。

われわれの間では、流行っていること、それが何より道理に適うことなのだ。このため、われわれは流行との関係で行動、思想、意見を判断する。流行に合致しないものは滑稽だと見なされる。流行っているか、流行っていないか、これがわれわれの判断規則だ。流行るべきか、流行るべきでないか、ここまで考えることは滅多にない。この原理に従えば、その結果、滑稽さは徳にまで及ぶことになる。そしてこれが徳の輝きを曇らせるために嫉妬心が必ず用いる手段なのである。笑い者にするほうが誹謗するよりもうまい手だ。誹謗は誹謗した本人の上に降りかかったあげく、消えてなくなることがある。悪意もそれが巧妙になると、悪徳のもつ醜さをも警戒してこれに頼ろうとはせず、悪徳と滑稽さを結び付けて悪徳を非難する。こうして悪徳は光栄にもあたかも徳のように遇してもらえるのである。それにより、悪徳は醜悪さという面ではましになるが、いっそう軽蔑されるようになる。

かくして滑稽さは徳と才能を害する毒となり、時には悪徳への懲罰となった。

嘲笑されるということは社交界の人間にとっては災厄である。だから、彼らがこの空想上の存在を専制君主扱いしているのはそれなりに筋の通ったことなのである。

人は名誉のために命を犠牲にする。また、財産のために名誉を犠牲にすることもよくあるし、時には笑い者にされる恐怖のために財産を犠牲にする場合もある。

嘲笑されまいとして多少の注意を払うのは別に驚くことではない。付き合っていかなければならない人間の中には、それが重大事だと思っている人たちもいるからである。しかし、分別ある人間がこの点であまりに過敏になるのはいただけない。このように必要以上に怖がるから、何でも笑いものにしてやろうとするけちな連中が次々と生まれたのである。流行の品物を扱う商人がこれから流行る商品を決めるのと同じように、こうした連中が何を笑いものにするのが流行りなのかを決めているのだ。もし、彼らが物笑いの種を割り振るという仕事を我が物にしていなかったとしたら、当の彼らが嘲笑の的になっているだろう。彼らは、自分の命を救うために自らが死刑執行人になる犯罪者のようなものだ。

本人たちはまるで分かっていないが、こうした下らない連中のいちばん馬鹿なところは、自分たちの支配力がどこでも通用すると思っていることだ。自分の影響力などたかが知れたものだと分かれば、恥ずかしくてそんなものは投げ出してしまうだろう。民衆は彼らの名前も知らない。ブルジョワたちに知られるのが関の山だ。社交界においても、忙しい人間がこうした迷惑極まる下賤の輩に注意を向けるのはほんの気晴らしにすぎない。かつてはこうした類いの人間だった者ですら、理性が目覚め、歳を取れば仲間から離れ、彼らのことを思い出すこともほとんどなくなる。また、著名な人士がこの手の連中のことをわざわざあげつらったりしないとしても、それは、こんな手合に目が向くほど彼らが低級な人間ではないからであろう。

嘲笑するという行為がもつ影響力はこれを行使している人間が考えているほどに広く及ぶものではないが、社交界ではいまだこの影響力は強すぎるくらいだ。われわれのように軽々しい性格の国民が、何より人々の交際を画一的で活気がなく退屈なものとしてしまうような拘束に服従しているのは驚きである。

滑稽だと見られることへの子供じみた恐怖は自由な思考を妨げ、精神を狭め、単一の鋳型にそれを押し込んでしまう。そして、もともと面白くもないうえに、何度も使われるためにうんざりするような同じ台詞ばかりが頭に浮かぶようになる。たったひとつのバネが色々な機械に一様で同じ方向の運動を伝達するようなものだ。思うに馬鹿だけがこうした欠点のお陰で得をする。利口な人たちもおしなべてどんなに頭の悪い者にも分かる共通の尺度に同じように従っているために、この欠点に関しては馬鹿者も彼らと同じレヴェルにあるというわけだ。

同じような話し方をしている限り、知性の差はほとんど現れない。それがないと自分にあった口調というものがなくなってしまう人間にとって、こうした話し方はなくてはならないものだ。それはちょうど召し使いに着せるお仕着せのようなものである。お仕着せがなければ召し使いは着るものがない。

流行の口調を身につけていれば馬鹿であっても構わない。そんなものはありもしないのに、世間は才気あふれる人だと思ってくれるだろう。逆にどうでもいいような慣習を知らないというだけでまるで馬鹿扱いだ。どこか別の場所である人物に出会い立派な人だと感心した、そこで、悪気はないのだがよく考えもしないまま今度連れてきますと言ったうえで、自信をもってその人物を宮廷に紹介したところ大恥をかいた。こうした経験は実に多い。しかし見込み違いをしたわけではないのだ。ただ、それまでは理性だけに従ってその人物を判断していたのに、今度は流行に合っているかどうかで彼を見てしまったのである。

嘲笑から逃れるためには、笑いものになるようなまねをしなければ済むというものではない。嘲笑される覚えなどまるでない人も笑いものにされるのだし、どんなに尊敬すべき人物でも臆病なために嘲笑をはねつけることができない時には、笑いものになる場合も多いのである。軽蔑すべき連中ながら、大胆で流行の習俗に通じた人間は、他の誰よりもうまく嘲笑をはねつけ、叩き潰してしまう。

滑稽さといっても多くの場合、何が滑稽なのかはっきりしているわけではない。人々が滑稽だと思って初めて滑稽となるのである。そこには嘲笑の的にされる側の態度ひとつでどうにでもなる部分がある。そうした場合には嘲笑を受け入れることが必要だ。力ずくで嘲笑をはねのけるのではなく、軽蔑しながら、あるいは無関心なまま、時には喜んで嘲笑を受け入れることで相手の出端を挫くのである。嘲笑はメキシコ人が使う矢と同じだ。鉄は射抜けても羊毛でできた甲冑には歯が立たない。

これでは嘲笑されても当然だという場合でもやはり、相手の牙を抜くためのこつがある。笑われる原因となったことを大袈裟にやってみせるのである。そんな攻撃など痛くも痒くもないという顔をすることで敵を馬鹿にしてやるのだ。

さらに、嘲笑をものともしないこうした大胆さは人々の称賛を呼ぶ。大抵の人間には実際の値打ちだけで物事を評価する能力などない。軽蔑が終わるところで称賛は始まる。独自性、普通それが人々の称賛の対象となるのである。

同じことなのに、ある程度のところまでは滑稽だと見なされ、度を越すと一種の輝きを放つというのは何とも奇妙なことではないか。その原理が褒むべきものか忌むべきものかはともかく、人目を引くほどの独自性とはこうした効果を持つ。

このようなことになるのは、世間のどこを見渡しても同じような性格しか見当たらないことに人々がうんざりしているからだとしか言いようがない。同じ思想、同じ見解、同じ物腰を目にし、同じ台詞を耳にすることに飽き飽きしているため、人々はこうした退屈な状態を断ち切ってくれる人間に心底感謝するのである。

正確には独自性とは何か特定の性格を言うわけではない。それは単に生き方の問題であって、どんな性格にも結び付く。自分が他人とは違うことなど意識せず、自分自身を失わないことである。というのも、自分が他人とは違うことに気がつくと独自性は消えてしまうからである。それは答えが分かった途端、不思議でも何でもなくなってしまう謎々のようなものだ。自分が他人とは違うことに気がつき、こうした違いは自慢できることではないと分かれば、わざとらしく独自性を気取るしかほとんど手はない。こうなると、それは卑しさもしくは高慢――どちらも同じことだが――になってしまい、本来の独自性が社会に何か刺激を与えて、その沈滞した気分を吹き飛ばすのとは逆に、もううんざりという気持ちを起こさせる。

自分には何が欠けているのか大抵は分かってはいるが、それは単に今まで手に入れようとしなかっただけだと思い込んでいる愚か者は、独自性が受けているのを目の当たりにして、自分も独特な人間であるかのように振舞う。だが、こんな馬鹿げた計画がどんな結果に終わるかは誰にでも分かる。

こうした連中は、それがいちばん自分に相応しいのに、何の価値もない人間であることに甘んじるどころか、是が非でもひとかどの人物になりたがる。こうした輩は何とも耐え難い。名の知られた天才たちでも幾分かは常軌を逸した部分がないわけでないことに気がついて、というより、そう言われているのを聞きかじって、彼らは何か狂気じみたことを思いつこうとしてみるのだが、ただ愚かなまねをするのが関の山である。

見せかけの独自性とは個性の欠如に他ならない。他人と同じようになることを避けるだけでなく、ひたすら他人とは違ったものになることばかり目指すのだ。

われわれは、まるで配役を決めるように性格が割り振られている社会に生きている。ある者は哲学者、別の人物はおどけもの、第三の男は気難し屋というわけだ。初めは愛想のよい人間になりたかったのだが、その役はもうふさがっているというので皮肉屋になるものもいる。何ものでもなければ何にでもなれる。

馬鹿な人間がこうした悪癖に染まることには驚かないが、才気ある人物にも同じ欠点を見つけるとこれは驚く。こうした例は、自負心よりも虚栄心が強く生まれついた人間に見られる。彼らは自分の欠点を矯正しようと励むよりも、むしろそれを誇張することで独自性という看板を掲げ、欠点を美化しようと考えているのである。彼らは自分自身の性格を演じているのだ。本性から徐々に遠ざかり独特の性質を作り上げようとして本性を研究する。単純素朴とはかけ離れたこと以外、何もしたがらず、何も言いたがらない。しかし不幸なことに、並外れたものを探そうとすればえてして凡庸なものしか見つからないものなのだ。才気ある人間でも、凡庸であろうとした場合に劣らず、凡庸になってしまうのである。

自分らしさを求めても見つかりはしない、努力すればやりすぎになる、やりすぎになればその性格が偽りであることがばれる。このことを肝に銘じるべきであろう。つっけんどんな人間を演じようとすれば冷酷になってしまう。いきいきした人物を演じれば頭に血の上った軽率な人間になる。見せかけの善良さはわざとらしい礼儀正しさに堕して、その嫌らしさのために馬脚を現す。偽りの率直さなど不愉快でしかない。しばらくはうまく化けおおせることもあるだろうが、所詮はその場限りの態度に過ぎないのだから、決して正直さにまで到達することはない。正直であることが率直さを支えているのであり、正直であってこそいつでも率直でいられるのである。率直さとは誠実さのようなものだ。それらしい行為をいくつかやったくらいでは誠実であることの証明にはならない。それに反する行為がたったひとつでもあれば、証明は崩されるのである。

要するに、どのような見せ掛けも最後にはばれる。そうなれば、実際の価値よりも低いところにまで身を落とすことになる。天才として通っていたために、あとになって馬鹿呼ばわりされる人間もいるのだ。自分が騙されていたことに対する世間の復讐は半端なものではない。

だからあるがままの自分でいよう。自分の性格に何かを付け加えるのはやめよう。ただ、他人にとって迷惑なもの、そして自分にとっても危険なものになりかねない部分をなくすようにすればよいのだ。理性の限界を越えることなく、流行の奴隷にならない勇気をもとう。

第九章　資産家について

昔に比べて社交界との関係が、とりわけ上流社会の人々との関係が強まった身分がふたつある。文人と資産家である。とはいっても、それはもちろん、文人ならその評判と個人的魅力によって、資産家ならその贅を尽くした裕福ぶりによって仲間内でも際立った人たちに限っての話だ。どんな身分にも上に立つ者もいれば中流の者も下層の者もいる。

徴税官〔当時、この職は多大な収入をもたらした〕にとって貴族といえばもっぱら庇護者であった時代はそう遠い昔のことではない。今日では両者は肩を並べている。前世紀には徴税業務によって得た富の大半はまっとうなものとはいえず、こうした財産は名誉とはならなかったが、それ以降はずっと尊重されるようになった。最初に儲けると欲が出る。欲が出るとさらに儲けたくなる。こうした思いが強ければ豪勢な暮らしをしようとは思わない。倹約の習慣が緩むことはないし、この習慣を守っているかぎり、天分や目立った幸運がなくても、ほどほどの資産を元手にたゆまず働いて、巨大な富を手に入れることは十分に可能である。

そこで当然ながら人生を楽しみたいと思う者がいたとしても、彼らは便宜品や娯楽やささやかなぜいたくで満足するだけの分別を備えており、人目を引くような派手なまねは避けていた。そんなことをしても貴族には妬まれ、貧しい人たちには嫌われるだけだ。本当に楽しいと感じられることだけで満足していれば、世間では質素な人で通るだろう。

他に誇れるものがなく、このため金があることを自慢にするしかない連中は自分の財産を好んで見せびらかすのが常であった。夢中になって快楽に興じ、もはや手段を選ばずといった有り様で、彼らの豪勢な暮らしぶりはかつては愚の骨頂、悪趣味と下品の極みとされたものだ。

少しずつ金持ちになった人たちよりも、思いもかけず急に運が向いてきたためにあっという間に富者になった成金のほうが、通常、贅沢ぶりを誇示したがる癖が強い。自分が築き上げたものよりも運の良さのほうが自慢の種になるのだから奇妙な話である。何もかも懸命に働いてきたお陰だという人々は、自分がどれほどの過ちをかいくぐってきたか、どれほどの過ちを犯し、それを償ってきたかを心得ている。自分がなぜ金持ちになれたのかをよく弁えているため、彼らは娯楽を求めるにしても慎重だ。逆に、突如としてまるで別人のような境遇に置かれることになった連中は、自分は運命が特別に目をかけてくれるだけの価値をもった人間なのだと思い込む。彼らにはどうしてこうなったのか分からない。原因がはっきりしない場合、自分に都合のいいように解釈するのが人の常である。

この手の金満家は馬鹿にされても仕方がない。かつてはこうした連中の人格がその度外れな贅沢ぶりとあまりに不釣り合いであったため、今よりもいっそう物笑いの種となっていたものだ。

ただし当時は徴税によって財をなすというのはほとんど富くじを当てる程度のことだった。ところが今では、それは他の学芸と同様に、原理と方法を備えたひとつの技術、ひとつの学問、あるいは少なくとも巧妙さと大胆さがからむゲームとなっている。事業の性質によってどれくらい儲かるかもほぼ分かる。

徴税に携わることがなぜ軽蔑されるのか。国家は収入を得なければならない。そのためには税の徴収にあたる市民が必要だし、また、この仕事がその市民たちに利益をもたらすものでなければならない。とはいっても、その利益は限られたものであることが条件だ。さもないと世の顰蹙を買う。

抗議の声を上げようという時には、職権を乱用する人々の横暴、傲慢だけに的を絞り、そのうえで彼らを断固として厳しく罰するべきである。このように、職権を乱用することで権威に対する嫌悪感を抱かせる人間や、やり過ぎて人々を不幸に陥れたり、悪い手本を見せて人々を堕落させたりする人間には、相手の身分がどうであれ、公然と復讐すべきなのだ。

徴税官たちはいまだに評判が悪い。どうしてもそうなってしまうのは、彼らのやり口が横暴だからというよりも、彼らのうちの幾人かが傲慢だからである。不平を言っても圧し潰されてしまい、その不幸が知られることもない下層の人々、漠然と抗議の声を上げるだけでは守ってやることのできない名もない人々、こうした人たちを苦しめる不正、それが徴税官たちの悪評の原因だと考えるのは誤りだ。徴税官を非難する際、世間は思いやりの心や正義感から抗議の声を上げているわけではない。自分も豪奢な暮らしがしたいという嫉妬心から非難しているのである。

それを思えば、金持ちに生まれついたわけでもないのに富裕になった人たちは、よく考えたうえで控えめな態度を取ろうという気になってもよさそうなものだ。だが、財産があって至極当然の人間ですら資産家であることを大目に見てもらうためにはどれほどの技巧を必要としているか、彼らは十分に分かっていないのである。

まずいことに人間というのは自分の幸運を誇示したがるものだ。栄誉であれば公になることで存在するのだし、またそれにより増大もするが、幸運と栄誉とはまるで違うものだということを彼らは肝に銘じておくべきであろう。不幸な人々は他人が運に恵まれているのを目にするだけですでに十分卑屈になっている。なのに、それを見せびらかしてこのうえ彼らを辱める必要がどこにあるのか。

元はといえば自分たちが築いてやったものなのに決して分け前はもらえない、そんな財産を目の前にして民衆が嘆き、不平を漏らすのは当然である。しかし貴族はこうした財産を、大抵は国家の役に立てることもなく自分たちが使い果たしてしまった父祖伝来の資産に代わるものとして彼らの手に入ったのだと考えているに違いない。ほとんどの富はいくつかの名門が独占してしまう。そこで、世間に知れ渡った家名を売り払う貴族が現れる。その名を有名にするのに本人は何の苦労もしていない。こうした取引は自尊心と必要性の双方に基づいているのだが、この取引をしないことには、高貴な家門も忘れられ、貧困に陥るだろう。このような例は地方では珍しいことではない。一方で、富者たちが金持ち同士でしか縁戚関係を結ばなかったとしても、それは、彼らが現在維持している高い地位にまで到達するためには、ひたすら富の力に頼る以外になかったからであろう。彼らの家系はもともとその地位とは縁もゆかりもないものだったのだ。宮廷人が自ら事業に乗り出そうとでもしない限り、富者たちはいつか名門の家名を買おうとするだろう。最初にあえて世の偏見に立ち向かおうとする人間は躊躇するかもしれないが、その時も何か冗談で気を紛らわすこともできるし、また、金が沢山あればためらいなど吹き飛んでしまう。

しかし、徴税官と血縁関係を結んでいない貴族はほとんどいないのだから、彼らのほうではすでに徴税という仕事を軽蔑する資格を失っているのである。

徴税官を侮辱しないことは、かつては一種の親切であった。今日では彼らは誰とでも血縁関係にあるため、貴族の側から彼らを軽蔑することは不正であり、愚かなことでもある。身分違いの結婚をしない貴族もいるが、それは資産家のほうが貴族の相手を求めるほど貴族という身分を高く買っていないからである。

生まれを鼻にかけている人間なら誰でも身分違いの結婚をするだけの値打ちがあるとは限らない。家名を売るというのは誰にでもできることではないのだ。

礼節ゆえに貴族が徴税官に対して尊大ぶるのをやめることはないにしても、利害がからめば貴族も自重する。その場にいない徴税官をからかいの的にするのは、彼らの人格を軽蔑しているからというより彼らの財産を妬んでいるからである。その証拠に面と向かっている時には徴税官に対して敬意を払い、やたらと気を使い、賛辞をふりまいている。貴族たちは、こうした振る舞いも自分たちの優位が歴然としている証だと見てもらえるだろう、へりくだったところで何ら危険はないのだと甘い期待を抱いているが、本当の動機を読み違える人間などひとりもいない。時には貴族たちも徴税官相手に少しばかり苛立ってみせることもあるが、そうした態度は相手と平等であることをごく自然に示す態度のように見えるものだから下の者にはそれだけ心地よい。こうした役柄を演じている当人は、公平な観察者ならこれを高邁さと思ってくれるだろうと期待しているようだが、それは無理というものだ。たとえこうした小細工が思惑とは逆の結果を招いたように見える場合でも、彼らが徐々に温和になり、逃げ腰の相手を連れ戻すために見え透いたお世辞まで言うのを世間はしっかり見ているのである。すると貴族たちはちょっとふざけてみただけだという顔をしてするりと身をかわしてしまう。そうすれば卑劣さも露骨にならずに済むというわけだ。

富者たちが自分は他の人間より優れた人間なのだと結局は思い込むようになるとしても、果たして彼らはそれほど大きな誤りに陥っているのだろうか。世間のほうでも、義務として敬意を払わざるを得ない高位の人物を相手にした場合と同じだけの敬意——同じだけの尊敬といってもいいが——を富者に対して払っているのではないか。人は外見でしか判断しないものだ。では、騙す側が汚い手を使う巧妙ないかさま師だから世間は手もなく騙されてしまうのだといっていいのだろうか。

どんなに知性があっても、どんなに善良に生まれついていても、ほとんどの金持ちは、裕福であるためについ横柄で不機嫌な態度を取ってしまったり、金があること以外に取り柄がないというので、あるいは世間からそのように見られているというので、恥ずかしい思いをしたりするものだ。

しかし、彼らは昔に比べて社会の役に立っているのだし、彼らが奉仕している相手に比べて事実上優位に立っているのである。本当に劣った立場にいるのは奉仕を受けている側だ。それに奉仕が金銭による場合にはそこに屈辱が結び付く。当然のことながら奴隷より乞食のほうが低く見られているのはこのためだ。奴隷は単に屈服させられているだけだが、乞食は自分からはいつくばっている。徴税官の機嫌を取ろうとする人間は卑しいが、徴税官を受け入れておいて恩を忘れる人間はもっと卑しい。こうした卑劣な輩はもはや貴族とは言いがたい。このような恩知らずたちが高貴な生まれであるほど、また高い地位に昇るほど、その卑劣さの度合いは増すというものだ。

富が招き寄せる尊敬にどうして驚くことがあろうか。富が実際には美点でないことは確かだ。しかし、富はあらゆる便宜品、あらゆる快楽、時には美点さえも手に入れる手段なのである。幸福を手にするうえで役に立つもの、役に立つと思われているものは何であれ大切にされるだろう。富者と富とを同一視しないことは難しい。外見を飾ることも同じ錯覚を与えるのではないだろうか。

哲学的検討を加えることで、ある人物から彼の本質には関係ない華やかさをすべて取り除こうというのであれば道理にかなった話だ。しかし、そんなことをするのは哲学のせいではなく、面白くないという気持ちからだとわたしは思う。

それに、何であれ自分が重視しているものと同じ役割を果たしてくれる存在があれば、それを尊重しないはずはないではないか。まさにわれわれにとって富というのはそうしたものである。原因か結果かの違いしかない。尊敬の対象となるもののうち富によって手に入らないのは高貴な生まれだけだ。しかし、地位や顕職や権力といった支えを持たず、ただ名門の出というだけでは、黄金によって手に入るものすべてを前にした時、その輝きはかすんでしまう。富を軽蔑する権利を得たいというのなら習俗を変えるしかない。

黄金が軽蔑され、能力だけが称えられた土地や時代があった。誕生して間もないスパルタとローマはわれわれにそうした実例を示してくれている。しかし、少しでもこれらの共和国の国制や精神に注意を向けてみれば、そこでは黄金は何の代わりにもならなかったのだから、尊重されるはずがなかったのだということに気付くであろう。人々は便宜品も知らなかった。真の欲求からはわれわれが知っている欲求の観念は生まれない。快楽に関して想像力が発揮されることもなかった。自然の快楽で十分だったのだ。いちばん大きな快楽でも金のかかるものではなかったし、奢侈は恥とされていた。かくして黄金は無用の長物であり、軽蔑されていたのである。こうした軽蔑は節度と厳格さの根源であると同時に結果でもあった。どんなに辛い生活も、それが栄誉を伴うものであれば人間を苦しめるものではなくなる。気高い魂にとっては大きな犠牲も凡俗の輩が思うほどには苛酷なものとは限らない。自分自身に対する誇りと敬意という感情を強く持てば、魂は高揚し、すべてが可能となる。自尊心ほど支配的な力を持つもの、あるいは慰めとなってくれるものは他にない。

これがラケダイモン〔スパルタの別名〕、そして揺籃期のローマの姿であった。しかし、悪徳と快楽が入り込むや否やすべてが、徳の報酬であるべきものまで文字通りすべてが金で買えるものとなった。このため、人々は黄金を求め、これを必要とし、評価し、称えた。われわれの知識、われわれの嗜好、われわれの新たな欲求、われわれの快楽、誰もが欲しがるわれわれの便宜品を見れば分かるように、それはまさにわれわれが置かれた現状である。ローマやスパルタの古い習俗を復活させたとしても、おそらくそれでわれわれはより幸福になるわけでも不幸になるわけでもないだろう。だが、黄金は無用となるであろう。

人間にとって確固として変わることのない性向はひとつしかない。それは利害関心である。それが徳に結び付けば努力などしなくても人は有徳になる。利害関心の対象が変われば、性格が変化するわけではないのに徳の信奉者が悪徳の奴隷となってしまう。美しいものを描く時も醜いものを描く時も、使う絵の具は変わらない。

国民の習俗が彼らの行動を司る原理である。法は歯止めをかけるにすぎない。したがって法は人間の行動に対して習俗ほどの影響力はもっていない。人はその時代の習俗に倣い、法に服従する。法を制定するのも廃止するのも権力である。一国民の習俗は彼らにとって法以上に神聖かつ貴重なものだ。国民は誰が習俗を作ったのか知らないため、習俗とは自分たちが作り上げたものだと思い、それが常に正しいと考えるのである。

ところが、隠密裏に計画を進めさえすれば、特定の国々では君主が信じられないほど容易に、腐敗の極みに達した習俗を変化させ、国民を徳へと導くことができる。こうした革新は様々な企てのうちでも傑出したものであるように見える。しかし、この企てが傑出しているのは、それが困難だからであるよりも、その効果が見事だからである。変化が生じるまでの間、事態は元のままなのだから富が尊敬を得ることに驚いてはならない。だが、そうしようと思えば、富を尊敬するなど恥ずべきことになるであろう。いや、習俗というものが人間の判断力よりも首尾一貫したものである以上、そうなるに違いないのである。

世間では普通、もうひとつ別の富裕階級を資産家の中に含めている。彼らは、自分たちは違うと主張しているが当然である。その富裕階級とは商人である。尊敬すべき、そして国家にとって必要な人々だ。彼らは豊かさをもたらし、ひとつの立派な仕事を活気あふれるものにしている。彼らの富裕はもっぱらそのお陰だ。その富は彼らの奉仕の証である。普通、徴税官に比べて彼らに社交界で出会うことは少ない。というのも、彼らは商売で忙しいため、下らない娯楽のために無駄にする時間などないのである。彼らは時間の価値をよく知っている。つまらぬ娯楽を好むのは暇であるのと同時に、それが習慣になっているためでもある。それにこうした娯楽は楽しみとはいいながら、退屈しのぎになるのと同じくらい、退屈を生み出す原因にもなっているのだ。

このため、商人は徴税官よりも多忙である。商業にも徴税業務と同様に筋道だった手順というものがあるが、徴税業務の場合はその手順に精通するに従ってこれを単純化できる。詐欺師の手口とはどれもその手順を混乱させることだ。商業の科学はさほど複雑ではないが、組み合わせはより多様だし、曖昧な部分は少ないが、その範囲はより広く、しかも、この科学が向上するにつれていっそう拡大する。原理を適用する際にはたゆまぬ注意を払う必要があるし、新たに事故が起これば新しい方策を講じなければならない。また、仕事の手を休めることはほとんどない。これに対して、それ自体が限られた範囲の仕事である徴税業務は一度動き出せば職人の手をそれほど必要とはしない機械のようなものだ。それは、たまにしか巻かなくてもいい振り子時計といってよい。

身分的偏見がどれもおしなべて誤っているわけではないが、商人たちの自己評価は道理にかなったものだ。彼らが行う事業、彼らが得る利益のうちで、社会全体がその分け前に与かることがないようなものはひとつもない。どこから見ても彼らの職業に敬意を払うのは当然である。商人は豊かさをもたらす第一の原動力だ。大半の徴税官は貨幣流通に適した水路にすぎない。水路がブロンズでできていようと粘土でできていようと、材料などうでもよいことだ。使い途は同じである。

一方は自分たちを富裕にしてくれる方法で名誉を得る。他方は自分の富を使って同じ目的を目指す。彼らが社交界に姿を現す気になったのはそのためだ。しかし、ほぼ同じころ文人たちが社交界に受け入れられるようになっていなければ、彼らはそこでひとり浮き上がった存在であったろう。

第十章　文人について

かつて文人といえば、学問に打ち込み、社交界からは距離を置き、同時代の人々のために仕事をしながらも後世のことしか気にかけていないものであった。彼らの生活態度は純真で粗削りで、社交界の習俗とはほとんど共通点がなかった。現在よりも教養の乏しかった社交界の人間はその作品に、というより著者の名前に敬服しており、彼らと共に生きることなど自分には無理だと思っていた。嫌悪の情よりも尊敬の念から文人とは距離を置いていたのである。

文芸、学問、技芸への嗜好が徐々に普及し、ついには関心のない人々まで興味があるような顔をするようになった。そのため、こういった分野で教養を積んだ人間は引っ張りだことなり、こうした人々との交際が楽しいものであることが分かってくるにつれて、彼らは社交界に招かれるようになったのである。

このような関係はどちらにとっても利益となるものだった。社交界の人間は才気を養い、趣味を高め、新しい喜びを手に入れた。文人の側でもそれに劣らず得るところがあった。彼らは庇護と尊敬を勝ち得たし、趣味をいっそう向上させ、才気に磨きをかけ、洗練された物腰を身に付けることができた。それに、幾つかの問題に関しては書物からは得られそうもない知識を仕入れもした。

正確には文芸とはひとつの身分をなすものではない。しかし他に身分をもたない人々にとっては身分の代わりになるし、特別な名誉も与えてくれる。こうした名誉は彼らより高い地位にある人間であっても手に入るとは限らないものだ。相手の才気を称賛したからといって、美貌を称える場合に比べてよりそれが卑屈な態度であるとは思われていない。ただし、地位や顕職をめぐって競い合っている人間が相手の時は話が違う。その場合には、才に長けていることが相手の敵愾心をいちばんかき立てることにもなりかねない。だが、地位のうえで歴然たる優位を保っている時には人は才人を親切にもてなすものだ。地位の劣った人物に対して、よそではライヴァルと奪い合わねばならないような褒美を与えてやるのは気分がいいものである。

才気には次のような利点がある。つまり他人の才気を評価することは、評価する人自身も才気にあふれていることの証明になるのである。あるいは才気にあふれていると思わせることができる。多くの人間にとってはどちらもほとんど同じことなのである。

文芸共和国はいくつかの階級に分けられている。碩学とも呼ばれる学者たちはかつては大きな尊敬を受けていた。文芸の復興は彼らのお陰である。しかし、現在では彼らは功績に見合った評価を得ていないため、その数は極度に減少している。これは文芸にとって不幸な事態である。彼らは社交界にはほとんど姿を現さない。彼らにとって社交界は居心地の悪いところだし、社交界の側ではそれ以上に彼らのことが気に入らないのである。

学者にはもうひとつ別の種類があって、その人たちは精密科学に専念している。彼らは評価されている。世間は彼らが有用な存在であることを認めているし、時には報いてやることもある。しかし、彼らは名前でちやほやされているのであって、人柄が好まれているわけではない。ただし、名声を生むもとになった功績以外にも何か人を魅きつけるものがあるという場合は話が別だ。

もっとも人気のある文人は一般に才人と呼ばれている人々だが、その中にもやはり区別がある。成功を収めることで才能が認められ、称賛を得る人たちはすぐに世間にも知られ、歓待されるようになる。しかし、彼らの才気の及ぶ範囲がその才能に関る領域に限られている場合には、いかに天分が感じられるにしても、作品が称えられるばかりで著者は無視されることになる。社交界ではこうした人たちよりも、もっと変化に富んだ知性の持ち主、これといった分野はなくても広範囲に才気を発揮できる人物が好まれる。

その時代にとって名誉となるのは前者のほうだ。しかし、社交界では人をより楽しませることが求められる。とはいえ何事にも埋め合わせはあるもので、偉大な才能の持ち主だからといって取り立てて才気にあふれているとは限らない。穏やかで変わることのない豊かなその流れによって恵みの大地を肥沃なものとしてくれる川よりも、わずかな量の水のほうがきらびやかな噴水を造るうえでは適している。才能の持ち主はもっと名声を得るべきである。それが彼らへの報酬だ。一方、以前にも増して社交を心地よいものとしたのが才人たちである以上、彼らにとって社交はもっと楽しいものとなって然るべきだ。それが、彼らに対する当然の感謝である。頻繁に顔を合わせたからといって才能が伝わることはないが、才人と一緒にいると自分も才気を発揮するし、また自分の才気も広がっていく。彼らのお陰で才気あふれる人間になれたという部分もあるのだ。こうして、彼らと共に過ごすことの楽しさ、また彼らと共に過ごすという習慣から親密さが生まれ、心が通じあえば身分の違いがあっても時には友情が生まれることもある。いくら才気かぶれが世を席巻しているとはいえ、誠実な人物として知られている文人たちが人を見極める眼力は、才能は讃えられながらも人格を批判されるような人間とはまるで違うものだ。この点は認めてやらなければならない。

賭け事と恋愛の前ではどんな身分も平等だといわれる。もしも才気がひとつの情念となったあとにこの格言が作られていたとしたら、ここに才気が付け加えられていたに違いないと思う。賭け事は上の人間を引きずり降ろすことで人を平等にする。恋愛は下の者を引き上げることで人を平等にする。そして才気が人を平等にするのは、真の平等とは魂の平等から生まれるものだからである。徳も同じ効果を生み出してくれればよいのだが、人間をただの人間にできるのは、つまり外面的な区別をすべて捨てさせることができるのは情念だけなのである。

文芸にとってもっとも好都合な相手は宮廷人である。もし、才気を頼りに世に出るしかない人物に忠告を与えるとすれば、わたしならこう言うだろう。何よりも同じ身分の人たちの友情を優先したまえ。それがいちばん確実だし、いちばん正しい。また大抵の場合いちばん役に立つ。こちらにとって有難い奉仕をしてくれて、しかも恩着せがましいところがないのは身分の低い友人たちだ。しかし、社交界とのつながりだけが望みだというのなら宮廷に知り合いを作ることだ。宮廷人との付き合いがいちばん快適だし、いちばん煩わしくない。策略、陰謀、罠、それにいわゆる汚い手といったものが渦巻いているのは、野心に満ちたライヴァル同士の間だけだ。宮廷人は自分にとって邪魔になりそうもない相手を傷つけようとは思わない。場合によっては親切にしてやることを誇りとしているくらいだ。彼らは有能な人間をそばにおくことを好む。こうした相手に感謝されれば鼻が高い。身分が高ければ高いほど、人は相手と自分との距離をあまり露骨に感じさせまいとするものだ。見識に裏打ちされた自尊心は結果的には謙譲とほとんど変わらない。立派な文人がこれみよがしに人を馬鹿にした態度で応対されることはないだろう。逆に、そうした目に合うとしたら、無礼な態度を取るくらいしか自分の方が上だと示しようのない程度の人間が相手だったのだ。彼らはこうした態度が自分の優位を証明する手段だと思っているのである。

才気をもてはやすことが伝染病のようになって以来、本来なら当の本人が庇護を必要とするくらいなのに、庇護してやる値打ちもないというので誰からの庇護も受けられない人物が、自ら才人の庇護者をもって任ずるようになっている。その中には文芸の役に立てることを有難く思って然るべき人間もいる。何しろこうした人たちはそのお陰で、自分が与えることのできる以上に多くの尊敬を得ているのである。

また、自分では社交界の人間だと勝手に思い込み――というのも、回りはどうして彼らが社交界にいるのか分からないのだから――、そこで文人に出会うと驚いたような顔をする者もいる。しかし、むしろ驚いていいのは、社交界の場でこんなつまらぬ身分の連中に出会った文人の方だ。こうした輩はお偉方に愛想をふりまき、同輩には無礼な態度を取るが、いつまでたっても余計者でしかないであろう。どれだけ多くの偽社交界人士がいることか。しかし少なくとも、請われて社交界に来た人々と、うんざりしているくせに自分からやって来る人たちとは区別する必要がある。

ここで事実を整理しておこう。社交界の人間であるためには高貴な生まれと高い地位が求められるが、利害のために社交界に執着する者、卑しいまねをして社交界に入り込む者もいる。また、たとえば資産家との繋がりといった個々の事情によって社交界に結び付いている人間もいる。さらに、選ばれて社交界に迎えられる人々もいる。これが文人への割り当て分である。好まれて招かれたからには必ずや特別な厚遇を受けることになる。

才気に優れ、文芸に通じた資産家はこのことをよく理解している。そのため、彼らの意見を聞いてみるなり、あるいは単に彼らの行動を追いかけてみるなりすれば、財産を享受しているのは事実だが、彼らが自分を高く評価しているのは財産以外の部分だということが分かるだろう。豪勢な暮らしぶりを褒められると、自分には別の長所があるのだと思っているだけに、彼らは気分を害することさえある。人間は自分がいちばん高く買っているものを自慢したがる。そこで、彼らは文人との交際を求め、その友情を得ていることを鼻にかけるのである。

幾人かの文人が成功したために、多くの人間が文芸の道に迷い込んでしまった。誰もが自分も同じように人を惹き付ける能力があると思い込んでしまったのだ。その中には、さほどの取り柄がなかったり、その取り柄とやらが社交には向いていなかったりと、とんだ勘違いをした者もいる。

多くの若者が天性の才能に従っているのだと信じ込んだ。成功できなくても、いまさらあとには退けないという気になるだけだ。初めから別の道に進んでおけば成功したかもしれないのである。こうして、文芸共和国のほうでも何ら得るところがないまま、国家は良き臣民を失ったのである。

文芸のおかげで得をするといっても、普通は上流社会で多少は楽しい思いができるという程度のことに過ぎないのだが、それでも妬みは免れない。愚かな連中は大抵が才気ある人間の敵である。才気というものは多くの場合、その持ち主にとってそんなに役に立つわけではないのだが、それでも、これほど激しく嫉妬にさらされる資質はないのである。

善良さを自慢しても許されるのに才気を鼻にかけるのは怪しからんというのだから驚きだ。才気自慢は、それが事実であればなおさら大目に見てはもらえない。ここから、人間は徳よりも才気のほうを高く買っているという話になったのだが、他に理由はないのだろうか。

人間は称賛せざるを得ないとなるとかえって好きになれないものらしい。仕方なく称賛しているだけで本心からではないのだ。あれこれ考えて称賛しないでも済むようにしたいのだが、褒めるしかないとなると、称賛の念のうちに屈辱感が混じる。この感情のために相手を好きになる気にはなれないのである。

たったひとつの言葉の中に多くの概念が含まれていることがよくある。才気や善良さといった語がそうである。ある人物がわれわれに向かって自分には才気があると言ったとしよう。おまけに彼がそう思うのも当然だとしよう。その場合、彼はまるでわれわれにこう告げたようなものである。つまり、「見せかけの徳で自分を騙そうとしてもそうはいかないし、自分を相手に諸君の欠点を隠すこともできない、自分は諸君をあるがままに見て、正当に判断するだろう」と。こんなことを言うのはすでに喧嘩を売っているようなものだ。逆に、自分が善良だと言う人間、そして、なるほどその通りと思わせる人間はわれわれはこう教えていることになる。われわれは彼の寛大さ、それに軽率さだって当てにしていい。彼の奉仕も期待できるし、彼に対して不当な仕打ちをしても大丈夫だ、と。

愚かな連中は才気ある人々を無駄に憎むだけでは飽き足らず、彼らが危険で、野心家で、陰謀好きな人間であると思わせようとする。要するに連中は、自分に才気があればそうなるだろう、誰だって同じはずだとしか思えないのである。

才気とは美徳や悪徳に運動を伝えるバネに過ぎない。ちょうど混ぜ合わせることで他の液体の匂いを発散させ、強める溶液のようなものだ。悪徳漢は才気を自分の情念のために利用してきた。しかし、才気がどれほど徳を導き、支え、飾り、育て、強化してきたことだろう。時にはただ才気があったというだけで、分別を伴った利害に導かれて、徳そのものに勝るとも劣らないほど立派な行動を取るという場合もあるのだ。同じ理由で、単に愚かであることが、おそらく悪徳と同じだけの罪を犯してきた、あるいはその原因となってきたのである。

本来の意味での才人、つまり、その才能で名の知れた人々、あるいは学問・文芸に対して確かな目を持っていることで知られた人たちに関して言えば、富や栄達を目指すうえで彼らが自分の競争相手になるのではないか、陰謀を巡らすのではないかと恐れるのは彼らのことをよく理解していないからである。彼らの大半は競争や陰謀といった点では無能だし、たまたまそうしたことに首を突っ込む者がいても、普通は自分が陥れられる側に回るのが落ちである。玄人の陰謀家は彼らがそういう人間だということがよく分かっている。そこで、陰謀家は何か微妙な問題に彼らを巻き込む場合、真っ先に彼らを騙すことを考え、都合のいい道具として利用するが、肝心なところでは権限を委ねようとはしない。反対に、まっしぐらに目標に向かって進み、たゆまぬ熱意と一貫した行動によって望みのものを手に入れる馬鹿もいる。

文芸を愛好していると金銭欲や野心といったものに無頓着になるし、多くの点で不自由な思いをしても文芸が慰めとなってくれる。また、不自由に気がつかない、あるいは不自由を感じないということもよくある。こうした傾向を思えば、結局のところ、才人は他の人たちよりもいっそう優れた人間だといわざるを得ない。さらに、才気がその持ち主にひそかな満足感を与えてくれることもある。こうした満足感のおかげで才人はもっぱら他人に対しては感じのよい、自分自身にとっても魅力ある人間になる。それは財産を手に入れるうえでは何の役にも立たないが、幸いなことにこの満足感があるせいで財産のことなどどうでもよくなるのである。

才人たちは仲間うちだけでこのうえなく快適に暮らしているだけに、自分が招いた卑しい妬みなどに心を悩ますことは少ないに違いない。彼らは自分たちがどれほど互いを必要としているか経験的に知っているはずだ。もし、何かの諍いがあって疎遠になることがあっても、愚かな連中がいてくれるおかげで彼らはすぐに和解する。

こんな愚か者たちとずっと一緒に過ごすのはとても無理だと悟るからである。

文人のほうから軽率に自分の首を絞めるようなまねをして攻撃の武器を相手に与えるようなことさえなければ、関わり合いをもたずに暮らしている敵たちが文人に危害を加えることはほとんどないであろう。

文芸の名誉と文芸に励む人々の幸福のために彼らにはひとつの真理を肝に銘じておいてもらいたい。それは彼らにとって揺るぎない行動原理となってくれるはずだ。その真理とは、彼らが競争相手に向かって不正なことを行ったり、口にしたり、あるいは書いたりすれば、そのせいで彼ら自身が名誉を失いかねないということだ。相手の感情を害し、それによって彼らを自分の敵とし、彼らを同じように破廉恥な復讐に向かわせることくらいならできる。しかし、公衆の手に委ねられている評判を傷つけることはできないであろう。われわれが左右できるのは自分自身の評判だけだ。人はいつでも自分で評判を上げたり下げたりしている。どんな場合でも嫉妬心とは妬みを感じる人間の中に劣った部分がある証拠である。多くの点で敵に勝っていたとしても、相手に嫉妬心を覚えたとしたら、何らかの点で自分が劣っているに違いないのである。

ある党派がたまたま成功を収めたり、もしくは一時的に嫌われたりすることはありえる。しかし、どんなに高尚な人間、あるいはいかに高名な人物であれ、公衆の見解を左右するような個人はいない。また、どれほど立派な団体であれ、世間の判断を決定する集団も存在しない。以前の公衆は今よりも知識がなかったし、判定者であることを誇ってもいなかった。それを思えば、現在はなおさら昔以上に公衆の判断を司るのは困難であろう。現代の公衆は文芸作品の上演に興じ、身の程知らずに作品を上演する人々がいれば自らの判断で彼らを軽蔑し、そうした作品に対して抱いた自分の見解を少しも変えようとはしない。

競争心以外のものを引き起こすような対抗関係は恥ずべきものだ、こんなことを文人に証明してみせる必要はない。証明しなくても分かっている。ただし、彼らの間の反目は彼ら全員の利害にも、彼らひとりひとりの利害にも直接反するものだということは心得ておくべきであろう。彼らにはこのことがよく分かっていないように思われる。

細心の注意を払って練り上げられた作品。新しい見解を打ち出すために生じた欠点と同時に作品の美点も指摘するような、良識があり、厳しいが正当で誠実な批評。これこそ文人たちに期待すべきものだ。彼らの議論は真実だけを目的としたものでなければならない。この目的のために刺々しさや毒のある言い方が生じたことは一度もない。真実は人類の利益となる。逆に、文人たちのいがみ合いは賢者の眉をひそめさせるばかりでなく、彼ら自身にとっても危険である。嫉妬心のせいで自分が劣っていることを理解する程度の知性はあるが、高慢なためそれを認めることはできない、こういった馬鹿者たちだけが、敬意を払ってしかるべき相手が互いに侮辱し合うのを見てほくそ笑むことになるのだ。こうして愚かな連中はさも軽蔑しているような顔をして、その下に憎悪の感情を隠すことを覚える。本来なら、彼らのほうこそ唯一軽蔑されて当然の連中なのである。人々を楽しませるために動物たちを戦わせていた頃に行われていたのとは全く逆のことが、今日、行われているように思われる。

文芸共和国の中には、頭がよいのにそれを役立てようともせず、わざわざ野蛮人たちに武器を与え、その使い方を教えている人たちがいるのだとわたしは思う。

第十一章　才気かぶれについて

才気ほど役に立つものは他にない。それが悪い結果を生むのは過度になった場合だけである。このため、繁栄した国家にとって文芸がどの程度まで役に立ち、その栄光に貢献できるかといった問題はここでは問わない。重要なのは次の点を知ることである。第一に、才気を好む風潮が、才気の向上に必要な程度をおそらく越えてまで広まり過ぎているのではないかということ。

第二はなぜ人々は才気を自慢の種にするようになったのか、したがって、この点に関する極端な敏感さは何に起因するのかという問題である。これらふたつの問題を検討するにしても解決するにしても、当然ながら同じ理由に根拠を置くことになるだろう。

もし、他の人たちが文芸に対して少なくとも興味くらいは抱いてくれないと、職業として文芸に励む人々にとってこの仕事がほとんど得にならないことは確実である。人々が関心をもってくれること、それが文芸が華々しく活動を続けていくうえで必要な報酬と尊敬とをもたらす唯一の手段なのだ。しかし、一般に才気という名で理解されている学識の一部がひとつの流行になり、公衆に広まった一種の熱狂になっても、文人はそのことで何の得もしていない。それに他の職業の人たちは損をしている。才人を自称する人間が無闇に現れたために、世間は本物の才人と、単にそう言い張っているだけの連中とをあまり区別しなくなってしまった。

重要で有益なさまざまな職業、あるいは何よりも必要とされる職業で、たとえば軍事、行政、商業、芸術など、それを目指す人間が全力を挙げて取り組むよう求められる仕事、こうした職に就いている人々の中で責任ある立場にいる人たちについて言えば、文芸に関する理解と適度な関心をもつことは、おそらく彼らにとって大きな資産となるであろう。彼らはそこで気晴らしや楽しみを見つけ、一定の知的訓練も行う。それは彼らが何か他のことをするうえでも無駄にはならない。しかし、文芸への関心が強くなり過ぎてそれに熱中するようになってしまうと、どうしても本来の務めに支障をきたすことになる。第一の義務は市民であることなのだから、全員にとって第一の務めとは自分の職業上の責務である。

文芸はそれ自体、人の心を引き付ける魅力をもっており、他の仕事をすることに嫌気を起こさせるし、どうしても放ってはおくわけにはいかない仕事も疎かにさせてしまう。才気への情念に取り憑かれた人間で別の職業をうまくやり遂げる者などほとんどいない。文芸に対して著しい才能をもっていながら、文芸とはまるで正反対の職業に就いている人たちも間違いなくいることだろう。天賦の才と仕事とが矛盾している限り、彼らは何の役にも立てないのだから、完全に文芸に専念していたほうが社会の幸福にとっては望ましいであろう。

このように才能が明らかで、天職がはっきりしていることは極めて稀である。大抵の場合才能が発揮されるかどうかは状況に依存しているのが普通だし、どれだけ訓練し、実際に用いたかに左右される。この、いわゆるって生まれた、しかし開花していない才能とやらを少し吟味してみることにしよう。

何もしないことがいわば仕事であるような人たちがいる。彼らは才気を愛好するようになり、自分は才気を好む人間だと公言する。つまりビラをまいたわけだ。そこで、このビラを読んでくれる相手を探し、熱心に世話を焼き、忠告を与え、庇護する。そして、自分の忠告でさんざん迷惑をかけた相手が作品を発表し成功を収めると、自分もそこに一役買っているのだと愚かにも信じ込む、あるいはそう思わせようとするのである。

しかしながら、彼らはそれによって一種の存在感、社会的評判を手に入れるのである。自分では何もせず、決定的な判断を下す権利だけで満足する抜け目なさがあれば、ほんのわずかでも才気のあるところを見せるだけで、世論は才能の持ち主本人よりも彼らのほうが優れているかのように誤解してしまうのだ。実際は何もしていないのだが、彼らは何でもできるのだと世間は信じ込む。そう思ってもらえるのも、ただただ何もしなかったおかげなのである。世間は彼らの怠惰を責める。彼らは懇願に負けて、自分が審判者を務めている職業に思い切って身を投じる。回りが好意的な先入観をもってくれているために、最初の習作はもてはやされ、称賛される。傑作が公衆の手から奪われることがあってはならぬ、などと世間は騒ぎ立てる。すると著者の自己満足はそれまでの慎みを失い、堂々と世に出てもよかろうと考えるようになる。

幻想が覚めるのはこの時だ。公衆は非難の声を上げ、彼らの作品など見向きもしなくなる。称賛していた人たちも言を翻し、ひとり浮き上がってしまった著者は、全身全霊を傾けずに済む職業などありはしないということを経験によって学ぶのである。実際、世間が引き合いに出す卓越した作品で、あるいは気の利いた作品ですらといってもいいが、プロの著述家の手によらないものは滅多にない。そうした著述家の中には別に職業を持っている人々もいるには違いないが、しかし、彼らが文芸の研究と実践に身を捧げていることに変わりはないし、自分の仕事を行う時以上に意欲的で、熱心である場合も多いのだ。実際のところ、内実の伴わない看板を掲げたからといって、あるいは他にどんな肩書もないからといって文人であるとは言えない。文人であるためには研究、専念、熟考、実践が必要なのだ。

まるっきり成功が得られず鼻をへし折られても、当の本人は目が覚めない。才気に由来する自尊心くらい敏感で、度し難いものはない。義務を果たせない場合より、自分が言い張ったことを実行できない場合のほうが屈辱感は大きいものだ。このため、本物の作家よりも著述を職業としていない人間の自尊心のほうがはるかに扱いにくい。これみよがしに無頓着な風を装ってみても無駄なことだ。彼らに騙される者などひとりもいない。無頓着というのは唯一、それを感じている当人が気づくはずのない心の状態だ。無頓着を標榜した途端にもはや無頓着ではなくなるのである。

苦労を要しない作品など存在しない。もっともできの悪い作品にいちばん苦しむこともよくある。それに目的もないのに苦労する人間はいない。自分が楽しむこと以外に目的はないと言うかもしれないが、それであれば印刷させるべきではない。友人に読んで聞かせるのも駄目だ。というのも、それは友人に意見を求めたい、あるいは彼らを楽しませたいと望むことだからである。相手にとって興味のない事柄について相談を持ちかける人間などいないし、向こうが少しも評価していない物を持ち出して喜んでもらえるとは誰も思わない。従って、こうしたいわゆる無頓着とやらはいつの場合も偽物だ。極めて関心が強いからこそ無頓着ぶりを演じて見せているのである。つまり、うまくいかなかった場合に備えて用心しているか、あるいは私心のない人間だと思われたくて、これ見よがしに超然とした態度を取っているのである。

世間が才気、才気と騒ぐようになる前は、才気がこれほど嘲笑の種にされることは決してなかった。しかし、人は才気を褒められると嬉しくてたまらない。他に自慢できることがありそうな人たちまで、こと才気の話となると、どうせ本気ではあるまいと自分自身分かっていても、お世辞を言われると、ついついその気になってしまうほどだ。だから、諸君が本音で接したりすればこうした人たちを不倶戴天の敵にしてしまう。ところがこの連中は、プロの著述家の自尊心に対しては今度は自分から非難の声を上げるのだ。

こうした過剰な自尊心を生み出した原因が何なのか検討してみたい。わたしの興味を引いたのは以下の点である。

未開人の世界では、人々の間で威厳と栄誉を手にする方法は常に肉体的な力であった。しかし、文明国では力は法に服従している。法が力を予防もしくは抑制しているのだ。このため、もっとも広く認められている現実的かつ個人的な栄誉は知的能力に由来するものである。

われわれの間では肉体的な力は栄誉にもならず、富を手に入れる手段にもなりえない。それはせいぜい骨の折れる仕事をするうえで有利だというくらいのものだが、こうした仕事を担うのは市民の中でも最下層の人たちなのである。しかし、法、政治、思慮深さあるいは傲慢さを基盤とした上下関係の存在にもかかわらず、どんなに低い身分の人間であろうと知的能力に恵まれた人物にはいつでも富と栄達を手にするための手段が残されているし、その手段は実際の例が教えてくれている。また、活かせば活かすほど現実的な利益が手に入るという類いのものではないために、財を成すという点ではまるで役に立たない知的能力であっても、やはり一種の尊敬は得られるのである。

だが、人間が発揮できるあらゆる知的能力の中で、なぜ才気がいちばん自尊心をくすぐるのであろうか。才気のどこが優れているのか。なぜ人々はこれほどまで才気を気取るようになったのか。こうした幻想が生じた原因は次のような点にある。

第一は、人間が自分の長所にもっとも執着するのは、その長所が自らに固有なものだと思っている場合だということだ。人はこうした長所があるのはもっぱら自分自身の力だと思い込む。知的能力に優れているかどうかを判断する場合、時間がたってようやく明らかになる結果よりも、その場ですぐに分かる徴に頼ることのほうが多い。結果が出るまでに時間がかかると、その結果と知的能力との関連に気がつかないことがある。このため、物事を深く考えることのできない人間から見れば、分かりやすいという点で、他の知的能力よりも才気のほうが上なのである。彼らは才気とは才人に特有なものだと考え、才気とは何かの助けを借りることもなくひとりでに生まれてくるものだと思っている、あるいはそう信じているが、それは、才気を支えているものを見分けられないからである。しかし、才気を陰で支えるものは厳然として存在するのだ。才能に差がない場合、もっとも傑出した著述家となるのは常に、同じ分野で大成功を収めた人々の作品を深く考えながら読むことで自分の糧としてきた人間である。考えの足りない連中はそこに気がつかない。どんなに豊かな知性の持ち主であっても自分に固有の考えしかもたないとなれば、その数はたかが知れたものだろう。他人の考えを知り、それらを比較することで独自の見解を多く生み出すことができるのだ。この点を世間はよく分かっていない。

第二は、才気にとって好都合な見解をいっそう助長しているのは、多くの場合、才気は比較対照がしやすいという点である。

才気にあふれ才能もある人物の息子が、父親の歩んだあとを進もうとして無駄な努力をしているのを見かけるが、才気くらい遺伝と関わりのないものは他にない。逆に、学者の息子は本人が望めば自分も学者になる。幾何学でも、原理、規則、方法を備えたその他のどんな学問でも、名声を手に入れられるとは言わないが、少なくとも先行者たちが持っていた知識にまでは到達可能だし、また普通なら到達する。

特定の学問の利点について、そのような学問の有益性は才気の有益性より現実的だし、広く認められているという意見がおそらくあるだろう。しかし、この反論はこうした学問を職業とする人々よりも、その学問自体に好意的なものである。

学問に身を投じる人は、どうしてもある程度まではその学問に関して教育を受けなければならない。そうしなければ自分でも心もとないだろうし、回りの人々がその学問のことを深く知りたいと思っているとすれば、彼らにも認めてもらえないだろう。学問といえどもまやかしとは無縁でいられるわけではないが、才気さえあれば済む分野に比べれば学問の世界ではまやかしが通用しにくい。この点、人々は本気で思い違いをしている。とりわけ、作品を発表することで馬脚を現すこともなく、才人、趣味人というただの肩書さえあればいいという人たちには、世間は簡単に騙される。これが才気をありふれたものにしている原因である。これほどありきたりのものになってしまった以上、本来なら才気はさほど自慢の種にならないはずだ。

では、この手の才人たちを別とすれば、有能で、その能力が疑問の余地なく証明されている著者たちは、他のいくつかの職業と比べてどういう点で自分たちが優れていると思っているのだろうか。

知的能力が評価を決める唯一の尺度であるべきだという前提に立って、有益性の程度が違っていても一切考慮に入れず、必要とされる知的能力だけで職業を判断するとすれば、趣味のいい娯楽作品の中でももっとも有名な作品と同じくらいの、おそらくそれ以上の洞察力、慧眼さ、頭の回転の速さ、議論、比較、要するに広範な知識を必要とする職業はいくらでもある。

統治や軍の指揮に関わる職業を例として挙げるつもりはない。ある種の地位に伴う華々しさは、その地位で成功を収めた人々に対して下される評価に影響を与えると思われるので、こうした職業を例に取るのはわたしにとって都合がよすぎる。また、取り上げて然るべき職業は世間が思う以上に沢山あるのだから、様々な仕事を何もかも取り上げてその細部まで立ち入って論じるのもやめておく。とにかくここでは社会の若干の仕事に目を向けることにしたい。

司法官たるもの、不正や三百代言のためにいっそう厚く垂れこめる暗雲を突き抜けて真実にまで到達するために、ぺてん師から潔白の仮面を引き剝がすために、また、困惑したり、脅えていたり、要領が悪いためにかえって無実には思えない人間をそれにもかかわらず見抜くために、潔白であるがゆえの落ち着きと犯罪者の大胆さを区別するために、さらに、自然的公正さと実定法を等しく認識し、調和させるために、社会の利益したがって正義そのものの利益を考えてそのいずれかを優先するために、正しく、綿密で、洞察力に富み、よく訓練された知性が必要なはずではないだろうか。そうであってこそ司法官職に相応しいというものだ。

また、裁判官が判決を下さなければならない事件の全容を解明し、それを示すために、また司法官の知識を導いたり、時には知識を与えるために――導き、与えるといったのは、裁判を混乱させようとする悪質な策略のことを語っているのではないからである――、弁護人も司法官に匹敵する能力を必要とするのではないか。

また批評という技術はどれほどの見識と論争の巧みさを必要とすることだろうか。

さらに、おそらく間違ったものであっても、現象を説明し、事実を確認し、それらを調和させ、新たな真理を発見するのに役立つようなある種の体系を構想するためには天賦の才の力がどれほどいることだろうか。

発案者の知識の広さを証明するような、そして、原理を知らない人たちにとっても確実な手引きとなるような有効な手順を考案するには、その学問に関してどれだけの明敏さがいることだろう。

しかし、こうしたフィロゾーフたちの中にはほとんど世間に知られていない人もいる。有名になるのは、知的世界に革命を起こした人たちだけであり、その一方でただ役に立つだけの人間は世に埋もれたままだ。平穏無事にその恩恵に与かっている時ほど、世間はその有難みが分からないのである。

才気が手にする栄光はこれとは全く異なり、多くの人間がそれを感じ取り、喧伝してくれる。人々はどういった見解が才気にあふれたものかはある程度は理解できるが、目の前に示されたような形で気の利いたところを見せるのは自分には無理だと感じており、そのために称賛の念を抱くのである。逆に、フィロゾーフはフィロゾーフにしか理解されず、仲間からの評価しか期待できない。つまり、極めて限られた尊敬しか受けないことになる。しかし、主として知的能力を要すると思われている仕事を詳しく検討したところで意味はない。普通は知的職業とはされていないが、実は知的能力を要する仕事は他にも沢山あるのだ。たとえば、商業において新しい分野を開拓するために、あるいはすでに確立した分野を改良するために、広大な知識が必要であることを疑う者がいるだろうか。

今述べたような様々な職業で名を馳せた人々については、その知的能力は否定できないことを世間もおそらく認めてくれるだろう。しかし、仕事に習熟せず、ただこうした職に就いているだけなら、さほど知性は必要ないという意見があろう。このような区別に答えるためには、同じような区別を立てて、文学の世界でうだつのあがらない連中をどれほど評価しているのかと尋ねるだけで十分だ。上に挙げた人たちを実際以上に低く評価するのは、彼らに対して不当な扱いをすることになる。

こう言うと、一見もっともらしいが根拠の弱い反論がまたひとつ持ち出されるだろう。つまり、次のように主張するのである。他のどの分野でもまるで無能なのに技芸やある種の学問で名を上げる人がいる、彼らは初めはそうした他の分野で努力してみたがうまくいかなかったのであり、わずかなりとも趣味のいい、人を楽しませる作品を創作できるどころか、会話の流れにもついていけないくらいだ、と。ここから、世間はこういった人間を決められた働きしかできないバネで出来た一種の機械くらいに思っているのだ。

だが、才気という点で優れた人間なら誰でも、他のどんなことでも同じようにできただろう、社会の様々な仕事もこなすことができただろうなどと世間は信じているのだろうか。おそらく才人たちは立派な司法官でも、有能な商人でも、優れた職人でもなかったろう。才人たちは、自分はこうした職業に向いていたという自信があるのだろうか。ある種の仕事に対して自分がもっている嫌悪感だと彼らが解釈したものは、おそらく、その仕事が嫌いであることの証であるのと同じく、その仕事に関しては無能だということの現れだったのかもしれない。傑出した才気の持ち主なのに、他の面では、また単なる会話の才能といったような――これだって他の才能と同じように才能のひとつであることには変わりない――才気と極めて関わりの深そうな分野でさえかなり劣っているという例はないだろうか。こうした例はおそらく見つかるし、それに驚くほうが間違いなのである。

才能の普遍性など幻想だということをはっきりさせるうえで、ありふれた才人たちを例に取って自論を権威づけようとは思わない。人類にとって名誉となるような、また比較された人間が恥じ入ってしまうような、希有の天才たちの領域にまで議論の水準を上げることにしたい。宇宙の体系の謎を解き明かしたニュートンだが、少なくともしばらくの間は、彼が同国人であることを自慢にしていた人たちからでさえ万能の人物とは思われていなかった。

人間というものに通じていたウィリアム三世〔在位一六八九―一七〇二。オランダ統領としてフランスに対抗。のちに名誉革命により妻メアリと共にイギリス王位に就く〕は政治問題で苦悩していた折、ニュートンに相談してはどうかと忠告を受けた。彼はこう言った。「ニュートンは偉大なフィロゾーフにすぎぬ」おそらくこのように呼ぶことだけでも稀に見る賛辞であったろう。だが結局、ニュートンは偉大なフィロゾーフにすぎぬ」おそらくこのように呼ぶことだけでも稀に見る賛辞であったろう。だが結局、ニュートンはこの時ウィリアム三世が必要としていた人間ではなかった。ニュートンはこうした場合には無能であった。ひとりの偉大なフィロゾーフにすぎなかったのである。

仮にニュートンが宇宙を理解することに捧げてきた労苦を統治の科学に向けていたとしたら、きっとウィリアム王もこの忠告を退けなかったであろう。

逆に、君主に相談してはどうかと忠告する人がいたとしても、状況や問題によっては、このフィロゾーフがこの忠告に応じたとは思えない場合もどれだけ多くあることだろう。ウィリアムは政治家、英雄、偉大な王にすぎないのである。

この君主とフィロゾーフは共に自分たちの天分の限界を見極める能力があったのだ。空想的な人間がどんな問題についてであれ自分の意見が容れられないのは不当だと思うのとは対照的である。この手の性格の人間は自分にできないことはないと信じ込んでおり、まさに経験のなさが彼らの自尊心を強固なものにしているのである。自尊心というやつは、失敗を体験しないことにはいわば身の程を知るということがないし、知識が増えない限りは意気消沈することもないのである。

もっとも重要な問題、例えば統治の問題に取り組む際に求められるのは的確な知性のみである。才気など邪魔になるだけだし、天才的頭脳が必要となることもほとんどない。こうした人物は管理するのが難しいという欠点があり、大きな変革を起こすことしか性に合わない。生まれつき彼らは何かを築き上げるか、あるいは破壊するかに向いている。天才にも限界はあるし、とんだところで的外れな部分がある。理性さえ培っていれば、我々にとって必要なことはすべてできるのである。

他のことで成功するのは絶対に不可能だというくらいはっきりとひとつの対象だけに適した才能というものは滅多にない。しかしその一方ですべては才能であると主張することもできる。つまり一般には、生まれつきある程度の資質を備えていれば、努力することで、とりわけ実践を繰り返すことで、どんな道であれ成功できるのである。わたしは一般論だけを述べようとしているのであり、天才やまるっきりの馬鹿は除外している。この両者は同じくらい希有な種類の人間なのである。

例えば、ふたつの概念を結び付けることもできないように見えながら、賭け事になるとこのうえなく複雑な手を確実に素早く組み立てる人物がいる。こうした計算を行うには間違いなく知性が必要であり、このような人物は、賭け事の才があると言われる。しかし、もしも賭け事というものが全く発明されていなければ、これほどやり手の賭博師たちもただの欲張りに過ぎなかったとでもいうのだろうか。こうした計算と組み合わせの才は学問に適用することもできただろうし、そうなれば彼らはその学問で名を上げていただろう。

多くの場合、状況が才能の違いといわれるものを決定している。つまり、小石を打ち合わせるとそれまで炎を抑え込んでいた均衡が破れ、火花が飛ぶようなものである。

偉大な才能以上に稀なものは、ひとつの対象を捉え、理解し、そのうえで別の対象に向かうことができる、また、しっかりと対象の内部を見通し、明瞭な形でそれを提示することができる知的柔軟性である。それは一本の線に沿って方向が定められ固定された視線ではなく、弧を描くように動く視線である。明晰な知性と呼べるのはこうしたものだ。この知性はいかなる才能でも模倣することができる。ただし、その才能しかもっていない人間と比べれば、彼らと同じ程度まで才能を発揮できるわけではない。しかし、才能ほどの輝かしさはないにしても、こうした知性は才能よりはるかに役に立つ。

才能はそれを生まれもった人間、あるいは訓練でそれを獲得した人間に固有なものである。対照的に、明晰な知性は伝達可能で、他の人間の知性を向上させる。もっぱら生まれつきの性質のように思えるこの知性でさえ、その力を高めるには才能の場合と同じくらいの訓練が必要だ。こうした知性の持ち主は、いかに謙虚に振る舞ったからといって、この点を忘れては何にもならない。謙虚さなど外面的な美徳にすぎず、またそうでしかありえないのだから。しかし、もしも彼らが傲慢となり、自らの学習能力の高さを知識そのものと取り違え、先見性や明敏さを経験と勘違いし、自分の知性を大袈裟に考えるようになると、才能は知れているが努力家の人間が犯す失敗以上にお粗末な失敗をしでかすことになる。知性とは様々な手段のうちの第一のものであり、何の役にでも立つが、何かが欠けている時、その埋め合わせにはほとんどならないのである。

以上のような検討を行ったからといって、真の才気を過小評価しようというつもりはまったくない。実際のところ、すべて才能だと見ることもできるし、あるいはそう言いたければ、すべて熟練だと見ることもできる。しかし、熟練するにも非凡な資質をいくつか合わせ持っていることが必要な場合があり、才気とはこうした非凡な資質のひとつである。ただ、才気が第一級の資質だとしても、唯一非凡な資質であるわけではないし、もっぱら才気ばかりをひいきにするのは不正であるだけでなく、滑稽である。それに、才気かぶれがこのうえ進めば、あるいは今のまま長く続くだけでも、間違いなく人々の精神に害を及ぼすだろうと言いたい。

警戒しなければならないのは、せっかくの優れた能力が度を越したり、変質したりすることだ。悪い面が現れる時は放っておいてもそれと分かるのだから、さほど注意を払う必要はない。最後に、このテーマに関係の深い例をひとつ示しておこう。印刷術がどれくらい文芸、学問の進歩に寄与してきたか、また、どれくらいその進歩を損なうことがあり得るか、この点を検討することがこれから解決すべき課題であろう。そのために別個の論稿を要するような議論に入り込もうとは思わないが、ただ、次のような問題に注意を払ってほしい。印刷術のお陰で優れた作品が増えたのが事実だとしても、様々な問題についておびただしい数の論稿が書かれるようになったのも同じく印刷術のせいなのである。したがって、特定の分野に専念し、それを究め、学識を深めようと望む人間は、役にも立たず、うんざりするような、おまけに目的に反する場合も多い書物まで読まないことには研究が始まらないという有り様になってしまっている。道案内を選べるようになる前に、力を使い果たしてしまうのである。

このため、文筆に携わる人々が文芸、学問、技芸に対して今日なしうる最大の奉仕とは、方法論を確立すること、および、いたずらに苦労することも間違った方向に踏み込むこともしないで済むような、そしていちばん速くいちばん確実な方法で真実にまで導いてくれるような道筋を示すことであろう。

第十二章　知性と個性との関係について

個性とはひとりの人間を別の人間と区別する形態であり、他とは異なる人間の存在様式である。同じ輪郭でありながらその特徴と変化が顔ごとに違うように、個性も人によって様々である。どの顔も同じ部位からできている。この点ではどんな顔も互いに似ているが、各部の調和の仕方が様々であるためにひとりひとりを区別することができ、人々を混同することがないのである。

個性のない人間とは特徴のない顔のようなものだ。こうしたありふれた顔はすぐに分かる。

知性は精神の様々な能力のうちのひとつであり、視覚に喩えることができる。視覚は鮮明さ、広さ、訓練を積む対象といった面から考察することができる。訓練を積むといったのは、人間は見る能力を備えているが、そのうえでなおかつ見ることを学んでいるからである。

ここで形而上学的な議論に入り込もうとは思わない。形而上学とは感情の原理を明らかにすることで、感情が拠って立つ基盤を説明するものであるから、習俗の問題に適用するのがおそらくいちばん適切なのだろうが、読者としても、こうした議論はわたしが扱うテーマにさほど必要ではないと判断してくれるだろう。

前章では、世間が特定の才能ばかりを不当に優先していることを示した。今度は、様々な種類の知性に関して下される判断においても、やはり同じことが行われているという点を見ていくことにしよう。第一級の知性でありながら、しばしば愚昧さと混同されているものもあるのだ。

あまりに素直で無邪気であるために、その知性の価値が正当に評価されていない人間を見かけることはないだろうか。しかし、素直さとは、その根底に明敏で繊細な要素が潜んでいるかもしれないひとつの見解、それがもっとも素朴で自然な形で表現されたものに他ならない。こうした素朴な表現には多くの魅力がある。また、ごく自然にこういった表現ができない人間にとって素朴な表現とは傑出した技巧であり、それだけに価値が高いともいえるのである。

無邪気さとは魂の純粋さに由来する内的感情であり、無邪気な人間には人が何か隠し事をしているのではないかといった考えなど思い浮かばない。

馬鹿正直というのであれば、それが経験の欠如によるものでない場合は、愚昧さの結果だということもありえる。しかし、素直さはせいぜい世間の約束事に関する無知にすぎない。そんな約束事など簡単に覚えられるし、無視したって構わない。また、無邪気さは魂の美しさを示す第一の特徴である。

このうえなく優れた天才が素直で無邪気だということもある。その場合、彼に輝きを与えているもののうち、いちばん貴重でいちばん好ましいのがこの素直さと無邪気さなのだ。

類いまれな長所を目にしても敬意を抱くこともないような凡俗の輩が、抜け目のない性格なるものに対してはしきりと感心するのは別段奇異なことではない。こうした性格は、月並みの知性の持ち主が利害に動かされて注意力を集中した結果にすぎない。抜け目なさが知性の表れだという場合もあるが、優れた知性が卑劣な心情と結び付いているのでない限り、抜け目なさは優れた知性の中には存在しない。優れた知性はこまごまとした手口を軽蔑しており、堂々たる手段、すなわち、単純な手段しか使わないものだ。

さらに、知性の鋭敏さと性格の抜け目なさは区別しなければならない。鋭敏な知性とは、まさにそれが鋭敏すぎるという点で過ちを犯す場合が多い。それはあまりにも華奢なためにしっかり立っていられない肉体のようなものだ。鋭敏さはしっかりと物を見る代わりに空想に耽る。そして、あれこれ推測ばかりしているために誤謬に陥ってしまうのである。洞察力があれば物を見ることができる。慧眼であれば予測するようになれる。判断力が知性の基盤であるとするなら、判断の迅速さは知性をいっそう的確なものとするが、想像力が圧倒している場合は、素早い判断くらい多くの過ちを生み出すものはない。

最後に、抜け目のなさとは嘘をつくことであり、嘘は常に恐怖や利害に、したがって卑劣さに由来している。他の点ではどれだけ悪辣であるにせよ、強大で絶対的な力を持つ人間で自分に服従する者に対して嘘をつく者などいない。相手を恐れていないからである。もし、嘘をついたとしたら、何らかの利益を目的としているために違いない。その場合、彼はこの点に関しては強者ではなくなっており、手には入れたいが、公然と力ずくで奪い取ることのできないものに左右されるようになっているのである。

知性ある人物が馬鹿に騙されたからといって驚いてはならない。一方は絶えず目標を追いかけているのであり、もう一方は警戒することなど思いもよらないのだ。知的な人間が騙されるのは、彼らが馬鹿というものを十分に考慮していないから、つまりは馬鹿をあまりに軽く見すぎているためである。

知性ある人間が自分からお粗末な誤りを犯してしまうのが驚きだというのなら、まだ筋は通っている。しかし、彼らは他の人間に比べればやはり誤りは少ないとはいえ、時にいっそう深刻で、そのため必ずいっそう人目につくような誤りをしでかす場合がある。ともかくもその理由を考えてみたところ、ひとりの人間の知性と個性との間には関連がほとんどないという点に原因があるのではないかと思う。知性と個性、この両者はまるで別のものだ。

知性と個性の相互関係は三つの面から考察できる。知性に見合った気概がない場合、あるいは気概に見合った知性をもたない場合。気概のわりには知性が劣る場合。そして、知性のわりには気概が足りない場合である。

例えば、ある人物がこのうえなく広大な視野を持ち、遠大な計画を思いつき、それを練り上げ、秩序立てることができたとする。彼はその実行に取り掛かるが、嫌気がさし、あらかじめ予想もし対策も立てていたはずの障害にうんざりして失敗する。他の点では彼は知的に優れた人物だと認められているのだ。実際、彼がしくじったのは知性の面で問題があったからではない。世間は彼の行動に驚くだろうが、それは、彼が軽率な人間で一貫した行動を取ることができない性格だということを知らないからである。彼は気まぐれに野心を抱いただけのことで、その野心も生来の怠け癖には勝てないのだ。彼には強い意志が持てない。それがあれば、たとえ知的には大したことのない人間であっても、少々のことでは後に引いたりはしない。要するに彼には知性に見合った気概がないのである。知性に欠けるわけではないが、軽率さ、見さかいのなさ、優柔不断な態度のために、彼の知性は敬意を払ってもらえない。

別の人物の場合は、壮大な計画を抱くだけの気概があり、勇気もあり粘り強さもあるが、計画を成し遂げる手段を思いつくだけの知性に欠けているとしよう。彼には気概に見合った知性がないということになる。

これが知性と個性の対立である。しかし、もうひとつ別の失敗の仕方がある。つまり、知的にも恵まれ、その気概に合った知性を備えていながらしくじるのである。気概のわりには知性が劣る場合がこれに当たる。

広大で敏速な知性の持ち主がさらに遠大な計画を立てたとしよう。それでも彼の知性がその気概に応えるには力不足である以上、彼は必ず失敗する。また、へまばかりしているのだが、もしも違った個性を備えていれば当然、大天才と呼ばれていただろうと思われる人間もいる。

対照的な例として次のような人物を考えよう。知性が及ぶ領域は極めて狭いが、燃えさかる情念といったものがないために、この限られた領域を越えて物を考えようとはしない人間である。彼が抱く計画とそのために思いつく手段とは釣り合いが取れている。このため、彼は誤りに陥ることもないだろうし、賢人だと見なされるだろう。賢明であるという評判は、どんな偉業を成し遂げたかよりも、どれだけ失態を演じなかったかに左右されるものなのである。

活力に溢れた人間はそうでない人々よりも、おそらく知的にも優れているだろう。しかし、こうした人間には他人以上に多くの知性が必要だということもまた事実である。早く歩こうと思えば、はっきり前を見て、足取りもしっかりしていなければならない。さもないと始終転んでばかりで危ない目に会うことになる。あらゆる愚者の中でも、いちばん活動的な馬鹿がいちばん耐え難いのはこのためだ。

あまりにも生き生きとした個性はどんなに的確な知性をも時に狂わせてしまう。知性がこの個性に押されて気づかないうちに目標を踏み越えてしまうのだ。大は小を兼ねると思っているから、当人はこうした行き過ぎにめげたりはしない。しかしこの場合、大と小をこうした形で比較するのは適切ではない。両者は違った性質のものだ。強い推進力に押されるままに終点を通り過ぎてしまうよりも、終点できちんと停止するほうが力を要する。目指す目標を見定めること、それが判断力であり、この目標に到達すること、それが的確さである。そして目標に達したら立ち止まること、それが強さなのだ。目標を通り過ぎてしまうのは弱さのせいだともいえる。

極端に活動的な人間が下す判断は、自尊心の強い人物が行う判断に似ている。つまり、沢山のものを見るのだが、それらをほとんど比較することもなく、不適切な判断を下してしまうのである。あらゆる学問の中でも、自尊心に関する科学くらい盛んに研究されていながら一向に向上しないものはない。もし自尊心を行動規則に従わせることができれば、自尊心はいくつかの徳を育むようになるだろうし、また、自尊心とは相容れないように思われている徳の代わりにさえもなるだろう。

冷静かつ知的だと評判の人物でも、常軌を逸したかのような錯乱状態に陥ることがあるではないかという反論があるだろう。しかし、このような反論を持ち出すのは、外見の冷静さにもかかわらず、こうした人物も実は激しい個性の持ち主だということに気付いていないからである。彼らの平静さは見せかけだけだ。それは身体器官の欠陥の結果、尊大さから来る態度、あるいは教育によって培った物腰、うわべだけの威厳なのである。彼らの沈着ぶりとは高慢さに他ならない。

幸福になるうえでいちばん有利なのは、思考と感情との間に、また知性と個性との間に一種の均衡が取れていることである。

最後に、知的に優れた人々が多くの誤りを犯しているという理由で非難されるとすれば、それは、個性に見合うだけの性質なり広さなりを備えた知性の持ち主が極めて少ないということなのだ。残念ながら個性は変化しない。品行なら矯正することもできる。知性は強化されることも変質することもある。感情はその対象を変える。同じ対象が愛着や嫌悪を相次いでかき立てることもある。しかし、個性は変わらない。抑制されたり偽装したりすることはあっても、消えてなくなることは決してない。へりくだり、はいつくばってはいても、高慢な人間はあくまで高慢である。

個性と知性との間にどういった対立が生じうるのか検討してしまえば、あとはどのような角度からでもこの問題を考察することができる。もし、個性と知性とが対立しているために健康にどのような支障が生じるかを示そうとすれば、どれだけ多くの組み合わせを試さなければならないことだろう。また、詳しく論じるべき細部がどれほどあるだろう。何らかの行動を取る場合、また様々な立場を選んだり捨てたりする場合、われわれがいかにこの健康に左右されているかは想像を越えるものがある。強烈な個性、活動的な知性には頑健な肉体が必要だ。体が弱く個性や知性の強さに応えられないとそのために健康が損なわれてしまう。個性、知性、健康の一致が必要とされる場合は数え切れないほどあるのだ。

最高の知性を備えた人間にできることといえば、自己を学び、己を知り、自分の力を弁えたうえで、自分自身の個性を考慮することに尽きる。それができない人間は、誤りに陥っても、不幸に見舞われた時でさえも、ただ打ちのめされるだけで少しも懲りない。しかし、知性ある人間にとっては失敗や不幸は反省の機会となる。頭がよければいかなる時でもどうにか切り抜けることができる、といわれるのはおそらくこのためだ。規則を定めたからといって天賦の才が刺激されることはないが、規則は天分が自由奔放に駆け回るのを抑える留綱になってくれる。同じように、反省したからといって個性は直せないが、反省することで個性が暴走するのを防ぐことはできる。凡庸な人間にとって規則は大して役には立たないが、優れた人間なら、それによって失敗を防ぐことができるのである。

第十三章　評価と尊敬について

これまで人間が下す様々な判断について述べてきたが、こうした判断の原理を解明するために努力してみる必要があるだろう。

われわれの魂の機能はすべて、感じることと識別することに還元される。われわれが抱くのは観念もしくは愛着だけである。というのも、嫌悪の情自体がわれわれの愛着に対立するものへの反発に他ならないからである。

純粋に知的な対象に関しては、判断しようとしているテーマに関わる観念をすべて眼前にしている限り誤った判断を下すことはない。知性が誤りを犯すのは、他の分野についてはどれだけ広範な知性をもっているにせよ、少なくとも問題となっているテーマに関して知性が十分な広がりを欠いている場合のみである。しかし、われわれの利害がからむ分野に関しては、知識だけでは正しい判断は下せない。その場合は知性の的確さは心の正しさに左右される。

ある対象に関して愛着を感じていたり、嫌悪を感じていたりする場合には、なかなかその対象を正しく判断できない。利害関心といってもその強さは様々だし、どの程度正しい見通しを伴っているかもまちまちだが、常に自覚され、われわれの判断規則となっているのは間違いない。

社会が判断を下し、われわれの討議に付されることのなかったテーマがある。われわれは教育のせいで、また先入観に影響されてその決定に同意しているのである。しかし、社会そのものにしても、われわれ個々人の判断を導く原理、つまり利害関心に従って決定を下しているのである。われわれは皆、個々に自分の私的利害に耳を傾けるわけだが、社会は共通利害に問いかけたのだ。そして、この共通利害が個人的利害を正しているのである。

法を制定し、徳を定めたのは公共利害である。犯罪は個人的利害が共通利害に反している場合に起きる。公共利害は世論を決定することで、評価、尊敬、物事の真の価値、つまり、物事の広く認められた価値の尺度となっている。個人的利害は友情や恋愛――このふたつにはわれわれ自身の愛着の影響がいちばん顕著に現れている――といった、もっとも強く内面的な判断を決定する。そこで、こうした原理の適用に話を進めよう。

評価、それが社会にとって有益なものをわれわれに思い起こさせる感情でないとしたら、いったい何であろうか。しかし、この有益性は社会のすべての構成員に必然的に関るものだとはいえ、あまりに日常的であり、あまりに間接的であるため、いきいきとは感じられない。このため、われわれの評価とは大抵、われわれが下す判断に他ならず、たとえば、個人的にわれわれの役に立ってくれる人物に感じる友情のように、心を熱くする感情ではないのである。個人的に役に立つという場合、わたしは単に奉仕や物質的利益ばかりだけではなく、快楽を含め、結果的には事実上有害なものになりうるにせよ、われわれにとって快く感じられるものすべてを意味している。このように理解された有益性は、読者もお分かりのように、恋愛に対しても適用されるべきである。何しろ、愛情を抱いている間は王とも女王とも仰ぎみている相手を対象としているのだから、恋愛はあらゆる感情の中でもいちばん激しい感情である。

おそらく次のような反論があろう。つまり、愛情と評価の源泉が同じものだとして、わたしの原理に従えば両者の違いは程度の差でしかないことになるが、そうであれば同じ対象に愛情と軽蔑をともに感じることはないはずだ、ところが実際にはそうした例がなくはない、というのである。友情に関してはこのような反論は普通しない。立派な人物が軽蔑すべき人間の友人であったとしても、それは相手のことを知らないからであって盲目になっているからではない、と世間は考える。だから、それまで気付かなかった相手の性格を知るようになれば友情を断ち切って過ちを正すだろう、というわけだ。それに、友人同士だと思われている人たちの間に、実は友情が存在するとは限らない。こうした場合については検討を加える必要もないだろう。友情といっても口先だけだったり、感謝しているような顔をしながら、実は欲得ずくの礼儀に過ぎず、愛着でも何でもない場合が多いのだ。それに、いちばん激しい感情についての反論にさえ答えておけば、もっと弱い感情に関していちいち論じなくても許してもらえるだろうと思う。

さてそこで、愛情と軽蔑が同時に同じ対象に向けられたことは決してない、というのがわたしの答えだ。わたしがここで愛情といっているのは、焼けつくような、それでいて相手の定まらないあの欲望のことではない。どんなものでもこの欲望の炎を燃え上がらせる原因になるし、なんであれその炎を鎮めることはできない。また、まさにその激しさゆえにこの欲望には相手を選ぶ余裕さえないほどである。そうではなく、わたしが論じるのはひとつの対象に気持ちを結び付け、他の対象は見向きもしないようにさせる愛情である。この種の恋愛にのめりこんだ恋人には愛する相手を軽蔑することなど断じてできないと言ってよい。自尊心が傷つけられるともう一度よく考えてみることもあるし、愛情がなくなることもあるが、とりわけ自分も相手から愛されていると信じている場合は相手を軽蔑することなどできるはずがない。世間から軽蔑されている相手に激しい情熱を燃やす人々がいるのは事実だ。しかし、彼らは世間の軽蔑を共有しているわけではなく、それを知らないのである。もし、恋をする前には自分も世間に同調していたとしても、やがて彼らはそのことを忘れてしまい、本気で考えを改め、世の不正に対して悲憤慷慨するようになる。また、恋人同士の間によくありがちな揉めごとの最中に、相手を侮辱するようなひどい非難をぶつけ合うようなことがあっても、それは一時的な怒りに我を忘れているせいである。恋人たちには誰にもまして互いに尊敬を求め合う権利があるが、それでもこうしたことは起きるものだ。

いつもいつも恋に目がくらんでいるわけではない。ふと我に帰り、自分の熱愛ぶりが恥ずかしくなるときがある。しかし、このように理性がかすかな光を投げかけることはあっても、それはほんの一瞬恋愛感情が眠っただけで、すぐに恋する思いが目を覚まし、理性の光を追い払ってしまう。もしも、愛する相手の欠点に気づくことがあるにしても、それは恋心をかき乱し、苦しめるような欠点であって、そのために恋愛感情が冷めたりはしない。おそらく、自分の弱さを認め、選ぶ相手が間違っていたと告白せざるを得なくなることもあるだろう。しかし、そんなことになってしまうのは、迫害を逃れ、煩わしい御注進にもめげず平然としているためには非難に断固反論すべきなのに、それができないからである。何しろ、すべてを認めてしまえばもうそうしたうんざりするような忠告など聞かなくても済むのだ。世間から無理やり言わされはしたが、恋する男はそんなことを感じてもいないし、思ったことさえない。彼が優しい性格の人間であればなおさらである。しかし、彼に少しでも毅然としたところがあれば勇敢に立ち向かうであろう。彼が情熱を注ぐ相手についてこんなにひどい欠点があるではないかと回りが言い立てても、彼はそれが彼女の不幸なところだとしか思わないだろうし、そのため、いっそう相手が愛しくなるばかりだろう。同情は愛情をさらに強め、気高いものにし、ひとつの美徳にまで高めるだろう。場合によってはそれが正しいこともあるだろう。もっとも、愛情というものを抱くことができず、悪徳と不幸とを分けて考えるだけの繊細で的確な区別などできないうるさがた連中に、こうした美徳を認めさせることはできないだろうが。人を愛したことがない人間は、いかに優れた知性の持ち主だろうと、彼らには決して手の届かない考え、愛情を抱く者にしか分からない考え、わたしに言わせれば正しい考えといってもよいが、そうした考えが無数にあるのだということを肝に銘じておくべきである。

　さきほど言ったように、憤っている時間は魂の恒常的な状態と見ることはできないし、軽蔑が愛情と結び付くことの証明にもならない。あとは、次のような反論に答えるだけだ。すなわち、自分の愛着をいつも恥ずかしく感じ、努力してもこの愛着を振り切れないことを惨めに思っている人間がいるではないか、という反論だ。こうした人間は確かにいる。しかも予想以上にその数は多い。だが、いかに愛しているような顔をしていても、こうした人たちはもはや恋心を抱いていないのである。

　習慣の力くらい愛情と混同されやすいものはないが、また、これほど愛情と対立する場合が多いものも他にない。習慣の力とは恋愛以上に振りほどくのが難しい鎖なのである。とりわけ齢を取った人間にとってはそうだ。

例を挙げようにも若い人ではこうした例は見つからないと思う。それは若者にはこのような習慣を身につける時間がなかったというだけでなく、若者には習慣が身につかないからでもある。

自分が愛する相手が本当に見下げ果てた人間でも、若者はそれにまるで気がつかない。おそらく彼はまだ評価や軽蔑といった言葉をよく考えてみたことがない。情熱で無我夢中になっている。彼が感じているのはこの情熱だ。ただし、意識してそうしているわけではない。この時の彼は何をするにも意識などしていないし、何も考えていない。ただ、享楽に身を任せているのである。だが、もっと愛しい気持ちにさせる相手が現れると、これまでの恋人には愛情を感じなくなる。そうなれば、彼は最初の恋人のことを世間の評判通りに考えるようになるだろうし、あるいは自分でも世間が言うのと同じことをそのまま繰り返すようになるだろう。

しかし、分別盛りの年齢になるとこうはいかない。習慣が身についてしまうのだ。もう愛してもいないのに相手に執着するのである。自分が執着している相手が軽蔑すべき人間であれば軽蔑する。それができるのは相手をあるがままにしか見ていないからであり、あるがままに見ることができるのはもう愛していないからである。

利害関心がわれわれの評価の尺度である以上、愛情を感じるほどの強い利害関心を相手に抱いている場合に愛情と軽蔑を結び付けるのは極めて難しい。愛情が評価の念に左右されるわけではないが、評価の念を抱くかどうかは愛情の有無に依存している場合が実に多いのである。

正直いってわれわれは、軽蔑すべき人間を、自分でもそれがどんな相手か分かっていながら実にうまく利用している。だが、われわれはこうした連中を賤しい道具くらいにしか見ておらず、重宝だと思ってはいるが、好んではいない。立派な紳士が何か世話になると実に几帳面にいちいち報酬を支払ってやるのも同じような連中が相手の場合だ。金で済ませようとするのは、こんな輩に感謝するのかと思うとてもやり切れないからである。

敢えてこんなことを言いたくはないのだが、生まれつき情にもろい人間は普通、何を評価すべきか、つまり、社会にとって価値があるのは何かを判断するうえで最良の判定者だとはいいがたい。優しすぎてついつい甘やかしてしまう両親が子供を立派な市民に育てるのにいちばん向いていないのである。しかしながら、われわれは情にもろいという評判の人をむしろ好む傾向にある。というのも、そうした人間のほうが自分のことも思いやってくれるだろうと期待するからであり、また、われわれにとっては社会のことより自分のことのほうが大事だからである。思いやりといっても、単に身体器官が虚弱であるために、なんとなく思いやりが深いといった場合がある。こうした思いやりに対しては感謝するよりむしろ同情してやるべきだ。本当の思いやりとは判断から生まれるものであって、判断を形成するものではないだろう。

公益を愛し、共通の大義を何より優先し、下心なくこれに身を捧げる人間は、交際は広いが、友人は少ないということも指摘しておく。積極的に立派な市民であろうとする人は、友情や恋愛に向いていないのが普通だ。他のことで頭が一杯だというせいもあるが、そればかりではなく、われわれの感受性はその大きさが決まっており、よそに振り向けるとどうしてもその分、小さくなってしまうのである。この点で、われわれの魂を燃やす火というのは、燃料があればいくらでも燃え広がる実際の炎とはまるで違っている。

祖国愛が何よりも強力に支配している国々では、父親は自分の息子を国家のために捧げる。われわれは自分たちの習俗に従って判断を下すため、こうした父親の勇気を称賛したり、あるいは、彼らの野蛮さに憤りを感じたりする。もし、われわれが彼らと同じ方針のもとに育てられていたとしたら、彼らはほとんど犠牲など払っていないのだということが理解できるだろう。というのも、彼らの愛情はすべて祖国に集中していたのだし、教育によって先入観を植え付けてしまえばどんなことにでも気持ちを向けさせることができるからである。このような共和国市民にとって友情とは徳の競い合いに他ならず、結婚は社会の掟、恋愛は一時の快楽に過ぎない。祖国だけが情熱を傾ける唯一の対象であった。こうした人々にとっては友情は評価と交じり合っていた。われわれにとっては、すでに述べたように、一方は単なる知的判断であり、他方は感情なのである。

ある人物について、彼のことを評価はするが好きではない、などと世間は平気で口にする。この台詞の中には、正義と個人的利害と率直さとが同時に含まれている。というのも、こうした言葉は、彼は立派な市民だが文句をつけたい部分もある、自分にとっては社会のことより我が身のほうが大切なのだ、と言っているに等しいからである。今では一種の哲学的勇気の証明となるこの告白も、かつてなら恥ずべきものであったろう。

さらに、習俗に生じた変化のために、さきほど述べた国々では尊敬とは評価の念が最高度に達したものであったのに、われわれの間では評価とは相容れないものとなってしまい、軽蔑と結び付くこともある。

尊敬とは誰かしらの優れている点を認めることに他ならない。もし、身分の高さが常に能力の大きさに従って決まるのであれば、もしくは、尊敬の念は見た目に分かるように示さなければならないという掟がなかったとしたら、もてはやされる長所がどのような性質のものであれ、尊敬の対象は評価の対象と同じく個人的なものとなるだろうし、また、本来はそういうものだったはずである。ところが、先祖のお陰で敬意を払ってもらえるようになった地位から滑り落ちない程度には人望があるというだけで、他に何の長所もない人たちがいたものだから、それ以来、その地位は尊敬するが、人物も一緒に尊敬することはできなくなったのだ。今日ではこうした区別があまりにありふれたものになってしまったために、自分のためにこうしてほしいとはとても言えないようなことを、身分を盾に要求してくる人間を見かけることもある。諸君はわたしの地位、わたしの身分に対して恭しく敬意を払わなければならない、というわけだ。わたしの人格に、とは敢えて言わないあたりはなかなか自分というものを弁えている。たとえ謙虚に振る舞おうとして同じ言葉を口にすることがあるとしても、そもそもこうした台詞を初めて思い付いたのは謙虚さからではない。謙虚さと自分を貶めるような言葉を使うことは別のはずだ。

同じように考えれば、いくら身分が高くてもその人物が尊敬されないのは差し支えないし、身分の低い人間であっても優れた能力の持ち主は尊敬を受けて然るべきだというのもうなずける。なぜなら、この場合、尊敬が向けられる対象が変わっただけで、尊敬の念の性質は変わっていないし、それに優れた人間だけが尊敬の対象となるのは当然だからである。このため、ずいぶん前から尊敬といっても二通りあることになった。長所に捧げるべき尊敬と、地位や生まれに対して払わねばならない尊敬である。後者の種類の尊敬は、もはや型にはまった言葉や身振りに過ぎず、分別のある人たちはそれにおとなしく従っている。そんな尊敬などしたくないというのは愚かさや子供っぽい自尊心のためでしかない。

真に尊敬を捧げる相手はただ徳のみである。したがって、尊敬とは知性や才能に支払うべき報酬ではない。知性や才能は褒められ、評価される。つまりは重んじられる。感嘆の的になることもある。しかし、知性、才能があるからといって必ずしも軽蔑されないわけではない。それを思えば、知性、才能に尊敬を払う義務はないのである。正確に言えば、自分が称賛している相手を軽蔑することはないだろうが、他の点では称賛している人物であってもこの点については軽蔑している、ということはありえる。とはいえ、こうした区別をすることは稀だ。何であれ、ある方向に頭が向いてしまうと、このような公正な判断を下すことはできなくなるものだ。

一般に、軽蔑は低俗な悪徳に向けられ、嫌悪は大胆な悪行に向けられる。残念ながらこうした悪行は軽蔑など寄せ付けないところがあり、場合によっては憎悪に混じって一種の称賛の念をかき立てることがある。怒りについてはとりたてて論じることはしない。怒りの感情が沸き起こるのは大抵、問題が自分にとって個人的なものとなった場合だけだ。怒りは表に現れた一時的な嫌悪であり、嫌悪は内にこもった長く続く怒りである。こうした様々な段階の違いに関する考察はどれも、わたしが提示した原理を支持してくれているように思われる。以上の点を簡単に要約してしみよう。

われわれは社会にとって有益なものを評価し、有害なものを軽蔑する。そして、自分にとって個人的に有益なものを愛し、これとは逆のものを嫌悪する。また、自分より優れたものを尊敬し、並外れたものを称賛する。

残る問題は軽蔑という言葉に関して世間でよく見られる曖昧さを払拭することだけである。多くの場合、人々はこの言葉を自分が身をもって知っている考え方や感情とはまるで違った意味で用いている。誰かを軽蔑するのは相手に対して低い評価しかしていないからだと信じている、あるいはそう信じさせようとしている場合が多い。

わたしに言わせれば逆である。これみよがしに低い評価しかしていないといった振りをするのは、軽蔑しようにもできなくて苛立っている場合だけであり、大袈裟に非難している相手を実は嫌々ながら評価しているのである。さも横柄に軽蔑しているような顔をするのは、相手に関心がないわけでも、相手を軽く見ているわけでもない。それは、嫉妬、嫌悪、そして自尊心のために歪められた評価の念のなせる業である。大抵の場合、嫌悪は、心から評価していると認めること以上に、実は評価せざるをえない理由が多くあることを示している。

第十四章　物の真の価値について

前章では人物を相手にした評価だけを検討した。今度は物の真の価値に対して下される判断にわれわれの原理を適用してみたい。この場合、評価するという言葉が言わんとしているのは、対象を値踏みするということに他ならない。

物を評価する、あるいは値踏みするといった場合、われわれはどんな物差しを用いているのであろうか。この判断は物の有益性と物の希少性とを共に勘案した結果である。この二番目の見方、すなわち希少性が、物に認める値打ちを人物に関して下す評価から区別している。実際、ある人物に対する評価は、同じように評価すべき別の人物に出会ったとしても小さくなることはない。逆に、珍しい物に認める値打ちは、それがありきたりなものになってしまった途端に下がる。

この区別は極めて確かなものであり、人物をその希少性で評価するとすれば、それは人間を物扱いしている場合だけである。例えば、才能に関する評価などはそうだ。才能を評価する時、人物は考慮していない。

さらに人物に関して指摘したように、物についても次の点を指摘しておかなければならない。実質的な快楽であれ、慣習的な快楽であれ、われわれの感覚器官を楽しませたり自尊心をくすぐったりすることで物が生み出すことのできる快楽は、その物の有益性に関連している。だが、この有益性がどのような性質のものであれ、われわれがそこに価値を認めるのは、常にこの有益性に希少性が結び付いているからである。さらに付け加えれば、有益性の大きさはまたそれが通用する範囲の広さによって測られる。このため、有益性と希少性が等しいふたつの物のうち、より大勢の人々にとって役に立つ物のほうが当然より高く評価されるはずである。われわれが物に認める価値を決定するこれら三つの動機、つまり、有益性、有益性の及ぶ範囲、希少性の組み合わせは無数にあるが、常に同じ法則に従っている。

いくつか例を示してこの原理をはっきりと示そう。パンや水といった必需品はその必要性がなくならない限り、希少であってよいはずはない。希少なものでないために、われわれはパンや水を評価する気にはならない。だが、不幸なことにそれらが一時的に不足するような事態になれば、われわれはどんなに高い値でもつけることになる。この原理が商業の規則となっているのである。

物質としての物の価値をわれわれはどのように決めているのか。この場合も同じ法則に従っている。われわれはダイヤモンドに高い値をつけるが、ダイヤモンドがもつ有益性とは何か。その輝き、ダイヤで身を飾るという浮ついた快楽、富裕という評判とそれが生み出す効果に由来するつまらぬ虚栄心である。しかし、他方でダイヤモンドは第一級の希少性をもち、その希少性の高さは他の物が有益性という面で到達している程度に匹敵する、もしくはそれを凌駕している。おまけに、見方を変えればダイヤモンドの有益性は極めて大きいといえる。というのもダイヤモンドは富のひとつに数えられており、富とはあらゆる物質的有益性を代表しているものだからである。

次に才能に話を進めよう。どのような点でわれわれは才能を高く買っているのか。まず、便宜なり快楽なりを増すという意味で才能が有益性と結び付いていること。次に、その才能の恩恵を受ける人の数が多いこと。最後にそうした才能を発揮できる人間の数が少ないことである。

必需品を作る技芸や職業はほとんど評価されない。そうした仕事は誰にでもできるし、不幸にも社会でいちばん軽蔑されている人々に委ねられているからである。感謝する気持ちや同情の念、それに人間らしい思いやりがあれば評価するのが当然なのだが、農民は評価の対象にはなっていない。しかし、万が一、穀物を収穫することのできる人間がたったひとりしかいないとすれば、その人物は神とされるだろう。人々が彼を崇拝しなくなるのは、彼が自分の知識を世に広め、そのことでいっそう感謝されて然るべき場合だけであろう。彼が死んだあとになって、彼本人から奪い取ったものをその追憶に捧げることはあるだろう。こうして一部の創案者は神格化されるという名誉を与えられたのだ。異教の神々の中にはそれ以外の起源をもたないものも存在した。

純粋な娯楽を目的とし、有益性といっても要はそこから得られる快楽に尽きるといった類いの芸術がある。われわれはどのような序列にしたがってそうした芸術を評価しているのだろうか。快楽の程度、快楽を享受できる人間の数に従っているのではないか。

音楽以上に誰もが感覚的に理解しやすい芸術はない。音楽が生み出す快楽はその演奏に左右されるため、曲を書く人たちよりも曲を演奏する人々のほうが好まれてもよさそうなものだ。ところが、その一方で、作曲家は極めて数が少なく、彼らの有益性はその及ぶ範囲が広い。彼らの作品は至るところに伝えられ、そこで演奏される。逆に、演奏の才能はいかに優れていても、少なくとも作曲家に比べれば、わずかな人数を楽しませることができるだけである。

どれほど希少性があってもいかなる有益性もまるでなければ評価に値するとは言えない。粟粒を投げて針の穴に通した人物がおり、その芸は実に他に類を見ないものであったが、しかし、彼の器用さはまったく何の役にも立たない。彼がかき立てた好奇心でさえ快楽につながる好奇心ではなかった。ものによっては、見るのが楽しいからというのではなく、本当かどうか知りたくて見てみたい、ということもあるのだ。

知性によって練り上げられた作品が、その主要な有益性を除外しても、非凡な才能以上に評価を受け、評判になるのはなぜか。それは、こうした作品には、世間に流布し、その価値が分かる人間がいればどこであれ同じように評価してもらえるという利点があるからだ。おそらくコルネイユはリュリ〔一七世紀に活躍した作曲家。多くのオペラ作品を手がけた〕に比べてより類いまれな人間というわけではない。しかしながら、ふたりの名前は同列には扱われない。その理由は、コルネイユの作品を味わえる人のほうがリュリの作品を味わえる人よりも数が多いためであり、また、知性に基づく作品に触れて生まれる快楽は、読者の知性を高めることで、あるいは読者の心を打つことで、気持ちを満足させ、自尊心をくすぐるからである。こうした快楽は、優れた才能に接して沸き起こる感覚的な快楽を凌駕する場合が多いに違いない。

とはいえ、判断を下す際にわれわれはこれほど正確な分析、これほど整然とした比較をしているわけではない。生まれながら身についた公正さがこうした判断をさせているのであり、じっくり考えてみることでこの判断の正しさが確認できるのである。

このように学問、技芸をひと渡りじっくりと検討してみれば、学問、技芸への評価は常に同じ諸原理に由来していることが分かるだろう。こうした原理は政治や統治の科学にまで及んでいる。

人は幾度となく最良の統治を探求してきた。自分の個人的な好みに従って、あれやこれや特定の統治を最良と決める者もいれば、統治形態は土地と国民の性格に従うべきだと判断する人もいる。そうした場合もあるだろう。だが、どのような形態を好むにせよ、常に第一の規則となるものがある。それは有益性が広範囲に及ぶことである。最良の統治は人間を最大限幸福にしてやる統治ではなく、幸福な人間の数をできるだけ増やす統治である。

幸福の有難みさえ分からないような人間を幾人か幸せにするための、あるいは幸せにするはずの物質的条件を整えてやろうとすれば、どれほど多くの人間を不幸にしなければならないことだろうか。

人々の運命を委ねられている人たちは、常に国民全体を頭において計算を行わなければならない。

われわれの行為はすべて計算に基づいているし、また、基づいていなければならない。われわれが誤りを犯すのは、知識不足や無知のせいで、あるいは情念に引きずられて、計算に入れるべき要素を残したまま答えを出してしまうためである。

情念自体は計算をしないというわけではない。時に情念は極めて精緻な計算を行うことがある。しかし、情念は計算に入れなければならない時間をすべて見積もるわけではない。情念による計算間違いはすべてこのために起こる。どういうことか説明しよう。

分別ある行動が取れるかどうかは経験、先見性、現状判断に左右される。したがって、過去にも現在にも未来にも注意を払う必要がある。ところが情念が一度に検討するのはこのうちのひとつだけなのだ。つまり、現在か未来のいずれかを考慮するだけで、過去のことはまったく頭にないのである。いくつか例を上げればこの事実をはっきりさせることができるだろう。

恋愛は現在のことしか考えておらず、目の前の快楽を追い求め、過去の不幸は忘れ、未来の不幸も予測しない。怒り、嫌悪、その結果生まれる復讐心もその判断の仕方は恋愛の場合と同じだ。これらの情念はいつでも現在の幸福にとって最良の選択を行う。時が経てばそれだけで不幸が訪れる。逆に、野心は未来のことしか考えない。自分が望んでいたゴールに辿り着いた途端、そのゴールはもはや新たな望みを実現するための手段に過ぎなくなってしまう。

貪欲さも野心と同じような判断をする。違うのは、野心が希望に動かされているのに対して、貪欲さは恐怖に駆り立てられているという点だ。野心家は一歩また一歩と進みながら、最後にはすべてを手に入れようと望む。

守銭奴は何もかも失ってしまうことを恐れる。どちらも今を楽しむことができないのである。貪欲さも他の情念と同じように自己愛が強まったものに他ならないが、いつも臆病で、警戒を怠らない。守銭奴はありとあらゆる不幸を恐れており、取り憑かれたように富を欲しがる。彼らは富があればどのような幸福とでも交換できると思っているのだ。しかしながら、こうした暮らしは世間が思うほどには本人にとって辛いものではない。守銭奴は極めて細かい計算をする。そして、間違った原理に基づいて結構まともな結論を引き出し、切り詰めた生活の中にも沢山の楽しみを見いだしている。彼があれこれ我慢しているのはすべて、いずれはどんな贅沢も思いのままだという希望があるためだ。どれかひとつの快楽を遠ざけている間、彼は手に入りそうだと思うすべての快楽を漠然と楽しんでいるのである。本当の窮乏というのは強いられたものだ。守銭奴は自発的に不自由な暮らしを送っている。貪欲さは情念の中でいちばん浅ましいものだが、いちばん不幸な情念というわけではない。

人間を堕落させるわけではないが不幸にしてしまう情念を矯正しよう、あるいは規制しようという努力を惜しんではならないだろう。また、人間を不幸にするわけではないが、人間を堕落させ、社会に害を及ぼす情念は徐々に忌むべきものとしていく必要がある。社会こそわれわれが心を砕くべき第一の対象でなければならないのだから。

習俗論

フランソワ゠ヴァンサン・トゥサン
立川孝一　渡部　望訳

習俗論　内容目次

M・A・T＊＊＊夫人への献辞

奥様

私がこの作品を捧げる相手は、君主でも、貴族でも、大臣でもありません。奥様、それは私と同じ身分のあなたなのです。でも身分の凡庸さはあなたの美点によって十分に補われています。あなたの精神と心の真価を知ったとき、身分は問題ではなくなったのです。ですから、民衆に崇拝されているとしても家名と虚飾に包まれたうわべだけの女性たちよりも、美しいメノキ〔第一部一八〇頁参照〕のほうが私の賞讃を受けるのにふさわしく思えたのです。私はこの本のなかで次のように言いました。徳の姿が目に見えるものなら、栄光と偉大と聖性に満ちた神の姿で現れるだろうと。奥様、私は付け加えたいのです。もし徳がわれわれの目の弱さに配慮して人間の姿で現れるとしたら、きっとあなたの姿をまとうだろうと。少なくとも徳が人間たちに愛されるためには、そして人間たちを魅力で征服するためには、それこそが最良の選択でしょう。ですから、徳を讃えるこの作品を献呈する相手として、奥様、あなた以上にふさわしい方はいないのです。あれほど清らかな習俗をお持ちのあなたが、『習俗論』にどのような反応を示されるでしょう。あえて申し上げれば、作者もまたあなたからの少しばかりの尊敬に値すると思うのです。この作品にみなぎる道徳は厳格なもので批評を受け付けません。でもこの道徳は私の道徳なのです。私の心情の誠実な表現なのです。この道徳を実践する男友達がどんなに優しい男であっても恐れないでください。誘惑者などにはなりえないのですから。私はあなたの徳にたいして心から敬意を捧げます。でも私の徳をうらやまないでください。奥様、あなたは恋する男の罠に落ちないだけの用心深さを備えていらっしゃる。でも私に罠を仕掛けさせないためにも、私を真面目な友人として見て下さい。あなたご自身が慎み深いので、私が慎み深さを装っているのではないかとお疑いなら、それはとんでもない間違いです。それは光栄にも私があなたにたいして抱いている尊敬と愛情を不当に裁くことになるでしょう。

奥様

あなたの従順なしもべ
パナージュ

緒言

ひとりの友人が、これから紹介する作品の原稿を持って不意に私を訪れ、それを世に問うつもりだと言った。未完成の下書き原稿のまま出版すれば大いに危険だと知っていたので、私は喜んで出版に手を貸すことにした……などという決まり文句があることは知っているが、私はそのようなことを読者に言うつもりはない。なぜなら、そうしたことすべては真実ではないし、それに著述家の手垢にまみれた気取りだからである。私の精神は少しばかり哲学に影響されている。人が善い、あるいは悪いと判断していることすべてを書物によって変えたいと願うのは、今世紀の流行病であるが、私もこの伝染病に冒され、項目をたてて道徳教化を行おうと考えた。私にそのような決心をさせた動機は、いわば自尊心であり、そのことは否定しても仕方がない。だが実際には、少なくともそこには徳への愛というもうひとつのより高貴な動機も加味されている。徳にたいして使徒のごとき熱烈な愛情を抱く私は、読者のすべてを有徳の士に変えたいのである。それがうまくいかないだろうことはよく分かっている。だが千人にひとりでも心をとらえる自信があれば、いかに著述家の仕事が苦しいものであろうとも、書物を、しかも同じ主題の書物を書き連ねることしかしないだろう。

この書物の表題を思い起こし、私が約束していない内容まで要求しないでいただきたい。この書物の対象は「習俗」である。宗教は習俗を生み出すのに貢献するものとしてのみ登場する。これには自然宗教で十分なのだから、わたしはそれ以上先に踏み込むつもりはない。私はイスラム教徒がキリスト教徒と同じようにこの著作を読んでくれることを期待する。私は四大陸に向かって書いているのだ。

もし私がこの著作を『道徳試論』としていたら、私はもっと謙虚に見られたかもしれない。だが前世紀の神学者を模倣したことになってしまう。はっきり言っておくが、私はそうした諸氏の土俵で競うつもりはない。『道徳の考察』という題名を冠するのはできない相談というものだ。この題名は三十五年前からあまりに非難を浴びすぎてしまった。私はブラックリストに載りたいと思わない。また『習俗試論《エセー》』と題することもできたが、書店には種々の試論《エセー》が山積みされているし、それに読者に金を払わせてまで試して見なさいと告げるのはまことに失礼なことのように思われる。人が歩きだすときには、行き先が分かっていてもらいたいのだ。私は単に『習俗論』という題名を付けた。なぜなら私はここに、あるがままの習俗とあるべき習俗とを描いたからである。

人物の性格描写を行おうとする作者としてあえて言っておかねばならないが、手がかりを見つけて悪用されたとしても私の責任ではない。私が具体的な人物を想定していないと言えば嘘になる。それにそのような嘘を言っても、信じてもらえないのだから無益な嘘でもある。私はすべての肖像をモデルを観察して描いた。そうしなければ観念的な人物を描いてしまうおそれがあったからである。だがモデルについてはひとりとしてはっきり分かるようには描写しなかったし、名前は決して知られないように私の胸の内にしまってある。私が悪徳を描いたとき、その特徴は悪徳に染まった人物から引き出したものである。しかしほとんどの人物は、だれかれと推測することができないはずである。

いくつかの所で私は悪徳をスケッチするだけにとどめ、その醜さについては論じないでおいた。描写に語らせたのだ。もし私がウェルギリウスにもとづいてキュクロプス〔一つ目の巨人〕族の族長を描いたとしても、〔オデュッセイを虜にした〕ポリュフェモスが醜い怪物であることを告げる必要があるだろうか。徳についても同様にした。しばしば私は徳の優美さや美を描写するだけで、指摘した特徴に退屈な讃辞を加えることはしなかった。

悪徳に染まった人間でさえ敬意を表するような道徳の原則を示すとき、私は証拠を挙げて根拠づけようとはしなかった。中傷や偽証や陰謀が犯罪だという証明をする必要があるだろうか。

この著作のなかで私は知性よりも感情について語った。なぜなら、まずそのほうが私には容易だったからである。それに習俗の学は本来的に感情の学だからでもある。堕落した心を正すときには、おもねるよりも打撃を与えるべきなのだ。説得することも重要ではない。おそらくそうした理由から、かの有名なダシエ氏〔一六五一―一七二二年。ギリシア・ラテンの古典の翻訳者として知られる〕は次のような実にキリスト教徒的な発言を行っているのだ。「神の命ずることが必然であり、正義であり、真実であることを証明するのは神の尊厳の行うところではない。神は命ずることを愛させる。それは証明する以上のことである」* どうして私も同じように徳を愛させることができないであろうか。そうすればこの地上で徳は無敵になるだろうに。

もし読者のひとりが私に「あなたはよい本を書かれましたね」と心から言ってくれたとしたら、私は満足である。だがさらに「あなたは習俗を吹き込まれました」とつけ加えてもらえたなら、これにまさる喜びはない。

*原注　『プラトン』序文〔アンドレ・ダシエ訳、一六九九年〕。

徳についての序論

紳士とは一般的にどのようなものか。紳士と有徳の士の違い。よき習俗とは何か。模倣によって自分の習俗を定めてはいけない。徳の定義。人間が、あるいは神でさえも、徳を生み出し、廃止できるか。あらゆる法のなかで変化しない法とは何か。消えない文字で人間の心に刻まれた徳という考え。異なる種類の法。徳の支配を確かなものにするのはどんな法か。徳を傷つけるのはどんな法か。その法は正しい心の萌芽を摘み取ることができるか。この試論の三つの部分。

紳士の資質については、紳士であることに満足している人々に任せておこう。紳士になるのは簡単なことなので、有徳の士が嫉妬することはない。うぬぼれと、財産と、人から賞讃される悪徳を備えていれば紳士になれる。徳はそこでは無縁である。

淑女も紳士におとらず尊敬に値しない。エグレが淑女になるためにしたことと言えば、自分が娼婦であることをおおっぴらに喧伝しないことだけだった。

慣習によって定義された意味に限定するかぎり、このふたつの肩書きに値することはたやすいことに思えるのだが、しかしながら注意して見れば、不当にこの肩書きを取得していながら、それを詐称する者もいる。貧困に苦しむ不幸な男が、四辻で通りがかりの人を呼び止め、財布を奪うか要求する。これは無法者である。あなたが疑っても、死刑台が決めてくれるだろう。

しかし国家を貧窮させて裕福になった幸運な公金横領者が見事な邸宅に住まっているのを想像していただきた

い。彼は門番と召使いと所有地の名前を持ち、国家の貧窮を享受している。彼の家は五百家族の廃墟の上に立っているのだ。だが裕福で、優雅に過ごしている以上、彼は紳士なのだ。

ひとりの若くて美しい女性が自然から授かった魅力をみだらなまでに見せびらかし、おまけにポンポンやルージュやつけぼくろといったエレガントな装身具で自分の魅力を引き立たせている。しかし彼女は〔馬車に乗らずに〕歩いており、つき従う従者はいない。これは不名誉な女、後ろ指をさされる女だ。

この女のすぐそばをもうひとりの女が通り過ぎる。見かけは同じだが、六頭の堂々たる馬に引かれた四輪馬車に乗っている。これは尊敬すべき女性、最高の敬意を払うべき女性だ。

紳士をすべて集めても、ひとりの有徳の士ほどの価値もない。紳士は、幸運と、裕福と、庇護のおかげでその肩書きを手にしたにすぎない。彼らを支えるこれら脆弱な支柱を取り去ってみれば、拠り所をなくした名誉は幸運とともに覆ってしまうだろう。フランス語では財産のない男と名誉を失った男を同じ言葉で表現する。両方とも不幸な男と呼ぶのだ。実際、名誉という言葉をそのような用法に限って理解するならば、われらの紳士諸氏に栄誉を授ける魔力が失われてしまえば、彼らの名誉はどうなってしまうだろう。

有徳の士は、そのよき習俗が肩書きを与える。これは確固たる肩書きであり、逆境によって奪い取られるどころか、いっそう輝きを増す。ユダヤの国の敵であったアッシリアの大臣は命を失うと同時に名誉をも失った〔エルサレムを包囲したアッシリアの王セナケリブはユダヤの王ヒゼキアに使者としてラブシャケを送ったが、彼が神をそしる言葉を発したため、ヤハウェはアッシリア軍を滅ぼし、セナケリブはその子に殺された。『列王紀　下』第一八―九章〕。しかし私は失脚したフーケ〔ルイ十四世の親政が始まるときまで財務卿をつとめ、文人・芸術家を保護した〕を尊敬し、捕虜となった聖王ルイ〔第六回の十字軍に参加し、エジプトに遠征した〕に敬意を表する。

ところでよき習俗とは何か。それは徳にたいする知識と愛に導かれた振舞いである。私は「知識と愛」と言った。と言うのも、徳を知らないとしたら、それは民衆の習俗でしかないからであり、また徳を愛さないとしたら、貴族の習俗でしかないからだ。いずれにしてもよき習俗ではない。徳を愛するためには、徳を知らなくてはならない。そして愛すれば、間違いなく徳を実行できるのだ。

だが徳についての観念を持つためには、クレオビュールやフィレモンや、そのほか有徳の士と思われている人物を模範にしてはいけない。実例にならうのは危険な方法であって、ほとんどの場合、盲目的に従おうとする者は惑わされてしまう。手本についても忠告と同じことが言える。そこから利益を引き出すためには、評価できる知恵が必要なのだ。悪い手本は悪い行動に導くので有害だ。だが良い手本も有害な場合がある。良い行動にも限りがあるからである。あなたが模倣しようとする人があらゆる種類の手本を示すのでなければ（そのような模範はどこにあるだろう）、彼を模倣しても、いや彼を追い越したとしても、あなたは不完全で平凡なままだろう。おそらくこの理由で神は、どの使徒を、どの修道士を、どの王を、あの父親をまねよなどとは言わず、天の父が完全なようにあなたも完全であれと言ったのだ。従うべき模範がまねることも不可能なほどの存在でなければ、人は模倣によって偉大さに到達することはできない。

テオフィルは敬虔だ。彼は天国しか望まず、神にしか情熱を抱かない。だが地上のあらゆるものにたいする彼の軽蔑は地上に住む全人類に及んでいる。彼のもとを訪れ、彼の教化を受ける少数のエリートのサークルをのぞいて、すべての人間は、彼の目には無信仰で世俗的な人間であり、つまり神が憎む人間、したがって彼にとっても憎むべき人間に映るのだ。もしあなたがテオフィルを模倣すれば聖人になれると信じたなら、あなたは愛することも、赦すことも、同情することもできない、冷酷で、高慢で、傲慢な男、また悪い父親、悪い夫になってしまうだろう。しかも悪いことに、それが徳だと思いこんでいるので欠点を矯正できないのだ。

クレアントは名誉を重んじる男である。罪を犯すことも卑劣な行為を行うこともできない。だがぶっきらぼうで他人にたいして厳しい。いつも人間というものにたいして腹を立てている。人を見ると悪いことを考え、良いことはほとんど考えない。おそらく悪者たちの自堕落なありさまよりも、その繁栄ぶりを見て気分を損ねているのだろう。あなたはクレアントに似たいと思うだろうか。そうすればあなたは不機嫌で人付き合いの悪い男になってしまうだろう。徳の友人としては失格だ。あなたは徳を愛すべきものではなく、怖ろしいものに思わせてしまい、へそ曲がりの有徳者になってしまうだろうから。

ダミは正反対の人種である。彼はすべての人間の友であり、だれにたいしても異を唱えない。正反対の意見があっても、そのどちらにも賛成する。彼が誠実な人としか会話を交わさないのであれば、誠実さの伝令と言えるだろう。彼には悪意を持つ勇気はないだろうし、またそのような人間を非難するだけの力もないだろう。あなたはおそらくダミを模範にしようとは思わないだろう。もしも彼のまねをしたならば、あなたは頭の弱い、どっちつかずの陳腐なおべっか使いになってしまい、悪漢の前では紳士であることを恥じ、紳士の前では悪漢であることを恥じなくてはならなくなる。

社交界に出たものの人生経験が少なく、たやすく愛の言葉にひきずられて危険を冒す若く美しい女性たちに、貞淑の見事な模範としてテミールを紹介しよう。私は彼女の貞淑を疑う声を耳にしたことがない。おそらく貞淑な女性は何人かいるだろう。デプレオーは三人まで数えることができた。その三分の二を差し引かなくてはならないとしても、テミールこそが残る唯一のフェニックスになるだろう。だがまねるのはこの点だけにしておかなくてはならない。彼女は貞淑があらゆる徳の代わりになると信じている。夫に忠実であるかぎり、不機嫌になったり不平を言うことも、子供にたいして暴君になることも、召使いを責めることも、人を嘲り罵ることも、賭事に負けることも許されると信じている。彼女を模範とすれば淑女にはなれるだろうが、はたして立派な女性だと言えるだろうか。テミールの徳に満足する人がいるとすれば、それは彼女の夫だろうが、しかし彼はこの徳にたいしてなんと高い代償を払わなくてはならないことだろう。

このように一見して魅了されるような輝かしい模範にはいたるところで出会うことができる。徳を示す特徴がまずあなたの心をとらえ、予感させる。これこそ徳のある人間だ、とあなたは言う。だがそうではない。たったひとつの徳を実践するのに、徳のある人間である必要はない。そのためにはすべての徳を実践しなければならないのだ。タタール人には中途半端な有徳の士がたくさんいる。もしあなたが本物と偽物を区別する試金石を持っていなければ、徳を持つ人の数は実際よりも多くなってしまうだろう。ところでこの試金石とは、徳についての知識なのである。

だが徳とは何だろうか。それは理性が命ずる義務を忠実に果たすことである。では理性とは何か。それはわれわれ自身の義務に目を開かせようと、創造主がわれわれの魂に分け与えた神の叡知〔思慮分別〕の一部なのである。あなたはまだ訊ねることだろう。その義務とは何か、なぜ義務が生じたのか、義務を規定する法とはいかなるものなのか、と。

私は次のように答えよう。義務を規定する法は神の確固たる意志である。そして理性はわれわれに神の意志にふさわしくあれと忠告する。神の意志にふさわしくあること、それが徳である。あるときに生まれ、またあるときに無効になってしまうような法は徳を構成しない。神は法によって人間を拘束しようとしたのではない。人間を有徳の士として創造したのだ。

君主は法を制定し、廃止することができる。だが徳を生み出すことも、廃止することもできない。徳はそれを生んだ神の意志と同様に不変のものであって、神でさえなしえないことが、君主になしうるはずがないだろう。君主は法を制定することで臣民に種々の税金を払うことを強制する。またある種の商品を王国の外に持ち出したり、外国から持ち込むことを禁じる。これらの法を忠実に守らせることで、彼は従順な臣民を創るのである。だが君主は有徳の士を創っているだろうか。模様染めの布地を密売しなかったからといって、人よりも多くの徳を持っていると自慢できるだろうか。また、君主には権限があるのだから、法を廃止することもあるだろう。そんな場合、君主は徳を廃止したと言わなくてはならないだろうか。

あらゆる実定法についても同じことが言える。どの実定法もある時に作られ、例外と免除を認め、破棄される可能性を持っている。たったひとつの法だけが創造主の手によってわれわれの心のなかに刻まれているのであって、いかなる人も、いかなる時代も、それを免れることはできない。

「だが」とあなたは言う。「人間の心はエウリポス海峡〔干満の差が大きいことで有名なギリシア本土とエウボイア島間の海峡〕のようなものです。そこでは絶えず種々の激しい情念の潮流が満ち引きを繰り返し、ある時は一斉に同じ方向に流れるかと思えば、ある時はぶつかりあうのです。人間の心に刻み込むと言っても、それは細かな砂の上に刻むのではなく、絶えず変化する不安定な波の上に刻み込むようなものではないでしょうか。聖なる文字を読むためにはどれほどの慧眼が必要なのでしょう」

空疎な美文家の弁論だ。その文字が読めないのは、視力が弱くて識別できないからではない。そこに目を向けないからだ。またたとえその文字が消えてしまう瞬間があったとしても、それは束の間のことにすぎない。

心のなかにははっきり分かれた二つの領域がある。ひとつは水面から少し頭を出している島であり、もうひとつは島を取り囲む海である。島の表面は平らで、堅固で、白い。ちょうどパロス島の大理石で作ったテーブルのようだ。この表面に自然の法の神聖な教えが刻まれている。その文字の傍らにひとりの子供がいて、恭しい態度で文字を見つめ、繰り返し大きな声で朗読している。この子どもは島の精霊であり、《徳への愛》と呼ばれている。島を取り囲む海では、絶えず潮が満ち引きを繰り返している。海は微風が吹くだけでざわめきはじめる。水が濁り、咆哮し、膨れあがる。そして刻まれた文字の上に水が押し寄せると、もう文字を読むことも、精霊の声を聞くこともできない。だが嵐が頂点に達してまもなくすると平穏が戻ってくる。すると渦に洗われた表面はかつてないほどの白さを取り戻し、精は再びその活動を再開する。

もしあなたが人間は自然法を実践しなくてはならないと考えるならば、人間が自然法とは何かを知っていると前提しなければならない。自分の意図を明らかに示さないでいて、人に意図どおりに行動するように要求する残忍な君主があるだろうか。どんな帝王でもこれほど極端な気まぐれはいない。では二つの正義があるのだろうか。

ひとつは神の、もうひとつは人間の。それとも、最も優しい父である神といえども、暴君ほどにも公平ではないのだろうか。

「いや人間を暗闇と盲目状態に置いたのは神の正義なのだ。魂のなかにあった自然の光を消してしまったのは人間自身の罪なのであり、無知の責任はまさに人間自身にある」

人間にはいわゆる盲目状態がふさわしいのだと、そう考えたければそれでもよい。すると人間が盲目状態に置かれてしまった以上、義務を果たすことは不可能になったわけだ。だが要請はなくなっていない。すると無限に善良で正しい最高存在は、義務を果たさなくてはならないことを知らない人間に、義務を果たすことを要請し続けていることになるのではないか。私は従僕に手紙を託した。従僕は命令に従わず、ぶらんこ遊びに行き、足を折った。従僕は間違いを犯したのだから、私が彼を叱ったとしてもそれは正義にかなっている。だがもし私が、彼の足が治らないうちに、別の手紙を運ぶように要請したとしたら、あなたは私をどんな人間だと形容するだろうか。

それでもあなたは、人間は自然法について絶対的に無知であると強情をはるつもりだろうか。ならばあなたにお任せしよう。おそらくあなたは、一度ならず、自然法の条項のいずれかに違反したことがあるだろう。違反した後で後悔したことを、あなたは否定しないだろう。その事実から、あなたの主張に反して、あなたは自然法を知っていると、私は結論づける。

人間すべてが悪意を持っているとしても、人間は徳を知っていると私は信じる。とはいえ、偽善者は例外だ。タルチュフのような偽善者は、自分自身が悪人であるにもかかわらず神の法を賞讃し、神の法に背きながら遵奉しているふりをする。

キケロは『法について』の第二巻でこう述べている。「法は人間の思考の産物でもなければ、民衆が作り出した勝手な決まりでもなく、宇宙を支配する永遠なる理性の表現である。タルクイニウス〔古代ローマ最後の王〕がルクレティア〔コラティヌスの妻〕におこなった陵辱は、当時のローマにその種の暴力にたいする成文法がなかったとはいえ、やはり犯罪である。タルクイニウスは永遠の法に違反したのだ。この法はあらゆる時代に有効な法なのであって、成文化されてはじめて有効になるようなものではない。その起源は神と同じだけ古い。この真なる法、根源的で基本的な法は偉大なるユピテルの至高の理性にほかならないからである」キケロは別のところでこうも述べている。*「この法は普遍的で、永遠で、不易であって、場所と時代に左右されない。昔と今とで違いはない。この不滅の法があらゆる国民を支配している。この法を授け、布告したのは唯一なる神にほかならないからである」

徳の文字がわれわれの魂に刻まれているということは、疑うことのできない原則である。たしかに時折、強い情念がわれわれから真実を隠してしまうことがある。だが、情念が徳の文字を消し去ることはない。この文字は決して消えることはないからである。

徳の文字を識別することをしばしば妨げるもうひとつの障害、そしてその危険性がさほど認識されていない障害がある。それは自然法の下位にある数多くの法である。人はそうした法を子供の頃から教え込まれ、あがめることに慣れてしまっている。そしてわれわれの永遠の責務を定めたあの原初の法が心のなかに占めるのと同等の地位をそれらに与えている。

法はいくつかの種類に分けられる。徳による統治の確立に貢献する法、徳とは無縁な法、そして徳に反する法である。

第一の種類には私が語っている〔自然の〕法がはいる。すなわち生得の法、誰でもが知っている法、ほぼ世界中で採用されている法である。こうした法は心から従うべきである。そうすればあなたの徳に益するだろう。

第二の種類の法、たとえば異なる宗教において異なる形態の礼拝を定めている法などは、徳の進歩に直接的に貢献するものではないかもしれないが、そうかと言って通常は徳の進歩を阻害するものでもない。だが悪用されることはある。第一の種類の法と衝突したときに、この法を優先すれば、それは確実に悪用になる。自然法はいわば法の長子であり、後に生まれたいかなる宗教も、自然法にたいしては年少者として従うべきなのだ。われわれのなかに偽信者や迷信家が存在するのは、この原則を知らないからである。

オルゴンは一人娘のフィロテと二人で暮らしていた。オルゴンが意識を失った。娘はメリッサ水を嗅がせたが、全く効き目はなかった。そのうち礼拝の時刻が迫ってきた。フィロテは神と召使いに父親の庇護をゆだねると、ヴェールと時禱書を持って、グラン・ゾーギュスタン教会に行ってしまった。礼拝は長かった。兄弟信心会の聖体降福式が行われていたのだった。オルゴンは手当を受けることなく、また誰にも看取られずに死んだ。ベッドに寝かせて、体を温めていたらこんなことにはならなかったはずだ。娘が儀式に参加するのをやめていたら、オルゴンはまだ生きているだろう。しかしフィロテは教会の鐘の音を神の呼び声だと信じていたし、救いを求める声よりも神の命令に耳を貸すことを英雄的な行為だと考えていた。だから彼女は神にたいするお返しとして、気前よく父親の命を犠牲にしたのだ。大きな代償だけに、立派な献身だと信じて。

ライスは自分に高値をつける男たちに惜しみなく魅力を与えるという人生を送ってきた。彼女はまだ新たな獲物を魅了するほど充分若々しい。彼女に頼めば、その美点を存分に活用してくれる。だがこのような生き方をしていると、良心の呵責からは逃れられないので、いつかはきっぱりと引退しようと考えている。その日が来るのを待ちながら、彼女は良心を和らげようと、土曜日にはいつも処女マリアにミサをあげてもらっている。

しかし、人間を創り出したときに、自然がわれわれの魂に刻み込んだ徳にたいする観念を曇らせる最たるものはと言えば、自然法の純粋さの対極にある、偽りの教義や国家の法である。こうした法はすでにわれわれが生まれる前から制定されており、そこには宗教や王権などの尊敬すべき印璽が押されている。だから法の命じている

＊原注　ラクタンティウス〔三―四世紀のキリスト教護教家〕の著作集に収められているキケロの『国家論』第六巻第八章。

ことが犯罪であり、それが禁じていることが徳であるなどとは疑うすべもないのだ。
尻尾を摑まれることなく姦通に成功したあるスパルタの若者は、有罪と見なされるどころか、かえって尊敬を受けることとなった。彼は人妻の好意を獲得したのだが、この国の習俗とユピテルの模範はそれを許されるべき色事として承認していたからである。

いかに多くの民族が、しかも文明化した民族までもが、宗教という原則の名の下に、野蛮の後押しをしていることか。人間を生け贄として神に捧げることさえも行われている。狂信を抑えなければ、神は、キリスト教徒の神でさえもが、いつまでも祭壇の上に犠牲者たちの血煙があがるのを見続けることになるだろう。われわれの先祖たちが捧げたこの恐ろしい犠牲を、はやく神が忘れてしまえばいいのだが。

犯罪が社会生活に対する侵犯だと見なされているかぎり、それが深刻な結果を招くことはない。犯罪者が自分を潔白だと考えることは滅多にないからだ。だが法によって、あるいは広く認められている慣習によって、犯罪に無実のお墨付きが与えられるならば、それは良心の最も大切な部分を傷つける。犯罪は良心の潔白を失なわせるだけではなく、さらに悪いことに、良心が罪を悔いる機会をも失わせてしまうのだ。

異端者を何人か自分の陣営に引きずり込めれば、悪徳はささやかな得点をあげることになる。だが徳に取って代わり、その名前を簒奪すれば、これは悪徳の完全な勝利だ。

「では、人間に内在する習俗の科学が悪徳の勝利の下で葬り去られるならば、いったいどうなるのか」とあなたは言うだろう。では雲に隠れる太陽はどうなっているだろう。太陽は健康な目を持つ人々にとっては充分輝いている。道徳の荒廃は悪徳の持ち主の口実にはなるが、正しい心の持ち主を堕落させることはない。抗しがたい誘惑に盲目的に身を任せた者でも、情念が静まり、一瞬でも自分自身に呼びかける内なる声に耳を傾ければ、自分が飛び込んだ深淵に恐怖を感じるだろう。

ラケダイモン人〔スパルタ人〕の間では窃盗が認められていたにもかかわらず、それを差し控えていた人々がいたことはたしかである。またローマではスパルタと同じように破廉恥なユピテルが崇拝されていたが、姦通は罪と見なされていた。

悪人に劣らず善人も、愚か者も賢者も、徳に関わりを持たないことに関しては一般的な慣習に従う。だが習俗を持たない人は徳が信用をそこなうことを喜ぶのだ。

イレーヌは名家の、だが不運な両親の間に生まれた。彼女は幼少期を修道院で過ごさねばならなかった。だがそこで、彼女が心の奥に持っていた徳の力強い萌芽が巧みな手によって育まれ、日毎に成長し、実を結んでいった。神は彼女が、悪い手本や名声や快楽にたいして身を守るに充分な確固たる思慮分別を身につけていると判断し、思いがけない恩寵を施した。彼女は両親よりも高い地位に引き上げられ、この世で最も輝かしい舞台に立つことになったのだ。これは、彼女ほどしっかりした徳を持っていなければ、危険な落とし穴である。だがイレーヌは岩のようにびくともしなかった。彼女はお世辞を振りまかれても、謙虚だった。喧噪のなかでも、隠遁者の生活を送った。不信心に汚染された空気を吸っていても、彼女の信仰は変わらなかった。豪華な衣装をまとい、華麗な輝きのなかにあっても、控えめな態度をとっていた。周囲にはごまかしと偽りと裏切りが蔓延していたが、彼女の唇には純真さと正直と誠実が宿っていた。

いかに悪い手本に取り囲まれていても、信念を持った有徳な人は、その心を左右されることはない。だが同じ舞台に若いクロエを置いてみよう。彼女の行動を支配している気ままな気質は、彼女を怖じ気づかせるどころか、彼女のもくろみを後押しすることしかしない。慎重さが要求される場合でも、彼女は自分の思うままに振舞う。クロエの素性を知れば、悪い手本が彼女をだめにしたのではないかという懸念は持たないだろう。彼女は根っからの享楽好きで、手ほどきを受けるには及ばなかったのだ。教育を受けたにしても、それは嗜好を強めただけのことだ。

義務にたいする無知と習俗の荒廃は、情念の暴力にこそ原因がある。しばらくの間、情念の執拗なつぶやき声に耳を閉ざそう。そうすれば理性の声が聞こえてくるにちがいない。そして理性の声の優しい誘いに導かれていこう。幸福になるには、その声に同意すればいいのだ。

ではその声は何を語っているのか。何を要求しているのか。何をしなくてはならないのか。

神を愛し、自分自身を愛し、同胞を愛す。これがあなた方の義務である。この三つの愛のうち、最初の愛から信仰が、第二の愛からは思慮分別が生まれる。第三の愛はあらゆる社会的な徳を生む。

第一部　信仰について

それは哲学の領域に属するものか。哲学という言葉の定義。神の存在とその属性。神についての誤った観念。第一部の区分。

信仰について論ずるのは哲学の領域から外れると思う人もいるかもしれない。そうした想像は、信仰という徳がうわべだけの宗教的儀礼のなかにあると考える人々にまかせておこう。しかし、もし私のように、信仰とは神への愛と尊敬と感謝の自然な感情であると考えるなら、哲学者が信仰について論じる権利を持たないわけがあるだろうか。理性と自然の光の範囲にあるものはすべて哲学の領域なのである。

世間には哲学という言葉を聞くと不安になる人がたくさんいる。それはこの言葉の本当の意味を理解する人が少ないからである。

古代ギリシア人とローマ人、とくに古代ギリシア人のなかで、哲学者の評判は悪くなかった。哲学者は精神の明敏さと知識の広さを備えた尊敬すべき人間だと考えられていたのだ。

われわれの時代では哲学という言葉はもはや同じ観念を表現しなくなっている。コレージュ〔大学に付属する中等教育機関〕の用語では、哲学者とは袖のゆったりとした服を着て、房のついた縁なし帽をかぶり、屁理屈をこねて理性を曇らせ、単なる仮説に明証性の化粧を施したり、明らかなことを不可解なものにかえたりして、若者を教育する人々のことである。

人に恐れられている哲学者とは、こうした連中のことではない。この連中は取るに足らない者と見なされており、わざわざ悪口を言う必要もない。

しかしまた別の種類の哲学者もいる。彼らはゆったりとした服もまとっていないし、縁なし帽も被っていない。彼らは確固たる真実を誠実に信じ、真実でないものを同様の誠実さで疑うのである。

この種の哲学者とはどういう人であるかを庶民に尋ねてみたまえ。彼らはこう答えるだろう。それは変わり者で、われわれのすべての行動に目を光らせ、われわれの意見の四分の三を偏見呼ばわりし、精霊も魔法使いも、そしておそらく神さえも信じていない者のことだ、と。

だが同じ質問を良識ある者にしてみるなら、彼はこう答えるだろう。哲学者とは信じる前に確かめてみる者、行動する前に熟考する者だ。だからいったん決心したのちは、信じることに揺るぎはなく、行動に無定見なことはない、と。

真実で確固たる信仰が見出されるのは、おそらくこうした性格の人間においてである。ところで心のなかに信仰を持っている者以上に、それをうまく定義できる者があるだろうか。従って哲学者の脳のなかにこそ信仰に関する知識が花開いているのであり、それを私は読者の目の前に呈示したいと思う。

神が存在することは、どれほど長々と議論をしても曖昧になることのない真実であり、それが疑問視されるのはまず学校のなかだけであると私は信じている。もしそのことを疑う者がいるとすればだが、お気の毒さまとしか言いようがない。そうした疑いを持つこと自体、健全な精神を持っていない証拠である。従って、そのような人々を説得しようとして一生懸命に証明しようとしても、無益なことだ。

神の完全無欠性の観念も、神の存在の観念に劣らず、すべての人々に幅広く、一様に受け容れられている。神が知的な存在の持つあらゆる賞讃すべき美点を、果てしない広がりのなかで、いかなる欠陥も交じえることなく、所有していることは知られている。神の威厳、叡知、慈愛、正義に限界がないことも知られている。しかしそうした知識にも関わらず、神を全く奇妙なイメージで描こうとする危険なソフィストたちもいるのである。

ダヴィデの時代、おそらく無信仰者は心のなかで「神は存在しない」とつぶやいていただろう。だが現代の無信仰者は無神論者であることをやめている。彼は神を認める。しかしそれはほとんどエピキュロスの神の性格を帯びた神なのである。それは怠惰で横柄な神であり、自分の安逸をじゃまされたくないために、この地上世界のこまごまとした事件に介入することはせず、人間たちの行う不正義に気分を害することも、人間からの讃辞を名誉に思うこともない。われわれが地球の表面で、われわれが死ぬと同時に終了する束の間の役割を演じるのを無関心に眺める神なのである。この高慢な神は理性ある被造物を野獣と同等のものと見なし、人間の徳に報酬をあたえることも、罪に罰を与えることもない。この神から見れば、われわれは卑しい自動人形にすぎず、われわれの頭脳も手先の器用さも精巧な機械が生み出すものにすぎないのだ。激しい雨が川面に作る泡のように、われわれはある瞬間にこの世界に現れて、次の瞬間には消え去る存在なのである。

たしかにこのような神は、よき習俗の実践をわずらわしい束縛と見なす人々にとっては厄介者ではないだろう。放埒な行為や不信心に顔をしかめることはなく、何も約束せず、何も要求しないのだから。

これは私の神ではない。私の神は宇宙を創造した神である。虚無から私を生み出した神である。私が享受している身体と精神と心の特恵はすべて神に負っている。神は私の生命が維持できるよう見守り、また死後も私の魂の至福に配慮してくださるだろう。神の善に私は愛で応えねばならないし、神の恩恵には感謝で、そして威厳には神をたたえることで応えねばならない。

第一章　神への愛について

無私の愛は存在しない。神は人間を愛しているか。神への愛と世俗の愛との比較。その両方に共通する性格。神を愛していると誤解している人々の幻想。神を愛していることの証明は、神が定めることを行い、神が定めないことを行わないことにある。自己を卑下することでしか神を愛することができないと考えるのは、神がわれわれに要求していることをよく理解していないからである。神への回心は、たとえそれが俗世間にたいする嫌悪から生じたものであったとしても、真摯で長続きすることが可能だ。悪徳から徳への移行。神はそれ自身が人格化された徳であるから、徳を愛することは、神を愛することである。

無私の愛は存在しない。ある人を、その人のことだけを思って愛することができると考えた人は、愛についてよく知らなかったのである。愛は、一方が他方の幸福に寄与するという、相互の関係があって初めて生まれるものだ。神の峻厳な裁きによって苛烈な地獄の炎のなかで永劫の処罰を受けようとするその瞬間にさえ神を愛するなどということは、静寂主義者〔受動的な瞑想のなかに心の平安を求めた十七世紀の神秘的キリスト教徒〕にまかせておけばよい。それは神の愛の極端すぎる理解である。

神が完全無欠であっても、われわれがそこから特恵を受けることができなければ、われわれに讃嘆の念を引き起こし尊敬の念を植え付けることはできても、愛を生じさせることはできない。神が全能であり、偉大であり、聡明であるがゆえにわれわれは神を愛するのではない。そうではなく、神が寛大であり、われわれを愛し、そのしるしを絶えず示してくれるからこそ愛するのだ。もし神が私を愛してくれなかったら、神の全能も、偉大も、叡知も何の役に立つだろう。神は何をなすことも可能だとしても、私のためには何もしてはくれないだろうし、神の崇高さも私を卑しく見せることにしか役立たないだろうし、私を幸福にするすべを知っているとしても、それを私のために使うことはないだろう。逆に神が私を愛してくれるなら、神のあらゆる権能は私にとってかけがえのないものになる。神の叡知は私の幸福のために適切な措置を講じてくれるし、神の全能はその措置を容易に実現してくれる。神の崇高さゆえに、神の愛は私にとって無限の価値を持つものになるのである。

「しかし神が人間を愛しているということは確かだろうか」

神が人間に惜しみなく与える数限りない好意的なはからいを見れば、そのことを疑うことはできない。だがこの証明は後で行うこととして、ここでは別の議論を採用することにしよう。

神が人間を愛しているかどうかと問うことは、神が寛大であるかどうかと問うことであり、神が寛大であるかどうかと問うことは、神が存在するかどうかと問うことである。と言うのも寛大でないような神を思い描くことができるだろうか。自分で創造したものを嫌ったり、その不幸を望むような神がいるだろうか。

善良な君主は自分の家来を愛するし、善良な父親は子供たちを愛する。人は自分の植えた木を愛するし、自分の建てた家を愛する。それなのに神が人間を愛さないことがあるだろうか。そのような疑いを抱くのは神を気まぐれで野蛮な存在だと見なす人々でなければ、いったいどのような精神なのだろうか。彼らの考える神は、人間の運命を無慈悲にもてあそび、人間が生まれる前に地獄行きの運命を定めておきながら、百万人のうちせいぜい一人の人間には、それもほかの人間が地獄堕ちに値しないのと同じくらい神に特別愛されるに値しない一人だけには、その運命を免除すると言うのだ。この不敬な冒瀆者は、神が私を嫌っていると思いこませることによって、私が神を嫌うようにしむけているのだ。

「神は人間にたいしてなんらの義務も負っていない」

そのとおり。だが神は自分自身に義務を負っている。神は不可避的に正義であり、慈悲でなくてはならない。神の完全無欠性は神が選んだものではない。神は必然的に自身の存在のすべてでなくてはならない。つまり、あらゆる存在のなかでもっとも完璧な存在であり、そうでなければ、神は何者でもない。

だが私は知っている。私が神にたいして感じているのと同じ愛で神が私を愛していることを。神が私の心に、もっとも貴重な賜物であるこの感情を刻み込んだのは、神が私を愛しているからだ。神の愛は私の愛の根源であり、私の愛の理由である。

神にたいする愛がどのようなものかを説明するために、信者たちが世俗の愛と呼んでいるものについて述べることを許していただきたい。二つの愛を同列に置くことはなんら不作法なことではない。愛が罪深いものになるのは、罪深い心のなかでだけである。火はもっとも純粋な実体だが、腐敗した物質から生じる火は不潔で危険ですらある煙を発生する。同じように悪徳に育まれた愛は、恥ずべき欲望しか生み出すことがなく、腹黒い陰謀を抱かせ、混乱と、悩みと、不幸を招く。逆に愛が正しい心から生まれ、しかも徳と魅力を備えた対象にたいして燃え上がったものであれば、いかなる非難を受けることもない。そのような愛は神の怒りをかうどころか、賞讃を受けるものだ。神が愛すべき者を創ったのは、それらが愛されるためにである。神にたいする愛の模範として私がこの種の愛を選んだのは、すべての愛情のなかでこれがもっとも魂を力強く揺さぶるものだからである。

ところで愛する者の心のなかでは何が起こっているのだろうか。彼は自分を魅惑する者に熱烈に身を捧げようとする。彼はあらゆる動きによってそれに近づこうとし、彼を遠ざけるあらゆるものが苦しみとなる。彼は愛する者に嫌われないかと心配し、愛する者にあわせようとして、また愛する者に従おうとして、どんな関心を抱いているか、またどんな意向を持っているかを知ろうとする。彼は愛する者が褒め讃えられるのを耳にすることを好み、愛する者についてうっとりと語る。愛する者を少しでも思い出させるものはすべて彼にとって大切なものである。愛が絵画を生んだ、と言われている。聖遺物礼拝を生んだのもまたおそらく愛である。愛する者の髪は宝石なのである。

神への愛がこれとかけ離れたものだと想像してはいけない。愛するのにふたつのやり方があるわけではない。人は恋人を愛するように神を愛するのだ。様々な愛がそれぞれ異なるのは、ただその愛する対象、目標が違うだけなのだ。だから信心深い男は神にたいして、情熱的な恋人が抱くのに似た感情を抱くのであり、神を見、自分のものにし、結ばれたいと願うのだ。彼は喜んで神のことを想い、尊敬をもって語る。神の掟を研究し、考察し、遵守する。それが神を愛することの証拠であり、同時に結果である。神を愛するなら、神の命令に従う。命令を実行するなら、神を愛していることになる。

クレオンは隠遁生活を送っている。彼は人との交流を断ち、決まった時間に祈り、粗末な生地で身を覆い、野菜だけを、それも少ししか食べず、自己を厳しく律し、女性には決して会わない。

クレオンは神を愛しているだろうか。それは疑わしい。私は彼に気まぐれな徳しか見ない。彼は神の掟が命じていない多くのことを行い、命じていることの多くを行っていない。

もしもクレオンが人々のなかに立ち戻り、人々を愛し、人々に親切だったら、もしも自分の身体を痛めつけるかわりに魂を磨く努力をするのだったら、もしも規則に従って祈るのではなく、熱意を込めて祈るのだったら、もしも神が禁じていないことはすべて許されると考えるのだったら、もしも人目をはばかることなく徳を実践し、自身が手本となって徳行を説くのだったら、私は喜んで彼が神を愛していると納得することだろう。

人間は中庸を保つことはできない。すべてにおいて行きすぎてしまう。イエス・キリストは弟子たちに、神は神が命じることをなす者を愛すると言った。だが弟子たちは、神の命じること以上のことを行えば、よりいっそう神に愛されるだろうと考えたのだった。

イエスは、人々が神に祈り、神を讃え、神にたいして感謝の祈りを捧げることを望んだ。ところが弟子たちは、それ以外の活動をいっさい差し控えることが完全な徳行だと信じ込んだのだった。そのために信心深い怠け者たちは、自分たちがただ神のために献身しているのだと主張しながら、実際には社会にとって無益で犯罪的な活動しか行わないのである。

イエスは富への執着を否定した。弟子たちは、では何も持たないことが徳なのだと想像した。そのためにあのやっかいな乞食たちがぞろぞろと現れたのだ。彼らはまさに勤勉なミツバチたちの栄養に寄生するスズメバチだ。

イエスは姦淫、強姦、誘惑を禁じた。この禁止は弟子たちに、生涯禁欲を守ることがキリストの意向に添うことだと信じさせた。彼らは結婚を罪と見なすことまではしなかったが、結局のところほぼ同じこと、つまり処女性を美徳と見なしたのだった。おそらく彼らは彼らの師が実をつけない無花果の木を、処女に似ているからという理由で呪ったことを忘れていたのだ。

最後に、イエスは安逸と快楽の追求とをとがめた。このモラルは弟子たちにどのような結果をもたらしただろうか。彼らは神憑り的な狂気におちいった。彼らは先が何本もの革紐に分かれた鞭や錐で武装し、容赦なく自分自身を痛めつけた。ちょうどエリア〔ユダヤの預言者〕の眼前でバアル神の司祭たちが行っていた〔『列王紀　上』第一八章第二〇―二九節〕ように。不幸な狂信者たちよ、もしあなたたちが神のかわりに、あなたたちが悪魔と呼んでいる悪霊を選んでいたならば、どれほどの悪を行ったことだろうか。

兵士が司令官の命令を受けとると、もうその命令を無視することも、それを逸脱することも許されない。もし彼がどちらかの罪を犯すならば、その罪は同様に危険なものであり、同様に罰せられる。

われわれは互いに憎みあうことなく、ともに神を愛することができる。しかしわれわれが互いに憎みあいながら神を愛することができるというのは真実ではない。われわれは神の感情に反する感情を持つべきだろうか。神はわれわれを愛している。だからわれわれが互いに憎みあうならば、神に愛されるとは期待しないようにしよう。神は、われわれがわれわれ自身を愛するのと同じように同胞を愛することを要求している。この掟は、われわれが互いに憎みあわなくてはならないと言っているのだろうか。

身体を精神に従属させなさい。だが身体を無視してはならない。貞節を守りなさい。だが道徳にかなった交わりを断ってはならない。富への愛には用心しなさい。だがあなたの隣人に与えることをなおざりにしてはならない。あなたの心を神に向かって高めなさい。だが同時に哀願する不幸な者には手をさしのべなさい。

自然の本能に、しかももっとも罪のない本能にさえ逆らわなくては神を愛することはできないという偏見が非常に広く浸透しているので、一日に四回食事をとり、肉と魚のどちらも食べ、清潔な衣服を身につけ、羽根布団に寝、そして妻を優しく愛し、愛情のしるしを妻に与えることを喜びとするような男は、どれほど美徳を持っていようとも、またどれほど善行をなそうとも、聖人だと褒めそやされることはとても期待できない。

ローマでは教皇、修道士、修道会の創設者、それに適当なものが見つからない場合には誰のものともわからない人骨が聖人の列に加えられる。しかし徳篤き家長の場合、彼が国王であったか、せめて国王の先祖であったのでなければ、聖別されることは滅多にない。

敬虔な信者のなかには、神を愛するためには神だけを愛さなくてはならないと考える者がいる。神は嫉妬深く、夫が妻を、恋人が恋人を愛するのを好まないと考えているのだ。彼らの思い描く神は、妻がカナリヤに愛着を持つことさえ犯罪呼ばわりするような、風変わりな夫に似ている。

神への愛を高尚なものにしようとするあまり、気高い感情を持つことができるのは並外れた人間だけだと人は思うようになってしまった。普通の道徳心しか持たない男がそこまで到達できるとは考えられなくなったのだ。またキリスト教徒のなかでは、トルコ人が神を愛することができると想像するだけで、神への冒瀆だと見なされるようになってしまっている。

アリストは三十歳の頃、社交界に出入りしていた。彼は社交界の寵児としてかわいがられ、引っ張りだこであった。あらゆる宴会に出席し、それを最大の楽しみにしていた。六十歳をすぎた現在、彼の関心は変わった。彼は社交的な集まりと縁を切り、教会だけにかよっている。彼にとっては長いミサがよいミサである。彼は絶えず、そして熱心に祈る。彼は快楽を追ってむなしく過ごしてきた時代を後悔し、神を褒め讃えることに没入している。頭の働きが鈍くなったのだ、この年齢ではそうした理由で信者になる例は希ではない、と人は言う。もしアリストが変身したときに、ほかの痴呆の症状を示していたのなら、私はその意見に賛成もしよう。だが彼の判断力が少しも損なわれていないのなら、私はこう言いたい。人は老いると、情熱が静まり、徳にたいする愛が強まるものだが、徳にたいする愛は信仰心なしには存在しない。アリストが教会に通っているという理由で、彼が信仰心を持っていると言うのではない（もし彼が回教徒だったらモスクに通っているだろうし、もしプロテスタントだったら礼拝所に通っていただろう。ヨブやエノクの宗教〔ユダヤ教〕の信者だったら、どんな場所でもおかまいなく祈っただろう）。信仰心とは、心を神に向けて高め、それをあらゆる行為によって示すことである。事実、アリストはそうした行動を行っているのだ。

愛人のいなくなった女性が信仰に身を任せるとき、あれは偽善で、神を讃えているのではなく、神と戯れているのだと人は言う。本当だろうか。信仰に身を任せたことで、彼女は人間嫌いになった。しかし彼女は優しい心を持っている。この優しさは何らかの対象に向けられるべきものであり、彼女はそれを神に向けたのだ。人間よりも神を愛することの方がより高貴だということを、彼女はどこかで聞いたのだ。この感情は彼女の虚栄心をくすぐった。社交界のむなしさを確信した彼女は、おそらく自尊心から神を愛しているのだ。

どのような機会から心が徳に向かうようになるかは、もし心が誠実に徳に向かうのであれば、重要なことではない。

ヴァレリーは身分の高い愛人を持っていた。愛人の身分の高さは彼女の野心を満足させていた。ところが浮気な男は別の愛人をつくってしまった。彼女は体面を汚すことなく、さほど身分の高くない崇拝者のところにまで降りていくことができるだろうか。無理だ！　彼女の自尊心はそんなことに我慢できなかっただろう。しかたなく、彼女は色恋の関係を絶ったのである。この変身はくやしまぎれでしかない。だがそれはどうでもよい。彼女をふしだらな生活から引き出したのだから。深淵から抜け出して、彼女は深淵の深さをよりよく知るだろう。はじめは否応なく良き習俗に戻ったものの、しまいにはすすんでそれにしがみつくことになるだろう。今日から犯罪を犯すのをやめてみたまえ、いつか必ず犯罪を嫌悪するようになるものだ。

醜い顔であってもいつも見ていると、嫌悪感を感じることはない。だが二十年ぶりに見たならば、その醜さがしっかりと見えるものである。悪徳は、最初から楽しいものではない。目が慣れる必要がある。人はふるえながら悪徳に入っていくのだ。それは慎重な人が泳ぐのに似ている。水が冷たくないかと心配して、まずは足先だけを浸す。つぎに思い切って脚を沈め、膝、腰、そして全身を沈める。義務に背く不忠者は、裏切る前に何度も卑劣な行為をしているものだ。

もしその男が自分の行いを恥じるという幸運に恵まれ、自分を迷わせた道と逆の道を辿ろうとするとき、はじめは苦労が伴うことだろう。破滅に向かって進んでいたあの安易な道と比べれば、この道は険しく困難な道に見えるだろう。しかし彼が嫌気や嫌悪感に屈服することなく、歩き続けることを私は希望する。自分の意に反して歩く者は、前進し続けるものだ。弱い人間にとって最初は疲労と感じられていたものが、心地よい試練に変わる。そのとき彼は自分の弱さを克服したのである。ついに蒙を啓かれた彼の目は悪徳を本当の色彩で見ることになるだろう。ありのままの姿の悪徳を見ると同時に、人はそれを嫌悪するものである。悪徳は本当の姿を覆い隠すことによってわれわれの心をとらえる。逆に徳は、自らを包み隠さずに見せることによってわれわれを引きつけるのである。知れば知るほどわれわれは徳を愛するようになる。もしも徳が人間の姿を持ち、神がわれわれ死すべき存在の目の前にその姿を現すなら、われわれは徳の前にひれ伏し、熱烈に崇拝するだろう。と言うのも徳が純粋なままで存在するのはただ神においてのみであり、神と徳との間に差をもうけることができるとは思えないからだ。これこそ、徳を愛することはすなわち神を愛することだという結論を導く新たな証拠である。私の信じるところでは、人が徳を愛すべきだということは誰も疑問に思わない。ではどうして、人が神を愛さなくてはならないということを疑うことができるだろうか。だがこの問題について、証明に証明を重ねることはやめよう。心の真実を人に納得させるためには、それを描き出すだけで十分なのだから。感謝の問題に移るとしよう。

第二章　神への感謝について

それは必然的に愛を伴う。神への感謝の念をかきたてるためには、いかなる性格の面から神を考察すべきであるか。

人間関係においては、愛と感謝とははっきり区別できる感情である。ある人から恩恵を受けることなくその人を愛することができるし、愛することなく恩恵を受けることもできる。どれほど多く愛情のしるしを与えてくれる人がいても、恩知らずとそしられることなくその人を愛さないでいることはできる。

神との関係においてはそうではない。われわれの感謝は愛なくしては存在しないし、感謝なくして愛はない。なぜなら神は人間を愛する存在であると同時に人間に恩恵をもたらす存在でもあるからである。神が人間を愛する存在であることはすでに証明した。次に神が恩恵をもたらす存在であることを示そう。

あなたはあなたを生んでくれた母親に感謝している。同様に、あなたに必要なものを与えてくれた父親に、そしてあなたの魂に有益な知識を授けてくれた教師に、あなたに寛大な援助を与えてくれた恩人に、あなたに愛情を注いでくれる友人に感謝している。しかし神こそあなたの本当の母であり、父であり、教師であり、恩人であり、友人なのだ。これらあなたが敬意を表する人々は、厳密に言えば神があなたにたいして示している好意の媒介者にすぎない。あなたに納得してもらうために、様々な関係から神を検討してみよう。

第一節　母親との比較における神

女が妊娠と出産によって母となる以上に、神は天地創造によって真の母である。

シルヴィは結婚適齢期の娘である。裕福で洗練され、若く、親切なひとりの男性を紹介された。シルヴィは顔を赤らめ、好意をいだいた。少女の恥じらいが一瞬彼女を躊躇させたが、数々の長所を見て心を動かされ、気質を見て心を固めた。三つのラテン語による誓いによって彼女は妻となり、まもなく母親となった。ここまで、彼女は自分が産んだ子供にたいして何をしたのだろう。すべてを行ったのは神である。神が天と地を創り出したときから、この子供を予見し、子供の誕生に至るまでの長い事件の連鎖を配置していたのだ。神はそれ以上のことをなしていた。神は粘土をこねて人類の最初の父を生み出したときに、この子供を造っていたのだ。この種を花咲かせるときがきた。神はそれをシルヴィのなかに置こうと思った。それが熟成し、成長するように気遣ったのも神であった。

この子はいつか自分の母親に敬意を示すことだろう。それはよいことだと思うし、ぜひそうしてほしい。母親は子供のために、あるいは少なくとも子供によって、子供のせいで、妊娠中に様々な不都合や陣痛を堪え忍んだのだから。だがその感謝の気持ちをいっそう高いところに向けてほしい。毎年、穀物や果実や牧草が大地を覆うのを見て、愚かにも、至高の支配者の盲目的な道具にすぎない大地を崇拝するばかりで、この大地を実りあるものにした力強い腕を讃えることに思い至らないような、迷信深い偶像崇拝者のまねをしないようにしてほしいものだ。

第二節　父親としての神

神はいかなる男よりも限りなく立派にその役を果たす。

神はまた人間すべての父親である。ひとりひとりの男がその子供たちの父親である以上にそうである。父親が息子の誕生にどれほど貢献したかは無視しよう。息子がそのことで父親に感謝しなければならないとは思えないからだ。彼は自分の満足という目的のためにそれを行った。もしもこの種の恩恵なるものを考慮に容れねばならないとすれば、同じように、彼が準備させたおいしい料理や、彼の飲んだシャンペンや、彼が踊ったメヌエットにたいしても、つまり彼が味わったすべての快楽にたいしても感謝の祈りを捧げなくてはならないだろう。

男が自分の息子の心にたいして様々な権利を獲得できるのは、単に父親であるという点によるものではない。自然が父親という資格にたいして割り当てた義務を果たして初めて彼は父親の権利を主張できるのである。

長子の財産をふやすために無慈悲にも修道院の奥深く閉じこめられた哀れな犠牲者たちは、冷酷な父親にどのような感謝をしなくてはならないと言うのだろう。

息子には怒った顔しか見せず、厳しい言葉でしか話しかけず、脅しによってしか教育せず、殺害によってしか懲罰しないような、気性の激しいまるで暴君のような態度は息子たちの心にどのような優しい感情を生むことができると言うのだろう。

フロリモンはなんという父親だろうか。自分が主人だというのに家族のなかでは異邦人だ。彼はしょっちゅう外出し、酒を飲み、遊び歩いている。とは言え子供たちは成長し、年を重ねる。子供たちが自力で徳に到達し、才能を獲得し、地位を得ようと考えるなら、けっこうなことだ。と言うのも父親は面倒をみるような男ではないのだから。彼は子供の誕生に立ち会い、名前を与えた。それからあとは関わりを持たず、子供の顔がかろうじて分かるほどだった。

だがここでは父親と神との相似関係を問題にしているのだから、不釣り合いを小さくするために、すべての父親のなかでもっとも優しく、完璧な父親を選んでみよう。その実例として自分の父をとりあげることをお許しいただきたい。

私の父は中程度の階層に属していたが、財産は並み以下だった。とは言え細やかな愛情と賢い家計のおかげで、私は裕福な家庭に生まれた子供たちをうらやむようなことはなかった。つつましい食事と人並みの服装を与えられ、経験豊かな教師によって学問を学び、戒めよりも実例によって徳に目を開かされた私は、もしも父親を取り替えることが可能だとしても、別の父親を望むより、父親を持たない方を選んだだろう。

私の父は私の生活と教育と習俗とに気を配ってくれた。これが私の感謝の根拠である。父は私に可能なことはすべてしてくれた。だが父に可能だったことを可能にしてくれたのは神である。すべての善のこの源に常に立ち返らなくてはならない。

父が私の健康を気遣ってくれていたとき、私の健康を守ってくれたのは神であった。父が私にものを教えようと心を傾けていたとき、私の知性を開いてくれたのは神であった。父が私に徳の持つ魅力について話してくれていたとき、私に徳を愛するようにしてくれたのは神であった。

第三節　教師としての神

神はわれわれを教える者たちよりも教師としてはるかに優っている。なぜなら神は、あらゆる人間が獲得する知識と才能の源であるから。

われわれの知識のすべての源である永遠の真実と比較したら、われわれを導き、教える教師はこの比較に耐えうるだろうか。かりにこの教師が実際以上に知識を持ち、自分たちの教える信条により確固たる信念を持ち、先入観からより自由で、感情にとらわれることがより少ないと仮定してみよう。それでも、彼らの持っている知識を明証性と確実性を伴う観念だけに限定するならば、それはなんと限られたものでしかないことか。ところで知識という名にふさわしいこれらの観念は、神がすべての人間に共通に分け与えたものである。人は皆それを所有し、それを想い描くことができる。そのためにはそれについてじっくり考えるだけでよいのである。それ故、哲学のいくつかの学派の信ずるところによれば、われわれの知識のすべては想起によって獲得されるものなのである。

真実の数は、少なくとも本当に役に立つ真実の数は、考えられているほど多くはない。普通、われわれに真実を隠すものは怠惰や偏見である。またねばり強い研究や応用によってしか発見されないような、より抽象的な真実もあるが、そうした真実が発見されたのは、われわれに真実を教えてくれる人々のおかげでもないし、われわれ自身の仕事のおかげでもない。それらは神が他の者に先立って隠した宝物であって、もともとは神に属するものなのである。と言うのもわれわれがわれわれの魂の奥底を発掘することによってその真実を発見することができるのだが、われわれの魂は神の手になるものだからである。坑夫が鉱山を掘り、科学者はその作業の指揮を執る。しかしそのいずれも鉱山が隠し持っていた金を生み出したわけではない。

第四節　慈善家としての神

この資格を神と競える者はいるか。神の恩恵を認めない恩知らずな者たちの言い分。（一）自然界に生ずるいわゆる災害は神の摂理とは両立しないのか。（二）神が身体をその欲求に従属させたのは、いかなる意図によると思われるか。財産と名誉の不平等な分配は真の無秩序と言えるか。（三）情念はそれ自体が悪徳なのか、ただ単にその濫用によって悪徳となるにすぎないのか。それはいかなる用に役立つか。人間が完全に情念の支配者になるのはよりよいことだろうか。

慈善家の資格を神と競う人がいるとしても、私はその人のために書いているわけではないし、また彼を攻撃することを義務だと考えているわけでもない。だが彼が享受している日の光、呼吸している大気、彼の健康と喜びに寄与するすべて、そして彼が利用している空や大地やすべての自然は彼に不利な証言をするし、彼をやりこめるに充分だろう。彼が自分で考え、話し、行動するのも、神がそうした才能を与えたからにほかならない。彼が神の摂理に抗して立ち上がったとしても、摂理がなければ彼はいまだ虚無のなかにあるだろうし、大地はそんな恩知らずの邪魔になる体を支えてはくれないだろう。

自分が存在するのは神のおかげだと、ほとんどの人が認めている。だが感謝しなくてすむようにと、この恵みを軽蔑して喜んでいるように思われる。人間は不平を言う動物である。乾燥する季節には湿気をほしがり、雨が降ると乾燥する時期を要求する。自分にとって何がいちばん良いことなのかが自分で分かっているかのように、人間はわざわざ不平や希望を作り出す。人間が存在し、自己の生存を守るのに必要なすべてのものを手にしていられるのは、人間が生を享受することを神が喜んでいるからなのだ。人間は自分の生にたいして無関心であっても、感謝の祈りをするときには、それが神のおかげであることに気がつく。神が与えてくれなかったものを嘆くとき、人間は神が与えてくれたものを忘れているのだ。神の摂理にたいする主な不平は次のようなものである。自然界に生ずる災害、身体のやっかいな欲求、そして放埒な情念。

そこでこの三つの不平を検証し、全能なる神に何ができるのかを判断しよう。

(一)「町が水没する。隊商が砂に埋もれる。大地が裂け、恐るべき深淵が口を開く。猛獣が人間を喰い殺そうとする。飢餓やペストや多くの災厄が戦争を生み、人間を破滅させる」

こうした出来事のなかに、あなたが神に負っている感謝を免除するようなものがあるだろうか。リマが洪水に見舞われたからと言って、あなたへの恩恵が減じたと言うのだろうか。エトナ山やヴェスヴィオ山が吹き出す炎があなたに被害を与えたのだろうか。それにこれら災害と呼ばれるものの余波があなたに及んだとして、いったいあなたに何が起こるというのだろう。せいぜいのところ死だけではなかろうか。

では死はそれ自体悪なのだろうか。それはこの世からあの世に通じる扉である。そしてこの第二の生において幸福な者となるか、それとも不幸な者となるかは、あなた次第なのだ。

出来事によって神を判断してはならない。むしろあなたが神にたいして持っている考えにしたがって出来事を判断しなさい。人間が支配することがらのなかで災害が生じるときは、きまって弱い者や不正な者、あるいは無知な者がそこに関わっているものだ。このような不完全性は神にはない。宇宙を支配しているのはまちがいなく神である。そうであればそこに本当の災害が起こりうるだろうか。このことに関してわたしにはふたつのことが分かっている。ひとつは明白で、もうひとつははっきりしない。明白なこととは、神は正しく、賢明で全能だということ。はっきりしないのは、災害のように見えるものが実際にそうなのかどうかということである。神はわれわれよりも高次の知性を持つことができるのだから、私は確実なことによって不確実なことを判断し、すべては秩序だっていると結論する。

(二) 身体の欲求について言えば、私にはそれが神の善意を疑わせるものであるどころか、われわれにたいする父親のような気遣いの明白なしるしに思われる。私はそれを有用な気分転換だと考える。それはわれわれがあまりに長くひとつの仕事をし続け、消耗することを防ぐような気分転換である。さらに私が讃嘆するのは、この一見不都合に思われるものがわれわれの喜びすべての源になっていることだ。私がおいしく飲み、食べることができるのは、身体の要求がうるさいほどに激しくわれわれを駆り立てるからである。

職人が朝起きて仕事場に急ぐ。彼を動かす唯一の動機は利益の願望である。もしも神が身体的な欲求を与えることでこの動機を緩和し、仕事の手を止めるようにしむけなければ、彼は自分の貪欲さに引きずられて、休息をとることはないだろう。だが空っぽになった胃袋が少なくとも一日三回、彼につらい仕事を止めさせるのだ。彼はこの絶対的な声に服従する。疲れは食欲を刺激し、怠惰で行動しない大貴族たちが味わうことのできない喜びを持って、食欲を満たすことができるのだ。そして彼はふたたび熱意を持ってカンナやヤスリを手にする。汗を流し、身体を動かすことで、少し前にとったのと同じほど美味な食事をとることができるのだ。

親切な睡魔よ、だれがお前の恵みを充分に褒め讃えることができるだろうか。お前はわれわれの消耗した力を力強く回復してくれる。われわれの不安を宥め、われわれのどんな悩みも取り払い、どんなに激しい悲しみもやわらげてくれる。ネクタール〔神々の飲む不老不死の酒〕でさえお前ほどの効果を持っているだろうか。ホメロスが讃えたネペントスとは眠りを誘う酒のことだったのではないだろうか。お前は幸福な恋人たちを悦楽の状態に引きずり込む。あまりの快楽に憔悴しようとするそのときに、お前はやってきて優しい手をさしのべる。激しい興奮の後に優しく、穏やかな陶酔が訪れる。これは前の状態ほど強烈なものではないが、それにおとらず甘美なものなのだ。

人間が異性に誘われるあのあらがいがたい傾向もまた不都合な欲求だと見なすことができるだろうか。この傾向を苦しみと見なす人々がいることをわたしは知っている。だがなぜだろう。それは彼らがこの力に抵抗することを美しいことだと考え、種の増殖に手を貸すことを恥だと考えているからだ。では彼らは神にその責任を負わせようとするのだろうか。彼らの奇妙な偏見を神のせいにしなくてはならないのだろうか。彼らは他の人々と同じ次元におりるべきであり、幻想にすぎない「完徳」なるものを求めるのをやめ、自らを駆り立てる欲求を満足させることに同意すべきである。これが不都合さを乗り越える唯一の理にかなったやり方である。

良識を持った人間は、情念の激しさ、自分の前に立ちはだかる障害、それを乗り越える困難さえも、嘆くべき真の不幸とは考えない。彼らは逆にそれらを、感覚を刺激し、喜びをいっそう増すためのものだと見なしている。喜びから、欲望と障害を取り除いてしまえば、喜びのもつ魅力はなくなってしまうだろう。

神の摂理の反証として、あなたがたは富の不平等な分配を申し立てるのであろうか。「ありあまる富を持つ者もいれば、貧窮に苦しむ者もいる」と。

この議論は誤った原則にもとづいている。その根拠を崩してしまえば、議論は破綻してしまうだろう。これは、富が人生において享受しうる唯一の、あるいは少なくとも最大の特権だという仮定の上で展開されている。しかし神が人間に示した慈愛のうちで富はもっともとるに足らないものであり、その益が他のものによってじゅうぶん補われる程度のものであるならば、富を与えられなかった人々が不平を言う根拠があるだろうか。

このわれわれとはあらゆる意味で無縁で（と言うのも富はわれわれの身体にも魂にも付属していないからだから）脆弱な価値を、動物的な生命力の利点のいくつかと比較してみよう。完璧な健康、均整のとれた身体、健全な諸器官などは、それらのひとつと富とのどちらかを選択せねばならないとしても、富よりもこちらを優先するようなものであろう。ましてそれらすべての利点をひとまとめにすれば、富などよりはるかに好ましいものではないだろうか。富を徳、名誉、機知、学識、才能といったより価値あるものと比較すればどうだろう。これらの属性のどれとくらべても、富がいかにとるに足らないものに見えることか。さらに魂や身体の長所は、それを活用することによって富を手にすることができるという点で、富にたいして優越性を持つ。逆に、富では傷ついた身体を完全なものにすることも、悪に染まった魂を矯正することもできない。

身分についても同じことが言える。「玉座についている者もあれば、人知れず、塵のなかに這いつくばっている者もいる」とあなたがたは言う。

高い位を、富と同じ見地から見ればどうだろう。身体あるいは魂の長所と比較してみれば、それがほとんど価値のないことが分かるだろう。考えうる最高の野心を抱いてみてほしい（希望するだけなら簡単だ）。いきなり君主の座を希望してみよう。そしてその希望が叶えられたとする。するとどのような利益を得ることができるだろうか。自分の義務を果たす王はすべての人間のうちでもっとも惨めな者である。義務を果たさない王は、もっとも我慢のならない存在だ。

高い位と大きな富とは、資質を欠く男の頭上に載せられると、その欠点を白日の下にさらして男の値打ちを下げるという共通点を持っている。

イプシストとポリオンはそうした例である。ポリオンは賭事と食事と女性を愛していた。またとりわけ富を愛していた。後者への情熱が前者への情熱を押し殺すことはなかったものの、それを用心深いものにした。この情熱はポリオンを正直者にではなく、偽善家にした。彼はいかに社会が腐敗していても、悪徳はヴェールに覆われて歩くべきだと考えられていることをよく知っていたし、また素行の悪い〔習俗を持たない〕男は大目に見られても、厚顔無恥な反良識家は許されないことも知っていた。そこでポリオンは空言を弄し、行動を偽装した。そして庇護者の前ではできるだけ紳士の態度を気取り、有効に利用できるとき以外は自分の浅ましさを見せないようにしていた。とうとうポリオンは豪奢の極みに到達した。彼は歩むべき道を歩んできたのだった。すると、わずらわしい拘束にあきあきした彼は、仮面をはずし、情熱の手綱を緩めた。彼は自分の胃袋を甘やかし、賭博台を気晴らしの舞台とし、オペラ座を後宮にした。

イプシストはこれとは少し違う道を辿って高い地位に到達した。彼は並み以下の境遇に生まれた。彼の才能は彼を高く飛躍させるようなものとは思われなかった。しかしおそらくわれわれのものよりは深くはいる立派な性器のおかげである種の才能を発見することができた。彼はそれを活用することを学び、大物にのし上がった。のし上がったものの、彼をそこまでのぼらせてくれた才能は、彼をそこで際だたせる手段とはなりえないものであった。そこで彼は卑劣な人間になった。人前では尊大でこれみよがしな態度をとってはいても、自分の下劣さを自分自身の目から隠すことはできなかったのである。

より少ない財産とより低い地位の人々のなかに、イプシストやポリオンよりも天の恩恵がより多く配分されている人を容易に見つけることができる。たしかな幸福が味わえるのは、栄誉や豪奢の頂点ではなく、中間の身分なのである。地表を循環する空気は大多数の人間に適している。だが高地で吸う空気は心を高ぶらせ、頭をくらくらさせる。

恩知らずのわれわれは自然にたいして常に不平を言い続けているが、この優しい母は人間の間に一見してそう思われるほどの不公平を定めてはいない。強く胸を打つ喜びはすべての人間に共通なものだ。高い地位にある人々だけの喜びは、気まぐれで、不確かで、しばしば苦々しさの混じった喜びであり、純粋な自然はわれわれをそこから遠ざけてくれている。このはかない人生を慰めてくれるものはすべて自然から来るものだ。そしてわれわれが嘆く不幸のほとんどはわれわれの想像力やわれわれの習俗の混乱に由来するのだ。

（三）神の摂理を認めない忘恩の徒が摂理を否定するもうひとつの口実は、人間の心にたいする情念の支配である。心のなかに意志にもとづかないさまざまな情念がわき上がり、それを押し殺すことができない人間は、同情に値すると彼らは考える。彼らは情念から生じた不吉な結果を強調し、情念が生み出した無限の利点には目をとざす。だがわれわれを焼き尽くす可能性があるからと言って、われわれは火を嫌うだろうか。われわれを溺れさせかねないからと言って水を、災害の手先になりかねないからといって火を嫌うだろうか。

情念をその結果によって判断するのではなく、情念それ自体において考察してみよう。また結果について考えるときでも、悪い結果を良い結果で相殺することにしよう。

モラリストたちは情念を断固糾弾し、理性を倦むことなく賞讃するのが通例である。だが私は情念に罪はなく、理性のほうが有罪だと主張したい。

感情は情念の精髄である。ところで感情は自由なものではない。好きか嫌いかは、思い通りになるものではない。したがって感情に罪があるわけではない。

われわれの情念はわれわれが自ら作ったものではない。われわれは未熟な幼児の頃から情念を持っているが、考える前に感じていた。したがってこれは自然からの贈り物であり、神の賜物である。哲学者は全能なる者の慈悲深い手を自然と呼ぶからである。神はその被造物に有害な贈り物を与えはしなかった。

さらに言えば、情念はそれ自体悪いものではないどころか、良いもの、有用で必要なものである。

知性ある被造物が自己の幸福を願い、それを手にしようとするのは正当だし、自然なことである。ふたつのことがこの幸福に寄与する。苦痛を免れることと、楽しみを味わうことである。それこそすべての情念の目的である。情念が目ざしているのはすべて、われわれの幸福を損ないかねないものを遠ざけ、幸福を増大させうるものの獲得を確実にすることである。

したがって苦痛への嫌悪と快楽への愛がわれわれのなかに生じさせる情念は道理にかなったものであり、本能に沿ったものである。だがこの本能は自由なものではないし、また啓発されたものでもない、いや啓発される必要もない。と言うのは本能はそれ自身で行動を決めるものではないのだから。本能は悪を避け、善を求める。だが本能は何が悪で何が善かを知らないので、それを本能に示してやる必要がある。本能にかわってこの判別を行うのが理性の仕事である。個々の情念に適切な対象を示し、しかるべき限界のなかに留まらせることによって、情念を制御するのは理性の役割なのである。そして理性はしばしばそれに失敗する。情念を糾弾する叫びが多く聞かれるが、誤ったのは理性なのである。

たとえば愛は、それがなければ人類が消え失せてしまうほどに必要な情念である。異性にたいする関心は男性と女性の両方を完全なものにするのに役立つ。それはすばらしい結びつきや愛すべき結婚、集団生活を生む。だがそれは賢明な理性が議長を務め、指導する場合に限られる。倒錯した理性に導かれたようなときには、裏切り、背誓、不貞、近親相姦、殺人、狂乱など、盲目的な狂気が引き起こしうるあらゆる悪事を引き起こしかねないし、また実際それらは毎日のように起こっている。異性への関心には自然の意志と一致しないような目的はない。それは異性との結びつきをめざすものだが、この結びつきは正当なものである。したがって問題はこの関心を罰することではないのだ。あなたは生まれつき優しい心を持っている。その心を無感覚にしようとしてはいけない。そうではなく、あなたを徳から遠ざけることがないような対象にあなたの優しさを向けることだ。あなたを徳に向かわせるような人だけを愛しなさい。そうすることであなたの愛したいという欲求は同様に満足させられるだろう。だがそうした慎重さが欠けていれば、充分な満足は得られないだろう。徳のない友情など存在しない。恋人の自堕落な結びつきは愛ではない。それは恋人たちを悪徳の関係に引きずり込み、相互の共犯関係を生じさせる忌まわしい結びつきである。

アガトンはセフィーズが気に入った。アガトンは昂然と頭を上げ、つま先で歩くような気取り屋の小貴族である。彼が自分の真正面にないものを見なくてはならないとき、首の中心軸にうまくつながっていない彼の頭は、苦労しながら対象物に向かって回転するが、半分までしかまわらない。次いでまぶたが力なげに動き、残りの動作を嫌々するといった具合だ。貴族の身分と体面を誇りにしている彼は、才能を軽蔑し、才能を手にすることを、自分よりも下位の人間、つまり無から身を起こすためには才能という源しか持っていないような人間にしか許さなかった。彼はまた神のことを考えるのがいやだった。自分より上位の存在を思い起こさせるからである。社会的な徳を彼は嫌悪した。徳は彼に尊敬の念を持つように強いるからである。公平すら彼のためには作られていない。彼のうぬぼれが制限されるかもしれないから。だから彼は不信心で、冷たい打算的な男である。約束を守らず、契約に背き、優しさも、同情も、和解もできない男なのだ。彼は激しい気性に引きずられて悪を行うような悪人ではない。自分に充分な価値があると思いこみ、徳を身につけようと努力などしないうぬぼれ屋なのだ。

セフィーズは見栄っ張りで横柄な女である。三十人の愛人たちが彼女の足下に群がり、彼女は愛人たちを自分の魅力に捧げられた記念碑としてそこにはべらせている。愛人の全員が彼女を崇拝しているのに、そのなかの一人だけに栄冠が与えられる。彼女は女王のように命令し、愛人たちは奴隷のようにしたがう。この厳格な専制政治をさらに確固たるものにするために、彼女は気まぐれで突飛な命令しか下さないようにしている。取り巻き連のなかでもっとも卑屈な男たちは自分こそが勝利の栄冠を勝ち取れると期待しているが、それは間違っている。彼女は限りない尊敬を要求するのだが、自分にたいして尊敬の念を示す者を軽蔑するのだ。本当の能力がどのようなものかを知らないセフィーズは、才能を尊大さによって、高貴さを称号によって、天才を機知によって、愛を甘い言葉によってのみ判断する。信仰も道徳も確かな趣味もない彼女はなんと多くの点でアガトンと一致していることか。だからこそ彼女はアガトンを選んだのだ。いったい何がこの二人を結びつけているのだろう。愛だろうか。いや、お互いの能力が相手を恥じいらせないだろうという確信である。

しかしながら、セフィーズやアガトンよりも注目に値する対象に情熱を向けることができたとしても、それで充分とは言えない。情念がいかに正当なものであり、正しい方向を向いていたとしても、情念をやわらげたり、狭い枠のなかにとどめておく必要のある場合もある。

もっとも優しく愛すべき対象があるとすれば、まずあのメノキだろう。私が彼女のすばらしさを認めるのに、時間をかけて観察する必要はなかった。私と同じくらいの鑑定家で、私よりも警戒心が少ない者であったなら、ひと目見ただけで屈服したことだろう。顔立ちの美しさ、物腰の荘重さ、全身に漂う優美さ、瞳を輝かせている機知、談話を飾る繊細さ、それらすべてが私を打ちまかした。しかしながら私はこれらすべての魅力に頑強に抵抗した。だがこれら以上に得がたい多くの他の魅力が互いに結びつくことによって、日毎に私の驚きと讃嘆の念を増していき、とうとう最後まで抵抗することができなかった。友情に溢れ、慈悲深く、高貴で寛大な、そしてぶしつけなところのない率直さと厚かましいところのない無邪気さに満ちた心、陽気で潑剌とした、しかし分別があり慎重な気質、高貴で崇高な、しかし傲慢さも気取りもない感情、謙虚さのヴェールに包まれている、洗練された趣味と才能、謹厳ぶったところのない徳、凝り固まってはいない信仰心。

これほど多くの美点を見れば、私が愛に捕らえられたことも当然だと思えた。ある男に愛を生ぜしめた女性が断ち切りがたい別の絆に縛られていてその愛に応えられなくても、男は単に不運なだけで罪があるわけではないと私は考えた。そこで私は彼女に私の心のなかに君臨することを許した。心の安らぎを乱さない限りという条件で。そしていかにメノキがかけがえのないものであっても、もしも私の情念が押さえがたく、定めていた限界を飛び越えようとしたり、欲望を生じさせるほどわがままに振舞うようなことがあれば、私は、メノキが私の軽率な行為から私の感情を察し、侮辱を受けたと感じて私に裁きを下す前に行動を起こすだろう。自分の密かな罪の峻厳な懲罰者である私は、彼女の前から自分自身を追放するだろう。心のなかで彼女と徳を競い合っている私は、速やかな自己犠牲によって、予見能力という悲しい得点を上げることができるだろう。私の彼女にたいする愛はいかなる後悔をも生じさせない。もしそれが厚かましいものになるならば後悔を生むだろうが、そうなるにはあまりに純粋なものなのである。

これはほかの情念についても同じである。それがどれほど正しく、有用な情念であっても、それを適切な対象に向けて、その力を押さえる配慮をしてはじめて正しく、有用になるのだ。災いの原因が情念にあると言われるが、それは情念を向ける対象が間違っているか、情念の力が過剰であるかによるものなのである。

《憎しみ》はそれ自体では罪ではない。憎むべきものは存在するのだから。だが憎むべき対象だけを憎み、憎しみが復讐心に拡大しないようにしなくてはいけない。怒り、嫌悪、軽蔑も同じように制御しなくてはならない。本当の悪は恐れなくてはいけない。悪にたいする恐れを持たなければ悪から逃れることは難しい。だが悪が避けがたい時には、勇気を持って悪に耐えるすべを学ばなくてはいけない。穏やかな《恐れ》は慎重であり、過度の《恐れ》は卑怯である。

《怒り》は魂の感情であり、魂に激しい活動を可能にさせる。それは時には必要なことだが、魂が本来の安定を失うことがある。怒りはよき父、忍耐強い教師、寛大な上司に必要である。と言うのも彼らは怒りの助けを借りなくては、罰すべき多くの過ちを許してしまいがちだからである。怒りは国務大臣、地方長官、異端審問官には不要である。彼らは冷静に悪を行うことができるのだから。理由なく怒りに身を任せるなら放言となり、怒りをさらに駆り立てるなら狂気となる。

技術を生んだのは生活上の必要性だが、科学の進歩を生んだのは《好奇心》である。この愛すべき情念は人間を洗練し、文明化し、その野蛮さを緩和した点で、愛を除けば最大の貢献をした。フォントノワ、ロクー、ラーフェルト〔オーストリア継承戦争の戦場となったベルギーの村々〕、エグジル〔フランスとサヴォワ公国との国境地帯にあった要塞〕の、栄光という名のはかない幻の犠牲者、地獄に堕ちた哀れな亡霊たちよ。あれほど多く流されたあなた方のかけがえのない血は、世界が学者だけであふれ、有用な好奇心以外の情念が君臨していなければ、今もあなた達の血管のなかを流れていることだろう〔この戦争では火力が決定的な役割を果たしており、「科学の進歩」とは火器の改良を指す〕。

とは言えこのすばらしい結果を生む好奇心も、慎重さが禁じる対象にまで及ぶと、無遠慮と化す。人間の知力の域を越えた好奇心は、哲学者たちに支離滅裂な体系を思いつかせ、敬虔主義者に常識外れな宗教を抱かせる。

情念が有害となるのは、情念の本質によるのではなく、その悪用と濫用によるのである。だが言葉のことで屁理屈を言うのはやめよう。情念という言葉で度を越えた有害な執着心を意味するのであれば、情念にたいする断罪を大目に見てもよい。そうした情念を抑え、鎮めようとすることに私は同意する。それ以上の手段があるとは思えないからである。だが情念をわれわれと同時に生まれた本能の無邪気な噴出にすぎないという原則でとらえようとするなら、情念は神の作品であり、尊重すべきであると言わねばならない。情念を破壊しようと考えることは神の摂理にたいする侵犯である。

「だがそんなことがいつもできるだろうか。理性も情念の狂乱のなかで茫然自失してしまい、情念の手綱を締めることもできないことがあるのではないか。そうなると、魂は不完全なものであり、魂に情念にたいするより大きな支配力を与えることができたはずである神の責任を追及しても不当ではない、と告白してはいけないだろうか」

おそらくそのとおりだ。私はどちらにも反対しない。肝心なときに理性がいない、ということはしばしばある。そして情念は、理性の光に導かれなければ有害になる。だがそのことから、われわれが神にたいして感謝の念を持たなくてもよいと結論づけることができるものだろうか。情念が有害なのはわれわれがそう望むからにすぎないし、情念のわれわれにたいする支配力も、われわれの理性が情念に与えているものでしかない。だが本来讃えられるべき情念が不完全なものに堕するのはなぜかを考えるのではなく、この不完全さがはたしてわれわれを愛してくださる神の善意と相いれないほどのものかどうかを考えてみよう。

前に身体の欲求について述べたとき、われわれはその欲求がわれわれの快楽の源泉であることを確認した。魂と情念についても同じことが言えないだろうか。おそらく自己の悪徳を根絶しようと努力する善良な人間にとってはそうである。抽象的で深遠な問題を解決できたときの幾何学者は自分自身を褒め讃える。だが執拗な情念にたいする勇敢な戦いに勝利したときの賢者の満足感はさらに甘美なものだろう。彼は「これで私はより良くなった。神から見てより好ましく見える。神に一歩近づいた」と言うことができるかもしれない。

「だがそのような戦いをしない人間は、神にたいしてそれ以上の責務は持っていないのか」

私は持っていないし、そのことで不安もない。だがいずれにせよ、そのような人の価値は減ずるだろう。だがわれわれはいつまでも神にたいする感謝から逃れる口実を探し求めるのだろうか。秒針時計をつくる能力のある時計師が、分針時計しかつくらなかったからといって、非難されるべきだろうか。神はおそらくわれわれを今よりも完成された姿で、例えば神の首座のまわりに描かれる天使たちに匹敵するものとして創造することができただろう。しかしわれわれを創るとき、人間以上でも以下でもないものを創ろうと神は考えたのだ。もし神があなたを天使にしていたなら、あなたは恩知らずで歪んだ心を持ち、神の恩恵にたいして不平しか返さないだろう。神が深淵に投げ落としたとされる堕天使にも似て、あなたは自分が神でないことに不満を持つことだろう。

とにかく、あなたに恩恵を与えてくれる神を罵るのはやめることだ。神があなたに示した好意の永遠のしるしにあなたが感じ入っていることを示しなさい。もしあなたが神の完全無欠という考えに躓いて、神を愛することを拒むとしても、少なくとも神が寛大で、慈悲深いという理由で神を愛することだ。

第五節　友人としての神

この性質は、われわれが神に負っている敬意とその表現からわれわれを免除するものではない。

友人が自分の愛する者になすべきことは、その人を愛し、その人のために善を願い、その人に善をなすことである。この章と前の章において、私は神がわれわれに与える愛と、われわれが神から受け取る恩恵について十分具体的に示してきたと思う。したがって、神がわれわれの友人であることを証明するために長々と述べることはしない。この命題はすでに明らかだと思われる。しかし神が友人であると考えることはわれわれを喜ばせ、自尊心をくすぐるけれども、それによって神の至高の偉大さから生まれる限りない敬意を減ずるものであってはならない。地上の君主たちのように横柄ではなく、自分の家臣の友人でもある神は、家臣が家族同然であることを願っている。だからと言って自分が彼らの至高の主人であることを彼らが忘れることは許されない。神が彼らに敬意の表現を要求するのは主人としての立場からである。

第三章　神への敬意について

この敬意の必然性は何に基づいているか。神への敬意は地上の君主への敬意にたいしてどれほど優っているか。

われわれが神に敬意を払わなければならないのは、神が偉大だからではなく、われわれが神の臣下であり、神がわれわれの絶対的な主人だからである。コンスタンティノープルのスルタンはもっとも強大な君主の一人であるが、その臣下でないわれわれは彼に敬意を払う必要はない。神のみがこの地上のすべての領地を所有しているのであって、地上の君主の領地はせいぜいその影のようなものにすぎない。王たちは、少なくとも初代の王は、民衆の意志によって権力を手に入れた。だが神は自分の意志のみによって権力を保持している。彼が「大地よあれ」というと大地ができた。これが王権の最初の形である。王は自国の秩序維持のために数々の勅令を発布する。そして官吏たちが剣を手に命令を執行するのだ。神が望んだだけで世界は神の希望通りに誕生した。われわれの王たちは肉体の主人であるが、神は心に命令を下す。王たちは行動させるが、神は行動したいと思わせる。われわれにたいする神の支配力は王たちの支配力の上にあり、われわれは神にたいしてより深い敬意を捧げなくてはならない。

この神にたいする敬意の表現は、礼拝あるいは宗教と呼ばれる。ふつう礼拝は二つの種類、すなわち内面的な礼拝と外面的な礼拝とに区別される。内面的な礼拝は義務であり、外面的な礼拝は儀礼である。前者は変わらないが、後者は習俗と時代によって変化する。

第一節　内面的礼拝について

神を讃える礼拝とはどのようなものか。人類の祖先が行っていた礼拝。それが堕落していく時代

内面的礼拝は魂のなかで行われるもので、神を讃える唯一の礼拝である。それは神の無限の偉大さの観念がわれわれに引き起こす感嘆の念、神の恩恵にたいする感謝、神の絶対的な支配力の承認にもとづいている。こうし

た感情で満たされた心は、それを忘我や愛情のほとばしり、あるいはまた感謝や従属の承認という形で表現する。それが心の言葉、讃歌であり、祈りであり、犠牲なのだ。それが心からの、神にふさわしい唯一の礼拝である。それはまたイエスがユダヤ教の儀式を破壊して新たに打ち立てようとした礼拝でもある。そのことは、サマリアの女がシオンの山〔エルサレム〕とセメロンの山〔サマリア〕のどちらで神を讃えるべきかとイエスに問いかけたときの彼の答えからもうかがわれる。彼は答えて「時は来たれり。まことの礼拝をする者たちは自分の心と真実のなかで祈るべきである」と言っている〔『ヨハネの福音書』第四章第二〇―三節〕。人類の祖先やユダヤ民族の記録のなかで族長と呼ばれている名高い人々たちもそのように祈っていた。彼らには神殿も礼拝堂もなく、定められた祈りの時間も祈りの形式も、典礼も儀式も、平伏も跪拝もなかった。心は時間や場所、姿勢や状況をとわずに祈ることができる。地上のすべての場所が神殿であり、空がその天蓋である。全能の神が引き起こす驚異が信仰者の目を驚かせる。そのとき彼らは神の偉大さを讃美するのだ。神から恩恵と救いと慰めが与えられると、彼らは感謝の祈りを捧げるときだと知るのだった。商売上の心配や身体の欲求が一段落すると、彼らは孤独の魅力を味わう。彼らは神とともにあり、内心で神と語り、讃え、祝福し、神への愛と忠誠を誓うのだった。壁に囲まれていないので、彼らは至る所に神を見たのだった。立っていても、座っていても、横になっていても、頭をあらわにしていても覆っていても、彼らは自分の声が神に聞かれていることを確信し、実際、神は聞いていたのだった。

この神聖で、感覚にわずらわされない礼拝が純粋なままで保たれていた時代は長くなかった。外的な実践や儀式がつけ加わっていった。それは礼拝にとって堕落の時代である。

第二節　外面的礼拝について

この種の礼拝の成り立ち――その起源は純粋で無垢なものであった――それはいかにして迷信へと変質したか。礼拝の多様性――この多様性から生ずる不都合。（一）外面的礼拝は有用か。それはいかなる理由によってか。（二）ほかのすべてよりも好ましい種類の外面的礼拝はあるか。神が受けいれる礼拝はありうるか。神が拒絶する礼拝はありうるか。地上にたったひとりで生きているような人間にも外面的礼拝に加わる義務があるだろうか。居住している地方（国）で行われている礼拝にたいする敬意。

始源の社会において、人間は自分たちの所有物はすべて創造主であり世界の主人である神のものであると信じ、敬意と感謝の表現として所有物の一部を神に捧げていた。それが犠牲、献酒、供物である。はじめこの宗教行為は野外で行われていた。まだ都市も家もなかったからである。ついで、天候の不安定さと季節の温度変化のために洞窟や野獣の隠れ穴、あるいは特別に建てられた小屋のなかで行われるようになった。これが神殿の始まりである。

最初の頃は個人が神に犠牲や奉納を行っていた。ついでこの役割だけを行う人々が選ばれた。これが聖職者の始まりである。いったん聖職者たちが指名されると、宗教、と言うよりむしろ外面的な礼拝の外観はあっというまに肥大化していった。聖職者たちはそれを飾りたてることで完全なものにでき、儀式を盛大なものにすることで神を喜ばせることになると信じていた。だから彼らは芝居や舞踏や宗教行列、それに不浄とか贖罪といったよけいなものを発明したのだ。あらゆる国で宗教はむなしい見せ物に堕した。幻影や外見にすぎないものが教養のない人々の目には宗教の本質であるかに映った。分別を持って見ていた賢人はすでにごく少数になっていた。

外面的な礼拝の始まりは純粋で無垢なものだったと思われる。人は自分の感情を伝えたいと思う。そしてその感情が適切なものであると考えれば、それを他の人にも感じさせたいと思うものである。おそらく最初に宗教の外面的な行為を人前で行った人々の動機はそうしたものだったろう。彼らは意味ありげな儀式によって、それが表現する感情を他の人の心に植えつけようと考えていたのだ。だが行き着いたところはまったく違っていた。象徴が事実そのものだと誤解された。宗教は犠牲や供物や香のなかにしかないと思われた。信仰心を高め、確固たるものにするために考案されたことが、逆にそれを弱め、消し去る役目を果たすのだった。

理性の光は神を褒め讃える外面的な方法についてはなんら的確な指示をしていなかったので、長い間この点に関して共通の理解がなかった。一定の形を保ち変化しなかったのは自然宗教だけで、それ以外の宗教はどれも、意見の対立からくる分裂をくりかえした。それぞれの民族は自己流の礼拝をつくりだした。この分裂から原始的な法の神聖さと社会の幸福との両方に反するもう一つの災いが生じた。礼拝の多様性ゆえに生まれた宗派は、互いに他の宗派にたいして軽蔑と憎悪を抱いていた。とくにきまじめな厳格主義を自負する宗派ほど、自派が禁止したやり方で神を讃えた者や、自派がはやらせたやり方を採用しなかった者にたいして怒りをぶつけ、いつの日か復讐しようとするのであった。このような和解させることのできない憎しみによって、宗派同士は幾度となく血を流しあい、野蛮な戦いを鎮めることがなかった。平和を求める高貴な努力もむなしかった。理論においてはもっとも平和的なキリスト教がどのような命令を下しても、劫罰を受けた者を愛することはできなかったのだ。人間を生きたまま地獄送りにする狂信的な方法〔異端審問による火刑のことか〕は、人間を抹殺することにしか役に立たない。

だがものごとをそれが悪用されたときだけを見て判断するのはやめよう（悪用できないものなどあるだろうか）。外面的礼拝が引き起こしかねない不都合を考えるのは止めて、次のように検証してみよう。（一）このような礼拝に何らかの有用性はあるのだろうか。（二）かりに有用だとして、特定のどの礼拝を選ぶかで違いはあるのだろうか、それともどちらでも同じことなのだろうか。

（一）信仰心が徳であれば、信仰がすべての人の心を支配することは有益なことである。この二つの命題のうち第一の命題が疑いの余地なく正しいとすれば、第二の命題はその必然的な結果となる。ところで、心における徳の支配を実現するためにもっとも有効なものは実例である。それに比べて説教の有効性ははるかに劣る。だから皆の目に信仰心を持つ魅力的な実例を見せることがわれわれにとって良いことである。ところでこの実例は宗教の外面的な行為によってしか示すことができない。ある市民が神にたいする愛と尊敬と服従に満ちていることを、私にもそれとわかるような感覚的な表現で示してくれなければ、自分と比較することはできないわけである。しかしこの市民とその型どおりで習慣的な実践を区別したとたんに、それらの実践は私には曖昧なものに見えてくる。この男は強制されたか、あるいは打算でそれに従っていたにすぎないのではなかろうか、と。彼はどのようなやり方であれ、疑いようのない方法で、真実への確信と神の命令への服従と神への愛を持っていることを証明すべきである。〔教会のなかではなく〕人々の面前で、神をあがめ、讃え、讃美すべきである。そうすれば彼は宗教の荘厳な行為を行い、外面的な礼拝の要求に応じたことになる。この実例は私に訴えかけ、私はどんなに美しい説教を聞いても感じることのできないような聖なる感銘を受けたことだろう。

(二) 信仰心を人々の心に伝え、広める多くの象徴のなかで、神がとくに好むものがあるのだろうか。もしあるのなら、神学者は出てきて、私に教え、納得させてほしい。神学者が結論を出すまで、私は健全な理性の世界に留まっていることにしよう。これがこの疑問にたいして理性が示してくれた私の結論である。

内面的礼拝はひとつである。それはあらゆる時代において義務であったし、あらゆる場所においてそうである。したがって必然的にそれはあらゆる人間に知られている。したがって、内面的礼拝に関して言えば、選択の余地はないのである。神を愛し、神の恩恵を感じ、神の権威に服従し、神の偉大さを知って尊敬の念に満たされるための方法はふたつとはないのである。だがこうした感情を表明することができるような、自由意志による記号は無数にある。この目的でつくられたすべての記号は無害なものである。そのなかで選択があるとすれば、それはもっとも明瞭で、もっとも合理的なものを選ぶという選択である。それにこの選択には絶対的な必然性はない。

記号を力強く雄弁なものにするためには、参加者の合意がありさえすればよいのである。自分の尾を噛んで円をつくっている蛇の図像はエジプト人たちにとっては永遠性の明白な象徴であったが、それは彼らの間にこの図像が永遠性を意味するという合意が存在していたからである。このように円は神性を表現していたが、ヘブライ人はそれを三角形で表していた。カナン人は火によって自らを浄化し、ユダヤ人はそれを沐浴によって行っていた。神がすべての存在のうちでもっとも完璧なものであることを円や三角形で表現していると了解しているのであれば、神を円で示そうが、三角形で示そうが、実際かまわないではないか。また習俗に神聖さが欠ければ神の気に召さないことを確信しているのであれば、純粋さを水で表現しようが、火で表現しようが、かまわないではないか。最高存在に捧げる生け贄が牛でも、象でも、雌羊でも、雄山羊でも、ツグミでも、白鳥でも、かまわないではないか。また犠牲として動物を捧げようが、野菜を捧げようが、ともかく自らの手で得たものであるとわかれば、かまわないではないか。祈るときに頭を天に向けようが、目を大地に向けようが、立っていようが、ひれ伏していようが、座っていようが、跪いていようが、神の前で己を無にするのであれば、かまわないではないか。

神にたいして外面的礼拝を捧げる必要があるとしても、個別のどの礼拝が良いのかということは証明できない。おそらく神は、異なった宗教において捧げられる多様な敬意の表現に不満ではなかろう。ローマ教会におけるように朝課を深夜に唱える信者がいても、また他の宗教のように朝に唱える信者がいても、さらにはまた讃美歌を歌う者がいても、詩編を詠唱する者がいても、神は不満ではないだろう。

だが自然宗教と対立する教義を想定した礼拝があるとすれば、神はそれを見放すだろう。神はおそらく、神の怒りを鎮めるために人間の喉をかき切ったり、無垢な血を流すことで自分たちの罪を消し去ることができると考えるような盲目的な偶像崇拝者の贖罪を嫌悪するだろう。神に捧げるべき公的礼拝をまったくしないのは、おそらくきわめて危険な義務の放棄であろう。しかしながらこの礼拝を悪用し、無秩序のなかで自らの権威を高めようとするならば、その厄いは筆舌につくしがたきものとなる。

数多くの礼拝が時代の推移のなかで生まれてきた。それらは慣習と教育によって保存されてきた。だが自然から手渡されたばかりの、それゆえに手本や説教という刻印を受けていない人間を私に預けてもらえるなら、そして彼らを世界中から集め、神にたいしてどのような礼拝を捧げるべきかについて一緒に協議できるなら、あれほど望まれている宗教の統一はすぐにもなされるだろう。彼らの判断は盲目的な偏見によってねじ曲げられていず、純粋な理性の光で輝いている。彼らは過去の礼拝をすべて否定するかもしれない。あるいは他のすべてが廃棄されたとしても支持するに値するものがひとつあるとすれば、彼らは全員一致してそのひとつを選ぶことになるだろう。神がとくに好んで人間に要求するような種類の礼拝があるなら、神はそれをすべての人間に知らせようとするはずである。それとも神はわれわれに宗教についての正しい考えを教えるのに、司祭や神学博士をあてにしているとでも言うのだろうか。

もし地上にたったひとりの人間しか住んでいないならば、外面的礼拝は免除されるだろう。そのような礼拝は神との直接的な関係でつくられたものではなく、唯一の宗教への帰依を告白させることによって社会の構成員を一つにまとめるためにつくられたものだからである。不幸なことに、この一体性は多くの異なる礼拝の誕生によって失われてしまった。このような状態で賢者が引き受ける義務は、内面的な礼拝に身を捧げることである。このような礼拝に差違が生じる恐れはない。そして外面的な礼拝についていえば、内面的な礼拝が自然宗教の原則と両立できるものであれば、それを妨げたり、異端として攻撃したりしないという原則をつくるべきである。私はトルコ人が回教徒になることを許すが、キリスト教徒が回教徒になることは許さない。神の栄光に役立つとは思われない事柄のために良心を脅かすのは、狂信よりも悪い。

最高存在に負っている感謝に答えるためには内面的な礼拝だけでは十分ではない。われわれの同胞にたいする義務を果たす必要もあるのだ。そのことはこの著作の第三部で語ることにしよう。既存の礼拝にたいする敬意もそうした義務のひとつである。だが他者にたいする義務について語る前に、われわれがわれわれ自身に負っている義務について語るのが順当である。

第二部　思慮分別について

人間自身にたいする人間の義務は愛に基づく。自尊心は悪徳であるどころか、当然の義務である。それは、身体と魂という二つの対象をもつ。自尊心の擁護――自尊心に欠点があるとしても、それらは自尊心を否定し去るものではない。身体は魂に従属し、魂は神に従属しなければならない。思慮分別は何によって成り立っているか。幸福になるための手段。第二部の区分。

ここでは人間をそれ自体において、しかも孤立した存在として考察してみよう。しばらくのあいだ、人間の外にあるものは遠ざけておいて、次の視点から考察してみよう。人間が自分自身にたいして負っている義務とは何か。

これまでわれわれは人間を創造主に従属するものとして考察してきた。そして神の命令にたいする服従を、神の愛に応えるものとして考察してきた。ここでは人間が個人として行わねばならない義務を取り上げる。そしてこの二番目の義務を厳密に遂行しなければならない理由を、人間が自分自身にたいして持たねばならない愛――これは自然法の要請だが――に求めよう。

敬虔な信者が説教をするときにしばしば見られるのだが、論題に自尊心が選ばれると、説教は簡単には終わらない。宗教が（そして理性もまた）人間に、軽薄で傲慢であることや、情欲を持ち軟弱であることを禁じていることを盾にとるこの容赦ない厳格主義者の言を信じるならば、欲望を制御している賢者は自分が善人であることを自分自身に隠さねばならないことになる。見識ある哲学者《フィロゾーフ》は無知で愚かな民衆と同じ水準にまで身を落とさねばならないことになる。人間は自分自身を軽蔑し、抑えがたい憎しみで憎まねばならないことになる。したがって自分の性向を妨げ、気質をねじ曲げ、嗜好を押し殺さなくてはならないことになる。それがどれほど無害なものであろうとも。

熱烈な信者たちがわめきたててから、自尊心を非難する声はたかまり、擁護する声を上げるのが恥ずかしいほどである。非難される側に立つ勇気を持っているものはまれである。だがここではあまりに軽々しく傷つけられていると思われる自尊心の名誉を回復するために、寛大さを示す努力を払ってみよう。

しかしまず言葉の意味を明らかにしておこう。自尊心という言葉がうぬぼれや高慢や虚栄を意味するのなら、私は自尊心を追訴する人々の厳格な裁きにゆだねたい。私はその意味での自尊心にたいする最大の敵である。だが私のように、自尊心を純粋な自然がわれわれに吹き込む自分自身への愛着心と理解するのなら、私はそれを無害で、正当で、必要でさえあるものとして支持したい。

われわれは身体と魂からできている。身体は様々な不測の事故に見舞われることがあり、それによって傷つき、破壊されることがある。魂は様々な考えを受け入れるが、時にそれによって苦しんだり傷ついたりすることがある。また堕落させ、品位を失わせ、汚すような感情を受け入れることがある。身体を守るために、神は本能を与えた。本能は身体の安全を見張り、有害なことから保護し、その欲求を教えてくれる。われわれの魂を、そこから幸福や無邪気さを奪いかねないものから保護するために、神は理性の松明に魂の先導をさせ、魂が真実に向かい、魂に真の正しさとは何か、どのようにして真の正しさを獲得しうるかを指し示させた。

だからわれわれが魂と身体の幸福を見守ることほど、神が定めた仕組みに合致することはない。ところで身体と魂の幸福を見守るということは、それを愛するということである。

自然法は、われわれがそうしてほしいと望むのと同じように同胞を遇することを要求する。立法者たる神はこのことで、われわれが同胞を邪険に扱うことを意図してはいないだろう。すると結論として、神はわれわれがわれわれ自身を邪険に扱うことを意図していないことになる。この法はまた自分自身と同じように同胞を愛せよと命じている。すなわちわれわれがわれわれ自身を愛することをそれは前提としているのである。

私は自尊心に欠点があることを否定しない。自尊心のために、われわれは自分の不完全さに気づかないこともあるし、自分自身の欠点にあまりに寛大になりがちである。だが夫婦の愛や親子の愛にも欠点はある。だからと言ってそれを禁じることができるだろうか。

用心深く節度をもって自分自身を愛しなさい。身体への愛と魂への愛とを、そして本能と理性とをしかるべき序列のなかに位置づけなさい。そしてそのいずれか一方が、神の怒りを買い、神の罰を受けるようなきっかけを与えるのではないか、などと心配するのはもうやめなさい。理性が命ずるようにしなさい。本能は服従するようにできている。魂への愛が優位に立つようにしなさい。魂は身体よりも高貴なのだ。身体は泥をこねたものにすぎないが、魂は天から与えられた存在なのだ。身体が魂のじゃまをしたり逆らったりしたら、身体の反抗を押さえ込みなさい。魂それ自身を調教しなさい。そして魂が自分を生んでくれた神に負っていることを忘れるようなことがあれば、本来の義務を思い起こさせなさい。身体は魂に従属し、魂は神に従属しなくてはならない。身体と魂の幸福はこのような従属に依存しているのである。思慮分別とはその関係を維持することである。と言うのも思慮分別はわれわれを幸福にするための方法を正しく選択することに他ならないのだから。

身体を持っているのに、感覚の充足を幸福に不要なものとして軽蔑するのは、根拠のない飾りの信仰生活を装うことである。他方、感覚の充足だけを追求し、感覚を伴わない喜びをまったく考慮しないならば、野獣の水準に身を落とすことになる。

神にたいする魂の従属と魂にたいする身体の従属が確立したのちに、幸福になるための有力な方法は、習俗を神の法に合致させることである。神の法は唯一の規則であり（と言うのも神はわれわれの幸福に直接結びつかないようなことは何ひとつとして命じないからである）、われわれの習俗をそれに合致させなければならない。そのためには以下のことをなさねばならない。
一　神の法が何を命じ、何を禁じているかを慎重に識別する。
二　乗り越えねばならない障害があっても、神の法に従う勇気を持つ。
三　有用であることよりも誠実であることを重視する。
四　欲望を制御する。
では〔思慮分別という〕われわれの主題そのものが示していると思われる順序に従って、慎重さ、力、正義、節制という主題を、個別に取り扱っていくことにしよう。

第一章　慎重さについて

その定義。それはわれわれの思考、感情、言葉、行動を調整する。思考を調整する慎重さについては、それが習俗と直接関わるものではないので、ここではいっさい触れない。この章の区分。

慎重さとは選択の技術である。複数の対象のなかから選ぶべきものを判別するとき、人は慎重になる。慎重さには二種類の用い方がある。慎重さは知性を磨き、意志を統御する。それは思索の準則と実践の準則に基づいて決定するようにわれわれを促す。

慎重さは精神を先入見と性急さから守る。精神は慎重さという賢明なミネルヴァに導かれているなら、突きつけられた学説にたいして、その確実さに比例した程度の賛意しか与えない。精神は明白な学説だけを断固として信じ、そうでないものは憶測のなかに分類する。精神はそうした学説に基づいて信仰の安定を保つのである。だが超自然的なことがそこに加わると、信頼性は減じ、精神は疑い始める。精神は幻想の魅力を信用しないのだ。

実践的な学説にたいしては慎重さの法はそれほど厳格ではない。心が選択を決定するためには完全な明証性は必要ではないからだ。だが理性的な決定を下すためには、確実な動機が必要である。自分の幸福と相容れないと思われる対象をほしがるのは慎重さを欠く行動である。良き習俗と相容れないものを欲望したがるのは犯罪である。犯罪はまたかならず災いをもたらす。なぜなら天には復讐する者がいて、遅かれ早かれどのような罪にも罰を与えるからである。

純粋に思弁的な学説についての慎重さは私の分野ではない。それは形而上学者の管轄であり、彼らに任せておこう。ここで取り上げるのが適当なことは、感情と言葉と行動とを調整する慎重さである。それらについては三つの独立した節で取り上げることにしよう。

第一節 〔感情の〕用心深さについて

慎重であるためには感情の根を断ち切るべきか。それは可能か。自然発生的な感情、感覚によって刺激される感情、外的な対象によって引き起こされる感情、それらは高慢、身体的な欲望、吝嗇と野心の原因である。

感情は思考と同様に自由ではない。感情はふつう意志の関与なしに生まれる。いかなる用心深さも感情の根を断ち切ることはできない。所詮、それが関与したところで意味はない。なぜなら、感情は意志的でない以上、犯罪的にはなりえないからである。だがいかに無邪気なものであっても、感情が神の法の禁じる対象にわれわれを導くものであれば、危険なものであることには違いない。あまりにしばしばそのような感情が生まれるようだと、次のような恐れを抱くべきだろう。感情は魂に大きな支配力を持つのではないか。それは魂全体をおおってしまうのではないか。それは甘い希望をちらつかせて魂を誘惑したり、騒々しい叫び声をあげて魂を悩ませたりして、魂がついには理性の忠告にたいして不注意になったり、無感覚になったりするのではないか。

注意深く見守る必要がある感情とは、身体が関与しない魂の奥底からくる感情、あるいは感覚によって刺激される感情、あるいはわれわれの外部にある何らかの対象物によって引き起こされる感情である。私は第一の種類に、高慢の原因である虚栄とうぬぼれの感情を分類する。第二の種類には、不摂生の種である、身体的な欲求をあげる。第三の種類は、われわれが先入見を持つことによってはじめて価値を持ちうるようなものにたいする欲望である。たとえば富や名誉がわれわれに感じさせるような欲望で、それが根を下ろすと、いずれ吝嗇と野心を生むことになる欲望である。これらの様々な欲望は、反復されると習慣となり、この習慣こそ情念と呼ばれるものなのである。

情念それ自体は、道をはずれる傾向があるが、だからと言って意志との合意がなければ、犯罪的とは言えない。情念を構成する執拗な欲望は、欲望を生み出した心がすぐに欲望に抵抗するときには、犯罪的なものにはならないのだ。しかし情念が繰り返して働くと魂の安定を脅かし、魂を弱め、ついにそれを征服し、破滅させる恐れがある。

したがって、できる限り自分の欲望を見張り、放埒な情念が生まれ、育つのを防ぐことだ。あなたには無害と思われるような感情でも、無害でなくなり、度外れなものになりかねないのだから、目を離さないようにしなくてはいけない。

手加減することなく押し殺してしまわなくてはいけない情念もある。また手綱を締めさえすればよい情念もある。目的自体が罪であるような情念と、行き過ぎなければ害にはならないような情念とを区別しなくてはいけない。順序立てて話を進めるために、魂そのもののなかに源泉を持つ情念から始めよう。つまり高慢、あるいは虚栄心である。

一　高慢について

その源。自己を正しく評価するのは大変難しいが、不可能ではない。いかなる方法によってそこに到達することができるか。優れている方面からのみ考察しないこと。世間の評判によって人間の能力を判断しないこと。

高慢は、われわれが能力なるものについて抱いているあまりにうぬぼれた考えから生まれる。だから高慢を治療するためには、自分自身を正確かつ的確に評価すればよい。だが自分が天秤を持っているときに、自分自身を正確に計るのはなんと難しいことだろう。

収入が四〇〇ピストル〔四〇〇〇フラン〕にのぼる人は年に一〇〇〇エキュ〔三〇〇〇フラン〕しかとらない人よりも四分の一だけ金持ちである。この計算は簡単で確かだ。ルソーですら、自分はラ・モットよりも上手に詩を書くと言ったらしい。比較することは容易ではないが、少なくとも比較は可能だ。詩人がほかの詩人に負けたことを認め、お祝いをすることもあった。このあっぱれな謙虚ぶりを見せてくれたのはロトルー〔枢機卿リシュリューを中心とする《五詩人》の一人〕であったが、それ以降そうした例を見ることはほとんどない。彼は偉大なコルネイユの成功によって自分の月桂冠がしおれたことに気づいたのだった。彼の告白には曖昧なところはない。

君の正しさを認め、君を喜ばせるために、
コルネイユよ、私は言いたい。黙ってはいられないのだ。
誰も肩を並べられない君の才能を正しく判断したまえ、
君自身のライヴァルの、この告白によって。

自分が他人よりも劣っていることを告白できる詩人のこの証言に疑いのあるはずはない。さほど力量のない者と自分を比べていたら、自分はそれより優れているかまたは同等であると彼は判断していただろう。

この一つの例だけでも、非常にむずかしいことではあるが、自分を正確に評価することは可能だという十分な証明になるだろう。とは言えそのためには、誠意だけでは十分ではなく、評価が比較によってなされることが必要である。ロトルーがいかに謙虚であっても、コルネイユの十年前に生きていたならば、自分を凡庸な詩人だとは想像しなかったであろう。われわれの高慢をくじくために、この方法を利用しよう。

高慢で虚栄心の固まりのようなローヴェルスよ。あなたは自分を偉大な雄弁家、巧みな語り手、大弁舌家だと信じている。誰かとの比較を試してみたまえ。あなたに対抗できる者は必ずいるはずだ。そうだ、あなたは十分すぎるほど感じていたのだ。あなたの顧客のためという都合のいい口実の下に、あなたはあなたの影を薄くしてしまうかもしれない恐るべき論敵を執拗に責めたてたのだ。だがあなたが優位な位置にあったとしても、それはしばらくのあいだだけだ。おそらくすでに二十人のライヴァルがあなたを待ちかまえていて、そのうちのさほど優れていない者でもあなたを打ちまかすことができるだろう。そうした未来の恐れがあなたの高慢な態度を脅かすことができないとしたら、それを過去に探してみよう。私はあなたの病を癒したいのだ。何年かさかのぼり、あなたが輝かしい成功を追い求めていた時代に身をおいてみよう。その頃、栄光の棕櫚の木はあなたのような人々のためのものではなかった。だが落胆することはない。デモステネスやキケロ、そしてパトリュ、メートル、ノルマンといった人たちもあなたの前では何者でもないだろう。天はあなたに言葉の才能をとっておかれたのだ。

ただしあなたの文章はひどい。そのことには同意して、もっと素直になるがいい。

自分が優れていると思う分野でライヴァルを捜し、再び栄冠を手にして決闘を終えたとしても、自分の虚栄心をくじく方法はまだ残っている。

私が高慢な人々に向かって、あなたたちが優れているのは神から才能を与えられたからなのだから、自慢するのは間違っていると言ったところでおそらく無駄だろう。彼らは、神が優れた能力を与えてくださったのだから、その能力は自分たちのものであるはずだと答えるだろう。また同じ理由で才能も自分たちのものだ、少なくとも才能を伸ばしたのは自分自身だと。結構なことだ。この方法に固執するのはやめよう。高慢とうぬぼれにたいして勝利できるほかの方法がまだ残っているのだから。

ズクシスは秀でた画家である。彼をすべてのライヴァルと比較してみても、彼が勝利するだろう。それは検討すべき一点にすぎない。だがズクシスを総合的に正しく評価するためには、まだまだ多くの視点から吟味し、その結果を組み合わせてみなくてはならない。知性という点ではどうだろうか。彼は鈍重で、洗練されていない。性格は野蛮、気質はむら気、心は怠惰で軽薄、素行は放埒。

天秤の一方には上手に絵を描くことがその能力であるズクシスを、反対側には賢者ポダリールを載せてみよう。ポダリールはよき父親、よき市民、そして優しく親切な友人である。天分はあるが控えめで、良識ある作家だが無名である。芸術愛好者で、すべての分野の通である。絵を描くという能力には、それだけでポダリールと比較して画家ズクシスに軍配をあげたくなるほど、大きな価値があるものだろうか。

高慢さを正当化するために、人から立派なものだと評価されるような箇所だけを選ぶのは不公正である。その人がほかの二十の点で、比較される人物に劣っていたり、百もの悪徳を持っていたりするのに、それを勘定しないのは詐欺のようなものだ。

私は都市に住み、全財産として三〇〇エキュ〔九〇〇リーヴル〕を持っているが、それは手形で支払われる。リカスは二〇リーヴルしか持っていない。だが彼は一〇〇アルパン〔土地の広さを測る単位で、地方によって異なり、二〇—五〇アールに相当〕の森と、五〇〇アルパンの耕作可能な土地と、領主の使用強制権つきの水車と、通行税の権利と、鉱山からの利益と、穀物、油、ワイン、鶏の賦課租を持っている。私がリカスより豊かと言えるだろうか。

人々の能力を判定するのに、現実離れして誤った方法がある。それは世間の評判によって計るやり方である。それだとフラジョレット〔十六世紀からある古い縦笛〕より〔音の大きな〕トランペットの方が上だということになる。

たとえばカリマックは売れっ子詩人である。彼は巧みに詩句をひねり、そこそこの議論をする。だが天賦の才は機知をもちいて制作することに疲れてしまい、実直さも、誠実さもその心のなかには残っていない。

反対にジェナードは、〔アポロンとミューズに捧げられた〕ピンドスの山々に月桂樹の冠を捜し求めたりはせず、もっぱら霊魂の不滅に向かって歩き続けている。ただその歩みはのろく、別の道を進んでいる。あっという間に印刷され、宣伝されて世にでるような、安物の詩を作るのではなく、彼は癒しを行う。カリマックはエウリピデスとピンダロスの後を追っているが、ジェナードの模範はヒポクラテスなのだ。読者の暇な時間を楽しませるのではなく、彼は病人に健康を授ける。彼は自分の性向にしたがって同胞の役に立つ職業を選んだ。そして成功すればその優しい気質に充分応えることになる。

宮廷《クール》はともかく、遊び女《クルティザーヌ》の所にはまちがいなく出入りしているカリマック自身、自分がジェナードと比較されうるような存在だと思っていないだろう。私は彼がジェナード以上に評価されることは不当だと考える。

天文学者のウラニスコープ〔《天》の神ウラノスから作られた名前か〕は、抽象的な問題にとりくむ現代のアルキメデスの青ざめた顔色を見ると、哀れみを目に浮かべて、満足げに言うだろう。「この哀れな夢想家は、今、《牡牛の目》がどの高さにあるかすらおそらく知らないのだ」と。

金銀への愛を思慮分別と取り違えている、この精神の曇った錬金術師は哲学者の資格を独り占めしようとしている。そして自分で飾り付けたこの称号を鼻にかけ、仕事部屋にるつぼを並べていないような人間を見下すのである。

裕福で豪奢だという以外に虚栄心を満足させるものを持たず、そこから利益を引き出すことができないような、泥の魂を持った人々の所まで話を落とすべきだろうか。裕福ななかで謙虚に生き、そのような感情のために尊敬に値すると考えるような人々も私は許したくない。富を鼻にかけないことを能力だと見なすことは、これまた富を過大視することである。常軌を逸していないというだけで、賢明だということになるだろうか。

二　身体の欲求について

われわれはそれを自然から受けとっている。それを抑圧するのではなく、満足させなければならないが、それを制限することも必要である。適度な快楽は人間に禁じられていないし、それどころか必要でさえある。性欲でさえ最も高い徳と合致しないわけではない。

身体の欲求とは、身体の要求が引き起こす欲望のことである。身体が飢え、渇き、疲労などに責めたてられたときに起こる、食べたい、飲みたい、休みたいといった欲望である。前にも言ったように、これらは罪のない欲望である。われわれの身体の保全のために自然が与えてくれた警告である。ここで付け加えておきたいのだが、必然的な結果として、これらを抑圧するべきではなく、満足させるのが正しい。理性が禁じることを慎むことには徳があるが、このような正当なことを慎んでも徳はない。だからこれらの欲望に正しく応えてやらなくてはいけない。身体が欲求する以上のものをそれに与えるのは、過剰であり、身体を破壊することになる。どんなに甘美な快楽でも、度をすぎると快楽であることをやめ、苦痛に変わる。そしてそんなことをした後悔が加わって、いっそう苦痛は苦いものになるのである。

食事の量や身体に与える休息の長さを定める相場を私に尋ねないでほしい。それは欲求の大きさによって計られるべきものなのだから。疲労が回復した後も動かずにいるのは怠惰である。飢えが癒されても食べ物を腹に詰め込むのは大食である。

飲み物や肉を選ぶ際に第一に払わなくてはならない注意は、健康を害するものを自らに禁じることである。モーゼが禁じた、いわゆる不浄の肉は実際消化に悪い。だが清浄な肉であれば、自分の嗜好を考慮してよい。舌が選択することを禁止するものは何もないのだから。

私はすべての身体の欲求に関して同じことを言いたい。過剰は避けなさい。過剰は有害で罪だ。だが欲求の限界内にとどまるかぎり、名誉が快楽をあきらめるように命じることはない。快楽もまた一種の欲求なのだ。それは休息や中休みの一種であって、そのあいだに人間は一息つき、力を取り戻し、充塡するのだ。性欲は、それが習慣によって欲求に変わってしまわない限り、危険なものではないし、力を奪いとることもない。苦痛を感じることなくそれをやめることができるならば、それが人を誤らせることもない。英雄とは（これは習俗の英雄のことである。私は人間の破壊者にこの称号を与えない）、快楽を放棄した隠遁者などではなく、自らの名誉や祖国の利益がかかったときには、すぐに快楽を控えることのできる人のことである。

三　吝嗇と野心について

（一）富への愛はその行き過ぎによって罪となるが、それは必ずしも吝嗇ではない。吝嗇家の肖像。（二）二種類の野心。第一の種類の野心とその結果。第二の種類の野心と前者との比較。

（一）大部分の情念同様、富にたいするむやみな愛も、行き過ぎであることを除けば悪徳ではない。思慮分別によって制御されれば、それは罪のない愛着になるだろう。金や銀は広く認められた約束事にもとづいて、商業活動の鍵に、われわれの欲求の道具になっているにすぎない。それを欲しがることは、金や銀で手に入れることのできるものそれ自体を欲しがることと同様、罪ではない。だがあまりに多くの食べ物をとると胃に過剰な栄養を与え、消化を妨げるように、富の過剰もまた一種の多血症の原因になる。これはさらに危険な影響を残すことになる。と言うのも富の多血症は習俗を退廃させるのが常だからである。

富にたいする際限のない愛は有害だが、それが常に吝嗇であるとは限らない。吝嗇家とは、厳密に言えば、生活に必要なものを手に入れるためにつくられた金本来の使い方をゆがめ、富を削ったり、増やさないことを嫌って、自らに必要なものの購買を拒絶することを好み、富を無益なものにする人のことである。

その見本を探してみれば、クリゾラートルに出会う。その人となりをざっと見てみよう。彼は頭から爪先までぞっとするようなぼろをまとっている。しかも自分の手で不器用にあてたつぎはぎだらけだ。彼の住居に入ってみよう。すべてが彼の人間性の荒廃と呼応している。ベッドも肘掛け椅子も壁紙も老朽化し、はるか昔の流行の奇妙な遺跡と化している。服と同じように、彼は生地のうえに入念に分厚い手垢をつけているのだが、それは布に染み込んで模様になっている。清潔さなどは浪費家のためにあるものだ、と彼は言う。彼を目で追っていこう。いま彼はテーブルにつこうとしている。彼の家では、食前の祈りの前にドアに鍵をかけるのが決まりになっている。彼は掏摸《すり》の次に食客を恐れているのだ。彼が借金の依頼人を恐れないのは、かなり前に依頼人を追い出す術を身につけたからである。ぐらぐらする足のうえに載せられた、虫食い状態で剝がれかけた二枚の木の板のうえに、温めなおした粥が、透き通ったポタージュに浮かんでいる。それに堅くなった黒パンひとかけと水差し、それだけである。

おや食事が終わる頃誰かがドアをノックした。彼の甥だ。相続人で彼の財産を高く見積もっているので、せっせと取り入ろうとしているのだ。彼に気がつくと、クリゾラートルは大きな声でこう言うのだ。「おや、甥っ子か。私の邪魔をしないように、食事以外の時間に来ることはできないのかね。私は一人で食事をとりたいのだ。それが私の気質だし、それをおまえのために変えようとは思わないのだ。……何だね。何を値踏みしているのだ。盗むつもりなのか。おまえに言うのはつらいのだが、おまえの手とおまえの目はわしを不安にするのだ。いいかい甥っ子よ、わかってほしいのだが、そんなにしょっちゅう私のところにくるのは控えてくれないか。おまえが私を金持ちだと信じ込んでいることはわかっている。それは相続人の病気だからな。でも実際、わしは全然そうじゃないんだ。わしは破産し、もうなにも持っていないのだ。それこそなんにもだ」

クリゾラートルの家を離れる前に、彼の言ったことが真っ赤な嘘だということを見ておこう。日が暮れると彼がその神様に敬意を捧げる時間が近づいてくる。彼は金を数え、撫でまわし、そして金庫の奥にしまいこむ。彼は計算を終えた。何をつぶやいているのだろう。合計金額である。「一二万五〇〇〇エキュに二リーヴルと四スー……」金庫を閉じながら、彼はこうつぶやく。「そこそこの小金を貯めるのは苦労なことだ」

私はここでは、いくら収入があっても足りない、並外れた浪費家については何も言わない。それは裕福が貧しさを招くような、豊かになればなるだけ、破産に近づくような人々のことである。いかに財産が莫大なものであったとしても、彼らの欲望と浪費は常に財産を越えているのだ。彼らについてはほかのところで語ることにしよう。

（二）富以外のものにたいして貪欲な心を持つ人々がいる。それは野心家だ。彼らの情念の対象は奇怪で幻想的なものだが、しかし彼らはそれを高貴なものだと思いこんでいる。

野心には二種類ある。第一の野心にとりつかれると、人は高い地位にのぼりつめたいという欲望を抱き、そしてこの欲望を気高い心の情念だと思いこみ、仕事のなかで出会うかもしれないためらいや疑念をすべて捨て去ってしまう。彼にとって、自分を目標に導くすべての手段はよいものだ。彼にとって乗り越えねばならない障害は良心しかないのだから、それをうまく黙らせることができれば、彼の成功は確実なものになる。大きな罪を犯す動機が美しいものに思われるので、彼はそれが口実になりうると確信しているのだ。罪を犯すことを恐れ、後悔する人は野心家ではない。あるいは中途半端な野心家でしかない。寵遇や顕職が舞い降りるのはそのような人のうえにではない。

善良な人間は国家にとって有益な存在になりうる。だが彼の才能がどれほどのものであっても、国家が彼の運命に留意することは滅多にない。彼は立派に国王に仕えるための熱意は持っているが、国王の寵臣たちに平伏する柔軟さを持っていない。ところがこれこそが肝心な才能なのであって、これがないと中途半端に終わってしまう。

非人間的な征服者を生むのはこの種類の野心である。この野心につき動かされる者は、近隣国の敵となり、国民の権利を蹂躙し、条約の神聖さを汚す。外国人にとっては災いに、家臣にとっては暴君になるのだ。

同様に卑劣な行政官を生むのもこの野心である。強者の情念に魂を売り渡した彼らは、有益な進言をするほど強くないのに、専制君主が下した裁定を自己の判断を交えることなく言い渡すには十分不正な人間どもだ。民衆たちのよりどころになるべきなのに、民衆の圧制者になっているのだ。

さらに聖職者や修道士の心に、名声への渇望を注ぎ込むのもこの野心である。彼らは神の偉大さを讃美するために用いるべき口をしばしば恥ずべき追従で汚す。また野心は宗教的指導者を卑しい宮廷人に変えてしまい、世俗の高位を希求させ、外国の君主の屈辱的なお仕着せを身につけたいと思わせるのだ。

驚くべき、だが真実の逆説がある。卑屈になることなく、並外れた野心を抱くものはまれである。なにが真の偉大さかを知らないで、偉大さに心惹かれる野心家は、身を起こすためにはいつくばるのだ。ちょうど腹を地につけてしか立ち上がれない蛇のように。

オルガストは乱暴で野卑である。好色でうぬぼれ屋で意地が悪い。彼は何もしないが、決定はする。彼は正義も法も知らないが、気まぐれがその代わりをする。彼は侮辱を平然と堪え忍ぶが、不運な人々を侮辱することでその埋め合わせをする。

ある地位が空いた。そこに就任すれば、市民に不幸をもたらすだけの権力を持つことになる、忌まわしい地位が。オルガストにそれが与えられた。彼はそこに座るのにふさわしい人物であった。そこでは尊大な口調で命令しなくてはならないのだが、彼は横柄で威張っている。そこでは人を罰しなくてはならないが、彼は冷酷で仮借ない。そこでは軍隊式に判断を下さなくてはならないが、そうしたやり方ほど、このむら気な判事の気まぐれにふさわしいものがあるだろうか。

これほど職務への適性を持ったオルガストが免職されたと聞けば、あなたはおそらく驚くことだろう。彼をその地位につけた人々の前で、もっとうまく受け答えをすればよかったのだろうか。期待されていた悪事をちゃんとしなかったのだろうか。それを確実に、楽しんで、間違いなく、後悔もなく、行わなかったのだろうか。その地位に座り続けるためには、あるいはより高い地位に昇るためにしか免職されないためには、どのような人間がよりふさわしいのだろうか。

政権を掌握している人々は、善行を行った人物よりも、自分たちの命令に従って悪行を行った人物にたいしてより多く報いるのがならわしになっている。この決まりは公正で理にかなっているように思われる。名誉は生命よりも上位にあるものだから、王族に仕えるために名誉を踏みにじる者の方が、名誉を守るために血を流す勇士よりも貢献度は高いのだ。勇士は自分の身体を危険にさらすにすぎないが、前者はそれ以上だ。彼は自分の魂を失うのだから。

なぜポリダマは騎士になったのか。それは喜んで人殺しをしたからである。おそらくためらいを感じた良心は二十回もとどめの一撃をはずさせようとしたはずだ。だがついに彼は良心を抑え、嫌悪感に勝利した。これほどの大きな犠牲に見合うだけの報償があるものだろうか。もしあなたが一人の市民の生命を救ったとしたら、おなじように報償を受けたいと思うだろう。ではあなたの努力の値はいかほどだろう。人の命を救ったという言い様

郵便はがき

1748790

料金受取人払

板橋北局承認

1008

差出有効期間
平成15年7月
31日まで
(切手不要)

板橋北郵便局
私書箱第32号

国書刊行会 行

＊コンピューターに入力しますので、御氏名・御住所には必ずフリガナをおつけ下さい。

☆御氏名（フリガナ）	☆年齢 歳

☆御住所

☆Tel	☆Fax

☆eメールアドレス

☆御職業	☆御購読の新聞・雑誌等

☆小社からの刊行案内送付を　□希望する　□希望しない

愛読者カード

☆お買い上げの書籍タイトル

☆お求めの動機　　1.新聞・雑誌等の広告を見て（掲載紙誌名　　　　）
2.書評を読んで（掲載紙誌名　　　　）　3.書店で実物を見て
4.人にすすめられて　5.ダイレクトメールを読んで　6.ホームページを見て
7.その他（　　　　）

☆興味のある分野　　○を付けて下さい（いくつでも可）
1.文芸　2.ミステリー・ホラー　3.オカルト・占い　4.芸術・映画　5.歴史
6.国文学　7.語学　8.その他（　　　　）

本書についての御感想（内容・造本等）、小社刊行物についての御希望、
編集部への御意見その他

購入申込欄

書名、冊数を明記の上、このはがきでお申し込み下さい。
「代金引換便」にてお送りいたします。（送料無料）

☆お申し込みはｅメールでも受け付けております。（代金引換便・送料無料）
お申込先eメールアドレス: info@kokusho.co.jp

のない喜びがその充分な報いだ。だからあなたはおそらくいつでもそのような状況に出会うことを望むようになる。だからポリダマの運命をうらやんではいけない。あなたは彼よりはるかに多くを得ており、彼が大切なものを失ったのにたいして、あなたはなにも危険にさらさなかったのだから。

もうひとつの野心はそれほど罪深いものではないが、大人げない、滑稽なものである。この野心は貴族の称号を願うほどの勇気はない。せいぜい貴族の物腰をまねたり、模倣したりすることで満足する。

民衆は虚栄心が強くて尊大なことを貴族の威厳だと思いこんでいる。だからとるに足らない出自の男が自分の過去を隠そうとするのは、愚かしい行為によってしか自分を世間に知らしめることができないと信じ込んでいるからである。手本を上手にまねるのは、おそらく自分を認めさせようとする手段なのであろう。

このみっともない習慣に染まっているクリーズは他人を見下すまなざし、氷のように冷たい印象、横柄な口調、人を馬鹿にしたような微笑を身につけることに成功した。彼に請願書が提出された。彼はそれを読みもせず、「後で見る」と答えただけだった。彼は食卓に作家と司祭と役者を呼んだ。彼は三人に議論を戦わせ、からかった。三人がまごつくと、彼はあざ笑うのだった。演説、歩き方、物腰、態度において、彼は侯爵のように尊大である。だがそこには優雅さが欠けている。彼の滑稽さはすべて学習したものであり、そこにわざとらしさが見えるのである。それに彼は従者や召使いたちを殴らず、きちんと給金を支払っている。執事と一緒にちゃんと計算しているのだ。彼は自分で自分の資産価値を計算しており、そこからあがる収益だけでやりくりし、資産自体に手を付けることはない。資産はそっくり子どもたちにゆずろうと考えているのだ。そのように庶民の精神はいつもどこかの一点で露見するものだ。本物の貴族がこれほどブルジョワ的な細々した倹約に気を使うだろうか。

第二節　言葉の用心深さについて

ひとたび感情の乱れを抑制するなら、言葉は有益であり、容易である。この節は四つの小節に分けられる。

言葉を支配することを学ぶ人はまれだが、しかし必要で有益なことである。自分の魂を律することができていれば、そして思想と欲望と感情を統御できていれば、すでに言葉を支配する技に精通し、かなりの進歩を見ているのである。なぜならば、言葉は魂の通訳にほかならないからである。すでに修得していることに比べれば、さらに学ばねばならないことは多くない。とは言えすべてが完了しているわけではない。と言うのもわれわれには多くの思想、多くの欲望、多くの感情があり、それらが心の内にとどまっている限り、いかに無害なものであろうと、口からもらされると、下品だったり許されないものになったりするからである。

私は良心の呵責なしにフェディームの甘い言葉を習得することができた。だが私がそれを公にすれば、私は有罪になるだろう。

アティスが退屈な馬鹿者だということを私が見破ることは許されるが、私が彼にたいして情け容赦ない冷笑を浴びせかけるならば、私は無実ではなくなる。

ポリドールは進んで自分の秘密を私に明かしてくれた。私が無理矢理に聞き出したのではない以上、私の名誉はまったく傷つけられていない。だがもし私がポリドールを裏切れば、名誉は傷つけられることになる。

最後に私は、何組かの夫婦や生活を共にしている恋人たちの私生活の細部を知ることになったが、そのことで私は罪を犯しているわけではない。私は世界地図よりも正確な愛の地図をつくった。しかし私がそれについてあまりにあからさまな言葉で語るならば、とりわけそれをデリケートな性〔女性〕の前で語るならば、私は名誉と慎みと礼儀を汚すことになるだろう。

一　悪口について

悪口を言うとは正確にはどういうことか。クラブでトランプ遊び以外のことをしなくなってからというもの、悪口は少なくなった。悪口の言い回しは悪口を言う人間の性格に応じて様々である。

ある人物が犯した犯罪を暴いたり、秘密の悪徳を発見したりして、その人の評判を傷つけることは、それ自体では良いことでも悪いことでもない。そのことによって非難を受けた本人や、その人の罪を知った人々に良い結果がもたらされるならば、その行為は許されるし必要なことでさえある。リベルタン〔自由思想家の意味もあるが、ここでは放蕩者〕の息子の不行跡を父親に知らせたり、放浪修道士の放埒な生活ぶりを修道院長や副院長に教えたり、反乱を画策する家臣の無謀な計画を国家や国王に通告したり、危険な偽善者が人前では見せない腹黒さを公衆の前に暴き出すことも、良いことである。罪人が慈悲深い叱責によって矯正を受けながら、悔い改めないような場合にはとくにそうである。これは正確に言えば悪口ではない。

悪口とは、ふつう、目の前にいない人物をこきおろしたり名誉を傷つけるために、悪意ある風刺を投げつけることである。悪口という言葉は広く文章にも用いられる。それは影響力が強く後にまで残る印刷物になると、いっそう罪深いものになる。だから、文明化したすべての民族において、それは国事犯と見なされ、厳正な処罰を受けている。

今では昔ほどクラブのなかで人を中傷することはなくなった。なぜならそこではゲームが盛んだからである。悪口を戒める宣教師たちの一部隊よりも、トランプ遊びの方が人々の評判を守るのに力があったのだ。だが人はいつもゲームに興じているわけではなく、時には悪口も言う。

誰もが、あるいはほとんどの人が悪口を言いたがる。だがその一人一人は自分の性格に応じた言い回しで悪口を言う。

人間嫌いのエルガストは大変巧みな悪口を言う。彼の前で誰かの名前を言ってみればよい。すぐさま彼はその人が行ったすべての悪事を事細かに、かつ正確に物語り始める。そして同じだけの注意を払って、その人物が持っているかもしれない良い点には言及しないのである。彼は実物からその奇妙な一面だけを取り出し、それを描写しようとするのである。

コケットなエルミオーヌはさほど執拗に一つの主題に留まることはない。彼女の想像力は一人の人物について多数のイメージを描き出すのだが、彼女の寛大な悪意は肖像画を素描するに留めるのだ。彼女は十五分で二十人の人物を描写してみせるが、その一人一人は簡潔な表現、軽妙な冷やかしだけですまされるのだ。エルミオーヌは悪口にかけてはなんとすばらしい女性だろう。

信心深い女性ドロテはさらに奥ゆかしい。兄弟の悪口を言うことは、少なくとも言う必要がないときには、罪だということを知っている。だからほとんど悪口は言わない。逆に彼女は皆をほめたいと思っているのだ。彼女が誰かについて語るとき、まずその人物が持っている美質について詳しく語る。そして悪い点に話が及んだとき、突然話をやめてしまうのだ。それが彼女の繊細な良心の表れだ。彼女が人物像から不都合な特徴を削除したのだということははっきり分かるのだ。だが推測によってしかそこを埋めることはできない。

話がエレーヌに及んだとき、彼女は言った。「エレーヌはとても優しく、敬虔で、立派な規範のなかで育てられた女性です。でも……」彼女は黙ったままである。軽薄な人であればすべてをあからさまに話したかもしれないが、ドロテは「でも」で留める。質問されても、せがまれても、その先は口にしない。「いいえ、何でもありません。申し上げたでしょう、エレーヌはとても優しく敬虔なひとだ、と」

二　からかいについて

からかいは悪口よりも罪はないが、通常はより辛辣である。それはときとして無害である。それが敬意を払わねばならないのはいかなる人々か。それが許される場合でも、人を傷つけないためには、いかなる性格を持つべきか。

からかいは悪口ほどには人々の自然的公平と人の権利を傷つけない。その理由は、からかいによって攻撃される人物はふつうその場にいて、反撃できるからである。だが罪が小さいとは言っても、与える打撃は大きいことがある。なぜなら、からかいは同時に二つの攻撃を加えるからである。一つは名誉に、もうひとつは自尊心に。からかいは名誉を傷つけ、自尊心を狂わせる。からかいの持つ悪意に満ちた策略とは、欠点や悪癖や弱点が批判されて感じる苦痛にくわえて、毒舌にたいしてすぐさまそれ以上に辛辣な反撃を加えることができなかったことの屈辱的な忌々しさを感じさせることにある。自分のいないところで悪口を言われる方が、面と向かってからかわれるよりもましなこともある。

とは言え、からかいがいつも侮辱になるわけではなく、したがって罪深いものであるわけでもない。なかには罪のないからかいもあって、前世紀の美しい精神*はそれを、焼かずに光を発するだけの雷に喩えたものだ。

＊原注　スキュデリー嬢〔パリの貴族的サロンの花形作家で、フロンドの乱で荒れたフランスの言語や風俗に上品さをもたらした〕。

機知と慎重さがいつも手をたずさえているのだったら、からかい好きは用心深くなるだろう。からかい好きに馬鹿はいないのだから。だが機知は、とくに人を傷つける言葉を考え出すような機知は、用心深さや慎み深さとは縁遠いもので、その活力と豊かさが空回りすればするほど、それは軽率なものとなる。うまい言葉を見つけたときに、それを言わずにいることは大変困難なことなので、口にすることでたとえ友人を失おうとも、恩人を不快な気持ちにさせようとも、上司に馘首を言い渡されようとも、注目されたいという衝動には抵抗しがたい。

私はからかいを禁じるものではない。そんなことをすれば会話が単調なものになってしまうし、悪徳と愚劣を安心させることになってしまう。からかいは塩のように控えめに用いればよいのだが、多すぎると舌を刺す。からかいたい気分になればからかえばよろしい。しかし慎重に。

年齢や立場が上の人には、からかいを控えておいた方がいい。白馬に乗った人や、神父、先生、役人などをからかうのは、愚かしいほど軽率な行為だ。

あなたが父親としての懲罰権を持っている子供の場合は別だが、目下の人にもからかいは控えなくてはならない。彼らは上位にいるあなたにたいしておずおずとした敬意を抱いていて、あなたのからかいにたいして無防備なのだ。これはあまりに有利な攻撃であり、丸腰の人間に発砲するようなもの、あるいは子供を打ちのめすようなものだ。

だがあなたに従属している者にたいしては、からかうことは許される。それはかれらを徳と礼節のくびきに従わせるための、ときとして非常に有効な手段である。人はある行為がどのような結果をもたらすかを教えられるより、恥ずかしい思いをさせられることで、その行為を簡単にやめるものだ。無鉄砲な若者はよくびくびくしながらも気晴らしにふける。だが刺すような皮肉に傷つけられた自尊心は、その苦さを忘れないものだ。復讐する手段がないとき、人は自分を修正する。

とくにからかいが許されるのは、対等な関係である。このときからかいは罪のない精神的な遊びであり、その成り行きが次々と移り変わってわれわれを大いに楽しませてくれる、趣向に富んだ戦いなのだ。だが戦う者がほぼ同じ力を持っていることが条件だ。天から当意即妙の才を授かっていない者をからかうのは卑怯だ。

対等な相手同士のあいだでも、からかいは控えめで、デリケートで、節度あるものでなくてはいけない。からかいを受けとめることのできる、世慣れた人でさえ、冗談を長々と聞いているとうんざりしてくる。そして疑念を抱きはじめる。自分は侮辱されているのだろうか、笑いものにされているのだろうか、と。こんな風に考え出すと、落ちつかず、陽気な気分も霧散してしまう。この論戦に持ちこたえるには、もはや逃げ出すしかない。そんな人をもう一押しすれば、勝利は明らかだ。だがそれはすべきではない。機知の戦いにおいては、ことに友人同士の間では、あまりに完璧な勝利には警戒すべきである。

からかいをデリケートなものにするためには、軽い欠点、または軽いと思われている欠点にしか触れてはいけない。また、その弱点に皆が気づいたとしても不名誉になることもなく、自尊心に深い傷を与えることもないような、軽い弱点しか指摘してはいけない。

メムノンがメヌエットを踊りだそうとするときのぎこちない、どぎまぎした様子をからかってやろう。メムノンは反撃するどころか、一緒に笑うだろう。彼は賢者なので、整然と飛び跳ねることを名誉に関わる問題だとは考えていないのだから。

リュシールの化粧時間の長さをからかってやろう。彼女は心の底では自分を得意に思っている。自分の持って生まれた輝きにさらに磨きをかけるのに費やす時間は、無駄な時間ではないと確信しているのだ。

信仰薄きアルカンドルの信仰心のなさをからかってみよう。アルカンドルは誉められたと思い、名誉と感じるだろう。

だが作家にたいしては、出版したばかりの本の失敗をネタにからかってはいけない。臆病なカズノーヴを前にして卑怯な振舞いについて語るのは控えよう。お人好しのウガメートを前にして、寝取られ亭主の話題には触れないでおこう。

軽い話題の時でも、節度を持ってからかわなくてはならない。ささいな欠点にたいして冷酷で無情な嘲弄を投げかけるのは公正なやり方ではない。あなたの側に立って笑う人もいるだろう。あなたの意地悪さを喜ぶ人もいるだろう。だが密かに彼らはあなたに疑いを持つだろう。あなたは笑いを誘うが、心をつかむことはないのだ。

三　口の軽さについて

口の軽さは軽率であるのと同じくらいに不正なものである。秘密を守ることを約束しなかったとしても、それはやはり過ちである。自分の秘密は自分で守ること。口の軽い者を友人にすることの不都合。いかなる理由があろうとも、他人の秘密を暴露してはならないし、もし可能であるなら、自分自身にもそれを隠すか、さもなくば何も知らないかのようにふるまうこと。


口の軽さは不正と軽率とに結びついた犯罪である。友人や他人の秘密を暴露することは、自分のものではない財産を譲渡したり、預かりものを悪用することである。しかもこの悪用は取り返しがつかないから、いっそう罪深い。あなたが友人から保管を依頼された財産を散逸させてしまっても、いつかそれを友人に返還することは不可能なことではない。だがひとたび暴かれてしまった隠し事をどうすれば秘密の闇に戻すことができようか。

人に漏らさないと約束していようとしていまいと、打ち明け話がおのずと秘匿を要請する内容のものであれば、やはり沈黙の義務を負うものだ。最後まで話を聞いた以上、他人に話さないという約束を交わしたことになる。

心を許せる友人に秘密を守るように頼むことは、その友人が慎重で用心深ければ、よけいな用心である。そんなことを頼まなくても彼は沈黙を守ってくれるだろう。愚か者に頼むこともまたよけいなことである。約束したところであなたの秘密はもはや安全ではないからだ。秘密を守る約束をしなかった愚か者は、沈黙を守る義務を感じないだろうし、もしたまたま沈黙を守ったとしても、それはおそらく記憶していないか暴露する機会がなかったためだろう。だが不幸にして愚か者が秘密を守る約束をしたのなら、記憶を失うことも暴露する機会を逃すこともないだろう。決心がゆるんでくると、彼はかつてしたことのない約束というものの重みをはかり、検討する。自分が取り返しのつかないことをしてしまったと感じ、約束を取り消したいと願う。判断力のない人間にとって、秘密とはなんと重い荷物だろう。彼はあなたの打ち明け話を忘れない。これほど重い荷物を背負いながら、荷物を忘れることができようか。そして彼は、誰もが自分の心のなかの困惑に気づいているだろう、自分の魂の奥底を見透かしているだろう、そしてそこに秘密を読みとっているだろうと信じ込んでしまう。だからとうとう見抜かれてしまったという心痛から免れようとして、彼はあなたを裏切る決心をすることになる。だがその前に彼は、新たな秘密の打ち明け相手に向かって、自分が明かすことはとても重要なことだと警告しておくのだ。

私の言うことを信じてほしい。自分の秘密は自分で守る以外に確実なことはない。だが自分の秘密の重さをわずらわしく思い、負担に感じるなら、ほかの人間が同じようにその重みを放り出したいと願うのを、いけないことだと見なすことができるだろうか。

アフロジーヌは秘密めかした様子で私をわきに呼び、耳元でささやくのだった。「ここにしょっちゅうおいでになるあの英国貴族をご存じでしょう。明日私はその方の奥方になりますの。もう書類はすべて整っております。でもお願いですから、誰にもお話しにならないでください。私がお話ししたと知ったなら、あの方はきっぱりと解消するかもしれませんから」

彼女のもとから戻ってほどなく、秘密を打ち明けられた二十人の男たちがどっと押しかけ、私が聞いたのとおなじことを伝えてくれたものだ。アフロジーヌ自身が、これはニュースだと教えたのだった。そして彼女は不当にも、私を口の軽い暇人だと考えたのだった。おしゃべりの秘密の保管者でいるくらいなら、盗品を保管する方がましである。

だが警戒をおこたってはいけない。あなたが秘密を打ち明けられたたった一人の人間だったとしても、狡賢い詮索好きに出会うかもしれない。その男は、自分も同じ秘密を打ち明けられているかのようなそぶりを示し、あなたの口から、推測するだけで、実際に知ってはいなかったことを聞き出すかもしれない。これはありふれた駆け引き、手垢にまみれた罠ではあるが、しかしそれでも毎日騙される者は後を絶たない。

さらに言っておこう。あなたに秘密を打ち明けた人が、他の人々にも同じ打ち明け話をしたとしても、それがあなたに打ち明けたのとはちがう理由でそうしたのであれば、同じ秘密を分け持っている人に出会っても、それを明かすべきではない。彼らが暴露話をしているかたわらで、あなたがなにも知らないでいると思われても大したことではないではないか。

「でも、彼らのなかに秘密を漏らす者もいる」とあなたは言うかも知れないが、だからどうだと言うのだろうか。他人の不誠実があなたの不誠実を正当化するだろうか。繰り返すが、あなたは預かりものを持っているのだ。それをあなたに託した人以外は誰であってもあなたを解放することはできないのだ。あなたが秘密を守っている人物だけが、あなたの口をゆるめる権利を持っている。

二人の友人のあいだに亀裂が生じたとしても、秘密の義務を解消する理由にはならない。貸し手と仲違いをしても借金から逃れることはできないのだ。恨みを晴らそうとして、友情ゆえに入手したものを武器として利用するとは、なんと忌まわしい裏切りだろう。もはや厚い友情で結び付けられてはいないからといって、だれが公正さと誠実さから免れることができるだろうか。

恩知らずの口の軽さに憎しみをもって応えたのは当然の報いだ、とあなたが強弁しても無益である。なんと奇妙な復讐だろう。裏切り者を罰するために、それを上回る背信に同意するとは。

人は他人の秘密を、いわば決して探り出すことのできない記憶の片隅に納めておかねばならない。可能ならば、そこからなんらかの利益を引き出そうという誘惑に駆られないために、自分自身にも隠しておかなければならない。秘密をゆだねた人に不利益を与えるために、あるいは自分自身の利益のために、秘密を利用することは、自分に所有権のない富を使い果たすことに等しい。これは横領であって、復讐願望（これ自体犯罪であるが）を言い訳にすることはできない。

あなたはアスポンドをご存じだろう。彼は高い地位についている。おそらくあなたは彼が才能と能力でその地位にたどり着いたのだと思っておられる。だがそうではなく、裏切りによってなのだ。彼より前に、友人のフィロクテートがその地位に立候補していた。彼は的確な措置を講じ、競争相手はことごとくふるい落とされていった。地位を手にするかと思われたとき、彼はその喜びを伝えるためにアスポンドを訪れた。その翌日、アスポンドがその地位を手にしていたのだ。それが明白な事実であるにも関わらず、友人のおぞましい背信行為を信じられないでいるフィロクテートに向かってアスポンドは言った。「私は、あなたの役に立つならば、新しい地位のおかげで得ることのできる友人と信用を活用するつもりです。でも、私を恨まないでください。私はこの地位が気に入っていましたし、自分にふさわしいものだと考えたのです。あなただって私と同じことをしたのではないでしょうか」「いや」とフィロクテートは言った。「裏切り者よ。たとえ、私があなたの打ち明け話を聞いていたとしても、決して同じことはしなかっただろう」

恩人から受けた親切を、恩人を裏切るための武器とするとは、なんと驚くべき企てか。永久に秘密にしておくべき親切もあるのだ。感謝の気持ちを示すために公にすべき親切もあるが、細心の注意を払って沈黙を守るべき親切もある。だが公にされるべき親切は恩知らずが口をつぐみ、沈黙を守らねばならない親切は虚栄心の強い者が言い立てるものだ。

コリラスは女好きのする男で、数々の浮き名を流した色男である。その詳細を知りたければ、話題をそちらに向けさえすればよい。彼は包み隠さず話してくれるだろう。もっとも数に誇張がないとは保証できない。しかし数に誇張があるにすぎないし、何人かの女性については、彼の捏造ではないことが広く認められている。彼は征服した女性の一人にネリーヌを数えていた。これには証人がいて、数ヶ月後には彼の正しさが証明されるはずである。彼はさらにクリシーの好意を獲得したことを自慢していた。彼女の好意は誰も知っていたので、彼はもはやその好意の意味を量りかねている恋人ではない。彼はまたアマントを物笑いの種にした。この美女は、修道院に引きこもって、自分の弱さを嘆いている。彼女の涙が明白な証拠だ。そして彼はレオノールを誘惑したことを誇っていた。辱めを確信した夫の激怒ほど、間男の勝利を証明するものはない。

四　あけっぴろげな話について

会話における慎み深さは男女の集まる所ではとりわけ必要である。何を話してもかまわないが、上品な表現を選ばなければならない。大人の女性の前よりも若い娘の前ではより一層用心すること。言葉におけるこうした気遣いを教える学校は何か。

私は艶っぽい話題を会話から排除しようとするのではない。そういう話題について話すときにはそれにふさわしい話しぶりがあることを指摘したいだけである。

普段より少しあけすけな話は、卑猥に陥らないように、同性のみで構成される集まりのなかで行われるものだ。そして事情通を自認する男たちは、無邪気な話しぶりにかけては婦人方もわれわれに勝るとも劣らないと言う。彼女たちはわれわれの前ではもったいをつけて話さねばならないのだが、そういう気遣いから自由になるためには、女性の聞き手の前で話しさえすればいいのだそうだ。

羞恥心がはらはらしそうな話題を語るときに、まったくちがう二つの表現方法がある。ひとつは医者、産婆、田舎者の話し方で、あけすけで、ぶしつけで、断固たる表現方法である。もうひとつの方法は言葉を選び、遠回しな表現や、謎めいた言い回し、回りくどい言葉を用いる。この表現は話題におしろいをつけて美しく見せよう、あるいはせめて不快なものでなくそうとするものである。話題を見えなくするのではなく、見えても我慢できるようにするために軽いヴェールでくるむのだ。生まれのよい人々が女性の前で話すのはこの表現方法である。漠然としたものに思われるかもしれないが、実際はそうではなく、ほのめかしだけで話は通じるのだ。フランスのご婦人方はのびやかな知性と繊細な耳を持っているので、あからさまな表現をすることは失礼にあたるのだ。現代のある著述家〔ラングレ・デュフレノワ〕が書いているように、「婦人方の想像力は日陰を散歩するのを好む*」

女性は二つの集団に分けられる。ひとつは若い娘たち、すなわち処女か、少なくともそうだと見なされている女性たちの集団。もうひとつは大人の女性たち、すなわち結婚しているか、あるいは結婚したことのある女性たちの集団。後者の女性はさほどわれわれを困惑させない。彼女たちとはなんでも話すことができる。不快感を与えないように言葉を選びさえすればよいのだ。だが未婚の娘たちは大人の女性たちが知っている多くのことに無知であると考えるべきである。だから彼女たちが知らないでいる方がいいことを、彼女たちには通じない言葉であっても、口にすべきではない。娘たちを前にしては、言葉や表現にいくら慎重であっても十分すぎることはないのだ。

紳士の処世訓として、婦人方が耳にして顔を赤らめ、不快感をおぼえるようなみだらな言葉を口にすべきではない。洗練された社会の本当の困り者は、シニックな者である。

だが、と疑問に思われるかもしれない。そのあまりにも自由で、女性の羞恥心に背くような表現とはどのようなものか。それらのかわりにどのような表現を用いればよいのか。困難な研究のすえに両者の判別ができたとし

*原注 マロ〔十六世紀フランスの詩人〕の著作集、出版地ハーグ、一七三一年。

ても、アスパジーの怒りを買わない言葉が、リーズの顔を赤く染めないとだれが保証してくれるだろうか。

　ある言葉を学ぶためには、その言葉を話す人々のなかに身を置いて学ばなければならない。そしてその言葉で話そうと思ったならば、そのような人々に向かって話さなくてはならない。ところで、汚い表現や不作法なまでに詳細な表現や下品な駄洒落の混じらない、慎重な言葉遣いを使っているのは、上流社会の人間たちだけである。だからこの言葉を学び、使ってみることができるのは、そうした仲間のなかだけである。しかし「上流社会」とはどういう意味かを定義しなくてはならない。

　まず最初に粗野で不作法な者、習俗と繊細さと趣味を欠いた者を排除しよう。さらに信心深い女と才女気取り、似非学者と三文文士を追い払おう。そうして残った者たちが上流社会に加わる資格を持っている。気さくで愛想のよい、誠実な人々の集まり、徳と秩序と礼節を常に尊重する集まりができるだろう。参加者のひとりひとりが出資して、共同で快活さと機知と陽気さの資本を蓄えることができるだろう。そこには自由のための席はあるが、放恣は追い出されるだろう。快楽の入場は許されるだろうが、思慮分別を追放することはありえない。

第三節　行動の用心深さ、あるいは礼儀作法について

ここではいかなる行動が問題となるか。何がこうした行動を必要とさせるのか。礼儀作法は何から成り立っているか。

ここは読者に一般的な行動の指針を示す場ではない。この節で道徳に関する完璧な概論をまとめるつもりはな

い。言葉遣いの用心深さについて論じた前の節で行ったのと同じように、ここでも、心、欲望、感情がすでに正しい枠のなかに収まり、制御されていると仮定してみよう。そう仮定してみれば、私は無秩序や犯罪が起こることを心配しなくてよい。悪しき心根から生じたわけではないが、さりとてとがめずにはおけない、礼を失したいくつかの行動を禁止するだけでよいのである。

もしわれわれの行動の証人が神しかなく、われわれの心に非難すべき点がないとしたら、われわれの行動もまた非難されることがないであろう。神はわれわれを心によって判断するからである。だが反対に人は外見によってしかわれわれを見ない。人は行動によって感情を判断するのである。人は自分の感覚にもとづいてわれわれを鑑定し、評価する。だから「利害のために、また義務として」、われわれの栄誉を傷つけかねない疑いを生じさせてはいけない。「利害のために」と言ったのは、われわれは常に同胞の助けを必要としているのだし、尊敬されることが必要だからである。人はある人物にたいして抱く敬意の大きさに応じて、好意や気遣いを示すものだからである。また「義務として」と言ったのは、正しい行為への愛着を他者に吹き込むような態度を示すことによって同胞の完成に寄与することは、たしかにひとつの義務であるからである。

心のなかに徳を持っているだけでは十分ではない。それを表さなくてはならない。徳がわれわれのあらゆる行動を輝かしい色彩で彩っていなくてはならない。曖昧であったり、誤った解釈を生みかねないようなものであってはいけないのだ。

ウゼーブは神を畏れ、讃え、仕えている。なのに不信心だと思われている。なぜだろうか。それは彼が同胞たちの習わしとしている礼拝を嘲笑するからである。彼は神にたいして香を焚こうとしない。だから無神論者だと決めつけられたのだ。

エヴェルジュテは思いやりがあり、物わかりがよくて親切な男だが、冷ややかな印象を与え、ぶっきらぼうに話し、威圧するようなまなざしを持っている。貧しさゆえに臆病になっている不幸な人々は彼の恐しげな外見に圧倒されて口を開くことができない。もしも誰か不運な人が思いきって話しかけたなら、彼から慰めと援助を持ち帰ることができたにちがいない。だがエヴェルジュテは慈悲深さを愛想のない態度の陰に隠していて、人からは冷酷で非人間的だと思われている。

アデライードは夫を愛し、自分の義務に忠実な貞女である。だがその装いはあまりにもおしゃれで、会話には遠慮がなく、そして彼女の取り巻きたちは評判が悪い。誰も彼女の習俗を確認するために、心の奥に分け入ろうとはしないだろう。審判は下った。彼女はコケットだという評判を得た。

礼儀作法は次の二点から成っている。(一) 公正さと徳の刻印を持たないことは決して行わない。(二) 自然法が認め、あるいは命じたことでも、自然法が定めるやり方で、節度をもって行うこと。

この二つの点の第一のものはよき手本の源であり、第二のものは社会的品位の源である。

一　よき手本について

よき手本の必要性。その有用性と効果は、私人の場合よりも為政者の場合に一層大きい。

われわれが同胞を愛するということは、幸福の実現のためにもっともふさわしいと思われる善がその人の手にわたることを願い、もし可能ならばそれを提供することである。ところで幸福の実現にとって徳以上にふさわしいものはないのだから、社会の第一の、そしてもっとも重要な義務とは、周囲の人々に輝かしい徳の姿を示し、徳にたいする愛を吹き込むことである。よき手本はこのためにもっとも有効な手段であり、ほとんど唯一の可能な手段である。

誰もが書物を書いたり、説教をしたり、法を作ったりするわけではない。すべての人にそういう才能や余裕や権威があるわけではないのだから。さらにまたそれらは生命を持たない絵画のようなものであって、徳の不完全で断片的なイメージしか表現できず、心を動かすことは滅多にない。筆や言葉はパステルや刷毛と同様、事物の一面、一姿勢しかとらえることができず、肖像に動きを加えることはできないのである。

手本は生きた絵画である。それは運動する徳を描き、徳をつき動かす印象をすべての人に伝える。ところですべての人は徳の手本となることができる。手本となるためには、有徳者として行動すればよいからである。

習俗の神聖さに貢献するあらゆる方法のなかで、もっとも有効な方法をすべての人間が実行できるようにしてくれた神の叡知を賞讃しよう。確かにある人々はほかの人々よりもより多く貢献しているもしれない。だが多少ともすべての人間に貢献は可能なのだ。

すべての星は光を発する。だがすべての星の輝きが同じ広がりを持つわけではない。徳の手本についても同じことだ。それぞれの人は自分がしめる円のなかに近づいて来る人に光を投げかけ、命を与える。だが有徳の帝王や君主はその力を、無名の市民とは比べものにならないほど遠くまで及ぼすことができる。それは玉座に着いた有徳者が私人よりも輝かしい星であるからではない。その輝きが高い場所から発せられるからなのである。

二　社会的品位について

社会的品位に反することの意味。羞恥心は人間の発明した徳であるか。なぜ自然はこの感情を人間に吹き込んだのか。羞恥心と貞操との違い。社会的品位を破る行為。

社会的品位に反するということは、厳しい義務と見なされている礼儀作法に外れることである。

あなたはアガートの夫であるとする。夫としてのあなたは彼女にたいして、妻である彼女が抗弁できないようないくつかの権利を有している。だが、あなたにそのような権利を認めた神殿は、その権利の行使が許される場所ではない。あなたたちの厳正な契約の証人たちは必ずしもあなた方の抱擁の証人ではない。

ティスベはピラムの腕に抱かれることを熱望していた。この欲望は罪ではないが、彼女がその欲望に身を任せることは許されない。愛する男性と結ばれる幸せなときをひそかにこいねがうべきである。そうすれば、ほどなく、良心のとがめを感じることなく、純粋無垢な愛撫に身を任せることができ、彼女の義務も傷つけられないであろう。だが官能に追い立てられて、欲望の先回りをしてはならない。

女性の慎みは真の美徳である。羞恥心が人間の発明した感情でないことは言うまでもない。人間は自然のもっとも美しい作品であり、自然は人間の保存に格別な配慮を与えた。種を永続させるために、自然は再生産の手段に強くかつ繊細な快楽をつけ加えた。この快楽は、ほかのことでは感覚の力に負けることがないと自慢する哲学者さえ、一般人と同じように、誘惑され、魅惑されてしまうほどである。ところで自然によって吹き込まれた女性の羞恥心はそうした魅力のひとつである。それは神秘性を加味して、悦楽に新たな官能の一滴を流し込むものなのだ。

このような目論見が創造主にふさわしくないと思ってはいけない。われわれの快楽に配慮することで創造主の威厳がおとしめられたと考えてはいけない。目を開き、世界のすべてにまなざしを向けてみるがよい。川と海の底に潜り、大地の奥底まで下ってみるがよい。全能なる神の創造物のなかには、われわれの欲求に不必要なものなどほんのわずかしか見つからないであろう。それ以外のすべてはわれわれの快楽のためにつくられているのである。

しかし羞恥心と貞操を混同してはならない。羞恥心は一種の徳だと言えなくもないが、所詮は社会的品位に基づく礼儀作法の一部でしかないと私は考えている。羞恥心を緩和することが法にかなっている場合もあることをその証拠としてあげたい。それにたいして貞操は緩和してしまえばおしまいだし、それが真の徳の特徴である。

誠実さもまたその一例であり、永遠にそれなしではすませられないものである。

羞恥心と貞操とは非常に異なったものであり、あらわな腕を人目にさらすことができない女性の心の底で姦通の炎が燃え盛っていたりする。とりわけオリエントの女性がそうであり、そのほとんどが羞恥心と同じだけの淫奔さを備えている。

暗闇と夜と孤独は羞恥心を不必要なものにするが、貞操はそうではない。

一般的に言って、自然の本能が人目から隠すように命ずる行動はすべて、厚いヴェールで覆うべき行動のなかにいれた方がよい。個々の行動について詳しく記すのはやめておこう。さもないと私がここで論じている社会的品位に私自身が反することになってしまう。それは行動におけるのと同じだけ著作のなかでも尊重されねばならない。

第二章　力について

ここで問題とされているのは、どのような種類の力であるか。それが必要となるのは、いつ、いかなる場合であるか。この章の区分。

前もって予想されるであろうように、ここで問題になるのは身体的な力ではない。そうした習俗に影響しない性質は私の主題とは無縁である。私は徳と呼べる性質についてのみ論じているのであるが、サムソンのように強く、ゴリアテのように大きいからといって徳があるわけではない。私が語ろうとしている力とは、魂がつまらない恐れを克服し、必要ならば、危険と苦痛と逆境に立ち向かわせるような高貴な感情のことである。「必要ならば」と言ったのは、必要もないのに向こう見ずに身を投じるのは、魂の高潔さというよりも愚かしさのなす行動だからである。

ではどのようなときに苦しみを覚悟しなくてはならないのだろうか。おそらく悪が避けがたいとき、あるいはより多くの善がもたらされるときであろう。免れえない悪に耐えることが忍耐である。来るべき善のために進んで苦しみに身をさらすことが勇気である。

第一節　忍耐について

忍耐が必要とされる四種類の苦痛。どのような理由で忍耐が必要とされるのか。

われわれが生きていくに際して経験しなくてはならない苦しみは次の四つに分類できる。(一)《自然の苦痛》、つまりわれわれが死すべき生き物である以上それに服さなければならない苦痛。(二) 徳と思慮分別をもって行動していれば避けられたはずのものであるのに、無分別や悪徳の当然の結果として受けねばならない苦痛で、それは《罰》と呼ばれる。(三) 善人の毅然たる態度に試練を与える苦痛で、例えば敵意ある人々から被る《迫害》など。(四) 最後に、われわれが共に生きている人々の感情、習俗、性格の多様性から生じ、絶えず解消していかなければならない意見の《不一致》をつけ加えておこう。

これらすべての苦痛にたいして、忍耐は必要であるばかりか有益である。《必要》であるというのは、自然法は忍耐をわれわれの義務としたからであり、すでに起こってしまったことに不平を言うことは神の摂理に背くことになるからである。《有益》だというのは、忍耐は苦しみをやわらげ、危険を緩和し、短く感じさせるからである。

癩病の患者を放っておくと、彼らが自分をたたき、傷つけ、血を流す姿を見てあなたは恐怖を感じることだろう。それ自体がすでに苦痛だったのだが、彼は自らに与えた傷で状態をさらに悪化させたのだ。彼の病が治ったとしても、あるいはそれに耐えて生きることができたとしても、傷が元で命を落とすことになるだろう。

一　自然の苦痛について

自然の苦痛とは何か。その数は多いだろうか。最も感じやすい苦痛は何か。これらの苦痛を耐える動機とは、神がわれわれを創ったときに苦痛をわれわれに与えた、その神の意図に服従することである。


すでに述べたように、自然の苦痛とは創造主が人間の条件から切り放せないものとして付与した苦痛である。この苦痛の数は考えられているほど多くはない。幼児期の不自由、出産の苦痛、愛する人の死、老年期の衰え、そして死、これが自然の苦痛のすべてである。これ以外のすべては、想像上の苦痛か、人間の不摂生の苦い産物である。病気も例外ではない。たいていは病気もまた人間による産物であって、不注意か、だらしなさか、暴飲暴食によって引き起こされる場合がほとんどだからである。

自然の苦痛のなかで深刻なものは、愛する人の死と、自分自身の死だけである。この二つの場合に限って魂の強さが必要となる。そのほかの場合には、通常の徳で十分か、あるいはそれすら不必要である。

子供の苦痛がどのようなものだったかは、三十年以上前に忘れてしまった〔著者は一七一五年生れ〕。だがそれがどのようなものであれ、私の主題には入らない。なぜなら忍耐に関するどのような議論も、この年齢では理解できないからである。それにゆりかごのなかの子供が忍耐力を持っているかいないかは、習俗とは無縁のことであろう。まだ本能しか持たない幼児に習俗を持つことを要請できるものではない。乳母を殴った子供は聖アウグスティヌスだけではないだろうが、そのことを真剣に後悔したのは彼だけである。この信仰厚い碩学が些細なことを気にする人であったことは確かである。

出産の苦痛がどれほど激しいものか、私は知らない。だが大急ぎで再婚する未亡人の姿や、我慢強く陣痛に耐える動物の例を見ると、耐え難いほどのものではないように思われる。

老人についても、さほど同情に値するものとは思われない。衰えが進行し、全身に広がっていくにつれて、彼らの感情も弱まっていくのだから。さらにまた生きる喜びが、生きる苦しみの埋め合わせをしてくれるのだから。老人にとって大きな悩みは死ぬことである。若者の方が簡単に覚悟ができるものである。

しかし友人、息子、父親、愛する妻を失うというのは激しい衝撃である。しかもこれはわれわれのもっとも感じやすい部分である心に加えられるのだ。だからこの打撃に耐えるためには、魂の持つ力のすべてを呼び起こさなくてはならない。

健康な身体が受けた傷は治るものだが、病弱だったり衰弱している身体の傷は治らない。魂の傷も同じことだ。どれほど健康な魂でも、傷を受ければ激しい痛みを感じるだろう。だが気質が良好ならば、すなわち徳があれば（と言うのも、徳とは魂の健全さだからだが）、少なくとも機能障害や衰弱を未然に防ぎ、最後には傷口をふさぐことができ、かすかな傷跡しか残さないだろう。

魂あるいは身体に激しい痛みを感じるときに、避けねばならない二つの落とし穴がある。それは不信心と弱さである。この原則をひとつの例に当てはめてみよう。

死があなたから愛する妻を奪った。あなたの妻はあらゆる点で申し分がなく、その道の通であったあの偉大なるアンリ四世*〔フランス王、在位一五八九―一六一〇〕が一人の女性のうちにあればと願った七つの美質をすべて兼ね備えていたような人だった。すなわち美しく、賢く、優しく、才気煥発で、多産で、裕福で、貴族の家柄であった。だがそれが、天を非難し、運命の残酷さを告発する、つまりは摂理の不公正を告発する理由になるだろうか。それが、生きるのをやめようと願い、職務を放棄し、義務をなおざりにし、あるいは憤怒に身を任せ、あるいは愚かしい無気力に流されてしまう理由になるだろうか。

あなたの忍耐力の欠如はさらなる病であり、あなたの嘆きを癒す役にも立たないし、それ以上に、創造主の至上の権威にたいする不正かつ犯罪的な反抗である。

あなたの妻はやがて死すべきものとして誕生し、あなたはその条件で彼女を娶った。あなたが予見すべきであった、そして予見していたはずの死が、やってきたにすぎないのだ。そこにあなたの嘆きを正当化できるものがあるだろうか。しばらくのあいだ神があなたにあなたの妻を、期限を示さずに、貸してくださっていたのだ。その期限がやってきた。神があなたから彼女を取り戻すことにどのような不公正があるのだろう。あなたはこれほど早く妻を失うとは予想していなかった。でもどうして。神があなたに妻を長い期間所有できると約束していたわけではないのだから。あなたが根拠もない思いこみをしていたのに、神に責任があるだろうか。人は楽しむことにはたやすく慣れてしまい、現在の所有を永続的な権利だと思うものだ。あなたの妻があなたを残して亡くなる可能性があったように、彼女があなたよりも長生きをしたかもしれない可能性も同じようにあったのだ。それ

＊原注　シュリ『回想録』第九篇、出版地ロンドン、一七四七年〔アンリ四世の腹心で財務長官も務めたシュリは、国王の死後は政界を引退し、『王室財政回想録』（一六三八年）を著した〕。

なのにあなたは彼女が先立ったことを不合理だと考えている。もしもあなたが妻より先に死んでいたとしたら、それでもやはりあなたは嘆きの口実を見つけることができるのではないだろうか。あなたの死が妻に引き起こしたかもしれない苦しみを想像して、苦しんだのではないだろうか。だが夫が妻に先立つか、それとも妻が先に墓場にはいるか、どちらかしかないのだ。それとも同じ瞬間に両者が死ぬことをあなたは願っていたのだろうか。そう願うとしても、それを要求する権利があなたにあるのだろうか。

私はとうとうあなたの魂に幾許かの影響を与えた。あなたはもう瀆神的な不平で神を侮辱することはあきらめた。だがそれでも十分ではない。あなたは徳に一歩近づいたのだから、理性にも近づかなくてはならない。あなたはあなたを打ちのめした神の手に敬意を払ってはいるが、まだ悲しみの重圧の下にいる。

あなたの目に溜まっている涙は物事を大きく見せているか、真実とは違う形に見せている。あなたは自分がもっとも不幸な人間だと考えている。自分より悪い状況などないと信じている。だがあなたが経験した喪失はあなたを苦しみの状態においたわけではなく、単に喜びを失わせたにすぎないのだ。愛していた妻と死別したことは、嫌いな妻と共に生きなければならないことよりもつらいことだろうか。少なくとも後者の苦しみの方が長く続くし、逃がれられないし、弱まることがない。それにたいして後悔は、どれほど激しいものでもしだいに弱まっていくものだ。

だがそのことについてもまだあなたは錯覚している。生涯悲しみが続くと思いこんでいるのだ。いつかは悲しみから立ち直れると予想するだけで、自分の感情が繊細さを欠いているのではないかと想像してしまうのだ。だから永遠に絶望に打ちひしがれるのだと信じ込み、悲しみを研ぎすまそうとして、現在を未来に重ね合わせるのだ。あなたは悼んでいる対象を手にいれる以前には、いま失ってみて発見したこの恐ろしい空虚を感じていただろうか。ならば時の流れに任せなさい。その効果は絶大だ。結局のところ、あなたは以前の状態にまさしく逆戻りしただけなのだ。長い時間を挟んではいるが、失っている状態と、なにも所有していない状態はほとんど同じことではないか。あなたの後悔も優しい思い出に変わるだろうし、新しい契約によっていつか消え去るかもしれない。あなたは私の推測に腹を立てるかもしれないが、十年後には無礼なものではなくなり、現実味を増しているだろう。

しかし私の同情をそそるもうひとつの光景がある。今度は妻の墓前で涙する夫ではなく、臨終の床にある老ゾジムである。やせこけて憔悴しきった表情、血の気の失せた顔色、生気を欠いた瞳は強欲な相続人の希望に確信を与えるものだ。医者も匙を投げている。体中のバネがいかれてしまったこの老体に何をしてやることができよう。せめて魂を救おうと、司祭が枕元にいる。ゾジムは悲しげに言う。「えっ、ではもう助からないのか。ポリクローヌはわしより五歳年上なのに、同じような病気から治ったばかりじゃないか。いや、わしは死にはしない。気分は悪くないし、心臓はまだしっかりしているぞ」

でも思っているより臨終は近いのだとほのめかされると、彼は腹を立て、まだ信じられないと言う。病状は悪化していると念を押されると、老人は不安になり始める。恐怖に責めたてられ、動揺し、泣きだす。自分の十字架と守護聖人と守護天使に救いを求める。しかし彼の声に応えるものはない。この末期にどうすればよいのか。彼は死にたいして異議を唱え、精いっぱい戦う。死ななくてはならないとしても、死に同意したという嫌疑だけは免れるだろう。

ゾジムよ、あなたが生きてきた一世紀近くのあいだ、この地上であなたは何をしてきたのか。あなたは死ぬすべを学ぶためにこそ生きてきたはずなのに、生を愛することしかしてこなかったのだ。死を先延ばしにしたところで何が得られるだろう。猶予が切れるまでの苦しみの数年間と、今以上の激しい後悔の念だけではないか。死は支払わねばならない負債なのだ。あなたはその条件で誕生したのだ。運命の日が近いことを嘆くのではなく、一本の糸、か細い髪の毛よりも百倍も細いあの糸が切れるだけであなたは墓場に行くことになったかもしれないのに、この日まで生きながらえたことを神に感謝しなくてはならない。

熱心なキリスト教徒は割礼を受けるくらいなら命を捨てるだろう。善良なユダヤ人は洗礼を受けるくらいならローマで火あぶりにされる方を選ぶだろう。キリスト教徒もユダヤ人も、良心の命ずるままに毅然たる態度をとるべきだと信じ込んでいるからだ。しかしこの二人のうちどちらかは間違っているはずだが、どちらも自分が正しいという確証を持ってはいない。だが死の病に襲われたあなたは、神の意志の確証を持っているはずだ。あなたは病気なのだし、神は全能なのだから、あなたが病気になることを神が望んでいるのは明白な真実である。あなたは孔子やマホメットの教義を信じる者たちを非難するかもしれないが、あなた自身は自分をさいなむ高熱に文句をつけることで、もっと悪い行動を選んでいるのだ。

あなたが死後になにも期待しないのであればいたし方もない。だがあなたはあの世で幸福になることを当てにしているくせに、あなたを死後の世界に導く一撃を嘆いている。

あなたは言う。「わしが不安なのは命を失うことではなくて、死後の状態の不確実性なのだ。それが愛するに値するものなのか、厭うべきものなのか誰が知っていよう。あの世について恐ろしいことをたくさん聞いている。どんな豪胆な男でも震え上がらずにはいないだろう」

何を言うのか。あなたの運命を神にゆだねなさい。おそらくあなたは神が、借りてもいないものを返すように要求したり、種をまいていない畑から収穫するように命じる、厳しくて不公平な主人に似ていると教えられたのだろう。実際、神はあまりにもしばしばそうした恐ろしい色調で描かれてきた。あなたは、神があなたに絶えず示している慈愛のしるしよりも、黒く憂鬱な脳髄が嬉々として描いた瀆神的な肖像の方を信じるのだろうか。神はすべての子供たちに優しい父親である。従う者には好意をさずけ、逆らう者にたいしても寛大で柔軟なのだ。

それは無秩序な生活の当然の帰結である。悪徳は必ず仲間を連れてくる。それは復讐ではなく矯正である。

これもまたある意味では自然なものと言える苦痛がある。なぜなら習俗の乱れから必然的に生じるこの苦痛は、自然の不変の秩序の結果だからである。たとえば、あさましい行為の結果としての不名誉、浪費の結果としての貧窮、不摂生の結果としての不健康、などである。

エノフィールは四十歳にしてすでに老人である。体はふらつき、手は震え、首はぐらぐらし、話す言葉ははっきりしない。内臓に潜む火が彼をさいなみ、やせ細らせているのだ。だがこの火をつけたのは彼自身であり、火を掻き立て、絶やさないために、浴びるようにワインと強いリキュールを飲んでいるのも彼自身である。

レマルクは激しい痛風の発作に苦しんでいるが、それは彼の料理人の才能と豪勢な食事、そして同様に身体を弱らせる別種の不節制によるものである。

アゾートはなんと悲しむべき様子だろう。おんぼろのベッドが三分の二を占める殺風景な狭い小部屋がその住まいのすべてである。寒さと、服がないことと、恥ずかしさのために、彼は日の高いうちはベッドでじっとしている。日が暮れると、部屋に似合った陰気なランプが、光を放つかわりに、おぞましさをつのらせるのだ。そしてこの陰鬱な薄暗がりのなかで、彼は粗末なパンをかじる。これだけが彼の食事だが、この粗末な献立に明日ありつけるかどうかさえ確かではない。

彼の富、ひとつの州を支えるに充分だと思われたほどの莫大な収入はどうなってしまったのだろう。ふるいに流しこまれた水、かまどのなかの蠟と同じ運命を辿ったのだ。食事、賭事、愛人たち、借金、執事、それらが彼の莫大な財産を飲み込んだ底なしの穴だったのだ。

だが彼の友人のなかに、不運に見舞われた彼に救いの手をさしのべるような人間は一人も残っていないのだろうか。

友人が残っているか、だって？　そもそも友人などいたのだろうか。かっていたのなら、まだいるはずだ。逆境が友人を遠ざけるなどということはない。逆境は友人のふりをしていた者を追いはらうだけだ。逆境になにかいい所があるとすれば、そのひとつは、見せかけだけの友人を失うことができるということである。アゾートが嘆くべきは、本物の友人を一人も持っていなかったということだけである。

フィロセルドは盗みのために、アフィスタスは裏切りのために、フリネはふしだらな行いのために、名誉を失った。すべての悪事は何らかの罰を招くものである。皆に恐れられている暴君は、自分も絶えずおびえている。家のなかで勝手気ままに過ごしている父親は、ほどなくして子供たちの放蕩によって面目を失い、残酷な罰を受けることになるだろう。母親の浮気な気質は娘たちの血に受け継がれ、娘たちの恥ずべき恋愛沙汰は母親を恥辱にまみれさせるだろう。狡猾な偽善者が恐るべき悪事を公衆の目から隠しおおせたところで無駄である。彼はそれを自分で知っているだけで、十分罰を受けているのだ。後悔が刑の執行者になるだろう。犯罪者が地上にいるあいだは罰せられないでいることを神の裁きが許しているのは、彼らの罪が死によって許されるものではないからである。遅かれ早かれ、神の裁きはその権利を行使することになる。

おそらく神は父親として罰を与えるのであり、罰はわれわれを向上させる手段なのであろう。永遠に続く罰は別として、死後に加えられる罰についてはこれと同じことが言える。ところで理性は、永遠に続く罰があることを教えるかわりに、その逆のことを示唆している。神はその被造物が罪を犯したとしても、執念深い人間がするように、苦しむ姿を見て楽しむために痛みを与えるような野蛮な存在ではない。神が罰するのは、罪によって引き起こされる苦しみの経験を与えることによって、悪の道から引き離すためである。公正で寛大な神が、復讐心から罰を与えるとは、まして永遠の罰を与えるとは考えられない。もし神がご自身に復讐を許しているなら、人間が神の似姿である以上、人間の復讐も禁止しないはずである。

それはともかく、この世で受ける罰について言えば、それは父親による懲戒であり、われわれを習俗の道に引き戻すこと以外の目的を持っていないことは確実である。ここで論じている主題についてはそれで十分である。もしあなたが嗜眠状態に陥っていて、目覚めさせるには針を刺し、弛緩した感覚を刺激するしか方法がないとき、あなたを刺した外科医に不平を言うだろうか。それこそ、われわれの悪や無分別を罰した神が行ったことなのだ。罪のあとに受ける傷は、その傷によって治すことができる傷に比べれば何でもない。だがその傷が有用なものであるためには、神が父親であるだけでは十分ではない。われわれもまた、従順な子供として懲戒を受け入れる必要がある。

三　迫害について

徳を愛する人は不運を覚悟せねばならない。理由なき口実の下に迫害される彼らは、何を信じて迫害に耐えるべきであるか。不実なる者たちの繁栄をいかなる無関心さで見るべきであるか。

徳を愛する人々は、互いを疑い、対立しあうようなライヴァル関係にはない。反対に、徳を愛する人が増えることほど彼らを喜ばせるものはないのである。彼らが恐れねばならない障害は、敵側にのみある。しかしそうした障害は避けられないもので、覚悟しておかねばならない。

幸福の一般的な概念に従えば、徳は必ずしも幸福なものではなく、ほとんど幸福からはほど遠い。徳が富や名誉や華々しい職業と結びつくことはまれである。それは見捨てられ、理解されない、持参金を持たない孤児の乙女である。ときおり彼女に恋する男が現れるものの、ほとんどの場合、財産上の利点がないことに気づいて離れていってしまう。男たちの情熱をそぐ障害はもうひとつある。彼女の住む宮殿に続く道はイバラと刺に囲まれ、さらに悪霊たちが近づく者を追い払おうと見張っている。脅迫する悪霊もいれば、甘言を弄するものもある。暴力に訴えるものもあれば、狡猾な罠をかけるものもある。

だが徳を愛する者はそうした状況を喜び、粘り強くなる。と言うのも誠実な愛を抱く彼らは勝利を確信しているからだ。徳を愛するということは、すでに徳を手にしていることである。徳に見捨てられるのは、移り気からあるいは弱さから徳を裏切る者だけである。反対に徳を愛する者は、決してそれを裏切らないものなのだ。

徳を裏切るということは、安逸、裕福、豪奢、王侯貴族との友情など、徳を持つことによって失うことになるかもしれない、いわゆる幸運を渇望することである。だから、たとえそれが司教冠や教皇冠、王杖や王冠であろうとも、現世で享受しうる利益を徳に優先させたり、あるいはそれらを徳と比較することさえ、徳を愛していないばかりか、徳を理解していない証拠である。徳の高みに、当てにならないもの、はかないもの、けばけばしいものを置くとはなんという不遜な比較だろう。それらを徳以上に愛するとは、なんという冒瀆だろう。

数では世界の大多数を占めている悪徳漢たちは、徳をおおっぴらに排除するのではなく、それに偽りの名をかぶせて攻撃している。徳を迫害する権利を手にいれようとして、彼らは徳に忌まわしい名を与え、その姿を隠蔽し、徳の特徴で飾りたてた悪徳を讃美しているのである。彼らは愚かさを公正さとか誠実さと呼び、卑怯を侮辱の許容、衒学者のてらいを賢明な用心深さと呼ぶ。また金への軽蔑を狂気、寛大さを弱さと呼んでいる。逆に彼らの言葉では、野心は気高い競争心と翻訳され、狡猾、欺瞞は巧妙、機転となる。狂信的な偽善は敬虔な心、二枚舌は巧みな政治力と呼ばれる。ごまかしと隠しだては卓越した慎重さとなる。激情は活発さ、高慢は感情の高貴さ、復讐心の強さは名誉の欠くべからざる特質、凶暴性は勇気にほかならない。彼らの賛辞は侮辱である。彼らの賛辞を受けないようにしなくてはならない。彼らの引き立てには毒が含まれている。彼らから引き立てられないように用心しなくてはならない。彼らの好意は誠実を犠牲にしなければ受け取れないものなのだから。

差し控えた方がよい企てを考慮するとき、その企ての難点を数えあげることは許されるし、必要でさえある。だが義務を遂行するときには、不都合を考慮に入れてはいけない。ある兵士は突撃を命じられた。このときの兵士は自分が冒す危険について検討している場合ではない。たとえ命を落とすことがあるとしても、躊躇せず前進しなくてはならない。命令とはそうしたものなのだ。同じようにわれわれも、危険を顧みることなく、徳の旗印の下に前進しよう。どのような危険であれ、われわれがそれを免れようとすれば徳を裏切らなくてはならないのだから、苦しみも避けられない。徳のために苦しむのをやめることは、悪徳に近づくことである。

あなたの名誉が不当な中傷によってけがされるかもしれない。そのときは、あなたを非難するにはぬれぎぬを着せるしかないということを喜ぶべきである。

あなたは法廷に召喚され、不当な判決を受けるかもしれない。よこしまな情念があなたの告発者と判事にとりついていたのだ。あなたは罪を犯していないのに罰せられるのは無念かもしれない。だが罪を犯していた方がよかったのだろうか。有徳者にとって最大の不幸である犯罪が、あなたの慰めになるのだろうか。そこに後悔を付け加えることが、苦しみをやわらげるための手段になるのだろうか。

悪人が贅沢に暮らし、高い地位につき、尊敬を受けているのを見ると、嫉妬心がかき立てられ、あなたを苦しめる。富や高い地位や尊敬はあんな男たちのためにあるものなのか、とあなたは憤慨する。だが的外れな不平を言うのはやめなさい。あなたのうらやむ幸運が、本物の幸福ならば、それはいま享受している悪者たちの手から逃れ、あなたの手に入ることだろう。祖国を救ったヴァンドームやモーリスのような偉大な軍人が、子供に砂糖菓子が配られるのを見て、自分たちの仕事にはこんな報酬がなかったと不平を言ったとしたら、あなたはどう思うだろうか。あなたの不平もこれと同じように的外れだ。神はあなたに報いるために、はかない富やむなしい名誉しか持っていないのだろうか。

四　意見の不一致について

自らの性格を柔軟にし、他人の性格を我慢すること。善良な人々のなかですら性格は様々であること。最も快活な人々。最も不愉快な人々とも忍耐をもって接すること。

自然は人間の顔つきとおなじく、趣味や性格にもさまざまな相違を植えつけた。そしてすべての顔つきが自分に似ているように要求することがばかげたことであるように、すべての人間の性格が自分たちの性格と一致すべきだと言い張るのもばかげている。

すべての人間は自分の生きる時代と環境、年齢、性、個人的な性向、受けた教育にそって考え、行動する。そして自分の考えや行動が正しいか間違っているかを検証しようなどとは思わないものだ。

この地上ではみずから学び、向上しようと努力する人間の少ないことは想像以上だ。人は自分にはすべてを許し、他人には何も許さない。人は人類を改良したいと思うのだが、そこから自分だけは除外するのだ。

まずはあなたの性格を柔軟にし、いらだちを感じないようにすることだ。

ロジーヌは気性の激しさを自認している。彼女の言葉づかいに慣れていない人は、そのかんしゃくを激怒、激昂、狂騒と呼ぶ。全世界が彼女の気に入るようにできているわけではないということを、彼女は想像したことさえないのだ。望むことはぜひともそうなるべきものだと彼女は信じていて、妨げるものすべてを侮辱だと考えている。子供が泣くと、ロジーヌはいらだって、「子供ってなんて馬鹿なのかしら。はやく、どこかに連れていって」と叫ぶ。召使いがガラスを割ると、「なんてぶきっちょでとんまなんでしょう。やめてもらいます。ほらこれが給料よ」　たまたまひとりぼっちになって、孤独に苦しむときには、友人がののしられることになる。「恩知らずのドリスはいったいどこにいるの。のんき屋のアガートはどうしたのかしら。裏切り者のウフォルブはどこで楽しんでいるのかしら。不実なシルヴァンドルは何をしているの。なんて冷たい友だちばかりなのかしら。こんなふうにわたしをほっておいて。もう顔も見たくないわ」　気まぐれで、移り気な彼女は、昨日見たかったものも今日は見たくない。いつもかわらず彼女が望んでいることは、察してもらう、ということだけだ。そこで皆は察しようとするのだが、これもむずかしい。正確に察した者はほとんどいないのだ。それに彼女の欲しいものを察して、手に入れても、彼女の好みにあうことはめったにない。いつもどこかに取り違えがあった。来るのが早すぎたり、遅すぎたりして、機嫌を損ねてばかりだった。親しみをもって接すると、ずうずうしいと言われ、丁重に接すると、馬鹿にされたと言う。滅多に会わないでいると、機嫌を損ねて不平を言うが、しょっちゅう会っていると、疲れる、うんざりだと言う。彼女に何か不満があれば、それは即座に知れる。瞬時に洪水のようなののしりと非難と金切り声があふれでて、彼女の不興を知らせるのだ。彼女が怒りをぶちまけているときは、ほうっておくのがよい。なだめようとすれば怒りをいっそうかき立てることになるから。彼女が冷静なときに忠告をするなら危険は少ないだろうが、それも無駄なことである。彼女は言うだろう。「わたしが悪かったとおっしゃるの。あなたこそもっとうまくやってくだされよいのに。わたしが少しせっかちなことは知っています。でもそれは大した欠点ではないわ。あるがままのわたしを理解すべきなんだわ」

すべての人間がおなじように徳を愛するとしても、それぞれが多くの点でちがった人間であることにかわりはない。道徳の原則や感情といった根本では人は皆同じであっても、よき習俗とは無関係な事柄において、人が他人を模倣するということはないだろう。実際、そのようなことを強制するものは何もない。神はわれわれに行動の基準としての法を与えたが、模範としての人間は与えなかった。人はある人の性格をまねることなく、その人と同じだけの徳を持つことができるのである。善良な人々ばかりの社会を想像してみても、そこでも我慢は必要であろう。鋭敏な精神の持ち主が鈍重な性格の人を我慢するのはむずかしいだろう。ひょうきん者はメランコリックな人とはうまくいかないだろう。落ちついた人と活発な人、おしゃべりな人と物静かな人も同様。気の短い人にはどれだけ仲違いの種があるだろう。だがわたしの考えでは、彼らはすべて有徳者であり、したがって敬意を払われるべきである。まず最初にあなたの親しい人のなかにこの本質的な美徳を探しなさい。それは些細な欠点を消し去り、覆い隠すには充分貴重で、素晴らしいものである。誠実でよき習俗を持っているとあなたが思う人には、すべてを大目に見なさい。敬意をもって接しなさい。その人があなたから離れていってしまえば、宝物を失うようなものだ。正義と徳を持つ人ほど神に似たものはない。神の似姿を侮辱することは、神を冒瀆することではなかろうか。

ティモンは活気がなく、物静かな男である。笑いと陽気な声が彼の眉間のしわを伸ばすことはない。彼にとってにぎやかな集まりは見知らぬ国であり、そこで彼は暗い顔つきをし、悲しげで途方に暮れた様子をしている。礼儀上そうした場所に行かなくてはならないとき、彼は余計者扱いされ、来てくれなくてもよかったのにという視線を浴びる。だが、ティモンはまっすぐな心、健全な精神、寛大な魂を持っている。彼に助けを求めなさい。ただそれだけで、彼はあなたを受け容れてくれるだろう。彼は重々しく、真面目だが、疑り深くも皮肉屋でもない。彼は禁じられてもいない快楽から身を遠ざけているが、快楽を断罪しているわけではない。彼が批判したり悪口を言ったりするのを耳にすることはないだろう。彼は口数は少ないが、嘘もつかない。彼の口は、嘘や曖昧な言葉によってけがされたことのない純潔な器官である。彼とはなんの心配もなく約束できる。証人も証書も必要ない。ティモン本人以上に確実な保証はどこにもないだろう。

快活な様子を人前にさらす人びとと言えば、まず子供たち、召使い、下層の人びとである。だがもともと彼らはほかの人びとよりさらに下品な種族であるわけでもないし、より堕落した心を持っているわけでもない。ただ単に、社交界の慣習というものを知らず、うわべを繕うことを知らないだけである。そのために欠点があからさまに現れ、不愉快なものにもなるのである。

ダマリスには大半の母親と同じように、ひょうきんで、ふざけるのが好きで、注意散漫な子供たちがあった。彼女がどんなに説教しても、叱っても無駄だった。子供は聞きもしないか、あるいは母親の口が閉じると同時になんの話だったか忘れてしまうのだった。とうとう堪忍袋の尾が切れて、彼女は大声を上げ、雷を落とし、脅し、往復びんたを食らわした。母親の優しさは姿を隠し、激しい怒りがとってかわった。ダマリスよ、あなたとあなたの子供たちのどちらに罪があるのだろうか。軽薄さが子供たちを引っ張り、怒りがあなたを駆り立てる。だが子供たちの年齢で慎重さを持つことが、あなたの年齢で節度を持つこと以上に大切なことだろうか。「少なくとも、子供はわたしの言うことを聞くべきです」とあなたは言う。それならばあなたは理性の言うことを聞くべきだ。理性はこのような穏当でない暴力を禁じたはずだ。怒りにまかせて罰することは、叱るというよりも復讐に近いことなのだから。

どんな悪魔がアフロニーを突き動かしているのだろう。彼女からは女中や従僕の悪口を聞かされてばかりいる。女中や従僕たちは本当に女主人の胆汁を酸化させるために手を組んでいるのだろうか。いや彼らは無実であり、アフロニーの気まぐれな感情の犠牲者なのだ。アフロニーが少しばかり癇を抑えれば、使用人たちの大罪は消えてしまうだろう。彼らが犯罪人に見えるのは、彼女がかっとなっているからにすぎない。短気は見るものすべてを誇張し、それを不愉快に感じる気まぐれ心は、ささやかな過ちを犯罪に変えて、彼女の目に映し出すのである。使用人たちは人間である。だからこそ彼らは欠点を持っているのだし、だからこそわれわれは寛大な心を持たなくてはならない。

あなたは下層民を軽蔑している。あなたの軽蔑が彼らの粗雑さ、無知、感情の低劣さにたいするものなら、あなたは正しい。そうしたおぞましい面から判断するなら、下層民とは知識も計画もなく右往左往する下等な集合にほかならない。それはあたかも眼を失った身体のようなもので、どこに行くのかを知らず、本当の利益とは何かを理解していないにもかかわらず、さもしいもうけ話の匂いに誘われて歩いているのだ。彼らは思慮分別と節度の敵である。やさしくすると、つけあがり、反抗的で凶暴になり、押さえつけると、怖じ気づいてぺこぺこする。彼らは軽薄で、気まぐれで、迷信深い。新しいものには飛びつくくせに、偏見に捕らわれている。自分たちを教育し、支配する人びとを厚かましくも裁くのだが、いつも判断は間違っている。

だがこの卑しい階層から、素直でまだ教育可能な年齢の者は取り除くとしよう。それは巧みな手にかかれば、まばゆい光でわれわれを驚かせるかもしれないダイヤモンドの原石のようなものだ。教育の賜物である思慮分別と徳を身につければ、群衆のなかから抜け出すことができるだろう。富と名誉を手にするだけでは、もとの階層から離れることはできない。王侯貴族といってももともとはそのほとんどが民衆なのだ。

下層民一般を軽蔑するのはあなたの勝手だ。だがそのひとりひとりとはあなたと同じ人間として接することだ。人間として彼らを愛し、欠点を受け入れなさい。とくに不運によって打ちひしがれている者には寛大でなくてはいけない。あなたが横柄な口調や、冷酷な態度を示せば、彼らはますます自分の不幸を思い知らされることになる。病人のわがままや不機嫌を大目に見るように、貧しい者が貧しさゆえにみせる一時的な錯乱を許さなくてはならない。

おそらくあなたも完璧な人間ではないだろう。だからこそあなたも自分自身に望むのと同じことを、あなたの同胞にしてあげなさい。たとえあなたが少しの欠点も持っていないとしても、だからといって欠点を持つ人々を侮辱する権利を獲得したことにはならない。むしろいっそう彼らを哀れむ理由にしかならない。最も美しい男のアドニスといえども、テルシテス〔『イリアス』に登場する醜男〕を侮辱していれば、許されることはなかっただろう。

第二節　勇気について

勇気の定義。この節は二つの小節に分かれる。

障害に立ち向かわなければならないとき、弱い心ではなしえない徳行を遂行するために必要とされる魂の力強さを、わたしは勇気と呼ぶ。ところでこの障害は、われわれの心の奥にある場合もあれば、外部からやってくる場合もある。したがって勇気にもふたつの種類がある。ひとつは、それによってわれわれが己にたいして強くなり、己に勝つことができるような勇気であり、わたしはそれを魂の高潔さと呼ぶ。もうひとつは、われわれのまえに立ちはだかる障害を打ち破るような、外部に向かおうとする勇気であり、わたしはそれを英雄的精神と呼ぶ。

一　魂の高潔さについて

それはわれわれに美をめざすよううながす。美とは何か。徳の源である、はかない幸運への軽蔑。才能の源である競争心。魂と身体の両方にとって有害な怠惰。競争心は妬みや野心とは区別される。

魂の高潔さとは、われわれに真の美を指し示し、それをめざすようにうながす高貴な感情のことである。しかしどこに真の美を探し求めればよいのだろう。それはどこから生まれるのだろう。わたしの考えでは、徳と才能からである。そのほかはうわべだけの飾りにすぎない。そもそも徳とははかない幸運にたいする侮蔑から生まれ、才能とは競争心から生まれたものだ。

本来、人間の心は徳と高潔さに満ちている。そこに入り込んだ低俗なものへの執着を取り除き、感覚の導くままにまかせれば、心は原初の高貴さを回復することができる。

（一）魂の高潔さとは個人的な利害を顧みないことではなく、確固たる本物だけに欲望を向けることである。正しい人といえども素晴らしいものにもつまらないものにも同様に情熱を持っている。しかし他の人とくらべて、素晴らしいものを手に入れる手段により精通していて、それをより積極的に実行するのである。彼は自分を幸福にしてくれるのは徳だけだということを知っており、それ以外の利益が何らかの寄与をするとしても、徳が伴ってはじめてそうなるということをよく知っている。もし彼が清らかな習俗を汚すことなく、安楽で静かな生活を、苦悩も苦痛もなく、無邪気な喜びに彩られた生活を送れるとしたら、おそらく失敗と災厄と屈辱に満ち、苦しみや不名誉や後悔に毒された生活よりもそちらの生活を選ぶだろう。だが彼に破産や身の危険を招く徳ある行動と、富を生むが徳を失わせかねない行動とを選択する機会が与えられたら、どれほど莫大な利益が期待できようとも、彼の選択は決まっている。逡巡などしないだろう。彼の見るところ、徳は安逸や快楽や生命以上の価値を持つものなのだ。

ソフローヌとピュルシェリは好みと才能と性格が一致していて、二人のあいだには変わることのない結びつきができるかのようであった。だが彼女は彼に手を与えたりしなかった。一方彼は彼女を愛している。彼女に会うと愛情はいや増し、同時により気後れを感じるようになった。破局を回避するための確かな方法、困難だが唯一の方法は、ピュルシェリに会うのをやめることである。ソフローヌは決断した。これで徳は救われた。愛はそこから逃げ出すことでしか打ち勝つことのできない敵なのだ。

無実の男が告発され、エアックの前につれてこられた。告発したのは有力者である。彼らはエアックのへつらいをあてにして、希望する判決を押しつけてきた。エアックが破滅するか昇進するか、彼の下す判決次第である。だが廉潔な裁判官にとって、幸運など公正さに比べてどれほどのものだろう。

カリステーヌは莫大な遺産の保管者である。彼は自分が相続人だと思っていたのだが、財産の所有者である当の叔父が、法律上認知されていない息子に遺産を渡すようにとカリステーヌに依頼したのだった。カリステーヌは叔父の願いをすべて約束した。証人も、証書もなく。だが以前から期待していた財産が手に入らないことで、彼はひどい貧困に苦しむことになる。あなたは言うかもしれない。「もし彼が遺産を自分のものにしたり、一部を自分の役に立てたとしても、それほど悪いことだろうか。はたして誰にわかるだろうか」だが神はすべてを知っている。そしてカリステーヌも。彼は知らないではいられない。貧困から逃れて、背信に飛び込むとは何たることか。それでは自由になるどころか、身の破滅ではないか。

宗教を口実に狂信者たちがあなたを薪の上に縛り付け、殺そうとしている。あなたの命はあなたの返答次第だ。野蛮人たちはあなたが虚言をつき、あなたの感情を裏切ることに同意すれば、解放してやると約束している。なんという奇妙な寛大さだろう。彼らの要求する悪は、彼らがあなたに行おうとしている以上の悪だ。

(二) われわれの精神の活発さ、身体の構造、力強さと機敏さ、そして何よりも次から次へと湧きあがってくる欲求、これらはわれわれを作った創造主の手がわれわれを活発に働くようにしむけたのだということを示している。とにかく創造主がわれわれに定めた目的は、われわれがめざすべき最高の目的なのである。

労働の義務を罰だと見なすのは、怠惰が生んだ低劣な感情である。もしも神が労働を禁止していたのであるなら、逆にわれわれ自身が罪の産物だということになるだろう。不活動は一種の麻痺状態であり、魂と身体の両方に有害なものだ。

ラティームはその実例である。彼は仕事を嫌い、労働にうんざりし、生きていることにすら疲労をおぼえる。彼にとって至上の幸福とは消えてなくなることなのだろう。神は神を愛する者により多く報いるのかもしれないという想像もできずに、彼は天国を待っているのだ。毎日朝寝坊をして、この世で彼は来世の幸福を先取りしている。彼にとって目覚めの瞬間は不吉なときである。彼はできる限りその時間を遠ざけようとする。そしてやっとベッドを離れたとしても、眉間にしわを寄せ、無愛想な顔つきで、自分は嫌々起きたのだという表情を崩さない。彼は二十回も着替える。疲れ果てるがそれでも満足できない。彼はどこから一日を始めるつもりなのだろう。

「食べ物をくれないかなあ」と彼は思う。おなかが空いているわけではないし、おそらく大食漢だからでもないだろう。何もしないでいると数十分おきに空腹にさいなまれるので、無為の人間はそれから逃れるためにたびたび腹に詰め込むものなのだ。起きている十二時間のあいだ、彼はこの一時しのぎを繰り返すことになる。この気まぐれなつまみ食いのあいだに、つまらない活動を次から次へと行う。と言うのも彼はどれも本当には楽しめないからである。怠惰な人間ほど喜びに鈍感なものはない。この無感覚の魂を刺激し、目覚めさせるものなど何もない。自分を持て余しているので、彼は気を紛らわしたいと思うのだが、その力もない。どこにいてもつきまとう永遠の倦怠は、様々に姿を変えて彼を苦しめ、周りの人々をも苦しめる。たとえば疲労。体が重く、だるく感じられ、指を動かすことさえできない。あるいは体の不調。彼は自分でも表現できない、よくわからない病気にかかっている。時にそれは心の痛みであったりするのだが、何が彼を悲しませるのかはわからない。彼の情緒は不安定で、剣呑で、陰険である。彼の訴えるところによれば、誰も彼に尽くしてくれる者はいないのだそうだ。誰も彼を尊重しないし、苦しんでいるときに同情してくれる者もいない。みな冷たく、彼が死ねばいいと思っているのだと言う。真実かどうかはともかく、それは彼の幸福を願ってのことに違いない。と言うのも、彼の陰気な想像力、無気力、怠惰のせいで、彼はいずれ想像の病気を現実のものにしてしまうだろう。今日でないとしても明日には、彼は病弱で、ヒポコンドリーで、憔悴し、やせ細り、衰弱してしまうことだろう。それほどの代償を払って生きなければならないのなら、生きることは幸福と言えるだろうか。

無気力と怠惰はもっとも過酷な労働以上に多くの人を疲れさせてきた。適度な労働は健康を損なうどころか、健康を支え、増進させるのだ。

われわれは社会の一員であり、社会の援助が不可欠である。そうした援助を受ける資格を持つために、われわれも社会に奉仕しなくてはならない。しかも熱意を持って。熱意を持たずに義務をこなしても、義務を果たしたことにはならない。嫌々することは、うまくはできないものである。

数多くの異なった職業があり、それらはすべて共通の善をめざしている。そのなかであなたに可能なのものを選びなさい。自分の好みをたしかめ、あなたの能力と照らし合わせなさい。選択したら、その職業において秀でることを名誉にかけて誓いなさい。

競争心は妬みや野心に近いもののように思われているけれども、そのどちらとも共通点はない。競争心は他人の成功を見て悲観するのではなく、さらに熱心に完成を目ざそうという意欲を生み出すものである。競争心が駆り立てるのは名誉であり、義務にたいする愛である。名声欲でも羨望でもない。

フィリステーヌは幸福な人、才能のある人、有名な人を憎んでいる。ほかの人間が持っている利点はすべて、自分から奪われたものだと彼は信じているのだ。それらは彼に戻されるべきものなのだが、彼の価値は誰にも理解されないのだ。フィリステーヌをむしばんでいるのは妬みである。

高い地位にある人々の華々しい姿に幻惑されたフィロティームは、それだけを自分の欲望と関心の的に定めた。高い地位を得るのにふさわしい人間になることよりも、地位を得ることに心を砕いた。望んでいた名誉は、いったん味わってしまえばとたんにつまらないものに変わった。いや彼はどんな名誉も味わうことはなかった。彼の心はいつも外にあり、まだ手に入れていないものにしか惹かれないのだ。フィロティームをさいなんでいるのは野心である。

ユドクスの行動を支配する唯一の動機は高貴な競争心である。彼の選んだのは弁論術である。野心家なら決して選ばないだろう。と言うのも、ユドクスの国では、言葉の才能は高く評価されていないからだ。言葉の才能に加えて、精神の正確さと明確さ、それに世界の習俗、法、習慣、風習に関する深い知見など、思いつく限りの才能を持っていても、金庫に金を持っていなければなんの役にも立たないし、なんの足しにもならない。彼の国では金ですべてが買える。本来才能を伸ばすためつくられたものがすべて競売にかけられているのだ。市民の財産や命までもを自由にする権利が売られている。それに連隊長に自分の見解を陳述する権利も、国家の収入や個人の年金を管理する権利も、裁判官になり、判決文を書き、刑を執行する権利もである。またつまらない称号や家名、勲章、そしてどんな価値があるのかよくわからないが、貴族の身分さえも売られている。正当化しようのないこの売官制のせいで、才能が正当な報いを受けることが希望できないのだから、競争心がほとんど見られないわけである。だが逆に競争心がもっとも純粋な輝きを持つのもこの国である。ユドクスが弁護士席で雄弁をふるっても、国家の要職をねらっているのではないかと疑われることはない。金で買う力がない以上、高位に就くことなどできないということを彼は納得しているからである。彼のめざすものはただ、自分の選んだ仕事において卓越すること、つまり煩瑣な訴訟手続きの背後にある暗闇から真実を引き出し、これを明晰な言葉で判事たちに提示し、正当な判決を下すようにしむけることである。

彼以外の弁護士が同じ力量を発揮しても、ユドクスの自尊心は傷つかない。善がなされたなら、誰によってなされたかなど問題だろうか。無実の男が死刑になりそうだったとき、男を救ったのはカリデムだった。孤児が虐待を受けていたときに弁護を行ったのはユフラードだった。ユドクスは手を貸さなかったけれども、二人が成功したのだから、それは彼の成功でもあるのだ。

公共の善と名誉だけをめざして自分の才能を発揮すれば、低劣な嫉妬など感じることはないのである。

二　英雄的精神について

英雄的精神とは何か。(一)頑固さとはちがう毅然とした精神。(二)蛮勇とはちがう大胆さ。(三)武人の勇気の礼讃。凶暴な男と対比される勇敢な男の肖像。戦争のいまわしさ。本当の武勇と偽りの勇気とを区別する諸特徴。復讐、とりわけ決闘は勇気の産物か、それとも臆病の産物か。

英雄的精神は高潔な魂を包含している。低劣で卑屈な心を持った英雄などいないからである。だが英雄的精神が単なる高潔な魂と異なるのは、人を驚かせ感嘆させる徳の輝きを持っている点である。いかに献身的な努力をして、悪い性向を克服することに成功したとしても、それは魂の高潔さであり、必ずしも英雄的な精神とは言えない。一般に使用されている意味によれば、英雄とは困難にたいして《毅然》とし、危機に直面して《大胆》であり、戦いにおいて《勇敢》な男のことである。

（二）毅然と頑固とは似た特徴を持っている。だが以下で物語られる情景を見れば、両者の違いは明らかになるだろう。

ティモクラートは、不運にも、自分の支配下にある者は誰でも、自分の言うことを聞かなくてはならないという信念を持っている。彼にそれは間違いだと指摘するならば、彼はそれを大それた反抗だと見なす。間違いを証明するなど、許しがたい背信行為だと見なす。彼は気まぐれに規則を作り、それを周到な政治学の傑作だと自讃する。規則には不都合な箇所があって遂行不可能だとの控えめな口調の要望書が提出されても、意見書や要望書は握りつぶす。ティモクラートは考えることも思索することも知らず、ただ要求するだけなのだ。命令を骨抜きにしたり、無視することが最上の解決策なのだろうが、それも彼がこれほど横暴でなければの話である。「地方長官や私のような行政官が愚民の法を受け入れる必要があろうか。《私の命令は前代未聞》だと言うのか。かまうものか、ともかく従ってもらおう。十年たてばおかしくなっているはずだ。《私の命令が批判されたり、濫用が指摘されている》と言うのか。私に服従するべき連中の批判などどうでもいい。《実行不可能な命令を発すれば、私の権威が危うくなる》だと？　不平を言う輩は罰して、権威を守ってみせよう。ここまで来たのに後戻りができようか。命令は発せられたのだ。正しかろうが正しくなかろうが、従わせねばならない。《私が頑固なままでいると、国中で反乱が起きるかもしれない》だと？　起こればいい。鎮圧してみせよう」

これが頑固だ。次に毅然とした精神を見よう。

ショレーグは軍事と財政の大臣として祖国に仕えた。公共の利益が彼のめざす唯一のところであり、それに関わることで関心を持たないことはなかった。彼が明らかにこの目的にふさわしいある計画を立案したとき、その実現は確実だったが、ただ誤った精神からの批判、そしてそれが仕掛けた罠や障害を克服しなくてはならなかった。彼は計画に不備な点があることを嫌ったが、計画の困難に意気消沈することはなかった。国王に愛されていた彼は、取り入ろうとして追従を言うこともなく、包み隠さず真実を示し、国王に突きつけた。遠慮のない諫言のせいで何度となく失脚しそうになったが、自分の個人的な利害よりも国家の幸福のほうを選ぶべきだと考えた。彼は国王の寵愛を得ることにではなく、国王に奉仕することに幸せを感じていた。国王の不興を避けることよりも、不興に値しないことを恐れた。彼は言う。「私は主君と私自身の栄光のための戦いで何度も生命を危険にさらしてきた。財産を失うことなど恐れるに足るだろうか」

こんな大臣を恵み深い神から授けられるとはなんと幸運な王だろう。だがおそらく読者は私の描いた人物は架空の人物にすぎないとお思いだろう。たしかに存在していると断言するのは差し控えておこう。アレクサンドル大王やカエサルのような人物はめったにいないが、国家の利益と主君の名誉のことだけを考えている無欲の大臣を見つけるのはもっとむずかしい。

頑固さとは無意味なものや不正なことへの盲目的な執着である。それは通常愚かな精神か悪意ある精神、あるいは愚かで悪意ある精神から発する。そうした精神は自分が道を間違えたことを指摘されたとしても、引き返すことを不名誉だと考えるものだ。

それにたいして毅然とした精神とは、どのような反対や苦労があろうとも、計画を正しく、有益にやり通そうとする、良識ある人の意志の強さのことである。毅然とした精神の原動力となるのは名誉であり、徳であり、公共の利益への愛である。「公共の利益への愛」と私が言ったのは、自分の利益だけを尊重して何らかの企てを遂行する人は打算的な魂でしかないからである。そういった意志の強さは英雄的精神ではなく、下劣さの原理にもとづいているのである。

名誉と徳のためにいくら働いても働きすぎることはない。だが健康や休息や愛人や友人を犠牲にするような人は、金のために働きすぎているのだ。

(二) 大胆さは、危険、苦痛、苦難に直面した際の、毅然とした精神の一種であり、とりわけ英雄に特徴的なものである。似かよった外見を持つが、違う原理から生じる蛮勇との区別をつけておこう。

ペニスタンドルにこわいものはない。渦巻きも、断崖も、剣も、雷さえも彼の勇猛果敢な攻撃を防御することはできない。おそらく彼は自分を大胆だと思いこみ、英雄を気取っているのだろう。だが実際は単に凶暴な男、粗暴で分別を欠く猛り狂った男にすぎない。危険に動じないのではなく、危険に酔っているのだ。もし目前の危険を直視したなら、逃げ腰になってしまうだろう。悪人が彼に刃向かうのは、彼のことを知らないか、または彼から逃げおおせる希望を持っているからである。思い違いをしないようにしよう。徳を持たない男はみな、心の底では臆病者なのだ。かっとなったり、憤怒にとらわれたりするのは意気地がないことを隠すためなのだ。

クラテールのなかにこそ大胆な男を探し求めなくてはならない。まずはじめに、彼は自分の計画が可能かどうか、それは名誉をかけるに値するものかどうかを吟味する。するともう危険におびえることはない。表情は晴れ晴れとし、脳裏から悩みは消えてしまう。もし負けることがあっても、それは力が不足していたからであって、勇気が足らなかったわけではない。どのような形で敗退したにせよ、最後まで戦ったのだから、栄光ある敗退なのである。

多くの場合、大胆な男と猛々しい男との違いは両者の動機だけである。後者はつまらない利益やむなしい名誉など、本当にくだらないものを求めて楽しみや平穏や命さえも犠牲にする。単なる欲望のために高い代償を支払うことになるのだ。その反対に前者は自分の命の価値、喜びの魅力、休息の甘美さを知っている。それにも関わらず、正義と義務が命じれば、それらを断念し、危険と苦難と死に身をさらすのだ。そうした代償が条件でなければ断念はしない。徳は彼の命、喜び、やすらぎ以上に大切なものである。それどころか徳はそれらすべてに優先する唯一の価値なのだ。

（三）教養のない人がするように、英雄的精神を血生臭い舞台に探し求めてみよう。野営地や、軍隊や、包囲された都市の城壁の下に。と言うのも大多数の人々は戦士以外の英雄を知らないからである。この凱旋将軍たちを理性と正義の秤にかけて、はたしてその名声に値するものなのかどうかを見てみよう。

武人の勇気は価値ある徳であろう。それは最大の犠牲を要求するものなのだから。

ポレミストは裕福で、悦楽に浸って暮らしているが、戦いのラッパの鋭い音を耳にするやいなや、立ち上がり、戦場に駆けつける。恋愛沙汰、饗宴、見せ物、ダンス、どんな種類の楽しみも彼にとってはつまらない暇つぶしでしかない。暇な時間を楽しませることはできても、心を占めることはできないのだ。暇つぶしから離れてはじめて、彼は本来の姿に戻ることができる。だが本当にここで彼本来の姿を見ることができるのだろうか。ほこり、汗、血糊、傷、飢え、渇き、疲労、それらが彼の顔を別人のものにしてしまっている。腕っ節の強さと手柄の華々しさで、かろうじてそれがポレミストだとわかる程度である。彼の一撃ですべては後ずさりし、すべては屈する。死がその権限と武器を彼の手に託したかのようである。敵の大隊も彼にとっては無力な柵のようなものだ。まるで麦の穂のように、彼は刈り取り、なぎ倒していく。

ポレミストに武器を持たせたのが正義への義務と愛ならば、彼は英雄だと納得しよう。だがこれほど多くの血が彼の貪欲と野心のためにだけ流されたのなら、彼は汚らわしい怪物である。

このような怪物でも、配下に持てば、祖国に役立つことは私も知っている。腕力さえ持っていれば、その動機は関係ないことも。現代のある著述家*はこう言っている。「軍人精神は国家の防壁であり、大切に養い育てる必要があることに異論はない。だが番犬を飼うのと同じで、主人に咬みつかないように鎖につなぎ、めったなことで自由にしてはいけない」

人間に不正と悪意がある以上、戦争は必要だ。とは言えそれが悪であることにはかわりなく、そこからもたらされる利益など代償にはなりえない。この狂暴の女神の娘はあらゆる大罪と、残虐行為と、殺人しか生まない。母親と妻と恋人の心を引き裂き、地方の人口を減少させ、都市を灰燼と化し、田園を荒廃させる。さらに悪いことは、戦争が習俗を堕落させ、芸術への愛を失わせてしまうことだ。社会的徳や学問芸術の廃墟の上に、粗野と無知と野蛮が腰を据える。そして武勇という美名のもとに非道が君臨することになる。

ギリシアは悪党や人殺しがあふれていた黎明期ほど多くの英雄を持ったことがない。文明が進歩した時代にはそれほど多くの英雄はいない。歴史家は二度ほど、英雄という称号を与えることに躊躇したことがある。アレクサンドル大王から英雄の称号がはぎ取られ、北方の征服者〔カエサル〕にはそれが拒絶された。勝利と戦利品しか提出できないようでは、どんな王も英雄の名を要求することはできないだろう。アンリ大王〔アンリ四世〕ですら、フランスの諸身分を征服したことで満足し、彼らの父であり庇護者でなかったとしたら、英雄に値しなかったかもしれない。

だが大衆はやはり大衆である。本当の偉大さを知らないものだから、人類の恥と呼ぶべき手合いをしばしば英雄だと思いこんでしまう。

テリオードのような粗野で野蛮で、趣味も才能も習俗も持たない男ですら、自分の長所は知っていた。彼は武器の側に立ったのである。それは彼がとりうるただひとつの立場であった。ほかのことにはまったく不適格だが、それをやり遂げるためには乱暴、凶暴、冷酷、残忍でありさえすればよいようなことに関してはうってつけの男であった。虐殺に駆り立てられるために苦労はいらない。彼は生まれつき血を好む性分で、殺戮で金がもらえるとなれば、人間が同胞に見えなくなってしまうたちなのだ。同じ運命が待ち受けているのではないかという恐れ

＊**原注**　シュリ『回想録』第一九篇に関するレクリューズ氏の注五。

で行動が鈍ることはない。現在より先のことを考えることができないし、生きることと生きたこととのあいだがどうちがうのか想像して時間を過ごすことなど一度もなかったのだから。この男は太鼓とラッパが響きわたると戦場に姿を現す戦争機械、武装した自動人形なのだ。大砲がズドンと轟音をあげればスイッチが入り、左右にあるものを襲いはじめる。生きているもの、動くものすべてが彼の腕のなかにとらわれてしまう。

だがこれが大衆にとっての勇者であり英雄なのだ。とりわけそれが偉い軍人の場合には。と言うのは大衆の言葉では、英雄という称号には軍隊における高い地位という観念が含まれているからだ。伍長やその補佐では英雄になれないのだ。少なくとも元帥か大公か最高司令官でなくてはいけない。

言葉についての論議はやめておこう。英雄的精神は第一級の戦士のものだということにしておこう。と言うのも言葉の古い用例では、英雄的精神が戦士の値打ちのひとつに数えられているからである。だが少なくとも本当にそうであるものだけを「武人の勇気」と呼ぶようにしよう。

恐れることなく、ためらうことなく命をなげうつこと、それはもっとも崇高で名誉ある行為だと見なされている。しかしつまらないことのために命を捨てるのはむこうみずだし、正しくないことのために命を捨てるほどの不幸はない。

命を顧みないこと、それ自体は価値ある能力ではない。逆に自分の命を守るよう配慮するのが一般的な原則である。この原則にそむくことが許されるのは、命を危険にさらすか、あるいは生命を失わなくてはなしとげることのできない有徳な行動に踏み切らざるをえない義務がある場合だけである。祖国や名誉や良心を救うために死ぬのは美しい。だが情念、野望、さもしい欲望、復讐心などにとらわれて死ぬのは恥である。

ある行為が有益でも、有徳でもないにもかかわらず、困難だからという理由だけで栄誉と見なされるのは間違っている。困難さはその行為者の義務にたいする熱意のあらわれという付加的な価値にすぎない。

私が偽りの武勇を糾弾すれば、わが国の軍隊の勇猛な気質を腑抜けにしてしまうのではないかなどと心配することはない。士官たちは自尊心をくすぐる褒美への期待で奮起させられるのだから。それは私の格言などより強く彼らの精神に訴えかけるものだ。下っ端の兵士たちはと言えば、野蛮さのおかげでこれまた私の書物から身を守っている。それにわれらが勇猛なるパンドゥール兵〔ハンガリーの非正規軍兵士から転じて略奪者の意味〕たちが私の本を読むはずがない。

だが彼らには私の本を読んでもらいたいのだ。それは彼らの任務に役立つだろう。彼らの勇敢さは洗練されることで、いっそう力強いものになるだろう。どのような傾向の精神であってもそれが正しい理性に統御されるならば、さらに揺るぎないものとなるものだ。実際に危険を冒す前にその危険を知っておきなさい。不意を突かれなければ、そのぶんいっそう勇敢になれるだろう。命を危険にさらす、あるいは失わなければならないときまで命を大切にしておきなさい（少なくとも命は浪費を控えるだけの価値はあるものだ）。そうすれば国家のためにより有益に仕えることができるだろう。

あなたの大胆さを倍増させるのに有効な手段は、有徳の士になることだ。信念を持つことで死後の運命を穏やかに受け容れることができ、そのために必要なときに自分の命を犠牲にすることがより自由にできるようになるだろう。「戦いにおいては、神をもっとも恐れる者が、人間をもっとも恐れない」とクセノフォンは言っている。

死を恐れないためには、よき習俗を身につけるか、あるいは犯罪に無感覚になるほどそれに慣れっこになった悪党になるかしかない。このふたつの道のうちから選びなさい。

剣を手にしてけりをつけた喧嘩の数を勲章にしている凶暴な決闘家よ、あなたはどちらを選ぶだろうか。あなたは神の裁きの恐ろしさをさほど気に案じていないようだ。罪のなかで死に襲われるのではないかという心配もしていないようだ。あなたが犠牲にしようとしているあなたの命は、あなただけのものなのか。おこがましくもそれを自由にすると言うのなら、それはあなたが自分で手に入れたものなのか。国を救うためだけに流されるべきなのに、あなたが流そうとしているその血は、あなたのものなのか。神と祖国に請求権がある富を自分が使うために、それどころか自分を破滅させるために使い込むとは、何という不実な受託者だろう。

どこで脱線をしてしまったのだろう。あの凶暴な男たちに自然法の公平の議論をふっかけてみても、外国語で話しかけるようなものだ。彼らは自然法の公平など知りもしないし、正義は剣のさきっぽにぶら下がっているとしか考えていない連中だ。むしろわれわれの方で彼らに近づいて、その懐に飛び込もう。もし可能ならば、彼らが夢中になっている偽りの名誉から目をさまさせてやろう。そうすればどれほど多くの死を未然に防ぐことができるだろう。と言うのも、このことは認めてもらいたいのだが、憎しみよりも勇者だと思われたいという欲望の方がより多く人に我を忘れさせるのだ。復讐は卑怯だということを納得させることができたなら、彼らの復讐に燃やす情熱の炎は簡単に消すことができるだろう。それゆえ説得は可能なのだ。彼らが明白な事実に目をつむるほど頑固でなければ。

臆病とは弁解の余地のない弱さであり、われわれを義務にたいして不誠実にさせる。復讐の情熱はこのふたつの特徴を兼ね備えている。

（一）この情熱は、自然法がわれわれ自身と同等に尊重するべきだと教える同胞を殺すように駆り立てる。これはわれわれのもっとも大切な義務にたいする侵犯である。同胞を愛することと、その胸に短刀を突き刺すこととは何とちがうことか。

（二）さらに私は復讐とは弱さだとあえて言いたい。往々にして我慢できないこともないような侮辱を受けたことを恨んで、心の平安をそこねるような、心の憤りをほかの名で呼ぶべきだろうか。我慢できないことが勇気だろうか。耐えることを知ることこそ真の勇気であろう。そして耐えるとは、復讐することよりも侮辱を許すことであろう。許すためには、激情を抑制しなくてはならない。復讐するためには、激情に身を任せるだけでよい。あなたの敵があなたの命を奪おうと試みた。そしてその敵の命はあなたの手中にある。彼を生かしておきなさい。それが自然法の公平の命ずるところだ。この寛容の道を選べば、あなたは憎しみを消し去り、すべての過ちを敵に渡すことができる。そうではなく、もし憎しみから復讐を生み出せば、あなたは過ちを分け持つことになるだろう。敵が先に襲ってきたからといって、あなたに殺人の権利が認められるわけではない。

あなたが受けたと訴える仕打ちが単なる軽蔑的な薄ら笑い、辛辣なひとこと、少々度を超した冷やかし、あるいはステッキでの一打か平手打ちにすぎないとしたら、それは些細なことではなかろうか。そうした取るに足らない侮辱にたいしても、あなたは独断で犯人の喉をかき切ったり、あなたが受けたと主張する侮辱をあなた自身の血で贖おうとしたりするのだろうか。

「私が怒るのは、侮辱そのものではなく、私に浴びせられる不名誉にたいしてだ」とあなたは言う。「杖の一撃！　平手打ち！　なんと恐ろしい辱めだろうか！」と。

なんという愚かで哀れむべき思いこみだろう。市民たちの心からこの思いこみを摘み取ることは、どうやっても不可能なのだろうか。無鉄砲な男が横柄な態度をとったからといって、あなたが辱められたり傷つけられたりするものだろうか。他人が罪を働いたからといって、あなたの名誉が剝奪されるのだろうか。それであなたの徳が失われるのだろうか。それとも徳が支えとなっていないような名誉というものがあるのだろうか。

なんと奇妙で悲しむべき対比だろう。われわれは先祖代々似たような多くの思いこみにどっぷり浸かっていて、そのばかばかしさを知っているのに、公然たる絶縁宣言をすることができないでいるのだ。

「あなたの格言の正しさには敬意を表するよ」とフィラレットは言った。「私は本当のところ、あなたに賛成なんだ。けれどもあなたの忠告や私の良心の声に従ったなら、もう名誉を持っているとは見なされない。名誉は命より大事なものなのだ」

あなたはあいもかわらず名誉を誤解している。名誉が正しい理性と矛盾するなどということがあろうか。理性の光に目を開かれたあなたは、復讐が弱さであり、卑怯な行為だということを納得しているのに、名誉のための復讐は否定できないと言うのだろうか。誤った通念には敢然と立ち向かいなさい。あなたの勇気が疑われることを恐れているのなら、世のためになるまっとうな行動で勇気を示すことだ。

説得力を持つ実例をあげろというのなら、文明国同士の戦いを見て、個人同士の戦いの忌まわしさを想像するがよい。最も文明化されていると自称する国家をのぞいて、あなたが誇らしげに語った復讐心の信奉者がいちばん多い国はどこなのだろう。世界の主人であったあの偉大なギリシア人たち、そしてあの賢明なローマ人たちが自分たちの価値を信じていたことは確実である。その彼らが同国人を殺しておもしろがったりしていただろうか。平和なときに、剣、弓、盾は彼らにとって無用の道具であった。

もっと近い時代の身近な実例を示せというのか。勇気、感情、精神、芸術そして科学におけるわれわれの永遠のライヴァル、あの誇り高い島国の民〔イギリス人〕はどうだ。あなたは彼らの習俗が野蛮だと非難するかもしれないが、私が先に示した野蛮な行いを彼らのなかに見出すことはできないだろう。

司祭たちが説教壇から野蛮さを弾劾している限り、彼らの道徳には目をつぶり、彼らの説教に耳を傾けるようにしなさい。司祭たちが犯罪的な悪習だとして弾劾した行為のなかに、あなたには無実だと思われる多くの行為があり、またそのいくつかは実際に無実なので、あなたは司祭が野蛮さを弾劾しても、それを疑っている。だが私は神があきらかに命じていることしか要求しないし、神が禁じていることしか禁じない。この私をあなたは信じるだろうか。私にこれらの忠告をささやいているのは、臆病や怯懦ではない。私が賞讃する優しさであり人間愛だ。あの退屈な似非教師たちが私の道徳を受け入れることはないだろう。だがそもそも彼らは何か分別あることを受け入れることができるのだろうか。

第三章　正義について

ここで問題になっているのはどんな種類の正義か。章の区分。

正義とは、一般的に言ってわれわれが神に、われわれ自身に、そして他人に支払うべきものを支払わせる徳のことである。それはわれわれの義務のすべてを含むものであり、その意味で正義を持つということと徳を持つということは同じなのである。

ここでは正義というものを、われわれに正しい行動をとらせ、われわれが同胞に負うものを返すようにさせる、公平の感覚として捉えたい。

このように定義される正義は、本書の第三部で論じる社会的な徳に分類されると思われるかもしれないが、私はここで論じられるべきものだと考えている。社会的な徳というものは人間を結びつけるさまざまなかたちの絆、たとえば愛、服従、人間愛、神への感謝などを基礎とする徳のことである。ところが正義というこの徳はそうしたつながりを必要としない。そうしたつながりは正義の活動を活発にするのではなく、妨害し、揺るがし、堕落させることすらある。われわれは公平でなくてはならないが、それは友情や同情や善意によってではない。われわれが神の似姿として作られたからである。神は正義そのものであり、われわれが正しくあるように望んでいるのだ。

法律家は正義を二種類に分けている。われわれはその区別を採用しよう。ひとつは《交換的》正義と呼ばれるもので、人間同士の関係における公正さのことである。もうひとつは《配分的》正義と呼ばれ、人間間の対立を公平に解決することを規定する正義である。前者は個々人の正義であり、後者は主権者と司法官の正義である。

第一節　交換的正義について

この節は二小節に分かれる。

交換的正義の基礎である公明正大さにはふたつの要素がある。言葉における率直さと契約における誠実さである。率直さは同じ社会にすむ人々にとって大切な相互の信頼関係を生み、契約の誠実さはそれを守り、維持するものである。

一　率直さについて

それは自然法によってあらかじめ定められている。たとえ自らの生命を救うことが問題であっても、例外や変更は認められない。宣誓の濫用とその不必要。いかなる種類の虚言も許されるものではない。中傷はあらゆる虚言のなかでもっとも悪い。それを避けるための方法。率直さが社会にもたらす利点。

もしもわれわれの魂が身体の束縛から解放された純粋な精神を持っていたとしたら、われわれはお互いの魂を読みとることができたであろう。われわれの考えることは一目瞭然、言葉の助けを借りなくても伝わったことだろう。そして率直さの教えを喧伝する必要などなかったはずだ。自然がわれわれに明瞭に発音する能力を与えたのは、身体によっては自由に表現できない思想の伝達を、それによって補うためだったのだ。言葉は魂が話し合うための媒介なのである。だから言葉が魂に背くことは罪である。政府を裏切る詐欺師通訳のように。

嘘をなくすどころか、嘘をまき散らす二枚舌や曖昧な言葉、逃げ口上やうわべと異なる内心の保留などから身を遠ざけよう。嘘を本物だと信じさせたいとき、あるいは本物を偽物だと信じ込ませたいときに人は嘘を吐く。

アブラハムはあやまった用心深さから、アビメレクやファラオンに妻を妹だと信じこませた。確かに彼女は妹〔異母妹〕でもあった。だからと言ってアブラハムの率直さが保証されたわけではない。妻を妹だと言うことは、その女性は妻ではないということを信じ込ませることであり、事実アブラハムはそう信じさせようとしたのだ。彼は宮廷の誰かが美しいサラを独占するために、自分を殺すのではないかと恐れていたのだ。アブラハムは自分が嘘を吐いて手助けをしなくては、神も自分の命を救うことはできないと考えていたのだから、この信仰の父がいかに神を信頼していなかったかがわかろうというものだ。しかも何という嘘だろう。妻を最高位にある者に引き渡したのだ。スペインの夫たちがアブラハムの行為をどのように見るかはわからない。もっともフランスには少なからぬ弁護人がいるかもしれないが。

自然の法はわれわれの言葉のすべてに真実が君臨することを望んでいる。率直であることによって命が危険にさらされるような場合でも例外ではない。嘘を吐くのは徳に背き、名誉を傷つけることだ。名誉は命よりも大切なことだとひろく信じられているのだから、率直さも同じように命より大事なものだと言わなければならない。

こうした感情を極端だと思わないように。このような考えを信奉するのが世界で私ひとりだとしても、決して放棄はしないだろう。だがこの考えは思ったよりも一般に行き渡っている。尋問に先だって、被告人は真実にもとづいて答えることを宣誓させられる。死刑の容疑であってもそうさせられるのが、ほとんどの国の法廷で行われている慣習である。これは被告人がその罪においていかに咎められるべき人間であったとしても、命を失い、不名誉な死を受け入れることになるような、自分に不利な証言をするほどには善人なのだと、敬意をもって、考えられているからなのである。自然法が死を前にして真実を語る義務を免除していたのであれば、はたしてこのような慣習が生まれていただろうか。

被告人の発言は、宣誓がともなうために、より厳格さが加わるのは事実である。だからと言って私はこの状況を賞讃しているのではない。だいたい宣誓が何の役に立つだろうか。ぺてん師が嘘を吐くことより誓いを破ることのほうにより躊躇を感じるだろうか。正直者はどんなに恐ろしい宣誓をしたとしても、しなかったとき以上に多くの真実を話すものではない。真実は多い少ないの問題ではないのだ。

人に宣誓を強要するのはいわれのない侮辱である。それは人は嘘を吐くものであり、また嘘と誓約違反との違いにこだわるものだと決めつけることなのだから。だがしかし、そう考えるのも当然だと思わせるような者たちもいる。

エピオルクは金の支払いに関して起訴された。彼には書面による宣誓が求められていなかった。口約束をしただけだったのだ。彼は裁判所に姿を見せた。まず言い逃れをした。責め立てられると、話をでっち上げ、些末なことをだらだらと語り、借金を否定して話を終えた。エピオルクにおめでとうと言おう。彼は難なく無罪で放免されたのだ。彼には宣誓が要求されなかったので、裁判官と取り巻く群衆の前で嘘を吐いたのだった。裁判所を出て、彼は友人たちにこう言った。「幸運にも助かったよ。宣誓をとられていたら、負けていただろう。宣誓なんてできっこなかったからなあ」

だがこの一例から、裁判所で当事者たちに宣誓を要請するという慣習に有利な結論を下すのはやめておこう。そんなことでエピオルクが嘘を撤回していたか、それとも虚偽の宣誓によって嘘を上塗りしていたか、誰にわかろうか。しかし彼に嘘の宣誓ができたとしても、それは確実なことではないし、一例にすぎないのだから、結論を急ぐべきではない。そうは言っても、平然と嘘の吐ける者は、同じように虚偽の誓いをすることもできるということは、おおよそ真実の原則であろう。

虚偽の誓いを防ぐ最良の秘訣ははじめから宣誓を求めないことだ。嘘が吐けそうな人、嘘によって利益を得る人には、必要ない限り質問はしたくないとさえ私は思っている。質問すれば嘘を吐く機会を与えることになるからだ。

大多数の人々の道徳は、率直さの点では、堅固なものではない。彼らは利益のため、あるいは釈明や弁護のために真実を曲げることは大したことではないと思っている。それは善意の嘘と呼ばれ、円満な関係を保つため、誰かに何かをさせるため、何らかの事故を予防するために用いられている。

たった一言で吹き飛んでしまうような、哀れむべき口実だ。一つの善をなすために、一つの悪をなすことは決して許されない。意図がよければ善でも悪でもない行動は正当化されるが、明らかな悪が許されるものではない。冗談半分の嘘、作り話、捏造された噂話もまた軽々しく許されている。「それは洒落ですよ。誰を傷つけることもありません」なんともおかしな弁解だ。二つの罪を含んでいなければ、その行為は無実だということになるだろうか。

根も葉もない中傷については私の意見に従っていただきたい。これは卑劣な嘘であり、いつかその標的にされるのではないかという恐れからかも知れないが、誰もがこれを否定し嫌悪する。だがしばしば中傷を断罪する本人が、そうした罪を免れていないことがある。事実を不正確に伝えたり、誇張、歪曲、変更をしたことがあるのだ。おそらくは軽率に、あるいは話を飾ったり大げさにする習慣から。

中傷をしない確実な方法、唯一の方法は決して悪口を言わないことだ。

心のなかで想像の世界に身を置いてみて欲しい。そこでは言葉はいつも感情と思想の忠実な表現である。あなたに役立ちたいと言う友人は、本当に親切心にあふれている。だれもあなたの信じ安さにつけ込んで、からかったりしない。どんな演説、物語、約束にも真実の響きがある。だから人は不信や疑念から解放されて生きている。

ぺてんもごまかしも、策略も計略も、裏切りも背信も、中傷も密告もないのだ。そんな幸福な世界に住む人々はどれほど素晴らしい交流を楽しむことができるだろうか。

あなたはあなたの住む世界が同じような至福を味わうことを望むだろう。だとしたらあなたもそれに寄与することだ。あなた自身が公正で、率直で、正直になることからはじめることだ。

二　誠実さについて

誠実さに定義の必要はない。それを裏切るのはもっぱら利得が絡むからである。その証拠となる事例。ほとんど一般的な慣習になっているとの理由から許されていると思われている不正行為。窃盗が犯罪であることは誰も疑わない。借金の返済を意図的に怠ることは窃盗である。様々な種類の借金。罪のないものと、犯罪になるもの。

誠実さとは何かという定義は無用だ。最小限の誠実さしか備えていない者でもそれが何かを知っているし、他人がそれを持っているぶんには、だまし易くなって、むしろうれしいくらいである。人は目的もなくだますことはなく、常に何らかの利益のためにだましたり、欺いたりするのだから。

血のかよわない無言の偶像を操るあの司祭たちはなぜ秘蹟や預言や奇跡を捏造したり、聖なる水や聖なるパンなどをでっちあげたのだろう。そうした発明によって収入を増やすためである。彼らの生計を支えてくれる教義こそ、彼らが正統で侵すべからざるものと説教してきた教義なのだ。

なぜ法律家たちは道理と公平を手続きと形式と詭弁の洪水のなかに沈めてしまったのだろう。それは同胞の裁判沙汰を利用し、彼らの無知によって富を成すためである。

なぜ口のうまいアストルグは質素なりをして、大きなフェルト帽を被り、目を伏せ、うつむき加減で歩くのだろう。その猫なで声、蜜のように甘い言葉は何のためだろう。神にたいする偽りの献身、罪人の盲目性にたいする偽善的な愁訴は何のためだろう。それは彼の気取った様子にだまされる、単純すぎておめでたい信者たちから寄付を吸い取るためなのだ。

脇道にそれたり悶着があったりした長い訴訟にけりをつけるために、あなたは不利な条件にも関わらず訴訟相手のエリストと和解する。なんと無益な犠牲だろう。和解案に同意するというもっともらしい口実で、エリストはあなたから地所を手に入れる好機をつかんだのだ。あなたが権利の一部を進んで放棄したのは、別の権利を確保するためだったのだが、やはりあなたはすべてを奪い取られたのだ。不実な公証人の助けを借りて、彼は和解契約書のなかに曖昧で紛らわしい用語を滑り込ませた。いずれ彼はそれを手がかりにあなたに攻撃を仕掛けてくる。あなたは気づかず、自分の破産に荷担してしまったことになるのだ。

私は織物商人たちの住む界隈に出かけた。そこで奇妙で不思議な習慣を発見した私は、魔法にかけられてどこか遠い国に来てしまったかのようだった。別のところで見た商人たちは一階に、ブティックと呼ばれる商品を売るための場所を持っていた。それはここでも同じだったが、そこは空っぽで、商人の妻と娘たちがおしゃれをして無頓着に座り込み、暇そうに、看板の代わりをしている以外にはなんの飾り付けもなかった。買い物をするために私はなかに入った。すると私は日の当たらない別室に案内された。それは太陽が斜めに、小さな隙間からしか射さない部屋であった。そこで商品が見せられ、広げられた。私をだますだけの偽りの愛想よさ！　あやしげな暗がりは布地の傷みと欠点を隠してしまうものだ。まずこの暗さの原因である陰気な窓を押し開けることだ。もしも私に見せたいのなら、ちょっとしか見せないのはやめてもらいたい。

あらゆる職業にはしきたりとなった何らかの不正行為があるものだが、それは広く行われているという理由で非難されることがない。あの商人は平然と店の窓をそのままにしておくだろうが、おそらく甥の後見役は忠実に務めるのだろう。

ある大尉は見せびらかしのために雇っていた多数の偽兵士の手当を横取りしているが、それ以外の盗みには赤面するだろう。

ある兵士は駐屯地でものをかすめ取り、手に入れたものは正当な獲物だと考えている。だがそれは制服を着ているときだけだ。おそらくほかの服装のときに彼に金庫を預けても危険なことはないだろう。

普段は紳士《オネットム》〔正直者の意味もある〕であるひとりの修道士は、ミサにおいてはうやうやしく聖遺物匣や聖遺骨、子羊を刻んだ蠟メダルやスカプラリオ〔修道士が服の上に着る無袖肩衣〕を捧げるのだが、心の底ではそれらは物自体の価値しかないと考えている。だが僧服を着る者は皆同じように考えてやっているのだ。この修道士は共犯者でなくなれば、兄弟と見なされなくなると思っている。

弁護士たちは自分の仕事に高い値を付けている。自分のした仕事の報酬しか要求しない弁護士は欲のないほうだ。だがするべき仕事だけをちゃんとする弁護士はいないのだろうか。意味のない文書の山を付け加えるのが習慣と見なされているのだが、その四分の三は書記の給料を膨らますためである。この点にやましさを感じない弁護士はこう言った。「われわれは人間の愚かさで飯を食っているのだから、正当なことじゃないかね」お好きなようにすればよい。だが君たちを食べさせているわれわれに海賊のようなまねはしないでほしい。

ここでは明々白々たる窃盗や略奪について語ることはしない。力ずくで他人の財産を奪うことが許されない罪であることは誰でも知っている。少なくとも征服者以外に知らない人はほとんどいない。それに私は盗賊たちの改宗者になろうと思っているわけではない。真っ直ぐ立てられた絞首台が彼らに必要な教訓である。それこそが、彼らに暴力を振るうことを抑えさせる唯一の方法だし、彼らの正直さと称されるものにたいして大多数の人々が報いとして返すべき唯一のものである。

最も多く使われ、最も恥じることの少ない窃盗手段は、借りて返さないことだ。借金は詐欺ではないという決まり切った言い回しもある。だが他人の財産を奪うだけが盗みではない。他人のものを返さないのもまた盗みである。

ここで様々な種類の借金の分類をしておこう。罪のない借金と犯罪的な借金がある。罪のない借金とは、必要に迫られて借りたもので、いますぐに返済しなくてもよいものである。また中間の種類もある。債務者が本当に返済不能に陥っている現在は罪のないものであるが、元をたどれば不正な権利の侵害に由来する犯罪的な借金である。最後に犯罪的な借金で、それはどのような理由があるとは言え、解消できるにもかかわらず、わざと放っておいた借金である。

ニカンドルは火事で破産し、友人たちから事業を立て直すための資金を集めて回った。事業が回復の兆しを見せたとき、訴訟と病気、船の難破と破産といった新たな不幸が再び彼をいっそう深い深淵に沈めてしまった。昔の借金を返済するどころか、彼は新たな借金を重ねなければならなかった。それが可能だったのは不幸中の幸いである。ニカンドルを非難しないで、同情しよう。彼の破産が援助してくれた友人たちの破産を招いたとしても、彼は有罪ではない。意識的な過ちに誘惑されることなく、立ち直ろうとまじめに働いている限りは。

財産に頓着しないで貧乏になり、富を失うかもしれない人は、好きなようにすればよい。だが借金のある男が、金を軽蔑する振りをして度量の大きさを演じるのは罪である。彼は債権者にたいして、まじめに労働や経営で生み出すことができたはずの利益の責任を負っているのだ。この判断基準によれば、許されるべき債務者は想像するほど多くはないものだ。

リシップはかつて役人であり、仕事がら多数の個人の財産を管理していたのだが、彼の管理していた全額と自分の資産のすべてを贅沢三昧のために浪費してしまった。彼は祭壇の下で自らの罪を認めた。彼は嗚咽しながら悲嘆の声を上げ、祈りと苦行と断食によって自分の浪費を贖うと約束した。リシップは改宗したそうだ。社交界を離れ、祈禱にふけっているらしい。なんという改宗だ。リシップよ、少し祈りを減らしなさい。自分の過ちを償う最良の方法は弁償することだ。才能を生かして、働きなさい。配慮や苦労を惜しんではいけない。あなたの債権者が満足するまで、被害が埋め合わされるまでは休んではいけない。その後で神の玉座の前で頭を垂れなさい。そうすることで初めて恩寵が与えられるだろう。

いま貧苦に陥っているからといって、それが過ち、無精、怠惰、不必要な散財によるものならば、借金を返済しないことは許されない。

一人の債務者が自分のものとして所有しているのは、借金にたいする超過分だけである。それ以上の消費は、債権者からの借りになる。人間愛が彼に生きることを許すとしても、それ以上は許されない。あくまで借金から解放されるためにまじめに働くということが条件なのである。

ミゾクレストの落ち着きぶりを賞讃しよう。群がる債権者たちを、怒号をものともせず、なんとやすやすと追い払ってしまうことか。百度、彼は従僕たちを使って身を隠し、債権者から逃れてきた。今日はどうやって逃げるつもりだろう。債権者は彼の起きる前を狙って朝駆けを仕掛けてきた。ミゾクレストが外出しないで粘ると、債権者はいつまでも待つと応じる。ミゾクレストは体調が悪く、誰とも話せないと使用人に言わせる。だが病気と聞いても債権者たちはひっこまない。戸がなかなか開かないので、こじ開けようとかかる。そこでミゾクレストのお出ましとなり、彼は演説を始める。

「病気なのにいったいどうして家にいられないのでしょう。失礼ながら言わせてもらえば、みなさんのやり方は礼儀をわきまえた方のなさることではありません」

「どうしたのですか、ルドンさん。あの四輪馬車は三年前にあなたに作っていただいたものです。代金二〇ピストルをお支払いしなかったですか。お嘆きはもっともです。大丈夫です、大丈夫です、ご心配いりません。私が損をさせることはありません。あそこにいる人はこの六年間、私にパンを作ってくださっています。あの方は私のような人物にどう振舞えばよいのかを心得ていらっしゃいます。辛抱をして、不満などおっしゃいません。失礼しますよ、ルドンさん。さようなら、あちらの方々と話がありますので。またお越しください」

「ああ、親愛なるアルトポールさん。私はあなたを尊敬してます。あなたの仕事ぶりはご立派です。いつもいただいているあのおいしいパンはどのようにして作っておられるのですか。とてもおいしく、パンについて言うべきことは何もありません。……お支払いの額を見てみましょう。……二三四六リーヴルと四スー、九ドゥニエ……。こんなにありましたかね。……でも、あなたにお支払いを惜しみませんよ。二三〇〇リーヴルと少々ですね。……いつかきっとお支払いしましょう。さようなら、アルトポールさん。私が最初に手にしたお金はあなたのものです。ただそれを取りに来ていただければ結構です。あなたのおかげで生きているのですから」

「おやおや、酒屋さん。かねてからあなたにお灸を据えなくてはと思ってましたよ。ご存じですか、居酒屋のご主人、あなたは私にくださったワインで私を毒殺しようとされたんですよ。いったい中に何を入れたんですか。三本空けないうちに頭にきてしまいました。おそらくお金が入り用なんでしょう。向こうに行って下さい。支払いが欲しいときには、あなたのような商売をするもんじゃあない。ちゃんとした商品を提供するということを知ってもらうために、他の人に支払った後でないとあなたにはお金は渡しません」

「ギヨメさん。あなたへの借りをまだ返済していないことを恥じています。あなたにいくら非難されても甘受しましょう。私も家中の者もあなたに服を仕立ててもらいはじめて、五年近くになります。でもまだ一スーもお支払いしていません。去年の末にお約束したのに、果たしていません。おっしゃりたいのはそのことでしょう。ギヨメさん、あなたは私をよくご存じだ。あなたに支払わねばならない金額、ご親切にも私につけておいてくださったかなりの金額について、あなたを困らせたままにしておくほど私が冷酷な男だとお思いでしょうか、私の小作人どもから支払いがありさえすれば！　あなたのご不幸もやむを得ないのです。でもいつかは支払いもあるでしょう。そのときにはお支払いしますよ。でもいまはあちらのご婦人とお話しさせて下さい」

「こんにちは、ペルネル夫人。あなたからいただいた三十枚の布地のことでしょうね。そんなに早くはお支払いできません。ごらんのように約束した方々がいらっしゃるのですよ。でもあなたは待っていただけますね。あなたの商いはうまく行っているのだから」「とんでもありません、ムッシュー！　誤解です。私共の商いはとても悪いのです」「ああ、申し訳ありませんね、奥さん。前貸りするだけの十分な資産がないときは、つけで売ってはいけないのですよ」

「ほかのみなさん方」とミゾクレストは接見のかなわなかった債権者たちに向かって言った。「みなさんにお支払いしなければならないのは大した金額ではないと思います。みなさんは私が問題の解決に努力していることの証人です。少し息をさせて下さい。これ以上息が苦しくなったら、みなさんの計算書を停止しますよ」

ミゾクレストはこの言葉を残して、身を翻し、矢のように姿を消した。残された債権者たちはその大胆不敵さに呆然とし、言葉を返そうとしたときには、ミゾクレストはすでに遠くに行ってしまっていた。

第二節　配分的正義について

それが必要である理由。この正義は主権者自身に属するものだが、その執行は司法官にゆだねられる。彼らの任務。(一) 不正、不当な裁判費用の負担。(二) 弁解の余地なき審理の遅れ。裁判官への屈辱的な請願。裁判を無用に長引かせる控訴。審理にもちこまれる煩雑な手続き。大部分の裁判官の無能力。多数決よりも少人数の判決の方が望ましい。裁判官がその友人を優遇することは許されるか。

もしもすべての人が公平ならば、配分的正義の必要はないだろう。これは人々の不正な振舞いを防ぐための防波堤なのである。多くの人は有用なものと快適なものとを混同している。だから感覚、欲望、情念を満足させるものを有用だと思うのだ。もしその感覚、欲望、情念を常に正義が制御していたならば、その通りだろう。だがそうではないとしたら、それらを満足させるものは正しくないものにもなりうる。それゆえ《正しくないものは有用ではありえない》。私が確立したこの準則がいかなる証拠にもとづいているかを以下に述べる。

われわれを幸福に近づけるものでなければ、有用ではない。至高の有用性とは至高の幸福である。有用の名にふさわしいすべてのものの唯一の目標がこの幸福である。これを目指さないものは有用の名にふさわしくない。ところで正しくないものは、幸福を目指すどころか、われわれをそこから遠ざける。と言うのも正しくないものは神の意志に逆らうものだからである。また神の意志に逆らうことによってわれわれが幸福になることはありえない。と言うのもわれわれの至福こそが神の意志の目指すところだからである。神は絶対的専制を鼻にかける暴君ではない。われわれを服従させるためだけに、あるいはそのくびきの重さを感じさせるためだけに法を押しつけることはしない。神の戒律はすべてわれわれに幸福になることを教えるための教訓なのだ。ところで神はわれわれが正しくあることを望んでいる。正しくない者に、本当の幸福はない。だから正義をそこなう行動は神の意志に反するものであり、われわれの幸福にも反するものである。従って、それはわれわれに有用なものではなく、有害で不幸を招く行動なのである。

しかし現在にしか心を砕かず、身体の目でしか見ず、それによって生じる利益によってしか行動の価値を計ろうとしない現世的で物欲的な人間は、正義と有用とを区別し続けている。彼らはいつも有用と誠実とを天秤にかける。そして彼らの主張する有用が考慮されるべきだと考えるとき、いつも後者が前者の犠牲になるのだ。彼らは自分たちの欲望の激しさに応じて有用性の大きさを測る。だから彼らが正義に敬意を払うのは、彼らが儲かるか少なくとも損をしないかぎりのことで、公平さのせいで危険や損失がもたらされるときには、さっさと有用性に立ち戻ろうと身構えているのである。

こうしたことから、同胞間に利害関係のいざこざが生じ、それは富への欲望と不誠実によって燃え上がり、長引くのだ。そこから世界をおおうあらゆる罪もまた生じたのだ。誠実よりも有用を優先させたことが不正な訴訟の源であり、あらゆる大罪の原因なのである。

だから有用性への誤解があらゆる社会を巻き込む混乱を避けるために、本来の正義の法に立ち返り、天秤〔正義と平等の象徴〕を掲げて異なる意見を調整し、犯罪的な企てを罰する必要があった。

法を執行するに充分な権威を持たなければ、いかに立法者が賢明で分別があっても十分ではないので、すでに高位にある人々に法的権限が与えられた。配分的正義は主権者の専有物であったのだ。

配分的正義が恣意的であってはならないので、彼らは社会一般に見られるさまざまな利害対立を解消するための厳かな王令を公布し、刑罰や不名誉で威圧して悪人の跳梁を鎮圧した。全く想定外のケースが生じたときには、一般的な法の根拠である自然的公正に立ち戻って決定を下した。主権者たちがじきじきに、そしてその場で裁きを下したのだった。

時代が下ると、支配地域の拡大によって増大する仕事に忙殺され、あるいは軍隊の指揮に気を取られて治安警備への関心が薄れていった主権者は、配下の裁判官に自らの権威の一部を与え、彼らの手に正義の執行をゆだねた。主権者たちから委任された裁判官は司法官と呼ばれた。現在裁判を行っているのはこの司法官である。では彼らがどのように任務を果たしているか、あるいは果たすべきかを見てみよう。

裁判は無償で、迅速、公平に行われなくてはならない。

(一) 他の国と同様、フランスでも裁判が無償であるべきだということは否定されてはいない。それは常に変わらない準則だが、不幸なことに空論と化している。この点に関しても、多くの点と同様に、道徳の権威をかいくぐるうまい方法が発見されたのである。

まず手始めに、個人が自身の手で訴訟を起こすという、自然権から付与された能力が禁止された。この奇妙な規則が正当な理由にもとづくものなのか、私はその動機を解明するに充分な見識を持ってはいないことを告白しなければならない。だが私にはそこに不都合な点を見出すだけの見識は充分備えている。

なぜ自分の利益を守るために金目当ての代理人〔法廷で王の名において発言する官吏で、国王代訴官と呼ばれるが、現代の検事に相当する〕が必要なのだろうか。金を払わされ、しかも自分の方が立派に弁護できるというのに。あなたは代理人の方がより適切な陳述が裁判官にできるだろうし、気分や感情にとらわれずにやってくれる、とおっしゃるのか。だが私が代理人に自分の問題に関する知識をうまく伝えることができるのであれば、裁判官にたいしても同じようにうまくできるはずだ。代理人がはたして私の問題をちゃんと理解し、その意味をしっかりと把握し、私が渡した書類を読む努力をするものかどうか、誰が答えてくれるのだろう。彼が丹念に問題を研究し、有利な光を当て、申し立ての理由をひとつも忘れることなく、全力を尽くして申し立てることを誰が保証してくれるだろうか。彼がわざと訴訟相手を勝たせたり、下手な弁護しかしないで相手を楽に勝利させるとすれば、私はどうすればいいのか。こうした背信行為は時に行われるので、私は恐れるのだ。私の権利を私に守らせてもらえれば、そんな危険は解消される。

では頭がよく、有能で信頼できる弁護人を見つけたとしよう。だがその男が想像できる限りの才能を持っていたとしてもなんにもならない。打算的だというたった一つの欠陥がすべてを帳消しにしてしまう。法廷への陰気な道は金によってしか開かれないのだから、有力な簒奪者に全財産をはぎ取られてしまったあとで、裁判所が簒奪者と闘う援助の手をさしのべてくれたところでお手上げなのだ。

この最初の関門を通り抜けても、一歩進むごとに同じ障害が私の歩みを止める。テミス〔法と正義の女神〕の宮殿たる裁判所は破産の税関である。百人の強欲な徴税役人が不運な訴訟人から栄養分を吸いあげようと次々と押し掛けてくる。裁判官はその先頭に立ってこの咀嚼にお墨付きを与える。だが咀嚼する栄養分に好き嫌いのある裁判官は、贈り物を送られたとしたら、手を汚したと感じて赤面するだろう。残忍な裁判官は現金を要求するのだ。先払いをしないと判決はおりないのだ。

この法外な金額は悪意ある訴訟人にたいする正当な処罰であって、そんな人物だけに巨額が科せられるのだという反論は無意味である。

まずこう答えよう。罰金を科すものだけが利益を得るような制度に、私は正義を感じない。利益を伴う正義などというものを私は疑っている。アルパストが理由もなく私に訴訟を起こしたからといって、なぜその結果、裁判官が謝礼を受け取らなければならないのだろうか。賠償金を受け取らねばならないのは私ひとりであって、何の損害も被ってはいない裁判官ではない。彼はそこから給料を得ることなく、無罪か有罪を言い渡す義務があるのだ。

さらにこう言っておこう。係争当事者のどちらかが必ず悪いとは限らない。両者の対立点が問題をはらんでいて不明確であることもある。そのようなケースでは、負けた側は罰よりも同情を受けるにふさわしい。

ひとつ仮定してみよう。権利なく訴えた側が支払いを要求されて、実際に支払わなくてはならなくなったとする。裁判に勝った側は、にもかかわらず一層高い支払いを余儀なくされるのだ。彼はすでに秘かな強奪を受けていて、もうそれに耐えられない。そのうえ公のものである裁判費用さえも、もし支払い義務のあった相手側が運悪く弁済不能ならば、彼の負担になるのだ。

最後にもう一つ例を挙げよう。費用の支払い義務のないはずの側に支払い義務が押しつけられた。これは判事の無知あるいは不正ゆえに、正しい権利が敗訴する判例である。こうしたケースは例外ではない。と言うのもわれわれの財産の裁定人たちは神から確たる良心も洞察力も授かっていないからである。

(二) 私利私欲のない裁判官がいれば、その洞察力は明らかで、決定は賢明かもしれない。だが彼らが迅速でなければ、私はまだ満足できない。すぐに下せる判決を引き延ばすことは不正な行いである。利害が危機的な状況にある者にとって時間は貴重だ。

職業上しなくてはならないことなのに、ありがたい温情として感謝されなければ気が済まないというのは、高い地位にいる方々の病気である。要求して当然の権利であるのに、屈辱的な請願によって彼らからそれを買わなくてはならないのだ。それなら金の重みによって判決を売って欲しい。だが今すぐに。そうすればどんな値が付いても儲かるだろう。

裁判長のセノセファルは訴訟請願者が群をなして裁判所まで追いかけてくることが自分の威厳を高めることだと信じていた。請願者たちの表情に浮かぶ困惑や不安を見ると彼は心の底から嬉しくなるのだった。「この者たちの運命は私の手にゆだねられているのだ」と満足げに思った。彼は事件をすばやく処理しないようにするだろう。もし素早く処理したとしたら、事件の数が少なくなってしまうであろうから。

裁判官に請願をした最初の原告が、どうしてそんなことをしてしまったのか、どうして裁判官がそんな侮辱に慣れて平気になってしまったのか、私には理解できない。裁判官に請願するとはいったいどういうことなのだろう。それは遠回しな表現で次のように話しかけることだ。「私が請願するといっても、裁判官殿が私の訴訟をなおざりにしているなどと思っているわけではありません。裁判官殿がご自身の休息や楽しみを好んでいらっしゃることは存じ上げております。それらをお仕事よりも優先することもおありでしょう。でもお願いで御座います。私のために義務をお果たし下さい。秘書官のまとめたものなど信用なさられず、ご自身で私の訴訟をご検討下さい。完全にご理解されたら、公正に判決をおだし下さい。美人のオルタンスが私を非難する請願にまいるかもしれませんが、彼女の魅力に目を閉じて下さい。王族や貴族のお歴々がオルタンスのために口利きに見えるかもしれませんが、だからといって彼女の権利が有利になるわけではないことを思い出して下さい。甘言や時には贈り物の誘惑があるかもしれませんが、買収などされないで下さい。要するに、誠実な人間として振舞っていただきたいのです」

訴訟人が悪意を持っていれば請願はどれほど侮辱的なものになるだろう。不正な訴訟の勝利を依頼することは、裁判官を詐欺師か馬鹿扱いしていることを明言するようなものだ。

訴訟に勝った後に裁判官にお礼をすることが侮辱にあたらないことなのかどうか私には分からない。そんなことをすれば、裁判官が温情から何らかの便宜をはかったと疑わせることになるように思われる。もしそうでないならば、何にたいして感謝しなくてはならないのだろう。裁判官は厳密な公平さにもとづいて判決を下したのだから、裁判官に感謝するというのであれば、支払いの時期がきたときにあなたに年金を手渡した会計係にたいしても同じように感謝しなくてはならない。両者ともそれをしなければ職務違反になることをしただけのことだ。気がすむまで尊敬しなさい。清廉潔白な裁判官はそれに値する。だがお礼には値しない。

だがいかに清廉潔白であったとしても、すぐに下せる判決を引き延ばし、当事者を長期間、じりじりと判決が下るのを待たせるような裁判官は、逆に非難するに値する。司法官は未決定の案件を抱えているかぎり、その時間にたいして責任を持っている。訴訟人は下級役人の仕事の遅さに充分耐えているのに、さらに判決の施し人さえもが果てしのない延期を重ねて訴訟人をへとへとにさせる必要があるだろうか。

期待と不安の数年の後に、やっと判決を手にした。だが何も得ることはできなかった。相手方が実行をごまかしてしまおうと、続けざまに控訴を繰り返し、裁判所から裁判所へとたらい回しにしてしまうのだ。自分の権利は異議をはさむ余地がないのだから、それが保障されたと安心してはいけない。テミスの保護を求めようとする者には、煩雑な手続きが押しつけられる。そこに自分たちの運命を託さねばならない彼らは、裁判所にたどり着くまでに音を上げてしまうのだ。だからこの恐るべき聖域では毎日のように、形式が内容に先立つ場面を見ることができる。いかに妥当な権利であっても、一単語、一文字、あるいは些細な事項が欠けているという理由で、厳粛に門前払いされるのである。

こうした暗礁を乗り切るだけの器用さを持っていたとしても、裁判官たちの不公正や無能力のために、港で座礁することもある。

あらゆる職業のなかで、司法官は社会にとってもっとも重要なものである。だが職に就くために課せられる試練がこれほど少ない職業が他にあるかどうか、私は知らない。法律の学位を取り、官職を買うことができれば、誰でも適任なのだ。

若きアドラストがよい裁判官かどうかはわからない。彼は決して報告書を作らない。彼は他人の報告書に賛意を表明するだけだ。ちょっとしすぎるきらいはある。だが彼の習俗、楽しみ、趣味がどのようなものかを言うことはできる。彼は陽気で、おしゃれで、うっかりもので、集中力がない。子供時代の書物嫌いを今も引きずっている。特に『慣習法集成』『行政命令』『判例集』『判例集解説』にたいして。軽い本にたいする先入観はやや少なく、『アカジュー』『グリグリ』『ソファ』『聖ヨハネのお年玉』を拾い読みしたことがある。彼の好むものと言えば、おいしい料理、とくに時間をかけてとる夜食、賭事、ダンス、狩り、銃、それに馬。騒々しければ、彼にとってすべての楽しみは良いものである。

アドラストが司法官だとあらかじめ伝えておいてよかったのではないだろうか。そうでなければ、人物描写から、おそらく近衛騎兵か小姓だと思われたかもしれない。

彼のかたわら、百合の花〔ブルボン家の紋章〕の上に陣取っているのは痛風病みのメナリップだ。彼は六十年の経験から身につけた習慣でその能力をおぎなっている老裁判官である。弁護士が姿を見せると、彼には何を言うかがすぐ分かる。だから弁護が続くあいだはぐっすり眠り、自分の意見を述べるべき時には、何も言わない。老齢と衰弱のおかげで美人の請願者に誘惑されることはない。その方面では清廉の士である。彼を籠絡する魅力があるとすれば、金のまぶしい輝きだろう。とは言えその金額が骨を折るに充分なものでなくてはならないのだが。並の贈り物で誘惑されると、彼の徳が憤慨するのだ。また優しさや同情によって彼が自分の義務から逸脱する心配もない。被告人の後悔、苦しみ、絶望こそが彼の心をとらえ、動かすのだから。死刑を言い渡すような機会があれば、彼は決してのがさない。それは彼が執着する権威というものを示す行動なのだから。懇願や涙に無感覚になって久しく、拷問や死刑を平然と見物するこの男は、ひとりの犯人を救うくらいなら、二十人の無実の人を死刑台に送るだろう。

　法廷にアドラストやメナリップのようなタイプの人間を二十人並べてみよう。被告人が正当な権利によって有罪の判決から身を守ることができるなどと信じられるだろうか。われわれの法廷がもう少しまともな人物で構成されることは望めないのだろうか。その席にふさわしい裁判官がひとりいるとすれば、おしゃべりをしている人に沈黙を命ずる以外に能のない裁判官は三十人いる。

　裁判所では多数決で係争に裁定を下すならわしである。私が考えるに、これはわれわれの司法官にたいする過大な評価だ。と言うのもこれは、彼らの大多数が公正さと見識を備えていることを前提にしたものだからである。少人数で判決を定める方がいいのかどうか私には分からない。しかし二十五人の裁判官のなかに、慎重な裁判官が二十人いると考えるよりも、五人しかいないと考える方が自然ではなかろうか。慎重さはそれほどありふれた才能ではないのだから。

　このような考えは一見すると逆説的に思われるかもしれないが、私より前にユダヤの立法者が同じことを述べている。彼は裁判官にたいして「多数の意見をもとに判決を下さないように」*忠告していた。

　勘によって判断することしかできないような五十人の裁判官の投票よりも、意見の根拠を正当に説明できるような一人の裁判官の投票の方が好ましい。

　一人の裁判官にとって最も微妙で、したがって最も危険な誘惑は、方向を間違えた寛大さであり、たとえば友人に恩義を施したいのだが、それは公平を犠牲にしなければ果たすことができないという場合である。魅惑的な約束や贈り物に抵抗できる人でも、自分が愛する人の請願、切迫した懇願には平然としていられない。彼は自分の心をぐらつかせる理由が立派な口実になりうると考える。仮に邪悪な利得の魅力や何らかの利害に屈服するならば、彼は自分を許すことができないだろう。しかし優しさ、愛情、友情、感謝の気持ちは高貴な感情だ。その通り。それらが徳と共鳴するならば、たしかに非常に高貴な感情だ。だが徳を汚すときには、下劣で非難されるべきものになる。

訴訟にかかわる当事者の一方が裁判官と姻戚関係にあったり、親族であったりする場合、その裁判官は審理から離れるのが慣わしであり、義務である。だが社会のなかには親族関係や姻戚関係以外に、同様の影響力を持つ関係がほかにも多くある。これもまた警戒すべきである。友人に有罪を言い渡すことが忍びがたいと思われるときには、その裁判官は裁判に加わるべきではない。

裁きにおいて寛大に振舞い、愛する者を優遇してよいのは、世界で神とその代理人たる主権者だけである。だがその主権者たちや、神さえも、当事者の一方の犠牲においてそれを行うことはできない。まして単なる司法官がそのようなことを行う資格はない。司法官の権威は法から導き出される権威にすぎず、彼は法の受託者、代弁者にすぎないからだ。どのような動機からであれ、裁判官が法から逸脱すれば、自分の権限を越えたことになり、背任罪に問われることになる。

だが法に当事者間の対立の原因についての明示的な規定がないとき、友人の側に有利な解釈をすることは禁じられるのだろうか。もちろん、友人をそのような解釈に含めてはいけない。法にもとづくすべての推論は法そのものの一部であり、同様に敬意を受けるべきものなのだ。

＊原注　「あなたは訴訟において、多数に従って片寄り、正義を曲げるような証言をしてはならない」『出エジプト記』第二三章第二節。

第四章　節制について

節制の定義。その支流。この章の区分。

節制とは、一般にはわれわれの欲望、感情、情念を適正な範囲内に留める賢明な抑制を漠然と指している。だがここでは身体的欲求に歯止めをかける徳という限定された意味で使うことにする。この徳は身体的欲求を、両極端から同じように距離を保った中庸に留めることによって、罪がないどころか賞讃すべきものにするのである。

節制が抑制する悪徳のなかで主たるものは淫乱と大食である。そのほかのものはすべてこの二つの源から発したものである。だから、以下の二つの節では貞操と飲食の節制について述べることにしよう。

第一節　貞操について

禁欲と貞操は互いに区別される。禁欲はすべての人にとって絶対的な義務ではない。禁欲が義務であるのは結婚していない場合だけで、結婚は誰にたいしても禁じられてはいない。同意のみが結婚を成立させる。結婚の解消不可能性は離婚を排除するか。離婚禁止の不都合。同棲は実定法によって禁止されているが、もしそれが結婚のような継続性を持たないものであるならば、自然法によっても禁止される。どの程度まで自然は近親相姦を容認するか。姦通は自然法によって禁止されている。

しばしば見られることだが、貞操と禁欲を混同してはいけない。言葉の誤用は思考の混乱を招くものだ。禁欲にこだわらなくても貞操は可能だし、貞操を誓った者が禁欲する必要もない。ある考えを思い浮かべるだけで貞操は汚されるかもしれないが、禁欲を破ることにはならない。時代、年齢、性別、身分に関わらず、すべての人間は貞操を守らねばならないが、禁欲の義務はない。

禁欲は愛の喜びを断つことである。貞操は自然の法が許す範囲と方法のなかでしかその喜びを味わわないことである。たとえ自発的なものであっても、禁欲それ自体は尊敬されるべきものではなく、たまたま何らかの徳を実行したり、高潔な意図を実現させる際に必要とされる限りで尊重されるものなのである。そうした場合を除けば、禁欲は賞讃よりも非難に値することが多い。

自分に似た人間を作る能力を持った人間にはその能力を使う権利があるし、使わなくてはいけない。それが自然の声である。この声にたいしては、これに反する人為的制度にたいするよりも敬意を払うべきである。しばらくの間禁欲を余儀なくされる理由はあるだろうが、生涯にわたって禁欲を強いる理由などありはしない。

人が自分のものとして所有しているものを自由にできるというのは自然の権利である。だがこの権利を濫用するのが常である未成年、放蕩者、乱暴者にたいしてその権利の執行を禁止することは不正にはあたらない。同様に、異性との関係はすべての人に許されるとはいえ、より大きな利益のためにそれが禁じられる方がよいような状況もある。

たとえば、まだ判断力のない子供が、親の許しがなければ自由に結婚できないというのは正しい。反対に結婚という一生の幸不幸が決まる問題を、その年齢にありがちな無分別や軽率にゆだねることは明らかに非人間的である。結婚がふさわしくない、あるいは早すぎると判断されるならば、保護者がそれを止めることは子供の権利の侵害にはならない。ところで、子供が結婚を取り決めるまで、禁欲は義務である。もちろん両親は子供の結婚に配慮しなければならないし、子供が一人立ちできそうになったときは、援助してやらねばならないことは言うまでもない。

プロクセーヌとその娘クロリの事件は世間を騒がせた。その話を持ち出すのは、決して悪口を言うためではない。吝嗇な父親の後見におかれていたクロリは、父親が母親からの遺産を手放してくれるのを辛抱強く待っていた。そんなとき、愛すべきシャリトンが優しさと気遣いで娘の心を捉えた。彼は財産も地位もあり、プロクセーヌが娘の婿として迎えても恥ずかしくない男だった。結婚の申し込みがなされたが、プロクセーヌはそれを断った。彼は拒否の理由を語らなかったが、簡単に推測できた。その心を決めさせたのは、娘の財産として預かった金を手渡すことへのどうしようもない嫌悪だったのだ。彼はシャリトンにもう娘につきまとわないでくれと懇願した。普通このような妨げは恋人たちの情熱をますます掻き立てるものだ。二人は一緒に、父親の同意を無理矢理に勝ち取るために最も有効だと思われた方法をとった。だがそれは間違っていた。多くの娘が有効性を証明してきたその心地よい方便もプロクセーヌには通じなかった。娘の不名誉が自分にまで及ぶのをものともせず、怒りを爆発させ、非難を抑えなかった。彼は自分の手で娘に後悔と嘆きの悲痛な修道院生活という恐るべき不名誉を強いたのだった。

このスキャンダルの三人の登場人物のうち誰が間違っていたのだろうか。三人全員だ。冷酷でよこしまな父親、娘を誘惑して愛人にした恋人、父親の権威を尊重しなかった娘、その全員が有罪だ。

「だが」と反論があるかもしれない。「あなたが大いに褒めたたえている自然の法は、二人の恋人の結びつきに、結婚といううんざりさせる無駄な儀式を要請するのだろうか」

それは違う。自然法は単に双方の同意しか要請しない。双方の合意があれば二人の結びつきは神によって認められるし、だれも神に反対することはできない。だがこのよき自然法の単純さは、立法者が実定法によって結婚の神聖さを定めることを妨げるものではない。実定法が賢明な自然法に矛盾するものではなく、その注釈であり、解釈である以上、それもまた尊重されるべきだし、従わなくてはならないものである。実のところ実定法は警察の規則のような強制力しか持たないのだが、しかしそれは国家の全構成員を規制できるのだ。

社会のよき秩序のためには、結婚は生涯の約束であるべきである。自然もそう教えている。自然は夫婦に永続的に愛し合うように命じており、夫婦の絆の持続性を強調している。愛する妻と別れてはいけないのだ。親が子供にたいして行わなければならない世話もまたその証拠のひとつである。父親の手助けと母親の手助けは同じように大切だ。ところで結婚が一時の契約でしかないのなら、この手助けはなくなってしまう。父親あるいは母親の優しさの源は、自己愛と結びついた夫婦愛なのだ。ところで結婚の神聖さを規定した実定法は自然法にもとづく永遠の誓約を補佐するものにすぎない。実定法はそれを公式なものにし、同時に破棄しがたいものにするものなのだ。秘密裏に人目に触れずに交わされた契約は容易に破棄されてしまう。だがしかるべき証人たちの前で交わし、親権が支え、国の法が認め、宗教が聖別した契約はどれほど力を持つことだろう。

とは言え私は離婚を認めている国々を非難するつもりもないし、離婚の承認が自然法違反だと訴えるつもりもない。適切な修正を加えることは自然法の侵害ではない。硬直した正義はその厳格さゆえにしばしば不正義となる。特別な免除や例外は法を覆すものではなく、しばしば強固にするものだ。実際的ではないケースにまで法を適用することの方が、法の破棄をまねくものだ。ところで気質の違いから夫婦の和合が不可能になることはありうるし、実際にある。そうした場合、最も厳格な人々ですら身体の分離と呼ぶ一種の別居を認めている。これは結婚の絆を断つものではなく、夫婦の喜びを禁じるだけのものなのだそうだ。ああ、こんな不都合こそ非難されるべきだ。パンフィルは無愛想で、がさつで、野蛮で、暴力的な男である。この卑劣な男だけが味わうべき苦しみを、なぜ別居した哀れなソフォニーブも味わわねばならないのだろうか。夫が妻にふさわしくないからといって、彼女が他の誰にもふさわしくないということになろうか。禁欲的独身生活の悲嘆を強いることは、文字どおりの寡婦より百倍もつらいことだ。妻は、離婚できれば解放されたはずの苦しみの張本人の死を願わざるをえなくなるであろう。

生きているあいだ、手足は胴体とつながっている。本来この結びつきは切り離せないものなのだが、壊疽《えそ》にかかったりすると、手や足を胴体から切り落とさなくてはならないことがある。極端な場合、相性の悪い夫婦を生涯の絆から解放することも似たようなものではなかろうか。それによって結婚が一時的な試みに成り下がるものではないだろう。

地球上のいくつかの地域では義務的原則とされているこの結婚の解消不可能性は、ただ単に結婚の継続だけを保証するものだ。ところがこれは夫婦を相互の義務に結びつけるどころか、おそらくほかの何よりも不実の原因になっている。お互いに不満を抱きながら、その治癒方法を見つけられない夫婦は、それを回避しようとしか考えない。苦しみを和らげるために、苦しみを放り出し、忘れようとするのだ。夫は愛人の腕のなかで、妻は恋人の腕のなかで。

同棲と呼ばれる非合法の関係が生まれるのも、おそらく同じ原因からだろう。決して断つことができない絆を結ぶことに怖じ気づいてしまうのだ。

エルモジェーヌとジュニーは、十年前から結婚一歩手前の状態で一緒に暮らしているが、夫婦のような揺るぎない愛情で結ばれている。別離があるかもしれないので、二人は用心している。男はジュニーを怒らせることを恐れ、女はエルモジェーヌを傷つけることを恐れているのだ。愛されているという確信をもっていたら弱まったであろう不安感から、お互いへの敬意、思いやり、心遣いが生まれているのである。それが二人を燃え上がらせる優しさの炎の尽きせぬ糧なのである。別れる自由があるから、二人はこの上なく結びついている。自由意志で行うことは無償である。だがそれが義務になると快楽さえも負担になる。

「もしそうならば」とあなたは言う。「いわゆる同棲は、どんな口実の下に有罪とされるのか。これは同じ心、同じ気持ち、同じ魂を共有する忠実な恋人同士の永続的な結びつきだ。純粋に自然な本能がそれ以上の何かを要求するだろうか。結婚という耐えがたいくびきに何かいいことがあるだろうか。それは解消できないものなのだろうか。優しさによる結びつきの方が、義務だけで固められた結びつきより、より純粋で、神聖で、尊敬すべきものではないだろうか」

私も全く同意見だ。エルモジェーヌとジュニーの関係は、とりわけ二人が絆を断ち切らないつもりでいるなら、自然が是認する結びつきである。例としては適当ではないかもしれないが、われわれの最初の祖先の結婚にはもったいぶったところはみじんもなかった。二人の恋人がお互いを結婚相手にすることに同意し、二人は夫婦のように振舞い、実際に夫婦になったのだ。

しかし今日、ほとんどの国の警察は国家的配慮からこのような形の結婚に不名誉な刻印を押しつけている。これは夫婦を卑しめ、子孫にまで及ぶ不名誉である。もしあなたが愛と尊敬の心を持ち合わせているなら、あなたに愛を吹き込む美しい女性に不名誉な結びつきを申し込むことができるだろうか。もしもあなたが子孫を愛するなら、祖国に尊重されず名誉を与えられないような子供を作ることに同意できるだろうか。不当な偏見が親の罪と呼んでいる責任から永遠に解放されないで、社会の屑と見なされる子供たちを。

しかし享楽のために愛し、享楽を得た後では愛さないような浮気な快楽主義者たちの方がどれほど罪深いだろう。彼らは動物のように、むき出しの情熱を満足させれば、快楽に協力した対象と、そこから生じる結果からは顔をそむけるのだ。いかに寛大な自然もこの罪深い炎には有罪の判決を下す。自然は子供の誕生のために男女を結びつける。ところが逆に快楽主義者たちはそれを恐れるのだ。

この恥知らずの放蕩がどれほど許しがたいものであるとはいえ、姦通という、貞操にたいするあらゆる罪のなかでもっとも恐るべきものと比較すれば、それは軽い逸脱としか思えない。「もっとも恐るべき」と私は言った。それに匹敵しうる唯一の罪は近親相姦だろうが、それさえ比べものにならないからだ。

妹、母、娘の貞操を犯すこと、あるいは息子、父、兄の淫蕩な衝動に身を任せること、それこそが本当の近親相姦であり、自然はそれ以外の近親相姦を知らない。これより遠い血縁関係のなかでの肉体的な関係は名ばかりの近親相姦でしかない。しかしここで私は姦通と本当の近親相姦を比べようとは思わない。本当の近親相姦はあまりに実例が少なく、考えるだけで顰蹙をかってしまうので、考察の対象にはならないのだ。私の言う近親相姦とは、人々が姻戚関係や親族関係を理由に結婚の自由を自分たちに都合のいい範囲に限定した結果生じたものである。この勝手な決まりから生まれたにすぎない人為的な罪を、姦通という自然の本能にたいする明白な違反と比べることができるだろうか。

姦通は貞操に反するほかの悪徳と同じように節度のなさと淫乱の罪を犯しているが、さらに不正義と裏切りと不実の罪も重ねている。

姦通には単純と二重の二種類がある。姦通の相手が結婚の絆で結ばれていない場合が単純な姦通である。両方がともに既婚者の場合が二重の姦通である。と言うのも罪を犯している二人のどちらも、自分の結婚相手にたいする罪に加えて、共犯者の罪を分け持つというさらなる罪で身を汚しているからである。

たとえパラードとタイスが結婚の契約に縛られていないとしても、二人の過度の親密さは許されるものではない。それは結婚していなければ許されないものだ。ましてタイスはユリアルの妻なのだから罪はなおさら重い。不貞の上に誓約違反と不正の罪を重ねているからだ。誓約違反とは、夫に誓った結婚の誓約を破ったことである。

不正とは夫の偽りの跡取りを生むことである。その跡取りはやがて相続のときに、夫の息子や兄弟たちを差し置いて、自分の相続分を分捕ってしまうだろう。タイスの行動を罪深いものにしている状況の半分はパラードが負っている。結婚の絆から自由であるとしても、彼はタイス同様、姦通と、不正と、誓約違反を犯している。共犯は犯罪なのだから。

二人の役どころを取り替えてみよう。タイスが自由の身で、パラードが結婚しているとしよう。それでも二人の罪は同じように重い。パラードはユリアルを裏切っていたときのタイスと同じように有罪である。夫婦間の貞操はタイスの義務であったように、パラードの義務でもあるからである。義務にそむく妻が偽の跡取りを生む可能性があったように、夫婦の誓いを破る夫は妻から正当な跡取りを奪うかもしれないのである。タイスの方はと言えば、パラードの共犯者ということでパラードと同じ罪だ。もし二人の姦通が二重だったら、その罪はますます重い。

過ちがふたつあったとして、ほかのすべての点が同じだった場合、どちらが重大かと言えば、誰か人に害を与える方だ。ふたつとも誰かに損害を与えるものだったら、より大きな損害を加えるかより多くの人を傷つける方が罪が大きい。この原則に従えば、二重の姦通は単純姦通よりも罪が深い。ただ単純姦通もほかのあらゆる不正な交際より重大な犯罪である。

もうひとつ、私が姦通にたいして述べる最後の、だが最小ではない起訴理由は夫婦の平和を乱すということである。夫婦の心が愛で結ばれているとき、姦通は愛情の輝きを曇らせ、二人を引き裂く。この傷の残酷さを感じとるためには、愛することを知らなければならない。幸せな経験によって愛することを知っている私はあえて言いたいのだが、少なくとも感じやすい心を持った者にとって、愛し愛されること以上に、人生で幸せなことはない。財産、名誉、富、娯楽、そんなものはこの計り知れない幸福と比べれば何物でもない。この幸福を、姦通は奪い去るのだ。

一般の人々は心のなかで姦通をはげしく非難する自然の声を聞くことができないので、姦通を恥じるどころか栄誉と考えるような、多くの破廉恥な輩の言葉を信じて、姦通を許されるべき色事だと見なしている。だが海賊や山賊は略奪を栄誉だと考えている。擲弾兵は陥落した町で平然と略奪行為を働く。その罪の重さをはかるのが問題であるときに、犯罪者を参考にすべきだろうか。

第二節　飲食の節制について

暴飲暴食がもたらす恥ずべき酔態ほど節制への関心をかりたてるものはない。節制の義務は健康保持という自然法の命ずる義務に依拠している。自殺についての余談。同じく、富への過度な貪欲さと、浪費家によるその散財。

スパルタでは若者たちに節制への関心を持たせるために、わざと酒を飲まされた奴隷を目の前に連れてこさせたと言う。酔っぱらいの恥ずべき痴呆状態を忠実に再現する見せ物は、若者たちの精神に強い印象を与えたのだった。われわれはこのような奇妙な手段に頼る必要はない。子供たちに節制の教訓を示すために、従僕を酔っぱらわせる必要はない。ありあまるほどの、そしてあらゆる種類の、あらゆる身分の市民が喜んでスパルタの奴隷の役を演じてくれるからだ。朝、教壇から暴飲暴食を戒める説教をしておきながら、夜になって食卓を離れるころには、その行き過ぎの見本になってしまっているような者もいる。節制を実行しないことで節制を教えることができるのならば、われわれは教師に事欠かないだろう。

実は、そうした教師をわれわれはひとり失ってしまった。それはさほど遠くない先祖が取得した爵位によって知られている以上に、ならず者として有名だったある貴族のことである。彼はワインを飲むことを無上の喜びとしていたが、この油断のならない酒が結局命取りになった。だが死んでしまったとはいえ、いまだに彼は節制を説いている。つまり彼と同じような生き方をしている人々は彼のことを思い出して、よく飲めるとか大量に飲めるというおかしな誇りを競いあうことしかできなければ、貴族でさえどれほどおぞましい堕落をしかねないかを学ぶのである。この貴族のような伝道師はまだまだたくさんいるので、千人のうちのひとりがこの世を去ったとしても残念がる必要はない。

まだ元老院議員〔この時代に元老院は存在しなかったが、高等法院の評定官に敬意を表してこう呼んだ〕のユポティムがいるではないか。この地上で、飲むこと、眠ること、判決を下すこと以外に何もしないあの生きる酒樽が。足をふらつかせながら演壇に登る姿を見るがよい。審問開始を宣言した直後の、いびきを聞くとよい。訴訟の最中に、その細々した説明が長すぎると思ったのだろうか、弁論が終わるやいなや、法廷を抜け出て食堂へと走る彼の姿を追ってみるがよい。帰り道では、真夜中、酩酊した彼は、ぴくりともせず、意識もなく、脈もないまま、抱きかかえられて家まで運ばれる。二十回も転んだので、瀕死で、顔面蒼白で、血を流している。暴飲暴食を嫌悪し、軽蔑するためにこれ以上何が必要であろう。

高名なディオジェネートに目を転じよう。卓越した地位と名門の血筋を誇るこの高位聖職者は無気力で、虚弱で、体が不自由だ。その衰弱ぶりは甚だしく、信者たちが祝福と呼ぶ聖なる象形文字を二本の指で宙に描くことさえできない。たわんだ両足、だらんと垂れたままの腕、脇腹にぶら下がる無用の肉塊、それらは美食が招く恐るべき結末を教えるに充分なものだ。ディオジェネートを哀れな状態に陥れたのは、単に食事のとりすぎだけではないとあなたは言い張るのだろうか。反論することなく、あなたに同意する。それもまた別の教訓だ。

私は暴飲暴食が健康に及ぼす害を強調しているのだから、飲食の節制を勧める法を習俗とは無関係の、単なる食餌療法と見なしていると言って私を非難しないでいただきたい。自然の法の命じることで、習俗と無縁なものはない。私はこの法が習俗に関する厳しい掟であることを明らかにしたいのだ。自然は気温と胃袋の大きさに応じてわれわれがとるべき食物の量を定めた。質については、単にそれが口のなかで引き起こす快不快の感情だけではなく、健康にたいして良い効果をもたらすか、悪い効果をもたらすかに応じて決定した。

健康とは身体の組成のあり方であり、そのなかを身体の原動力である生命の息吹が最大の活力をもって動いている。健康が悪化すると生命が減少する。体調が悪くなると、その人はより短く生きることになる。健康が完全に破壊されるやいなや、その人は死ぬ。われわれの生命が害されることを防ぐための法は、われわれの健康が打撃を与えられることを防ぐ法でもあるのだ。それを食餌療法と呼びたければ、そう呼べばいい。節食が欠くべからざるものだということに同意さえしてもらえばかまわない。

以上の原則から導かれる結論は、どのようなやり方で健康を損なうにしても、それが意識的に行われたものであれば、健康の保持を望む自然の法を犯すことになるということである。飲食の節制もほかのすべての徳と同じように、両極端の中間にある。極端な禁欲によって体質の均衡を乱すことは、美食で寿命を縮めることと同程度にとがむべきことである。ゆっくりと毒を摂取する者が、覚悟して自分に短刀を突き刺す者よりも殺人者でないと言えるだろうか。後者は躊躇なく断罪されるのに、なぜ前者が赦免されねばならないのだろう。

だが自殺は自然の法に反しているとは思わないとあなたは言うかもしれない。その証明は難しいことではない。以前に見たように、自然の法は他人と同じようにわれわれ自身を大切にせよと教えている。ところで広く理解されているように、この法はわれわれに同胞を、少なくとも個人の権限で殺すことを禁じている。それならば当然、われわれ自身を殺すことも禁じていることになる。

「しかし」とあなたは反論するかもしれない。「自然の本能がわれわれを幸福にするようにしむけるものであるならば、生きることが好ましいものではなく負担になったときに、どうして心臓を突き刺すことができないのだろう」

なぜか。生命は神からの授かりものであり、神の所有物なのだから、神の許可なしにそれを自由にすることはできないからである。もうひとつ付け加えれば、われわれはわれわれ自身の本当に良い点を知らないからでもある。とりわけ激しい感情に捉えられると盲目状態に陥るし、まして惨めな状況にあれば、本当に人生が好ましいものではなく負担であるのかどうか判断することはできないものだ。その反対に、そうした状況にある現在はともかく、未来において、人生が有益なものであることは確かなことである。と言うのも、われわれは生きることが神の御心にかなうからこそ生きているのだからだ。ところで神はわれわれを幸福にすることだけを望んでおられ、それ以外の目的でわれわれをお造りになったわけではない。だから、われわれが自分自身にたいして殺人者となることは、神が用意して下さった至福をないがしろにし、拒絶することですらある。だが人生が重荷であると仮定してみよう。それでも、われわれの利益を損なう他人の命を奪うことが許されていないのだから、同様に、われわれ自身の命を奪い去る権利はない。他人の命がわれわれのものでないように、われわれの命もわれわれの所有物ではないのだ。

行動の偉大さ、高潔さは払った努力の量に比例するという、未だに修正されていない、間違った準則がある。歴史に名を残した何人かの人々は、この準則を信じ、自殺によって後世の賞讃を受けることを期待し、じっさい後の時代に崇拝者を持つことになった。しかし父親殺しが父親の胸に短剣を突き刺すためには、自然の声を押し殺す葛藤と努力が相当に必要だろう。ではその葛藤と努力のおかげで、この恐るべき行為が立派な行為と見なされるだろうか。感情と闘うことが徳となるのは、それが悪い感情のときだけだ。

ひるむことなく死を受け容れること、それは勇気である。自殺すること、それは卑怯である。人は耐えがたい苦痛から解放されるためだけに自殺する。自殺するのは苦しむことに疲れたからである。苦しんでいる人が決心して薬の激しい力に訴えようとするのは、もしそれが生き続けるための行為でないとすれば、勇気の大きさではなく、我慢の欠如の現れである。

公正な良識と人間愛に裏打ちされたこの賢明なる行動準則をしっかり把握していれば、ぞっとするような不幸におそわれても、自分の手で死を与えようなどという決心はできなくなるだろう。ペルシア人ユスベク*が友人イバンに自殺の擁護を訴えているが、無駄なことである。あなたにはそのまことしやかな詭弁が盲目的で激しい怒りの浅はかなはけ口にしか聞こえないだろう。自殺が罪だと確信したあなたは、命を守ることを義務とするだろう。ところで飲食の節制以上に命の保持に貢献するものはない。

二つの種類の節制がある。一つは食事の抑制であり、これまで述べてきたものである。もうひとつは無私無欲、富の良き使用である。前者が身体的なものであったとすれば、これは魂に関わるものである。前者が健康を左右するものであるとしたら、これは徳を支えるものである。

金持ちにもさまざまな階層があるが、なかでもまだまともと言えるのは、父から子の代まで楽に暮らすことができ、生活必需品にも事欠くような人がいることを知らないような人たちである。実のところこうした人々の大半は他人の悲惨に鈍感だ。それを除けば、彼らに非難すべき点はない。金持ちであることは罪ではない。

富によって最も堕落しているのは、所有する金額が額に刻まれているかのような、現代のクロイソス〔古代のリュディア国メルムナダイ最後の王で、ギリシアの神殿にも盛んに寄進した〕たちである。その横柄な目つき、尊大な態度、傲慢な口調は、金庫が膨らむのに応じてますますひどくなる。彼らの侮辱に触れた高潔なる紳士を慰めるのは、これほど早く膨らんだ財産が同じように早くしぼんでしまうことだ。

莫大な富を築くのにも、浪費するにも二世代で十分だ。父親が集め、息子が蕩尽する。父親が金持ちになり、息子が破産する。それが物事の成り行きというものだ。そのおかげで商業が成り行くので、さもないと富が家から家へと回ることもないだろう。

あっという間にフィラルジールが富を築いたのを見たあなたは、今日にも息子のスコルピゾンが破産するのを目撃することになるだろう。

フィラルジールは財産なくして生まれたが、富を得ることに貪欲だった。彼は学んだところで栄誉と讃辞しか手に入れることのできない不毛な学問で暇をつぶしたりしなかった。彼は地理学者にも、詩人にも、文法学者にも、天文学者にもならなかった。彼は税務署の官吏から会計係、局長、徴税請負人へと出世した。とうとう願いを果たすまでにもう一歩のところまでたどり着き、そしてその一歩を進めた。しかるべきところに十万エキュをばらまいて、とうとう「裕福な四十人」の仲間入りをする。すなわち彼は総括徴税請負人になった。もうそれ以上は望まないだろうと思われるかもしれない。だが逆に、彼の欲望は富とともに膨らみ、富は欲望に応じて大きくなっていった。彼が死んだときには、十の小国ほどの領地を所有していたそうだ。

まだ喪が明けないうちに、スコルピゾンは、一人息子だというのに、すでに相続財産の半分しか持っていなかった。彼は愛人を囲い、借金を返済し、高い利子を支払い、建物を新築し、解体し、賭博場に通い、贅を尽くした宴を開き、絵画と古銭と貝殻の収集に熱中していた。それに家の資産管理能力の欠如が加わって、受け継いだ財産をあっという間に減らしてしまったのだ。それでも彼は止らなかった。単に財産すべてを使い果たしただけでなく、まだ手元に残っているわずかな金額をも越える借金を作ったのである。

短い期間に裕福層の一歩手前まで近づいた人は、ほとんどが自分を慎重な倹約家だと考えている。収入分しか消費せず、資産に手を着けない限りは、浅はかな浪費をつつしもうとは夢にも思わない。不幸な人々を救済することが義務だとは考えない。それが喜びになりうるということを想像すらしないのだ。

富に恵まれれば恵まれるだけ、富を持たない人々を救済することに熱心でないのはどういう運命の巡り合わせなのか私は知らない。貧しい人々は、富んだ人からよりも、自分と同じくらい貧しい人から援助を受けるものだ。人は自分が少しばかり被った不幸にしか思いやりがもてないかのようである。私は「少しばかり」と言った。と

＊原注　『ペルシア人の手紙』「手紙の七十六」。

言うのも労苦に打ちひしがれてしまった人は、自分のことだけで感受性をすり減らしてしまうからだ。行き過ぎた不幸は、盛運の絶頂と同じく、憐憫の感覚を失わせてしまうものだ。

もうひとつ、同じように不思議に思われることがある。われわれに慈愛を説く立場にある人々ほど、他人の貧窮に無感覚な者はないということである。あの人々はわれわれに慈愛を奨励することで、不幸な人々と向かい合うことが免除されると考えているのだろうか。あるいは貧しい人々の仲介役を果たしただけで十分だと思いこんでいるのだろうか。

社交界には「富で幸せを作る」という表現がある。これは自分の財産を損ねない限りで、豪華な食事、広大な住まい、贅沢な家具、高価な宝石、多くの使用人、華麗な馬車を所有すること、つまり一言で言えば贅沢な生活をすることを意味する。だが、この言い古された表現を反対の意味で使うことをどうかお許し願いたい。私が「富で幸せを作る」というとき、それは賢者として、とりわけ慈善家として富を使うという意味である。

するとと敬虔で高貴なデモフィールは恥ずべき富の使用をしたことになるだろうか。彼はあらゆる身体的な快楽、虚しい戯れ、不必要な贅沢を公然と捨て去り、貧窮者に気前よく施しをしたのだった。

賢者が富になんらかの利点を見いだすとすれば、富が幸福を作り出すことができるという優しい満足感を与えてくれることしかないだろう。

第三部　社会的な徳について

愛のみがわれわれに義務を守らせる。人間同士の様々な結びつき。愛着の強さの違い。

あなたが神を愛するなら、あなたは神の法に従順であろう。これがこの著作の第一部で述べたことだ。あなたがあなた自身を、賢明で理性的な愛で愛するなら、あなたはあなたを幸せにできるだろう。これが第二部で述べたことだ。あなたがあなたの同胞を愛するなら、あなたは同胞に負っている義務をおろそかにすることはないだろう。これがここで述べようとしていることだ。改宗者に教えを説いていたパウロは言った。「人を愛する者は、律法を全うするのである」愛するだけで、あなたはあなたの義務に忠実になれるのだ。愛はわれわれのあらゆる関係の基礎であり、関係を結ぶただ一つの結び目である。愛がなければ人間の交流はうわべだけのごまかししかなくなる。社会にはもはや徳の幻、見せかけの友情や優しさや寛大さしかなくなってしまう。これははっきり表明される憎しみや無礼な振舞いよりも千倍も危険なものである。この本の最初の部分では、人が神に負っている愛の性格と結果について詳しく述べた。その次には、人が自分自身に負っている愛について述べた。ここでは人間同士が互いに負っている愛の性格と結果について述べることにしよう。

人間同士のさまざまな形の結びつきは、その結びつきの緊密さに応じて愛着の強さもさまざまである。恋人や夫婦を結びつけ、息子を父親にあるいは父親を息子に結びつける感情は愛と呼ばれる。われわれが自ら選んだ相手との、しかも異性の魅力に源を持つのでもなく、血のつながりとも無縁であるような相手との関係は友情と呼ばれる。最後に、人間であるというだけの資格でわれわれが同胞に対して持つ感情は人間愛と呼ばれる。

これらのさまざまな愛着を区別することはまちがってはいない。愛は友情よりも強く、熱烈な性格をもっている。自分で選んだ友人にたいして、それ以外の人々にたいする以上の愛着を持つことは正当なことである。だがこの三種類の愛着の違いは、強さの違いだけによるものである。愛着の強さには上下があるが、共通するものもある。三つの愛着はどれもわれわれに、愛着ゆえに大切に感じられる人々の幸福を願わせ、力の及ぶ限り幸福を与えたいと願わせるのである。

第一章　愛について

四つの節の主題となる愛のさまざまなかたち。

愛という言葉は、一般的に、その根源が自然のなかにあり、本人の意志に関わりなく、愛する対象に心を向けさせようとする愛着のすべてを意味する。たとえば恋人や夫婦の優しさ、親にたいする子の敬愛、さらには子にたいする親の愛などがそうである。しかし慣習的用法においては、特に異性間の強い共感の意味で用いられている。まず最初に心にもっとも強い力を及ぼすこの種の愛について述べることにしよう。またほかの三つについては独立した節のなかで述べることにしよう。

第一節　異性間のいわゆる愛について

感情として考察された愛の肖像。その性格、その陶酔。身体的な快楽は愛ではない。徳によって結ばれていない結合の不都合さ。身体的な愛の肖像。徳のある心における愛は徳そのものである。

カリストは若く、美しく、知的で賢い女性である。アガトクルはほぼ同い年の、善良で品行方正な好青年である。良き運命に導かれて彼は偶然にもカリストの家を訪問することになった。最初彼の眼差しは賑わう人々のなかをさまよっていたが、まもなく彼女を見つけ、釘付けになった。しかしこの最初の注視が引き起こした短い陶酔から醒めると、彼は無礼を犯してしまったうかつさを恥じ、埋め合わせをしようと次から次へとほかの対象に視線を移していった。だがそれはむなしい試みだった。もはや強い魅力の虜になってしまっていたアガトクルの目はすぐにもカリストの上に落ちるのだった。彼は彼女と同じように顔を赤らめた。これまで知らなかった優しい興奮が彼の心を惑わせ、目を狼狽させた。眼差しは内気になりながらも好奇心に溢れた。カリストを見つめたいと思ったが、震えながらでないとできなかった。カリストの方は心のなかでは彼が自分を選んだことを喜んでいたが、ちらっと目を向けただけだった。二人とも――だがアガトクルよりカリストの方がはっきりと――相手に心を見透かされたと感じた。事実は二人ともそうだったのだが。

別れの時が来た。二人には早すぎると思われた。時間の流れの速いのが悲しかった。だが想像力が二人を引き離すことはなかった。カリストの姿はすでにアガトクルの魂に深く彫り込まれ、アガトクルの表情はカリストの魂に強く刻まれていた。その日は一日、二人とも元気がなかった。強い感情が魂のなかに溢れ、消し去ることができなかった。

　二人は会うことなく二日が過ぎた。この間は有益な仕事や楽しい気晴らしに満ちていたのだが、二人は物憂げな不安と、倦怠感と、漠然とした空虚感にとらわれ、その原因も分からなかった。だが再会の瞬間、二人はその原因を知った。二人で向かい合ったときに味わった完璧な満足感から、自分たちのメランコリーの源が何であったのかを知ったのだった。

　この日、アガトクルは大胆だった。彼はカリストに近づき、愛想のよい言葉をかけ、はじめて言葉を交わす幸せを味わった。それまでは彼女の外見の魅力しか見ていなかったのだが、このとき、彼は彼女の魂の美しさ、心の正しさ、感情の高貴さ、精神の繊細さを発見し、ますます魅了された。彼は自分が敬意に値しないとは思われていないことに気づいた。それ以来彼は足繁く彼女を訪れ、そのたびに彼女の新しい素晴らしさを発見した。これこそは際だった才能の特徴である。本物を見抜く目を育てることは大きな利益を得る助けになる。紳士が嫌悪するのは媚態を売る女、愚かな女、軽率な女だけである。もし紳士が自分にふさわしい女性を選ぶ鑑識眼を身につければ、時間がたつにつれて、愛着は弱まるどころか、ますます大きく、強くなっていくだろう。

　アガトクルの心のなかではっきりと形をなした好意にもはや曖昧なところはなかった。それは愛、優しい愛だった。アガトクルはそのことに気づいていたが、カリストは知らなかった。少なくともアガトクルの口から聞いてはいなかった。愛は臆病で慇懃なのだ。軽率な愛人は美女を愛撫していても心はそこになく、ただ快楽を愛しているのにすぎない。アガトクルはとうとう自分の心を打ち明ける決心をした。それはロマンティックな告白にありがちな、気の利いた言葉ではなかった。「愛らしいカリスト」と彼は率直に切り出した。「あなたに引きつけられる感情は単なる尊敬ではありません。激しく熱烈な愛です。あなたなしには生きられないように感じます。おいやでなければ、私を幸せにすると決断していただけませんか。私はあなたの評判を傷つけることなく、あなたを愛することができました。それはあなたへの貢ぎ物でした。少しばかりのおかえしを望むことをお許し下さるでしょうか」

浮気女ならば機嫌を損ねたふりをしただろう。だがカリストは黙って恋人の言葉に耳を傾け、希望をかなえるとおだやかに答えた。また彼の辛抱を引き延ばさないとも言った。彼の切望する幸福は準備に必要な時間しか待たされなかった。両家の婚約の問題は簡単に片が付いた。利害関係は一切問題にならなかった。要は二人の心の贈与だったが、この条件はすでに満たされていた。

この新婚夫婦の運命はどうなるだろう（私は二人の星を占ってみた）。それは人がこの世で味わいうる最高の幸福だった。どんな喜びも、心を動かす喜びには及ばない。そしてすでに見たように、愛し愛される幸せほど心を甘美に動かすものはないのである。このような優しい結びつきに、デモクリトスの「愛の喜びは癲癇の発作にすぎない」という言葉を当てはめることはできない。デモクリトスは、おそらく、愛がなくても味わうことができるし、味わうことなく愛することもできる、愛とは無縁の身体的な快楽について述べたのである。だがあの二人の愛は揺るぎないものだ、と私はあえて予言する。その理由を以下に述べよう。つまり、二人の好意を決定づけたのは美しさという輝かしい魅力では決してなかった。二人は徳の友であったのだ。二人が愛し合ったのは、相手が徳を持っていることを発見したからだ。だから徳がある限り、二人は愛し続けるだろう。二人の結びつき方が、持続を保証するのだ。というのも賢人の小道を歩むとき、いつも目の前に愛する模範がいることほど心強いものはないからである。

二人の幸せを乱すものがあるとすれば、愛をもってしても防げない災害や不幸な出来事だろう。だがそんな不運に襲われたと仮定しても、ほかの人々と同じになるというだけのことだ。愛の喜びを知らない人々もこの不運から逃れることはできない、しかも彼らはあの喜びも知らないのだ。人生でまれにしか期待できないあの喜びを。

それに加えて、愛は苦しみの感情を大いに減少させる。愛には、似合いの二人の心の苦しみをやわらげ、喜びをより感動的なものにするという不思議な力がある。相手に伝えることで、苦しみを半減させ、また逆に、喜びを共有することでそれを倍にさせる。騎馬隊が互いの間合いを詰めると敵の突撃が難しくなるのと同じように、愛する二人がしっかりと結びついていればそれだけ強く、巧みに、不幸や敵の打撃に抵抗できるのだ。

純粋に身体的な快楽を求める好色家よ、あなたにはこのような純粋な喜びの話は理解できない謎か、ばかげた逆説でしかないだろう。あなたは愛の旗印のもとで戦ってきたと自負するのだろうが、あなたは愛を知らないのだ。愛から見れば、あなたは秘儀を授けるに値しない門外漢なのだ。あなたは愛にどんな祈りを捧げたことがあるのか。愛の寵愛を受けるためにどのような功績をあげたのか。あなたは滑稽にも、わざとらしい態度と大仰な身ぶりをまねた。一時の流行を利用した。鏡の前で愛想笑いや機敏なウィンクや情熱的な眼差しの練習をした。繊細な趣味と軽やかな想像力を駆使して、豪奢で軽薄な身繕い一式を巧みに揃えた。こうした哀れむべき取り柄をひけらかして、あなたは人前で虚しく得意げな様子を振りまいたのだ。だがあなたの手はずは万全だったのに、あなたに降伏し、勝利者の意のままに投降するはずだった美女などひとりもいなかった。誘惑し、籠絡するために、あなたは甘言も、虚言も、贈り物も、約束も、見せかけも、ごまかしも惜しみはしなかったのに。

たしかに何人かの女があなたの醜悪な虚栄心の戦利品になった。そのなかのひとりの陥落は、彼女の放恣な習俗か好色な気質のおかげであって、あらかじめ勝利は決まっていた。別の女は金と宝石の輝きに目が眩んだのだった。無邪気なアニェスは単純さゆえに、若いエベはむきだしの好奇心ゆえに罠に落ちたのだった。だが、同意してくれるだろうが、あなたは勝利を恥じている。そうした女のなかの誰ひとりとしてあなたを幸せにはしなかったのだ。あなたが繰り返す浮気、不実、裏切り、約束破り、そしてあなたの悔しさと後悔がその証拠だと私はにらんでいる。あなたの愛は憎しみに変わった。かつて熱愛したものを、今では罵っている。あなたの大仰な侮蔑の言葉を浴びないような女性は、もうこの地上にはひとりもいない。あなたはわれわれ男性の幸せのためにつくられた、愛すべき異性を激しい口調で中傷している。だがどうやってあなたが女性に敬意を抱くことができただろう。あなたは女性というものを軽蔑すべき見本でしか判断していないのだから。

愛するに値する対象を、繊細な心で愛するのでなければ、愛の好意的なはからいに浴することはできない。このふたつの条件のどちらかひとつが欠けても、あなたの愛はかならず不幸になる。つまりあなたの愛した人が浮気をするか、あるいはあなたが浮気をする。そしてあなたが愛だと思っていたものは実際は愛ではなく、快楽の趣味における一致にすぎなかったのだということを思い知るだろう。と言うのも本物の愛は揺るぎないものだからだ。

愛はお互いに共鳴しあうふたつの心の結びつきなのだから、その源を探そうとすれば、心の質に赴かねばならない。心のあらゆる質のなかで第一のもの、そしてほかのすべてを決定するもの、それは徳への愛である。この準則を知らない恋人は、名誉を重んじる愛人にとってなんと不吉な贈り物だろう。自分の無垢を危険にさらすことなくこの贈り物を受け取ることができようか。恋人同士や夫婦のような親密な間柄では、気づかないうちに感情の交流が生じる。そして、よく知られているように、悪い感情は良い感情よりも巧みに相手の心に忍び込むものである。魂の病は身体の病よりはるかに感染力が強い。それは近づくすべての人に転移し、傷跡を刻み込むのだ。

この悲しむべき障害の危険に、あなたは自分の愛すらさらすつもりなのか。徳に魅力を感じないような心の持ち主をひきとめるに足るだけの特別な能力をあなたはお持ちなのだろうか。あなたは別離を受け入れるのか。それとも共犯者になるのか。あなたは愛から何も得ることがないままに、あなたの名誉を犠牲にするのだろうか。あなたを誘惑する女もあなたを軽蔑するだろう。人は軽蔑する対象を愛することはできない。彼女にたいしては毅然たる徳をもって答えなさい。そうすれば彼女は恐れてあなたの許から立ち去るだろう。気弱な親切を示しても、女はつけ込みさえすれ、感謝などしないだろう。いつかあなたを非難し、喰ってかかる動機を与えるようなものだ。でもあなたがそれを助長したのだから、それはあなたの責任だ。

この二つの道の間に中庸などありえない。危険な障害は避ける以外にない。習俗をしっかりと持ち、習俗を持たない者は愛さないことだ。

ランドール少年をうっとりと眺めるベリーズの眼差しを何と言ったらよいのだろう。それはおそらく美少年テレマコスを見るアテナの眼差しと同じものだった。もっともこの女神はテレマコスの前ではキルケ〔魔法にすぐれた女神〕の役をうまく演じることができなかったのだが。ところでランドールは教師の鞭から解放されたばかりでまだコレージュの埃をふるい落としていないような少年である。一方ベリーズは成熟した大人で、この世紀〔十八世紀〕が始まるのを目撃している。もう情事やつまらぬ色恋の遊びは卒業したはずの年齢である。四十五年の人生経験と、未だに記憶から拭えないいくつかの傷ついた経験を持ち、幾度となく若い男の軽率と無分別に裏切られたことのある彼女は、警戒心を持っているはずである。彼女はランドールの母親の友人であり、ランドールは彼女の教え子なのだ。口の悪い人々は、教育の成果を楽しんでいるのは彼女の方だと言っている。ふつう若い男が童貞を失うのは、彼女のような年増女の腕のなかだとも言う。そうした危険な誘惑者がみだらな会話で少年の羞恥心を攻撃しようとしたり、思わせぶりな様子でたぶらかすことに成功しなければ、少年特有の気後れで危険から逃れることができただろう。さて女教師と生徒に目を向けよう。これらの疑惑に彼女はどう答えるつもりなのだろう。なぜいつも二人一緒で、媚態を示し、部屋に鍵をかけるのか。ソファー以外にベリーズの居場所はないのだろうか。品をつくる以外の姿勢はとれないのだろうか。あだっぽい派手な部屋着以外に着る物はないのだろうか。単なる友情であれほど顔を火照らすだろうか。燃えるような眼差しをさせるだろうか。官能的なキスをさせるだろうか。キスを何度も繰り返させるだろうか。だがこの後の場面には幕を引こう。私は習俗を教えたいのであって、このままだと羞恥心を傷つけてしまいそうだ。

アンコルプはベリーズのいいライヴァルだ。通る道は違うのだが、目指す目的地は同じだ。長いマントをまとい、聖人ぶった風貌を身につけ、皺だらけの額と信心に凝り固まった偽善家の物腰を持つこの男は、比類のない信頼感を人に与える。若くて美しい女性たちは彼の足下に身を投げ、自分の弱さを恥じるのだ。自分の密かな性向をうち明け、その性欲がいかなる支配を及ぼしているかを語り、色欲の力の大きさを嘆いて治療薬を求めるのだ。エロイーズは優しさを求めようとするうち勝ちがたい衝動とこの情念に引きずられて犯してしまった不行状をうち明けた。彼女を癒す前に、アンコルプは病状を悪化させようと、病について質問し、尋問し、あらゆる角度から診察した。興味深い場面の言い落としがないかと、延々と卑猥な細部について質問した。それは彼女の純潔を固めるよりも、想像力を汚すために役立ちそうだった。彼女が正直になり、誠実になればなるほど、この偽善者は彼女を誘惑し、征服するための手段を手にするのだ。若いアマンゾールには大胆さと積極性が備わっていたが、彼女の最後の羞恥心を攻めきれず、この美女は危険を逃れることができた。だが偽善的な導師はずっと巧みに彼女を堕落へと導くすべを知っている。彼女を深淵の縁まで追いつめたら、恐怖が彼女の背中を押してくれる。あれほど愛されていた若い恋人が愛撫によって獲得できなかったものを、白髪の霊的指導者は狡猾な瀆神的行為で手に入れることになるだろう。

ベリーズの火のような情念やアンコルプの罪深い炎を愛と呼べるだろうか。あらゆるもののなかでもっとも大切な純心さを奪い、その魂に罪というもっともおぞましい汚れをなすりつけることが、恋人を愛するということなのだろうか。愛ゆえに短刀で刺したり、優しさゆえに毒殺したりするものだろうか。

エラストはずっとまっとうな思いを抱いている。彼は心底イザベルに夢中である。彼はよく彼女の人となりについて語る。ただ一点だけが欠けているようだ。彼は彼女の性格や習俗について語らないのだ。彼をとらえるのはそうしたものではない。イザベルは優美さと陽気さを兼ね備え、彼を魅惑する美しさを持っている。彼にはそれで十分なのだ。彼女を手に入れること以上の幸福は想像できない。その美しい瞳で見つめられると、恍惚となってしまい、彼女がそばにいないと、悶々と苦しみ、悲嘆に憔悴してしまう。この男の激しい情熱、熱狂こそまさしく愛だとあなたは思うだろうか。エラストはそう信じている。自分はあらゆる男のなかで最高の恋をしていると確信している。だが私は彼の間違いが何に由来するものなのかを知っている。彼は享楽を愛と取り違えているのだ。

もしもあなたが誠実に自分の感情を探りたいのなら、また愛と享楽のどちらがあなたの愛着の原動力なのかを識別したいのならば、あなたを呪縛する美しい女性の目に問いかけてみればよい。もし彼女が目の前にいるときに、あなたの官能的な感覚が怖じ気づき、おとなしく抑えられていたら、それはあなたが彼女を愛している証拠である。愛は官能的な考えや、愛する相手が聞いたならば、その繊細な神経が侮辱されたと思うかもしれないような想像を心に浮かべることさえ禁じるものだ。愛は夢のなかでも純潔なのだ。だがあなたを虜にしている魅力が、あなたの魂よりも官能的な感覚により大きな力を与えているのなら、それは愛ではなく、肉欲である。

真実の愛をもって愛すれば、良心や名誉を傷つけるような過ちを犯すことは決してない。と言うのも愛することのできる人は誰でも有徳者だからだ。さらにあえて言うならば、有徳者は誰でも愛することができる。と言うのはあらゆる徳は手をつなぎ合っていて、心の優しさはそのなかのひとつだからである。生殖不能は身体における欠陥だが、愛する能力を持たないのは魂の欠陥である。

愛それ自体について言えば、習俗のために心配することは何もない。愛は習俗を完成するだけだからだ。猛々しい心をやわらげ、性格を人なつこくし、気質を愛想のよいものに変えるのは愛である。愛していれば、自分の意見を愛する人の意見に合わせる習慣が生まれる。そのことから、自分の欲望を制御し、鎮め、支配し、さらには自分の趣味と傾向を場所、時間、相手に応じて合わせることを習熟するのだ。しかし下劣な人間どもが愛と混同している肉欲の噴出の危険があるときには、習俗は安心できない。

第二節　夫婦愛について

本当の愛と偽りの愛とを区別するのは容易である。夫婦間の無関心のもっとも多い原因は何か。結婚から愛を排除していると思われる動機は何か。夫婦の不和の源。愛なき嫉妬。夫婦の結合を強め、維持する方法。

夫婦愛の性格はさほど曖昧ではない。自分をごまかしている愛人は、実際には愛していないのに、愛していると信じ込んでいることがあるが、夫は自分が愛しているかどうかを正確に知っている。彼は喜びを感じた。喜びは愛の試金石である。本当の愛は喜びを新たな炎の源にするのだが、軽薄な愛は燃え尽きてしまう。

試練にかけられた結果、自分が間違っていたことを知ったという場合、私の知る限りではこの病を癒す薬は忍耐力しかない。できることなら愛を友情で置き換えなさい。だがそうした手段があなたに残されているからといって、あなたをぬか喜びさせたくはない。夫婦の友情は長い愛の結果であり、燃え上がるような陶酔が喜びと時間によって鎮められてしまったものである。普通ならばヒュメナイオス〔結婚の行列を導く神〕のくびきで繋がれている者たちが愛し合わなくなると、憎み合うか、あるいは最良の組み合わせと思われた夫婦ですら無関心に閉じこもるのが関の山である。

六ヶ月前に結ばれたアリシップとセリメーヌを見てみよう。二人の住まいは離れた場所にあるのだが、毎日訪問し、接吻さえ交わしている。信用できる証人の前でしかしないのだから、確かな事実である。若い夫婦がよく顰蹙をかう、あの子供っぽい愛撫や冗談めかした媚態を二人のあいだに見ることはできない。目撃できるのはただ、礼儀正しさ、気遣い、敬意、いたわり、そしてとりわけ社交的儀礼である。二人は一緒に暮らすことを急がず、今のままでいる。幸福な共感がそうした考えを二人に吹き込んだのだ。

激しい情熱が何度となく目撃された後で、リザンドルとダフネの間に居座ってしまった冷ややかさにはもっと驚かされる。あれほど激しい愛はなかった。無数の障害が二人の愛の前に立ちはだかったが、二人の勇気は勝利を収めた。かつては閂と鉄格子と壁が美しいダフネをしっかり閉じこめていた。三、四人のかまととぶった牢番役の修道女たちが、信心深そうな鼻にかかった声で、自分たちを見習って禁欲生活をするようにと説き勧め、自分たちのように讃美歌の夫だけをこいねがうようにと誘っていた。そのとき一本の梯子が彼女を囲いと説教から解き放ったのだった。父親から勘当されかかっていたリザンドルは、金銭的利益よりも心の利益を、家族の優しさよりもダフネを得ることを選んだのだった。彼はダフネを連れて逃走し、祭壇の前で決して変わらぬ愛を誓ったのだった。だが一年もたたないうちにリザンドルは彼女を裏切った。ダフネは涙を流し、嘆きと苦しみの声を上げた。彼女には慰めてくれる人が何人かいるので、いつかこの裏切りにたいする仕返しを手助けしてくれることだろう。いったいこの突然の変化の原因は何なのだろう。アリシップとセリメーヌの熱を冷ましたのと同じ原因である。リザンドルとダフネは好色な気質の欲求を愛と取り違えていたのだ。そして目が覚めた。二人とも辛抱がなく激しやすいので、後悔は、陶酔と同じだけ強いのである。

神秘の闇に覆い隠されていた秘密が突然照らし出されて、結婚生活の無数の異なった情景が明らかにされたとしたら、それはここで描くことなどできないほど膨大な仕事になるだろう。偽りの愛にだまされたわけではなく、結婚する時にはこうなるだろうとは夢にも思っていなかった多くの夫婦が別れるためには、どれほど多くの気質、気まぐれ、毒舌、奇癖が作用していることか。

美しい女と媚を売る女は、いかなる時代にあっても、数多くの常軌を逸した情熱、混乱、不和、諍いを生んできた。そこでうわべしか見ない精神は、尊敬に裏打ちされた本物の愛も例外とは見なさず、外見だけで愛を許しがたい弱さだと断罪したのだった。このおかしな意見が自分たちの党派の役に立つと気づいた打算的で卑劣な人々は、それを大いに喧伝し、流行させた。彼らの手助けもあって、こうした考えは拡大し、まもなく教義となった。今後は、夫と同じ条件を持つ女性でなければ妻に娶ってはならないとの取り決めがなされた。条件の平等は、さらに財産の平等にまで拡大された。愛は結婚から追放され、小説のなかに追いやられてしまった。もし誰かが、弱さか好みのせいで、恋心を抱いてしまったなら、醜聞を恐れてできるだけ表に出さないように努め、たとえ相手が妻であっても人前では冷ややかな挨拶を交わすだけでとどめておかなくてはならない。ほかの女性がいるときには、妻よりもその女性をもてなさなくてはいけない。こうしたことすべては上流社会の非難や揶揄を招かないためである。多数派を占める仲の悪い夫婦の一党が範を示すので、彼らの生き方にうってつけのこの規律がしっかりと守られていたのである。現在でもまだ事情は変わっていない。心から憎み合っている夫婦はずっとよそよそしいが、これは特殊な例外である。

この最後にあげたような夫婦には、結婚の義務に関する処方箋を説くすべもない。愛がないのだから、一番大切なものが欠けているのだ。別のもので埋め合わせができるだろうか。

愛情のないまま取り決めた結婚など一種の誘拐である。自然の本能に従えば、人は自分の心を射止めた人だけと一緒になれるのだ。ヒュメナイオスの贈り物は愛の女神の手からのみ受け取るべきである。それ以外は不当な横取りだ。

この軽率な誘拐犯人が愛を燃え上がらせることで、遅ればせではあるが、横取りの償いをするよう彼らに忠告すべきだろうか。だが感情は命令も聞かないし、忠告も聞き入れない。憎み合う夫婦、愛し合わない夫婦は改宗不可能な罪人だ。だから私が夫婦愛の教訓を説くのは彼らに向かってではない。

ではこの教訓を幸福な夫婦に説いたらいいのだろうか。結婚直後には夢中だったものの、親密な関係のなかでお互いを深く知り合ううちに、更なる恋心を抱くための新たな理由を汲み尽くしてしまったような夫婦に。そんな夫婦が愛し続けるための処方箋を必要とするとは思えない。それほど理解し合っているのだから、彼らの愛情はいつまでも持続できるだろう。ただ人間の心はいかにも変わりやすいものなので、絶えず同じ激しさで燃え続けることを請け負うのはあまりにも軽率だ。愛は炎である。水を浴びせたり燃料がなくなれば、消えてしまうだろう。

ユリステーヌは妻を愛し、その愛は彼をもっとも幸せな男にしていた。彼は自分の幸せの価値を知っていた。ある日彼は、日頃から内心の秘密を告白しているひとりの老ドルイド僧にそのことを打ち明けた。そんな愛情生活を奪われている僧侶は、神の栄光を引き合いに出して、肉体関係を棄てさせようと決意した。僧侶によると、それは現世への執着の原因なのだそうだ。

「兄弟よ」とこの偽信者は言った。「あなたの盲目ぶりを知って、私は嘆き悲しんでいます。あなたが求めているのは神ではなく別のものです。神のために、父、母、妻、兄弟を憎まない者は神にふさわしくないと書かれているのをご存じではないのですか。最初の人間が堕落する前なら、あなたの愛着は罪がなかったかもしれません。しかし罪ある人間は涙に浸したパンしか食べてはいけないのです。あなたの奥方は、われわれすべてを破滅させた残忍な母、イヴの娘です。あなたの最初の父の運命を恐れなさい。彼を堕落させたのも愛でした。あなたは奥方の優しさと気配りに感謝していらっしゃる。そのことこそ恐れねばなりません。と言うのもそうして奥方はあなたを籠絡し、本来神のためにつくられた心を取り上げてしまうからなのです。よく考えて下さい。あなたの足下には地獄がぽっかりと開いているのですよ」

地獄という言葉を聞いて、単純なユリステーヌは震え上がった。混乱した想像力はもはや悪魔、炎、硫黄のにおい、真っ赤におこった火でいっぱいだった。狂信者の熱狂が魂を独占した。彼は妻を敵と見なし、その愛撫は罠、忠告は誘惑だと考えた。心のなかに残された少しばかりの愛着がまだ彼を妻に向かわせようとしていたが、それを押し殺そうと、彼は断食、祈禱、苦行にふけるのだった。

メティーズが夫婦の愛着から解放されたのは、断食によってではなかった。彼は人生の四分の三を、暴飲暴食と放蕩が君臨するいかがわしい酒場の片隅で、酒瓶を片手に過ごしてきた。そして頭を朦朧とさせるブルゴーニュワインの海のなかで、健康と、名誉と、財産とを飲み込んでしまった。この小部屋では繊細な感情などばかげた絵空事扱いだった。優しさは退屈、気配りは隷従、敬意は卑屈呼ばわりされていた。メティーズもしまいには厭うべき相棒たちの口調をまねるようになった。最初は面白がって隠語を使っていただけで、心はまだ麻痺していなかった。だが今ではずっと進行している。麻痺は精神にまで及んでいる。彼は理性が容認できるような喜びにたいしては全く心を動かされなくなった。女性、ことに控えめで、貞淑で、慎み深い女性には関心を示さなくなった。彼にとっての不幸は、妻がそのなかのひとりだということだ。

ポリドールは二十年間うまくやってきた。ここまで彼のやさしさはほとんど変化しなかった。長い時間と、欲望を感じないときの穏やかな心の状態が必然的にもたらす変化以外には。だが「それはもう愛ではない」とおっしゃるかもしれない。たしかにそれは特別な場合を除いて、同性の間ではありえないほどの優しい友情なのだ。だがこの友情は欲望をかき立てることが少ないので、このままだとつまずきの原因となる。私はこの危険に満ちた平穏さを感じている人には、別の対象が愛の再教育を施し、ずるずると邪悪な背信へと導いていく恐れがあるので、自分の目と心をしっかりと見張っておくようにと忠告している。ポリドールはこの罪を犯してしまった。彼は妻だけを愛するという長年の習慣の上にあぐらをかいていた。まさにそのことが、彼を裏切りに導いたのだった。満足しきった愛は、成長するのではなく、老化する。愛はヒュメナイオスの旗印の下で安閑としているうちに、情熱が和らぎ抑え込まれてしまったと思ってしまう。恐れを感じないうちに危険に身を投じてしまった愛は、墜落した後で初めて断崖に気づくのだ。

悪い性格、気まぐれな気質、感情的な対立もまた穏やかな愛を惑わすことがある。しみったれで、吝嗇で、けちくさい夫は、高貴な考え方を持ち、収入にふさわしい支出が許されると信じている妻を嫌っている。逆に浪費家の夫は倹約家の妻を軽蔑する。

ナルシスのような美男子で、それが自慢のカリアは、結婚の床に誘ってやったのだからエルヴィールには貸しがあると思い、それを目つき、言葉、態度で表している。

フォーラはトルコの説話かなにかのなかで、おそらく誇張されているのだろうが、マホメットの子孫たちの後宮における専制ぶりを詳しく伝える物語を読んだ。彼は自宅ではスルタンばりの亭主関白を実行した。もっとも心のなかでは彼はアルタメヌが好きだった。だがそれを口にするのは沽券に関わると考え、彼女の愛撫よりも服従を受ける方を選んだ。

信仰厚いテオティムは教会の危機に敏感で、その堕落を嘆いており、ちゃんとした考えの人々を訪れては、ぐらついている信仰を支えようと説いて回っている。坊主どもはみな大義を裏切った、もうすぐ真実は擁護者を持たなくなるだろう、と。彼は新たなアトラスになろうと考え、近い将来における天空の落下を警告している。この押しつぶされそうな重荷を、妻が支えて手助けでもしてくれたなら、どれほど慰めになったろう。だが裏切り者の妻は夫の敬虔ゆえの悲嘆に心を動かされない。盲目の妻は、道徳心の弛緩した案内人に導かれて、広き滅びの道を歩んでいて、ローマの法と司祭の意見に従っていれば救われると思いこんでいる。テオティムは自分の光を妻に伝えようと全力を尽くした。だが効果はなく、ついに爆発が起こった。二人はののしり合い、呪い合い、憎み合うようになった。

怒りで膨れあがったこの狂乱者は何者だろう。なんという突発的な感情が彼の顔を真っ赤に染めていることか。この狂暴な目つき、切れ切れの声、脅迫的身振りはなにゆえなのか。しかも誰を脅迫しているのか。彼を愛し、彼も愛している優しい妻、貞淑なアルテミーズではないか。少なくともこれまではそうだった。これほど急に、愛から憎しみへ、尊敬から軽蔑へ、尊重から侮辱へと変わることができるのだろうか。できるのだ、嫉妬すれば。さても嫉妬がアルガントの病気なのだ。吝嗇家が自分の宝物を愛すれば愛するだけ、盗まれるのではないかと恐れるのによく似ている。友人、親戚、使用人、老人、子供、誰もがすべて彼を苦しめ、影を投げかける。誰かが妻を誘惑しかねないと思えるのだ。彼はこれをあらゆる不幸のなかでもっとも恐れるべきで、もっともありうべきものだと考えている。恐怖で感覚が狂っているので、疑念を予感、疑いを現実だと思いこんでしまう。さっき彼が怒り狂ったのは、妻が誰かと親しげに話しているのが遠くから聞こえたからだった。彼は不意を突こうと忍び足で近づいたが、半分しか成功しなかった。二人の声が聞こえたはずなのに、部屋には彼女ひとりしかいなかったのだ。だが彼は手袋を見つけた。そのとたん彼は気が狂い、手袋をつかむと引きちぎってしまった。妻は話そうとしたが、夫は耳を貸そうとはしなかった。妻の説明は滝のような激しい罵倒に封じ込められてしまった。すぐに脅迫が続き、思いがけない目撃者が現れなければ、どんな結末が待ち受けていたかわからないところだった。突然、義理の父が姿を現したので彼は狼狽し、自分の過ちを悟った。義父は婿をびっくりさせようとわざと小部屋の奥に身を隠していたのだったが、姿を現して、手袋は自分のものだと宣言し、アルテミーズの潔白を証明した。

厭うべき嫉妬、夫婦の幸せにとっての毒薬よ、おまえはなぜ愛の火を消すのではなく、怒りに変えるのか。しかしながら、激しいと同時に微妙な愛の同伴者とも呼ぶべき別種の嫉妬もある。この嫉妬は敬意を排除するものではないし、有害なものでもない。人は愛する人の優しさが大切なことを知っているからこそ、それを失うことを恐れる。人は愛する人の浮気を疑うことなく、嫌われることを恐れる。誠実さを確信してはいても、相手が冷たくなることを恐れる。この優しい懸念は愛を目覚めさせ、活発で思いやりのあるものにする効果的な刺激である。この助けがなければ、愛はあまりの安心から活気を失ってしまうかもしれない。

だが理解するのが非常に困難で、しかもよく見られる現象がある。それは愛のない嫉妬である。

ドリメーヌはクリトンと、好きだからという理由よりもむしろ好かれたい気持ちから結婚した。しかし夫が魅力的な女性ににっこりしたりすると、彼女は激怒するのだった。自分以外に向けられた親切な言葉、優雅な身ぶり、親切で礼にかなったもてなしは許しがたい侮辱、犯罪なのである。夫がいないと、「あの人は誠意がない。ずっと前から分かっていました。私は疎んじられているのです。でも私はもっと敬意を払われる価値があると思っています」ではドリメーヌは結婚した後で、夫に恋をしたのだろうか。だとしたらこれは奇跡だ。だが私は、少なくともこの種の女には、そんなことが起こるとは思わない。無関心な心に結婚が愛を吹き込むことはない。

結婚は愛の純粋性を確認するが、愛を生み出すことはないし、高めることも滅多にない。結婚は愛を溶かす坩堝《るつぼ》だが、愛を生む揺りかごではない。ではドリメーヌの嫉妬の狂乱の原因は何だろう。それは本当のところ愛ではない。部分的に愛に似た感情だ。

男性のやさしさは、普通、何らかの物に向けられる。男性の心を熱くするためには、なんらかの対象が火をつけなければならない。だが女性にとって、やさしさは生まれながらに備わっているものである。それは女性の体質の特性のひとつなのである。いわば、女性は誰を愛するかを知る前に愛しているのだ。われわれにとって愛は快楽のひとつであるが、女性にとっては命がけの仕事である。だがこの先天的なやさしさが然るべき対象を見出し、官能の喜びでその火が掻き立てられたとき、あたかもガラスの厚みによって集められ、ますます熱くなる太陽の光線と同じように、やさしさは散乱していた炎を集め、一点に集中し、より大きな力と活力を得るのである。そしてまた女性のやさしさには、われわれのそれにはない特権が備わっていると言われている。われわれは欲望が満足させられると、心は不活発になるのだが、女性はそうした無気力やうんざりした感情を持つことはなく、快楽によってますますそのやさしさを増大させるのだそうだ。

一般に女性はわれわれよりも愛する力が強い。あらゆる点で賢明な自然は、意図的に女性には生来のやさしさと官能の激しさを分け与えた。それはヒュメナイオスの贈り物である出産の苦しみをやわらげるためだった。快楽の甘い魅力によって、苦しみを慰め、苦痛の代償とするためだった。そのため、おおかたの女性には反省的な愛の居場所がないのである。われわれは選んで愛する。だが女性はしばしば躍起になって愛する。目を閉じたまま結婚した夫であっても。

愛とよく似ているので、愛とは別のものだと想像されることの少ないこの感情〔やさしさ〕は、時に、嫉妬の激情を生じさせる。ドリメーヌの嫉妬もこの源から生まれたものである。

アマンタスはどのような点で嫉妬深いのだろうか。彼はエミリーの心になんらかの権利を持っているのだろうか。彼は彼女を憎み、軽蔑している。彼女の愛や冷淡さなどどれほど重要なものなのだろうか。彼が彼女に求めているものはもはや愛ではない。彼は自分の愛が妻の習俗にたいするものだと信じているので、彼女が自分に忠実でいることを望んでいるのだ。だが自分自身を振り返って彼女のことを判断すれば、そのような希望は持てないはずだ。こんな笑うべき偏見には正義も理性も気分を悪くするだろう。エミリーが結婚の誓いを裏切れば、アマンタスが侮辱を受けたということになるのだろうか。だが百度も結婚を冒瀆したことを自慢している彼は、自分自身を侮辱したかもしれないが、彼女の名誉に傷がつくなどということはありえない。いつから名誉が悪徳や犯罪と手を結んだのか。名誉は黄金や王杖のように勝利者の戦利品なのだろうか。

愛は、とくに夫婦の愛は愛を糧にするものだ。相手の気持ちを探る恋人は、炎を絶やさないためには希望さえあればよい。しかしその相手を手に入れたとき、彼は見返りと忠実さを期待する権利を得る。結婚という神聖な絆はそれに権威を与え、愛は相互のものであるべしとする条項のもとで、夫婦間に愛し合う義務という一種の宗教的な義務を与えるのだ。と言うのも宗教は不可能なことは命令しないものなのだから。

地球上のすべての国民において、夫婦になるためには愛し合っていなければならないという準則は非常に一般的なので、性格の不一致が愛の乗り越えられない障害になったときでも離婚を認めている国民は非常に少ない。ヒュメナイオスのくびきのもとで幸せに生きるためには、愛し愛されない限り、結婚してはいけない。愛を徳の上に打ち立て、その愛に具体的な形を与えることだ。愛する対象が、美しさ、優美さ、若さといった、いっときの長所のようにはかないものならば、愛もはかなく消え去ってしまうだろう。だが心と精神の美点に向かうならば、その愛は時の試練に耐えるものである。

愛されることを求める権利を手に入れるためには、愛される価値を持つように努力することだ。自分の愛が聞き届けられるかどうかが問題である今と同じくらいに、二十年後にも気に入られるように注意し、嫌われないように心を配りなさい。そうすれば相手をつかむことも、つなぎ止めることもできるようになる。

愛と名誉と気配りが夫婦の間に行き渡っていれば、その結婚の幸せは保証される。この三つのうちひとつでも欠けていれば、その結びつきはおそらく風化するだろう。だが最初のひとつが欠けていれば、それは崩壊するだろう。

第三節　親の愛について

この感情を起こさせるには本能だけで十分である。母親の義務は子供たちの身体的な欲求を自らの手で満たしてやることである。父親の義務は子供たちの魂の教育に自らたずさわるか、少なくともそばにいてそれを監督することである。父親と国王の比較。

もしも人間の理性が、いやむしろその間違った使用が本能を損なう役割を果たすということがなければ、父性愛について述べる必要はないだろう。野獣に子供を愛し、食事を与え、育てることを教えるのに、このような道徳論は必要ない。と言うのも野獣はほとんど本能だけで生きているからである。本能はもしも人を欺く理性の詭弁に惑わされることがなければ、自然の意向に応えて、不平も言わず自分の義務を果たすものだからである。人間がこの点でほかの動物と同じだったならば、子供が産まれると母親は自分の乳を与え、すべての欲求の面倒を見、あらゆる事故から守ってやるだろう。そうしてこうした大切な義務に費やした時間ほど、人生のなかで充実した時間はないと思うだろう。父親の方は、子供の教育に貢献するだろう。子供の思考、気質、傾向を研究し、才能を伸ばそうとするだろう。早い時期に同国人の役に立つようにし向け、自分の能力の可能性に気づかせるようにさせるだろう。彼はこの若木の世話を自分でするだろう。無知で、不品行ですらある教育係に任せるなど、犯罪的に冷酷なことだと考えるだろう。

しかしながら本能の力にもかかわらず、慣習の権威のせいでまったく異なるやり方がまかり通っている。子供は産まれるとすぐに母親から引き離されるのだ。母親があまりに衰弱しているか神経質になっているからだろうか。あるいはあまりに身分が高すぎるからだろうか。母親は自分の子供に乳をやれないのだ。それまで母親の胸で子供を育んでいた液体の流れを変えて、子供の栄養になる二筋の乳の流れを意地悪な継母の胸に流し込むことなど、自然にとってはできない相談である。誰も自然に耳を傾けない。自然からの賜物は捨てられ、無視される。母親が自分を犠牲にしてまで栄養を注ぎ込んだ、この滋味あふれる甘露が、その源を枯らすことになるのだ。子供は、収入によって世話を計算するような、借り物の、金でやとわれる代理母に引き渡されることになる。

父親はどうかと言えば、忙しすぎて自分で息子を教育しようなどと考えるどころではない。仕事が許してくれないだろうし、それだけではない。多くの人々が、安い値段で、父親の代役をしようと申し出ているので、彼らの奉仕を受け入れないのは不経済だと父親は考える。父親の収入の高々一日か二日分しかかからないのだ。

私以前にも多くの人々が、母親の育児する義務、父親の教育する義務という二つの義務の重要性を説いてきた。だがいくら説いても無駄であった。これから賛同する人はどれだけ増えるだろうか。おそらくひとりもいないだろう。だが私は少なくとも発言をやめることはないし、断罪すべき悪癖にたいしてはっきりと抗議し続けるだろう。

「子供に乳をやるなんて、結構なお仕事、素敵な暇つぶしですわ」とクレリーは言う。「私は夜は静かに眠りたいのです。お楽しみで中断されるのなら別ですけど。昼間はお客様がいらっしゃるし、私も出かけます。最新の趣味のドレスを披露しに、プチ・クールやオペラ座や時にはお芝居に参ります。賭事やダンスや井戸端会議もあります。すべての時間は楽しく充実しています。まあ、おわかりになりませんの」と彼女はつけ加える。「もし乳母の卑しい仕事を馬鹿みたいにさせられたら、楽しみをみんなあきらめなくてはなりませんのよ」

クレリー、あなたの大切な楽しみの詳しい計画を聞くと、その義務を嫌いになる理由はよく分かります。でもご親切にも私の目を楽しませて下さっている、その美しく透きとおった胸を見ると、あなたが義務を果たさねばならない理由の方がもっとよく分かるのです。

自分の子供ではないと分かっているはずの子供を受け入れることに同意するような母親とはどのような母親なのだろう。ところで母親から遠くに追放されたこの赤ん坊は、身体が生きるために刻一刻と栄養を消化してゆき、他人の乳が補充され、それによって新しい人間に変身していった数年後でも、やはり母親の子供なのだろうか。そうではない。この子供はもはやクレリーの子供ではなく、乳を与えたことによって第二の出産をしたクロディーヌの子供になっている。このことによって子供が何を得たかを私は知らないが、何かを失ったことは知っている。その子の吸った乳は、その子の身体のためにつくられたものではない。だから母親の乳ほどには滋養のあるものではない。最初は頑強で健康だった体質が、このために弱くならないと誰が言えようか。身体の変化が心に何の影響も与えないと誰が言えようか（魂と身体はそれほど互いに依存しあっているものだ）。そのことが原因で、将来その子が臆病者、ぺてん師、悪漢、人殺しにならないと誰が言えるだろうか。栽培するのにふさわしい土地では美味な果実でも、別の土地に移植されると、ほとんどが質を落とすものだ。動物でも同じだ。ロンドンでは力があり忠実なことで評判の番犬も、海を越えるともはや本能を失い、力もなく、役立たずの馬鹿な動物になってしまうのだ。

場面を変えよう。ひとりの父親の心に分け入ってみよう。いやむしろ、心に分け入るのではなく、行動によって判断してみよう。

トリマルシオンは高等法院の長官である。気取ってゆったりとした歩き方、いかめしく見下すような態度、いつも変わらぬ厳粛さ、そしてそれら以上に、かぶっているかつらの大きさ、従僕の数がこの人物の卓越性を告げている。司法官の役職にはその保持者に英雄の物腰と貫禄を授ける不思議な力があるかのようだ。モリエールの機知やスカロンのからかいも彼をにこりとさせることはできないだろう。しかしながら彼の表情を暗いものにしているあの司法官職の厚いヴェールを、部分的に引き剝がす瞬間がやってきた。里子に出されていた息子が連れてこられたのだ。「ご主人さま」と家政婦が驚いたように叫んだ。「若様がお戻りになりました」彼は立ち上がり、歩み寄り、生まれてはじめて人を迎えにでた。彼は息子を抱き、自分に似ていると思い、身をかがめてキスをした。子供は愛撫を倍にして返し、キスをし、片言で父親の名を呼んだ。それはトリマルシオンの耳に心地よく響いた。舌足らずでよく聞こえなかった分だけ、耳にするのが好ましく思われた。いっそう激しい愛撫を受けた子供は、快活にはしゃいで愛撫に応えた。子供は次第に大胆になり奔放に振舞いだした。十五分前には弁護士たちの全員を威圧していた司法官のかつらを、若様は容赦なく引っ張り、もみくちゃにし、髪粉をまき散らした。

トリマルシオンは息子を愛している。その歓迎ぶりを見れば分かる、とあなたは言うかもしれない。たわいのない証拠でそれが分かるものだろうか。私はむしろ、彼が子供の判断力を育み、精神を豊かにさせ、習俗を教えるためにとる配慮の方を証拠にしたい。だが、息子が到着したとき、彼は精いっぱいのやさしさを示したが、それが更に続くことを期待してはいけない。長官が子供の愛のために、脳味噌をしぼって『君主論』を学び直すことなど期待できるだろうか。いや、いや、そんな心配は無用だ。長官殿はもう自制している。彼はセネカでもブルルス〔Burrhusブルートゥス Brutus の誤りか〕でもないし、前世紀〔十七世紀〕末にフランスの皇太子たちの幼少時代の教育係だった著名な教師たち〔ボシュエやフェヌロン〕を手本にするような男ではない。〔トリマルシオンのやとった教師は〕三〇ピストルの給料で満足できる、話の分かる男であり、生徒を退屈させることなく、むしろ気まぐれの相手もしてやろうと気遣う男なのだ。「神父さま」とトリマルシオンは打ち明け話をした。「私は息子に自殺などして欲しくないのです。息子がラテン語を少し勉強するのには同意します。でもギリシア語は駄目です。見るだけで死にたくなりますから。息子を博士にするつもりはありません。私のように高等法院の長官にしたいのです。たとえ息子を司教にしたとしても、神父さま、信じて下さい、決して魔法使いにはさせません」

神父はそれ相応の努力をした。馬鹿な男の目の前で働けばよいのだし、息子を父親と同等な位置につけるだけでよいのだから、幸運だった。この約束は簡単に果たすことができるものだったが、それでも自分の力の限りを尽くした。

トリマルシオンには多くの支持者がいて、私に抗議する。しかるべき地位にある男が子供を教育しなければならないとしたら、大変な犠牲を払わなくてはならない、と。そんなことが教師役をしないですむ理由になるだろうか。金満家の銀行家が客からかすめ取った金を返さなくてはならないとしたら、おそらく代償は大変なものだ。だからと言って、それをしなくていい理由になるだろうか。

私は父親が自分の息子の家庭教師であってほしいと思う。この重要な役割で、折り紙付きの才能を持った他人の助けを借りれば、もしかするとずっと良い結果を生むかもしれない。だが父親は主任教師、視学官、監督官であり、雇われた教師たちはその助手、部下でなくてはいけない。

ビュバルクは父親だ。こんな愚か者でも生物という資格において、自分の似姿の生産に参与することができた。だがそれ以上の能力はない。彼は何も知らず、何も感じず、何も考えない。こんなたぐいの男が息子の教育にどんな貢献ができるだろう。せいぜい、口出ししないことだろう。

たしかに、読者の誰かが上に述べたような理由を並べ立てるなら、それは教育が免除される事例だし、私は反対しない。けれどもだからと言って、埋め合わせにもっとよい教師を捜し、正当な給料で契約し、生徒の進歩について注意深く尋ねるという努力を免除するのではない。もしその男がそうしたことに関心を持たないほど無感覚なら、それは魂のゆがみだと言ってすませるわけにはいかない怪物だ。

アリスティドにはもっと寛大であってもよい。彼は国家の利益のために、定まった居場所も、定住する家もなく、いつも留守をしているのだ。良き市民はいつも祖国のために財産、健康、休息などもっとも大切な利益を犠牲にする準備ができていなければならない。アリスティドはそうしている。国家は彼の身を独占することで、彼が自分の手で子供を教育するという甘美な喜びをあきらめることをも要求するのだ。彼はあきらめるだろう。私は彼を非難しない。同情する。彼の優しさがどれくらいのものであるか知っているのだ。国の安泰のためなら、彼は苦しむことなく、家を召使いの裁量にゆだね、土地を執事の意のままに預け、命さえも軍隊の危険な運命に託す。だが父親としての務めができないことについては若干の後悔を持っている。

父親が息子たちを教えることができたら、それが子供にとって最高の教師である。アリスティドはその能力を持っている。この大事な仕事を代行してくれる人の選び方を見ても、彼が見る目を持っていることは明らかだ。だがいつでもそうなのだが、才能とそれを使う権力とが別々である必要があるのだろうか。それは社会の利益に反することではなかろうか。

父親と母親は子供を生んだという責任から逃れることはできない。子供が両親の援助を必要とする限り、援助は義務である。子供は弱い挿し木のようなもので、根を張るまではしっかりした支柱を添えてやることが大切である。だが自然は父親の使命と母親の使命を区別している。一方の役目は他方の役目ではない。自然は母親にとくに身体面の世話、つまり動物的実体の維持を振り分けた。父親の専門はもっと高貴なものだ。思考する実体の世話が父親の分担なのだ。だがしばしば父母いずれも自分の分担を果たしていない。

母親は胎内に子供を宿していた。この苦しみは免れることはできないものだった。九ヶ月目の終わりにやっと母親はこの苦しみから解放されるが、これはもう一つの女特有の苦痛である。誕生後の授乳も大切な義務だが、違反することもできたので、義務を果たさなかった。

父親の方は自然の要請にあまり応えていない。父親は母親の役割を引き受け、子供の身体的な世話や、健康、休息、維持、食事、遊びなどにかかりっきりなのだ。魂を育てるという何よりも優先すべき重要な目標は両親ともにおざなりにしている。
リシダはまさにこうした教育プランにもとづいて育てられた。ダンスは上手だし、乗馬と射撃はそこそこの腕前だ。しかし無知で軽薄だ。もっともほとんどの場合無知と軽薄は切り離せない性質だ。卑屈な心の持ち主なのに、横柄な話し方をする。頭には偏見と不信心と迷信を詰め込んでいて、規律も自制心も道徳もない。趣味は習俗をほぼ決定するものだが、彼の趣味は堕落しきっている。

「誰に似たのだろう」と父親のドリモンは言う。五十年も昔の、若いころの過ちを忘れるには充分な時間だ。「私に似たのではないことは確かだ。私も若かったが、おとなしいものだった。昔の若者はもっとしつけがよかった」

ドリモンよ。もしあなたの言うことが本当ならば、それはあなたたちの父親が子供を堕落させなかったからだ。子供をもっと愛していたからだ。

「何ですって」とドリモンは反論する。「でも私がリシダのことで非難を受けるとしたら、それは愛しすぎたことだけです。あまりに愛しすぎて、息子の欠点や無軌道ぶりが目に入らなかったのです。毅然とした態度をとるべきときに、尻込みしてしまったのです。罰しようと挙げた手を、引っ込めてしまったのです」

愛していたから、良き父親が果たすべき最大の義務を放棄したのだと、本当にあなたが思っているのだとしたら、あなたは父親の愛について何とおかしな考えを身につけてしまっているのだろう。

ジュリーがアラマントを見掛けた。私はジュリーの目に不安げな喜びがきらめくのに気づいた。彼女は急ぎ足でアラマントに近づき、優しい愛撫を交わし、質問した。この突然のやさしさはどこから来たものだろう。彼女はアラマントを憎んでいる。愛すべき女性のほとんどを憎んでいるのだ。彼女の言葉を聞いてみよう。「あなた、このドレスをどこで手に入れたの。何という職人が仕立てたの。名前を教えて。会って、キスをしたいわ。ずば抜けた人だわ。贅沢な生地に素晴らしい花模様！　なんて見事にそろった絵柄、素敵な配色、変化に富んだ色合い！　アラマント、私あなたのドレスに夢中よ。それによくお似合いだこと。言葉では言い表せないほどよ」

ドリモンよ、あなたはジュリーを変人だと思うだろう。だがジュリーのことはさし置いて、自分のことを考えてみるがいい。あなたは息子を愛していると言った。だが息子とは何か。あなたと同じく、身体と魂の合成だ。地上のヴェールに包まれた神のイメージ、神の発露、神の光だ。あなたに神を見出させ、感知させるものだ。ところであなたはリシダが持っている異なるふたつの実体〔身体と魂〕のどちらを愛しているのか。高貴な源を持つ霊的な魂だろうか。だが、魂を愛するといっても、そこにかつての高貴さを偲ばせる痕跡を認めることができるだろうか。その魂は恥辱に身を落としていないだろうか。徳を愛そう、真実を愛そうとする嗜好を魂はどこで失ったのだろう。魂が本来の輝きを保つためには、そうした特徴を示していなければならない。だがそうではない。それらはすべて消え去ってしまっている。彼の魂はもう見えない。魂を覆い隠している泥土によってその存在を推測するのがやっとだ。泥土とは諸器官、顔の輪郭、ちゃんとした四肢、つまり魂が宿っているほかの身体と同じものだが、〔魂を推測するのに〕それ以上の証拠はない。

だがどれほどその魂がゆがんでいようとも、おそらくあなたは息子を愛しているのだろう。もしもあなたが息子の魂をもっとよく支援していたなら、もしもあなたが魂に純潔と無垢と徳を取り戻させる努力をしていたのなら、私は信じるだろう。だがあなたはそんなことを思いもしなかった。彼の魂がそうしたものを失ったのはあなたのせいなのだ。あなたが子供の魂の気まぐれを妨げ、彼の怒りを抑え、欲望を抑制し、素行について教えるとしても、それは子供の身体が痩せたり、貧弱になったり、やつれたりしないかと心配するからなのだ。あなたは服を汚すことが心配で、けが人の傷に包帯をあてるのを尻込みするだろうか。何よりも魂のことを考えねばならないときに、あなたは身体が苦しんでいないかと心配する。だが身体は魂の衣装のようなものでしかないのだ。

もう一度尋ねよう。あなたは息子の何を愛しているのか。あなたは彼のなかにあって彼自身ではないものを愛している。だが彼がまとっている有機的物質は、彼に奉仕するように組み立てられた機械でしかないのだ。それがなければ彼は生きることができないが、彼がいなければそれは単なる屑にすぎない。とにかくそれはあなたの子供ではなく、外側を覆っている皮膜なのだ。

ジュリーの話に戻ろう。アラマントのドレスに夢中になっている彼女はそんなに滑稽だろうか。だが、そのような愛が奇妙だとしても、あなたの愛はそれよりも理性を備えたものだろうか。

国王と父親はよく比較されるが、それは道理にかなっている。この比較は自然による裏付けを持ち、国王というものの起源にまでさかのぼるものだからである。

「最初の国王は幸運な兵士であった」

と今世紀のある詩人は言った（ヴォルテール氏の悲劇『メロープ』）。だが公正な君主が口にするには不適切なこの格言を、作者は国王の殺人者、簒奪者である暴君のポリフォントの口から吐かせていることに留意しておこう。ポリフォント以外の人物だったら、こう言っただろう。

「最初の国王は子供たちを統治した」

父親は当然のこととして家族の長である。家族が集まって国民になった。したがって一家の長が国王になったのだ。長子はおそらく父親の権威を継承する権利があると信じていた。そして王杖は一家のなかにとどまり続けた。幸運な兵士あるいは謀反人の家臣が新たな王家の始祖となるまで。

王が父親と比べられるように、逆に父親も王に比べることができる。家族の長が果たす義務と比較することで君主の義務を明確にすることができるように、主権者の責務と比較することで父親の責務を明らかにすることができる。

愛し、統治し、褒美を与え、罰を与える、これが父親と国王の果たすべきことだと私は考える。

自分の子供を愛さない父親は怪物だ。家臣を愛さない国王は暴君だ。父親と国王はともに神の生きたイメージであり、その支配力は愛に基づくものである。自然は子供たちの利益のために父親を作り、国家は国民の幸福のために国王を作った。子供は真の有益を知らず、自分の幸福や健康に配慮することができない。同じように、盲目で無鉄砲で乱暴な国民は、指導者を持たなければ、実りのない奇妙な計画しか立てられないし、混乱したものの見方しかできないし、何を望むべきか、何を愛し、何を恐れるべきなのかも知らない。彼らが何らかの措置を講じたとしても、破滅を招かないような措置を選ばないことは滅多にない。だから家庭にも国家にも指導者は必要である。ちょうど円天井の頂点に、アーチの中心部分に収まって他の石を支配し、組み合わせを揺るぎないものにする要石が必要なように。だがもしこの指導者が構成員に冷たければ、それは自分自身にたいする偏愛以外に理由はないのだから、すべてを自分本位に考えるだろう。構成員の利益は指導者の利益のために犠牲にされる。彼らの労働と汗で指導者は私腹を肥やすだろう。専制を確固たるものにするために、彼らを隷属状態に留めるだろう。指導者の目に、構成員は自分の幸せに奉仕するための道具としか見えないだろう。

逆に恩情と愛が指導者の意志を統御し、命令を書き取らせるのなら、指導者と構成員のあいだに自由で自発的な交流が生まれ、両者にひとしく健康と頑健と壮健をもたらすだろう。すべてが全体の共通利益のために一致団結するだろう。指導者もそこに確かな利益を見いだすことになる。家族あるいは家臣を思いやりをもって遇すれば、自分自身の利益にも通じるのだ。頭は生命と感情の中枢であるが、やせ細った貧弱な胴体の上では据わりが悪いものだ。

国政と家政とは同じものである。いずれを管理する主人も二つの果たすべき目標を持っている。ひとつは、そこを習俗と徳と信仰心で満たすことであり、もうひとつは、混乱と災害と貧困を遠ざけることである。指導者を先導するものは秩序への愛であるべきで、服従を徹底させることに喜びを見出すような支配への熱狂ではない。子供も家臣も自分自身を治めるにはあまりに狭い見識しか持っていないが、しかし自分たちをうまく治められない人物の欠点に気づくには十分な慧眼を持ち合わせているのだ。

褒美を与え、罰を与える権力は統治を機能させるための力である。神も命令するときはいつも威嚇による脅しと、約束による誘いを用いている。すべての主権者も同じようにしなくてはならない。だが反逆者を脅迫するだけでは冷酷だとし、正義にもとる。同時に約束によって従順な家臣を激励することも必要である。ローマ法はこの点であらゆる国民にかなったものである。ローマ法においては、私的な理由で殺人を犯した者は重罪に処され、ひとりまたは複数の人の命を救った者には市民冠が授けられることになっていた。

人の心を動かす二つの動機とは希望と怖れである。父親よ、国王よ、あなたたちはこの二つの情念に訴えるすべての手段を手にしているのだ。だが正義は罰することに注意すると同時に、褒美を与えることにも配慮するものであることを忘れてはいけない。神はあなた方を地上における代理人、代行者として任命された。しかしそれは単に雷を落とすためだけではなく、恵みの雨や露を降らせるためでもあったのだ。

第四節　親にたいする子の敬愛について

その特徴。子供たちの冷淡さに責任がある父親たち。父親にたいする子供たちの義務。ある種の父親における偽りのやさしさ。子供と家臣の対応関係。

父親と母親は優しく慈悲深い主人であり、その感情は自然の意図にかなっているものである。従って子供たちは尊敬と愛に基づいて両親に従属するのでなくてはならない。この従属は横柄な主人にたいする奴隷の従属ではない。それは不可欠なものではあるが、自発的で心から発せられたものでなくてはならない。息子が従順なのは、父親を愛し、父親に愛されているからなのである。

世界の始まりから何世紀かのあいだ、父権を濫用する父親はひとりもいなかったし、その心配もなかったので、父権に制限はなかった。家族のなかで父親は最高存在として全権を握っていた。その厳しさを優しい気持ちによって和らげる裁判官の裁量に子供をゆだねたとしても何も不都合はない。だがときおり怪物が生まれはじめた。愛情のない父親が、そしてその結果として、残酷な父親が生まれた。毛むくじゃらの両手を自分の子供の血の海に浸すような父親もいた。そこで父権が制限された。父親は検察官として振舞うことは許されたが、裁判官や死刑執行人になることはもはや望まれなくなった。自然もまた父親の冷酷、憤激、暴力を禁じた。しかし国家はそこまでしなかった。情念の内部を統制するまでその権利を広げなかったのだ。

この点で法の拘束から自由だったので、悪意ある父親は暴君を気取り、鉄の王杖をもって子供たちを支配した。そして子供たちは父親から授けられた人生を耐え難いと感じ、父親を憎んだ。このような父親の種族は絶滅していない。この世紀にもまだうようよいる。私はこの子供たちに愛を持つように勧めているのではない。私はかつてモーゼがヤコブの子孫たちに課した律法の一節を示すに留めよう。その律法には「汝の父親と母親を敬え」とある。「愛せよ」とは言っていないのだ。モーゼは、冷酷で、優しい感情を持つことも与えることもできない人々に向かって語ったのだ。名高い十戒のなかに神を愛せという戒律を入れなかったほどだ。そのような戒律をどうして作れただろう。彼は神を恐るべき、残酷な、怒りに満ちた姿で描いたので、その教義を信じ込んだ民族は、神を恐れることしかできなかったし、かつてローマの市民がフェブリスという機嫌を損ねると危険な熱病の女神を尊んでいたようにしか、敬うことができなかったのだ。

ソストラトはソフロニーと結婚した。彼女〔ソフロニー〕は美しく、若く、裕福だった。だがソストラトの心を動かしたのは最後の点だった。自然が女性に分け与えたすべての魅力と美点を一身に備えた女性がいたとしても、彼はこれ以上に心を動かされたりはしなかったであろう。彼は自分が純度の高い泥土でこねられている〔特権的な人種に属している〕と考えていたのだ。その虚栄心が彼を愛から遠ざけていた。ソフロニーとの間にもうけた子供たちは、冷たい関係の産物であり、彼に優しい気持ちを起こさせることはなかった。ただ専制にたいする嗜好を満足させただけだった。子供たちは彼がその主人として支配できる家臣だった。父親になった瞬間から、彼は君臨し始めた。卑劣な暴君が君臨する過酷な状況を、子供たちは耐えるだけで、そこからいかなる実りを手にすることもなかった。この残虐な父親が、子供たちのくびきを日増しに耐え難いものにしていったのは、いかなる野蛮さのせいだったのか。不満の声を上げない子供たちを、どれほどの気まぐれが、奇癖が、不正で不合理な命令が襲ったことか。忠言は彼をいらだたせた。どれほど道理のある忠言も、耳にする前から、罰すべき反抗に思われた。非人間的な冷酷さではもの足らないこの妄想の君主は数々のむなしい計画、贅沢、快楽、そしてとりわけ怠惰によって、あっという間にささやかな蓄財を使い果たしてしまった。所有地は抵当に置かれた。ソフロニーの宝石や持参金はソストラトに食い尽くされた。だが彼の気高い魂は貧乏を恥じることなく、相変わらず尊大だった。いらだちや悔しさで生来の自尊心が傷つけられると、いっそう凶暴になった。子供たちには何も与えられなかった。才能も、財産も、友人も。誰がソストラトから何かを受け取ることができただろう。子供たちは貧窮の恐怖から抜け出そうと勇敢な努力を試みたが、無駄であった。彼らに役立ちそうなものはすべて、ソストラトの妨害を受けたからである。自分の血筋にも嫉妬するこの男は、子供の誰かが自分よりも豊かになるのを見れば、絶望してしまっただろう。

こんな父親を持った哀れな子供たちよ、あなたたちは父親にたいしてどのような感情を持つべきだろうか。すでに言ったように、シナイの律法者はその戒律のなかであなたたちのために次のような言葉を書き残している。

「汝の父親を敬え」と。人生には、子供がこの教えに背いてもよいような場合はひとつもない。父親はあなたたちの主人なのだから、父親には従順でなくてはならない。あなたたちの利益を犠牲にしても。だが名誉を犠牲にしてはならない。できる限りの義務を果たしなさい。どんなに残酷な敵であっても義務は果たさなければならない。ましてやあなたたちの父は、あなたたちを憎むすべての者のなかでも、もっとも近い血のつながりを持つという優位な点を持っている。彼が冷酷だからと言ってあなたたちが冷酷になってよいという理由にはならない。あなたたちの心のなかでは父親にたいする愛が弱いように感じるが、そのことを非難しようとは思わない。だがそれはすべての人間にたいして持たねばならないような種類の愛なのだ。あなたたちの父親も人間なのだから、少なくとも他の人と同様にこの愛を要求する権利を持っているのだ。ほかの点は同じなのだから、父親を優先しなくてはならない。

とは言えとりわけ優しさに溢れた愛着としての、父親にたいする敬愛は、それを免れることができないほど普遍的な義務ではない。憎しみしか抱けないような父親は、汝の敵を愛せという意味でしか、愛せない。父親だという違いはあるが、尊敬すべき敵と見なすことだ。

子供たちが自分たちの生を負っている人々に熱情を示さないときでも、彼らがまた親の願望をかなえようとせず、親の感情を受け入れないときでも、それは検証なしに子供を断罪する理由にはならない。判断を下す前に、子供たちがほかの場面でどのような振舞いを見せるかを確かめるべきである。名誉と徳の小道を歩んでいるなら、彼らの冷たさはおそらく正当なものだ。父親にたいして熱烈な愛情を示せないとしたら、それは父親の犯罪、冷たさ、卑しさが彼らの心を窒息させてしまったものと考えられる。父親の習俗もまた検討しなくてはならない。もしそれが乱れていれば、子供の弁護はなされたのである。

逆に非の打ちどころのない生活を送り、父親としての情を備えていて、子供たちにむなしい愛を注いでいるのに、恩知らずの子供たちがそれに応えようとしないとき、子供の側の罪は明らかだ。父親がその気質や物の考え方や性格において欠点を持っていても、忘恩の口実にはならない。感謝の気持ちを忘れた冷たい心を投げ捨て、父親のひざを優しく抱きなさい。徳があり、あなたを愛している父親にたいしてあなたが愛を拒むのなら、父親が愛することをやめ、憎みはじめたとしても、不公正だと非難することはできないだろう。

だが各人がおぞましい悪徳の旗に喜んで付き従い、父親が悪い模範を示すと子供たちが進んで模範を追い抜こうとするような乱れた家庭では、各人がばらばらな目的を持ち、幹と枝が別々の利益を求めたとしても驚くにはあたらない。

徳は、真実と同じように、ひとつであり、単純で変化を蒙らない。だから徳を愛する者たちは相互に変わらぬ融和を堅持するのである。それに反し、悪徳に染まった者たちは、利害が一致する間しか手を結ばない。自分の欲望をくすぐる物を欲しがるだけで、欲望を落ち着かせる確かな対象を知らないからである。妬み深く、強欲で貪欲な連中のばらばらな利益が長い間一致することなどありうるだろうか。

徳は財産よりもたやすく父から息子に受け継がれる。財産は人間がいかに慎重を期しても予見することも回避することもできない激変に左右される。だが小さい頃から子供の心に刻まれた名誉、徳、思慮分別の刻印は、深い根を張り、成熟し、実を結ぶのである。その結果は安定し、変化しない。ひととき視野からはずれて見えにくくなったり、くすんで見えたりしても、まもなく雲を貫いて再び姿を見せるだろう。父親が子供たちをこの貴重な遺産で豊かにしようと配慮していれば、父親にたいする愛はもっと当たり前のものになっていたはずである。徳のある息子はきっと徳のある父親を愛するだろう。そして自分が父親になったとき、彼の子供たちに同じ魅力が働き、子供たちも愛情で応えてくれるだろう。父親への愛と徳への愛は相互に高めあうのである。親に愛されたい子供は徳と手を結ぶだろう。徳への愛によって優しく父親を愛することになるだろう。

ペリアンドルは三人の子供の誰も自分を愛してくれず、愛するふりもしてくれないことに驚いている。彼は言う。「でも私は子供のために何も惜しみませんでした。この二十年というもの、わたしは汗にまみれ、夜を徹して働きました。子供たちの幸せのために身体をすり減らし、寿命を縮めました。私が植えると、子供たちが収穫をしました。私が労苦に耐えると、子供たちが実りを取り上げました。私には財産がありませんが、子供たちは金持ちです。恩知らずの子供たちはいったい誰のために私にたいする愛を出し惜しみするのでしょう。これ以上私に何を望んでいるのでしょう。子供たちを幸せにするために、私は何かを忘れたのでしょうか」

あなたが忘れたのは、子供たちによく生きることを教え、習俗を吹き込むことだけだった。彼らがあまりに節約家で、さもしいほどに節約しているのだったら、結構なことだ。どうぞ驚きなさい。あなたは財産を与えたのだから。でも子供たちの心に徳にたいする関心がないからといって驚いてはいけない。あなたは徳を与えなかったのだから。おそらくあなたは子供たちが中途半端に悪に染まることを恐れ、贅沢を許したのだろう。なんと盲目な父親だろう。低劣で堕落した心に富を与えるのは、怒り狂った人の手に抜き身の剣を渡すようなものだ。そうしてしまった以上、荒れ狂う情念の奔流を押しとどめる防波堤があるだろうか。恐怖は彼らの知らない感情なのだから、彼らを不名誉な行動から守るためには、そうした行動ができないようにするほかはない。ところがあなたは父親としての配慮からそうした行動をする手段を与えたのだ。子供たちを金持ちにして、この障害を飛び越える術を与えたのだ。それこそあなたが誇った夜なべと汗のみごとな結晶だ。もっとも彼らに徳を吹き込むのにはそんなに苦労しなくてもよかっただろう。もしあなたが徳を知っていたら、おそらくはそうしたにちがいない。だが金が幸福になる唯一の手段だと信じていたからこそ、あなたはそれを子供たちに与えたのだ。徳を尊重しないのは、子供たちもあなたと変わらない。彼らがあなたを愛さないのは、あなたを模倣しているのかもしれない。

年齢は息子の父親にたいする義務に変化をもたらす。子供時代、息子には無制限の服従が課せられる。賢明な検討ができないので、何も検討すべき事柄がないのだ。子供時代が終わると〔青年期に達すると〕、少し物事が見え始め、理性が発達する。そうなれば息子が父親に尊敬のこもった進言をすることは禁じられない。だがこの進言が無駄におわったら、彼に残された唯一の選択肢は服従することである。大人になっても、息子であることにはかわりない。だが自分自身の歩む道を決定する権限のある裁判官にはなれる。彼はあいかわらず父親に尊敬を払いつづけねばならないが、盲目的な服従は免除される。祖国の法が父親の代わりになるのだ。息子が大人と呼ばれる年齢に達すると、彼は新たな支配力のもとに移る。祖国が彼の習俗と素行を検討することになる。彼は市民の一員となり、君主国では、国王が彼の父親となるのである。

しかしこの絶対的な父のもとでは三つの世代〔子供・青年・大人〕の違いは区別されない。国王の支配下にあるすべての子供は、常に国王の後見のもとにいるのである。ただ民衆と行政官という二つの異なる階層区分があるだけである。前者はいつまでも子供と見なされる。ひたすら従属するために生まれたもので、その意見が採用されることはない。意見を述べたら、犯罪と見なされる。行政官という言葉で私は国王が政府のなかでなんらかの役割を与えているすべての人物を指しているのだが、彼らはみな大人であり、国王がその意見を参考にするために身をかがめることもある。彼らの投票は集計される。しかし国王は自分の気に入る意見しか考慮しない。法を作るのは国王であり、法が発布されたなら、誰も口を閉ざし、服従しなければならないのである。

しばしば人は父親を本能か義務によってしか愛さない。もっとも義務から愛が生まれることがあるとしてだが。けれども家臣に愛される国王は、家臣から献身を受け取るより大きな理由を持っている。家臣は納得し、選択して国王を愛しているからである。これは父親への敬愛というよりもむしろ友情、いやむしろその両者に似た混合物である。尊敬の気持ちがあるという点で、それは父親への敬愛に似ているが、自由意志に基づき、熟考された結果で、献身的だという点で友情にも似ている。さてこのような美徳を合わせ持つのが、次章で見ることになる、友情の特徴である。

第二章　友情について

友情は徳を基礎に持たねばならない。それは趣味の一致、血縁、感謝の気持ちなどによって結ばれる関係とは区別される。友情の定義。どんな友人を選ぶべきか。友情に基づく感情である信頼と世話から生じる諸結果。友人にたいして持つべき寛大さ。友情を維持するための世話の有用性。

前章で私は、徳を基礎に持たないかぎり、安定した堅実な愛などないという原則を明らかにした。友情についても同じことを言いたい。友情を固めるのは性格や習俗の類似性だけではなく、それらの公正さと純粋さでもある。

友人と仲間とははっきり区別しなければならない。楽しみなど、徳と無縁なものにたいする関心が一致すると仲間が生まれるが、友人は生まれない。一緒に酒を飲んでいるときは大いに好意に溢れているように見える食卓の仲間は、あなたの名誉がかかわるような秘密を打ち明けられると、好機とばかり冗談にしてあなたを笑い者にするだろう。おかげであなたは嘲笑され、侮辱され、愚弄されることになる。あなたの利益を手渡せば、彼は自分の利益のためにそれを犠牲にするだろう。そんなことになってからあなたは友人に裏切られたと泣き言を言うのだろうが、裏切ったのはあなたと一緒によく飲み、食べ、遊んだというだけの男なのだ。

両親を友人と混同してもいけない。前者とあなたのつながりは必然的な絆であり、心の絆ではない。後者とあなたのつながりは共感から生まれた自発的な絆である。われわれを友人に結びつけるのは、熟考した末の自由な選択である。それにたいしわれわれに両親を与えるのは運命であり、自然である。

感謝はまだ友情ではない。感謝は親切な人の寛大さに愛着を覚えることでしかない。そして自分が感謝していることを示したい、真の奉仕によってそれを証明したいという強い欲望をいだくのだ。だが感謝の念を抱きながらも、その人の気質や性格や振舞いが好きではないという場合もある。

友情は人を世話好きにさせる。世話をするのに努力はいらないし、気前よく振舞うことに喜びさえ感じる。だが世話がそれだけで友情を生むことはなく、ただ友情が生まれる機会を与えることがあるというだけである。好意から世話が生まれた。そしてあなたはそれをしてくれた人を愛したいと思った。その人の性格を調べてみるとあなたの性格と相容れない性格を発見できなかったので、まもなくあなたは実際に愛するようになった。しかしそれが親切でなくても、その人の本当の価値を知る機会があれば、その人を同じように愛するようになったであろう。

感謝は義務である。古代のペルシア人はそのことに関して明確な掟を持っていた。恩知らずには刑罰が与えられていたのだ。感謝は、いっさいの強制がないという友情の本質とは反対のものである。

友情は尊敬のみに基づく無欲な感情である。友情にいちばん近い感情は愛である。愛から快楽的欲望を取り去り、愛する対象の性別に依存しないものだと仮定すれば、愛と友情の違いは全くないほどだ。私には答えが出せない疑問ではあるが、もしプラトン的な愛が単なる妄想でないとしたら、それは二人の友人の性が異なっていても何も取り去らないし、何もつけ加えない友情にちがいない。

人間が魂と身体のふたつの部分からなっているように、友情もそれと類似したふたつの部分、つまり感情と、その表現である外的なしるしからなっている。

この感情の強さに関して、私が教えることなどない。人に愛することを教えるのは、息をすることを教えるのと同じくらいばかげたことだ。どちらも同じように自然な行為だからだ。友情の強さは感受性の強さに応じて決まるだろう。だが私が教えることができること、そして多くの人が知らないことがある。それは友人を手助けするために名誉や良心を安売りするのはよくないということだ。友人を大切にしすぎるということはないだろう。友情が過ぎて罪を犯すということはありえないのだ。罪を生むのは誤解された友情なのだ。

あの世話好きな貴族はその人望と信用を気高い目的に使うという評判だ。彼はカライスをある輝かしい職務につけたのだが、能力の欠如でカライスは最近免職されてしまった。さてこれは友人への本当の親切だろうか。国王と祖国を犠牲にしてまで友人の役に立ちたいと思ったのだが、カライスに屈辱的な失脚を蒙らせただけだった。アリデはリジアに引きずり込まれていた放蕩生活から足を洗ったところだが、そのリジアの堕落への誘いと卑怯なへつらいに感謝しなくてはならないのだろうか。誰かに不正な満足を教えるのは、友人というよりも誘惑者と見なすべきだ。

実際、友情の第一の規則は相手をよく知らないで友人になってはいけないということなのだ。同じように重要なもうひとつの規則は、友人を善良な人以外から選んではいけない、というものだ。

もっとも早く成長する植物がもっとも生気のある植物であるとは限らない。同じように、普通、堅固で長続きする友情はゆっくりと育まれた友情だけである。あわてて生まれた友情は壊れやすいものだ。

見せかけの友情の犠牲者は、そのような犠牲からもっとも遠いと思われる人ばかりである。まっすぐな心を持っている人に疑い深い人は滅多にいない。疑い深くない人がだまされないことはさらにまれである。友人になったら誰でも利益を得ることができるような、人付き合いがよくて心の広い人々がいる。そんな人々はほかの誰よりも友情を結ぶことで危険に会いやすい。彼らと友人になることは大いに有利なことなので、利益を求めて友人になる者がいるのではないかと心配になってしまうのだ。利害関係のある友人は本当の友人ではない。

私が友情に関する助言をしたいのは、とくにこの正しい心と誠実さを持つ人々にたいしてである。うそつきがだまされようが私には関係ない。私が忠告したいのは、友人になる前に確かめるべきだということだ。徳を愛する人々は有徳の士だけしか友人にしてはいけない。確かめるべきなのは、主にこの点である。

はじめて会ったときの最初の一瞥で、その人が活発な人かのんびりした人かを見て取ることはできる。陽気な人かまじめな人か、粗雑な人か礼儀正しい人か、おしゃべりか無口か、才気のある人かそれとも馬鹿かもわかる。その人の目、態度、身ぶり、話からそうしたことのほとんどはわかる。だがその人が習俗と誠実を身につけているかはわからない。この点についてはもっと長い時間が必要だ。どうやらそうらしいと確信が持てるまでは、曖昧な外見に惑わされず、友人という貴重な資格を安易に手渡すことは避けなければならない。その人が友人に値すると納得できても、さらに留保条件がある。その人と感情、趣味、楽しみ、利害の共同生活にはいることができなければならないのだ。友情は精神的な結婚であり、二人の魂のあいだに全体的な交流と完全な一致を打ち立てるものなのである。

友情の特性は信頼と好意にある。友人のためには財布と心を開かねばならない。あとになって友人と認めることができなくなってしまった場合をのぞいて、このふたつは友人にたいして開いておかなくてはいけない。慎重に選別した友人には、自分の秘密も金庫も安心して委ねることができる。友人ならそのどちらも控えめに使ってくれるだろうと信頼できるのだ。

一

信頼はふたつの結果をもたらす。ひとつは友人が慎重で、公正で、忠実で、愛着心に満ち溢れていることに全き安心感を持てるということだ。侮辱的な疑念を遠ざけることができるということだ。

この安心感がもたらすもうひとつの結果は、友人同士が心の奥の感情、思想、計画を打ち明けられるということである。お互いが関心を持つすべてを打ち明けられるということである。それはしばしば些細なことにも及ぶ。と言うのも些細なことでも友人の間では関心の的になるからだ。

友人には別の友人の秘密以外の何物も隠してはいけない。友人以外の人に打ち明けたら軽率のそしりを免れないことでも、友人に打ち明けることは可能だし、義務ですらある。友人はあなたの心を読む権利があるのだから。あなたの欠点をさらけ出しても思慮に欠けることではない。あなたの秀れた点を事細かに語っても傲慢ではない。親友に自分の長所を話すのは、自画自讃というよりは真実の吐露というべきである。友人と会話をするのは、ほとんど反省すること、自分自身と対話することである。

二

友情が生じさせる好意もまたふたつの結果をもたらす。寛大さと世話である。

（一）友情はそれを傷つけるもの以外のことに腹を立ててはいけない。友人の欠点は、そこに心が関与していない限り、大目に見なくてはいけない。彼のあなたにたいする友情が消えたことを証明するものでなければ、いかなる欠点も大目に見なくてはいけない。不注意や、度忘れや、勘違いや、かんしゃくなど何でもない。絶交、裏切り、侮辱、これだけが友情において許されない罪である。

だが裏切った友を恨んではいけない。友人関係を断つ、それがあなたに許される復讐のすべてである。曖昧な友人として共に生き続けることは、軽率なことだ。だが憎しみは罪である。あなたを怒らせたからといって彼が人間でなくなるわけではないし、あなたが憎んでもよいとされるような人間はひとりもいないのだから。もしその友人が、あなたを裏切る一時間前に死んだとしたら、あなたはその死に涙したはずだ。友人の卑劣な行為で、あなたは友人を失った。彼の罪を哀れみなさい。そして憎んではいけない。彼はあなたよりも自分自身を傷つけたのだから。あなたに損害を与えるために、彼は自分の名誉を犠牲にしたのだから。

（二）友情は利害を離れたものではあるが、親切な心遣いは喜ばれる。友人にたいする世話は、恋人にたいする愛撫のようなものだ。愛情を生む動機にはならないが、愛情を高める要因にはなる。風は炎を生じさせないが、炎を激しくさせるのに似ている。

友人に親切にする手段は非常に多く、どのような状況にあってもひとつくらいは実行可能である。そのすべてを実行しなさい。できることなら、あなたの友人があなたにどんな親切を望んでいるか伝えるのを待たない方がいい。彼にとって何が必要なのかを知ろうと努力し、彼が気づかないうちに与えてやるようにしなさい。友人もまたあなたの先回りをしようとしているのだ。

親切で先を越すという幸福な得点争いをしている二人の友人の戦いほど、爽快な戦い、高貴な嫉妬はない。実際、友人が差し出してくれる救いの手を受け入れるのは恥ずかしいことではない。それを恥じるのは、親切な人の心の広さを無礼にも疑うことですらある。だが、親切な人が演じる役割はうらやむべきものだ。友情の徴を受け取るのは気分のいいものだが、与えるのはもっと気分がいい。

とは言えあなたの友の繊細な心に手心を加えなくてはいけない。あなたがあまりに気前がよすぎると、友人はお返しができなくなって困惑してしまうかもしれない。あまりに親切にすると、不親切になりかねない。少なくともあなたが手助けをしようとするとき、感謝は不必要だと思わせるような口実で包み隠すようにしなさい。あまりの親切で友人を追いつめないようにしなさい。親切にたいする感謝が彼に支えきれない重荷になっていないと、誰に言えるだろう。並外れた自尊心の持ち主には、親切を授けてくれた人が気高く感じられ、そのぶん親切を受けた自分がおとしめられたと感じる人もいる。すでにそうした例は見たが、もしも心の底が読めたなら、親切にしてくれた人を、寛大さだけを理由に、死ぬほど憎んでいる人は無数にいるだろう。

そうは言っても、吝嗇や冷ややかさで友情の誓いを惜しんでしまうことに比べたら、過剰な親切や善意で罪を犯す方がずっとましだろう。

だがあなたが貴重で同時に強い友情の証を示したいと思うならば、誠実な言葉で話さなくてはいけない。あなたが彼に意見するとき、忠告をするとき、それはあなたの思想と感情の忠実な表現でなくてはならない。思い切って裸の真実を示しなさい。あるいは、気をつかって、真実をなんらかの装いで飾ろうとするときでも、それは真実を覆い隠してしまうものではなく、真実を際だたせるような装いでなくてはいけない。

第三章　人間愛について

人間愛の定義。愛着心のさまざまな階層。そのなかでももっとも普遍的で、もっとも弱い愛着心が人間愛である。とは言えほかの社会的愛着心はこの人間愛に依存している。それはまたわれわれが敵を憎むことを禁じる。この章の区分。

人間愛とは、人々が同胞一般の運命にたいして抱く関心、血や愛や友情で結ばれていなくても、単に自分と同じ人間だというだけの理由で抱く関心のことである。

父親や恋人、あるいは友人に格別のやさしさを持つことは正当だ。だが人はすべて神が創造主であり父親である一家族の構成員なのだから、われわれがすべての人間にたいして負うべき一種の愛着心がある。

静かで澄んだ水面に石を投じたときに生じる、あの円形の波を想像してほしい。中心部の振動が周縁へ伝わって数多くの波の輪が次々に生まれていく。波の痕跡はその円周が広がるにつれてしだいにかすかなものになり、ついには目に見えなくなっていく。これがわれわれの愛着心の強さのイメージである。われわれは原則としてわわれわれに身近なものを愛し、遠いものにたいしては愛着心がうすくなる。われわれはすべての人間をわれわれを中心にしてさまざまな階層に分けて考えている。多くの人々を含む階層もあれば、少数者しか含まない階層もある。われわれ自身はもっとも狭い階層のなかにいるのだが、それをより広い階層が包み込んでいる。われわれは中心から外の階層に含まれる人々にたいして、それぞれ異なる強さの愛着心を割り当てる。遠い階層になるにしたがって、愛着心は薄まり、最後の階層には愛着心の割り当てがほとんどなくなってしまう。階層の秩序は次の通りである。まず最初はもっとも大切な人々、つまり恋人、友人、両親、そして宗教について同じ考えを持つ人々（この階層は、範囲を定める人が狂信的であるかどうかによって、広がったり狭まったりする）がはいる。その次にわれわれと同じ職業を持つ人々の階層が来る。そのほかの階層には、隣人、同じ都市の市民、同郷（国）人、同じ地域の住人がはいる。最後の階層はそれ以外のすべての人々を含む、全人類の普遍的な階層である。だがこの最後の階層は往々にして無視されている。

スペイン人が些細なきっかけで何百万人ものアメリカの原住民を虐殺したとき、未知の大陸で偶然に出会った人々、それも自分の従兄でもなければ友人でもなく、カスティリア人でも、カトリック教徒でも、キリスト教徒でもない人々を人間として尊重しなければならないとはおそらく思ってもいなかったのだ。

人間であるというだけの価値で人を愛し、善意を持って接すること、これが人間愛である。この感情は心のなかに刻み込まれたものであり、ほかの社会的な徳の存在を保証するものであり、同時にほかの社会的な徳が心に刻まれているからこそ生まれる感情である。いかなる点でも縁のない他人でも、人間だという理由だけでその人を愛することができる人が、より緊密に結びついた人々、つまり人間という資格に友人、親、あるいは同郷（国）人としての資格を兼ね備えているような人々を愛するのは言うまでもないことだ。それにまた格別な愛で愛していた人と別れたとしても、この人間愛があれば、その人にたいして残酷にはなりきれないはずだ。妻や息子たちなど特別な愛情を注いでいた者たちから深く傷つけられたなら、その人たちに感じていた愛情は失われるかもしれない。だが少なくとも自分と同じ神の被造物としての彼らにたいする愛は失われることはない。真の人間愛に溢れる人ならば、ある人の友人になれなくても、その人の敵になることはできないものだ。

人間愛が他の社会的な愛着心とのあいだに持つ関係は、ちょうど絵画にたいする下地の塗り、つまり画家が主題を描き始める前にキャンヴァス全体に施す下塗りと呼ばれるもののようなものだ。それは、その上にあらゆる種類の愛、関係、友情が描かれる白紙のようなものだ。人間愛を欠く人はよい父親にも、よい息子にも、よい友人にもなることはできない。

人間愛と呼ばれる感情、われわれの同胞にたいする愛には二通りの表現がある。現実的な行動として表現する場合、そして単なる愛のしるしとして表現する場合である。同胞に奉仕する機会はいつもあるわけではないが、友情を示すしるしを表現することで、愛のあかしをあらわすことはいつでもできる。私は現実的な行動で表現される人類愛を善意と呼び、表面的なしるしでのみ示される人間愛を礼儀正しさと呼ぶ。

第一節　善意について

善意は何からなるか。（一）人にたいしてとってはいけない態度。憎んでもよい人間はいるのだろうか。外国人遺産没収権についての脱線。悪人にたいして厳しすぎる治安法。人間愛を高めるべき理由。（二）人間愛によってわれわれが同胞に尽くすのは、施しをすることではなく借りを返すことである。

道義にかなった善意は次の二点からなる。第一点は同胞に悪をなさないこと、第二点は同胞に善をなすこと。

（二）「われわれがして欲しいと思わないことをほかのひとにしない」という規則によって、自然はわれわれに自分以外の人間にどのような態度をとってはいけないかを教えてくれる。われわれにたいして行われたことで、われわれがつらく、野蛮で、残酷に感じることはすべて行ってはならない。この準則は広く実践されているとはいえ、大幅な制限を受けている。ほとんどの人は、この準則は友人にたいしてのみ適応されるものだと思いこんでいるかのようなのだ。

ある社会を構成する人々が互いに格別な親近感を抱くことは、彼らの共同の幸福にとって有益だし、必要なことでもある。同じ都市の市民、同じ王を抱く臣民、同じ宗教の信奉者たちが利害と感情において結びつくことは道理にかなっている。だが愛着心のすべてを仲間だけに割り当て、それ以外の人々を敵視することは人間愛に反することである。

ノルマンディー人がノルマンディー人を敬愛しても少しもおかしくない。同郷人ほど気の合う者がいるだろうか。パリジャンがパリジャンを大好きになってもいいだろう。パリ以外のところではこれほど無邪気でうぶな人には出会えないだろうから。だが、ドンフロンやヴィールやコードベック〔ノルマンディー地方の町〕生まれのフランス人がパリ生まれのフランス人を憎んだり、パリ生まれのフランス人がノルマンディー人の不幸を望まなくてはいけないものだろうか。ひとつの国《ペイ》（地方）の住民が代々受け継いできた他国の住民に対する憎しみは、双方の振舞いに影を落とすことは間違いない。

フランスに住むわれわれは自分たちが心と知性にかけては世界一の国民《ナシオン》だと信じている。われわれが隣国の人々に持ちうるもっとも優しい感情は憐憫の情である。彼らがわれわれに劣っているので同情するのだ。フランス人は才気にあふれ、情熱的で、勇敢だ。気質は陽気で性格は優しい。外国人を、自分たちが外国で歓迎される以上に歓迎する。だがどうしてこれほどもてなし好きの国民《プープル》が、法律家が外国人遺産没収権と呼ぶ、私には理解できない権利をたてに、死によって祖国に戻ることができなくなったドイツ人、イタリア人、イギリス人の相続財産を横取りしたりするのだろうか。

習俗の矯正という本来の主旨からしばらく離れて、政治的観点から、人間愛に背くこうしたやり口を検討することをお許し願いたい。政治的に見れば、私はそれが正しいとも有利だとも思わない。この権利から収得できる利益は非常にわずかなものであるにすぎない一方、この権利を放棄することによって得られる利益は莫大なものだからである。

実際、フランスが隣国にたいして異論の余地なく優れている点と言えば、温暖な気候、肥沃な土地、裕福な住民である。外国人にたいするあのように過酷な措置がなければ、こうした利点に引きつけられて、外国から数多くの芸術家や商人などあらゆる職業の人々が殺到することだろう。それによって住民の数は大幅に増加するだろう。商業やあらゆる分野の芸術で新たな競争が生じ、その結果、フランス王国はなおいっそうの繁栄を見るだろう。

多くの外国人がわが国の諸州にあふれるからといって、地元の人々の負担になるなどという想像をしてはいけない。もともと肥沃な国土で、現に労働が行われているのだから、住民の数が増えたとすれば実りはますます豊かになるだろう。ひとりの労働で十人養うことができるのだから、全員が仕事に従事すればその成果は計り知れない。外国からやってきた新参者たちは、快適な住まいを建てる必要に迫られていて、無為に時をすごそうなどとはしないだろう。この点には注意していただきたいのだが、われわれのまわりの浮浪者やごくつぶしを見れば、みなわが国の出身者たちなのであり、他所から移り住んできた住民は仕事熱心な人ばかりである。

自分がそのなかで育ってきた宗教の形式を盲信することが、別の礼拝を信じる人々を憎悪する原因となる。こうした過ちが起こるのは、人間を隔てるさまざまな宗教が自然宗教の上に築かれていないからである。この原初的宗教から、世界は友情で結ばれる社会だという人間愛の感情をくみ取ることができないので、異なる宗教の信奉者たちは残酷な迫害を繰り返すことを楽しみとし、功績と見なしたりするのである。そして自分たちの方針への盲従、狂信、残酷にすぎないものに、献身という名を貼りつけるのだ。

もしも宗教に関して道理の通った憎しみがあるとすれば、それは神への憎しみを公言する輩にたいするものだろう。君主にたいして敵意を公言する者は臣下にとっての敵である。しかしながらどこを探してみても、このような恐ろしい感情は流行していない。あまねく神は敬愛のまとであり、その結果として敬愛されている。たしかにある地域では、神を讃える儀式のなかに瀆神的、迷信的、犯罪的なしきたりが含まれてはいる。理性はわれわれにこの混淆を不純だと感じることを禁じはしないが、そうした儀式を行う人々を憎むことは禁じている。ただ同情だけを許すのである。ある人が考え違いをしているからといって、その人を憎むことほどおかしなことはないだろう。とりわけ意図は正しいのだから。

躊躇せず厳しい態度で臨むべき種類の人間は悪党と呼ばれる。通常これは泥棒と人殺しを意味する。人殺しにたいしては、「目には目を、歯には歯を」という法の名において迷うことなく死刑の判決が下される。この法が自然の法に由来するものだと考えられているからである。だが私にはその根拠がわからない。と言うのも聖なる自然の法は、社会のさまざまな義務とは異なり、善意と優しさと寛容しか与えないものなので、悪人を悪意によって処罰したり、人殺しを殺人によって罰するというようなことを許すはずがないのである。神が人間に互いを殺し合うことをお認めになったなどということを私は信じない。ある市民が国家の治安を乱したなら、彼をそのようなことができないようにすればよい。それは絞首台に吊さなくても可能なはずだ。

殺人を犯さない泥棒はどうかと言えば、これはよく考えてみれば死刑に値しないし、人殺しにたいしては意味を持っていた「目には目を、歯には歯を」の法によって裁くべきではない。泥棒が盗む金額は高が知れたものである場合が多いのに、無慈悲に命を奪ってしまっては釣り合いがとれないではないか。それなのに泥棒は公共の安全の犠牲になっている。彼らは徒刑囚として有益な労働に従事させられるべきである。そうすれば彼らの自由を奪うことによって大罪を厳しく罰することになり、公共の安寧は十分に保証され、同時に国家の益にもなり、処刑を認めたわれわれが残虐だといって批判されることもなくなるだろう。だがおそらく人々は、金は世界の神であり、利益は命の次に大切なものだと屁理屈をこねて、盗みを恥ずべき罪、許されざる犯罪だと決めたかったのだろう。

あなたがかっとなってある人物に暴力を振るいたくなったら、すぐさまその人をじっと見るがいい。そしてその人に神の手によって造られたしるしがあり、あなたの同胞だということに気づくがいい。そうすればあなたの激情も静まるだろう。カインは神に向かって「私は弟の番人でしょうか」〔『創世記』第四章第九節〕と言ったと伝えられるが、あなたはそんなことを口にしてはいけない。神があなたを番人にしたのは疑いないからである。神はあなたに暴力を振るうことを禁じただけではなく、できるだけ人に尽くすように命じられたのだ。

（二）両親や友人、それに自分に親切にしてくれる人にたいして親切に世話をする人は、それ以外の人々にたいして厳しく冷淡で無情であったとしても、自分を寛大な人間だと思いこんでしまう。だがそんな人は慈善の心さえ持っていないと言わなくてはならない。しかも慈善はあらゆる社会的な徳の頂点であり到達点である寛大さには遠く及ばない美徳である。社会的な徳を実践すると言いながら、じつは徳の傍らにある欠点を避けているにすぎない。だが寛大さは悪徳からもっと遠く離れている。と言うのも寛大さと悪徳のあいだにはあらゆる掟としての徳が存在しているからである。寛大さは法が必要なものとして定めた掟としての徳の上に付け加えられる一段高い完成なのである。同胞にたいして法が定めるままに行っても、それは寛大さではない。単に義務を果たしているにすぎない。

だが慈善、言いかえればわれわれがあらゆる人間にたいして一般的に抱く優しさの感情は、義務を越えた善行ではない。もし殺人者に傷つけられた見知らぬ人を見かけたとき、近寄って傷の手当をしたとしても、それは人間愛の命令に従ったにすぎない。その人があなたの助けを必要とするとき、あなたがその人を助けなくてはならないという法が生まれるのだ。貧しい人が飢えに苦しんでいるときに、欲求を叶えてやるのは、借りを返すのと同じようなものだ。貧しい人々は社会が支えなくてはならない。裕福な人々が使い切れなかったものは貧しい人々が生存する権利のために用いられる。あなたが与える援助があなたの汗と苦しい労働の代価であったとしても、不平を言ってはいけない。それがあなたにとってどれほど高い代償であったとしても、彼らにとってはそれ以上に高い代償なのだ。施しものを受け取るというのは、高い代償を支払うことなのだから。

あなたは同胞にたいしてどこまで奉仕するべきなのか、手短に示してもらいたいと思っているだろう。その範囲はこうだ、「あなたがして欲しいと思うことすべてを他の人にしなさい」

第二節　礼儀正しさについて

その定義。礼儀知らずの肖像。この節の三つの区分。

礼儀正しさとは、皆に気に入られ、誰も傷つけまいとする、人間愛に発する配慮である。

社交嫌いはこの徳を激しく批判する。礼儀正しさよりも不愉快なぶしつけさや野卑なあけっぴろげの方が良いと言うのだ。

そうかと思えば宮廷人やおべっか使いは礼儀正しさを陳腐なお世辞や卑屈な媚びへつらい、空疎な言葉や仲間内の隠語、馬鹿丁寧な挨拶のことだと思いこんでいる。

社交嫌いは礼儀正しさを悪徳だと誤解して、非難するが、その原因は宮廷人にある。彼らの行っている礼儀正しさこそ悪徳なのだ。

私はアルノルフに近寄る。アルノルフは腰掛けたままで、私が近づくのを待っている。私が身をかがめると、私に一瞥を投げ、謁見の儀を終えるために私に叫んだ。「どうしたのか。なにが望みだ」

「ある事件についてご相談があります」と私は答える。

「やれやれ。時間がないから、肝心な点をかいつまんで話してくれ」とアルノルフは言う。

そこで私は口を切る。「ウフェモンをご存じかと思いますが」

「知らない。どうして知っていなきゃならんのかね」

「＊＊＊家の分家筋にあたる貴族で……」

「その男がどこの家系だろうが、どこの分家だろうが、君の問題と関係ないだろう。その男とのあいだにどんな問題がおこったのだ」

「私の土地がウフェモンの領地と隣接していまして……」

「で、その土地がどうしたのかね」

「ウフェモンが手に入れようとしているのです」

「買おうと言うのかね、それとも交換しようとでも言うのかね」

「買うのでも交換するのでもありません」

「要するにどういうことかね」

「奪い取って、自分のものにしようとしているのです。どういう根拠があるのかわかりませんが、彼の言い分では、私は彼の従者なんだそうです。で私が従者としての敬意を示さなかったので、封地の帰属が彼に移ったと言うのです」

「君が敬意を示さなかったのが、私のせいだと言うのかね」とアルノルフ。

「いいえ。私は彼の従者なんかじゃありません」

「そうだろうとも。だが君の言葉だけでは信じてもらえないかもしれないな」

「証明書があります」

「それはいい。提出したほうがいい」

「これです」

「今は目をとおす時間がない」

「お暇なときに」

「よし。じゃあまた」

「ご意見をいただくために、いつ参ればよろしいでしょう」

「わからんなあ」

「ですが、ウフェモンはますます激しくせっついてくるに決まっています」

「ああ、そうか。じゃあ彼には少し待たせるように。もちろん君もだが」

アルノルフは公正で優秀な法律家である。だがこれほど非社交的で近寄りがたいなら、公正だろうが優秀だろうが、それが誰かの役に立つだろうか。

ビブロンは学識豊かな勉強家だ。古代の作家すべてに通じ、深く敬愛している。ビブロンが美しいリュサンドを訪ねると、彼女は崇拝者たちや才気煥発な人々に取り巻かれていた。ビブロンは大きなフェルト帽を手に持ち、嫌々挨拶をするとリュサンドに近づいていった。踵の高いサンダルで歩きにくそうに進み、ガウンをしわくちゃにして、大きなソファーにドスンと尻を落とした。周囲の人々が笑い声をあげた。ビブロンは機嫌を損ねたが、誰も気にとめていなかった。皆は中断していた会話に戻った。恋の問題について話し合っていたのだが、ビブロンが到着して議論が中断していたのだ。それぞれが各自の才能をふるって論じ、判断を示した。そして最後にビブロンにこの問題についてどのように考えるのかを尋ねた。「本当のことを言えば、そんなばかばかしいことを考える習慣はないのですが、どうしてもとおっしゃるのですから申し上げますが、皆さんのどなたのご意見も私の好みではありません」とビブロンは無邪気に応えた。「皆さんはアリストテレスをご存じないようです。古代のもっともすばらしい天才で、彼の簡単な三段論法を借用するだけで、皆さんを簡単に論破することができるのです」

「いやビブロンさん、そうではなくって」と若いクリタンドルが言った。「リュサンドさんのためにも、あなたの三段論法をお聞かせ下さい。ただしフランス語で」

ビブロンは攻撃の手をゆるめない。とめどなく論拠を並べたて、ギリシア語とラテン語を浴びせかけ、ホメロス、エウリピデス、キケロ、セネカ、ランビヌス〔十六世紀フランスの古典学者〕を引用した。その場にいた人に次から次へと襲いかかってはその無知を嘆き、叱るのだった。すると部屋中から一斉に笑い声がわきあがり、息切れした演説家を遮った。ビブロンは自制心を失い、悪口雑言を吐き、こぶしを突き出し、とうとう首を振りながら駆けだし、自分の大学に閉じこもってしまった。

だがアルノルフとビブロンは教育がないのではなく、礼儀作法を知らないのである。前者は書類鞄と評定官、慣習法と王令のことしか頭になく、後者は教室と劣等生、文学士と文法のことしか頭にないのだ。クテシフォンの話を聞こう。主義として彼は敬意が社会に蔓延することに反対していて、素朴な不作法擁護論を説き、礼儀正しさの欠点を並び立ててくれる。

「私がふるまう様子や態度、物腰、それに人々が礼儀作法と呼ぶわざとらしい処世術をあなたがどのように判断するかは自由です。私は処世術などはまったく気にかけません。そんな配慮は若き元老院議員や社交界好きの聖職者に任せておけばいいのです。私を判断するのなら、私の態度ではなく習俗にもとづいて判断してもらいたいものです。私はダンスの先生に敬意を表するために、友人の家に行ったりなどしません」

「私が人々と接するやり方と言えば、次のようなものに限定しています。真実を語ること、人の役に立つこと、決して傷つけないことです。それが役に立つとなれば、相手に合わせて、遠慮することも、自制することもできます。私がよく知っている事柄について相談に来る人がいれば、助言をします。友人でも誰でも、私の権威、信用、時には財力さえ求められれば、喜んで提供します。でも軽佻浮薄に協調することは、これを私に要求したところでその人に何ら実質的な利益を生むものではないでしょうから、私はなしで済ませたいのです。誰かに食事、散歩、音楽会に招待されたとしましょう。それぞれ十五分間は自分の家にいるような心持ちです。ですから私はそこにとどまります。賭事に誘われますが、私は賭が嫌いなので断ります。詩人が自作の詩を朗読しますが、退屈なので私は遠慮なくあくびをします。舞踏会に誘われますが、眠くなったのでベッドに直行します」

「私は敬意とか洗練された心遣いとかが嫌いなのです。それらが誠実さにもとるとは言わないまでも、少なくとも率直さとは両立しないでしょう。私は滅多に人を誉めませんし、誉めてもらいたいとも思いません。誉め言葉は毒薬ですから。私は間違った事実や間違った原則を主張する人には、それが誰であれ異議を唱えます。嘘や過ちを追求しないというのは、嘘をつくことや騙すことと同じことだからです。反論に重みを与えるために私は手厳しくします。論争相手の身分が高いと、たじろぐどころかますます元気が出ます。論敵が重要人物であればあるだけ、論破することが大切だからです。ダモンは軽薄な男です。だから私は彼を辱めてやります。ロールは男心を誘う女です。その火遊びを叱ってやりましょう。レアンドルは腹黒い男です。仮面を剝ぎとらなくてはいけません。ベルトルドは愚かな気取り屋です。まねをしてからかってやりましょう。ゴルジアは酒飲みです。人前で恥をかかせてやりましょう。シダリーズは口の悪い女です。矯正するために、ほかの欠点を暴いてやりましょう。リジモンは物知り顔をしています。質問して困らせてやりましょう。こうした連中が私と同じ態度でいたなら、とうの昔にちゃんと直っていたでしょう。誰も彼らの悪徳を見て見ない振りをしていたので、彼らは無感覚になってしまったのです。彼らが徳を持っていると思いこませていたので、有徳の士になることを妨げてしまったのです」

クテシフォンは自分自身についてこのように語り、率直な性格を裏切ることはなかった。だが彼がそれほどまでに重視する率直さも、少々行き過ぎではなかろうか。社交嫌いでもなければ追従者でもない人は、率直さと礼儀正しさを両立させているものだ。率直さを失うことなく、礼儀正しさを義務として尊重しているものだ。事実それは義務のひとつなのだから。順を追ってそのことを証明するために、クテシフォン自身が組み立てた論旨を辿っていこう。彼が行ったように礼儀正しさを礼儀作法、気配り、敬意の三つに分けて見ていこう。

一　礼儀作法について

その定義。礼儀作法の本質と、その形の恣意性。恣意的ではありながらも慣習に従うべきこと。表現すべき感謝の気持ちを心のなかに持っていること。

礼儀作法というのは、人々が互いに友情、評価、尊敬を目に見える形で表現しようとして作り上げた慣習的な儀礼のことである。この儀礼は異なる民族においてさまざまな形をとる。しかし形は異なるものの、すべての民族が儀礼を持っている。世界中のどこにでも儀礼があるということから、これは自然そのものに起源を持つものだと推測できる。このことから礼儀作法とは正当な理性が命ずる義務であると私は判断する。

礼儀作法は、外面的な礼拝を神にたいして行うのと同じで、人間にたいして内面的な感情を目に見える形で示すしるしなのだ。形そのものはどうでもよい。身分の高い人に近づき、挨拶をし、敬意を表すときの作法、話しかけるときに用いなければならない言葉、手紙や嘆願書を出すときに守らなければならない文体、そうしたものはすべて元々は恣意的に定められた形式であって、慣習によって固定されたものにすぎない。

したがって次の二つのことは確実である。（一）礼儀作法というものに従うことは良識にも理性にもかなっている。(二) 良識も理性も礼儀作法をどのような行為によって表さねばならないかは定めていない。

人々にたいして友情や評価や尊敬を表すための最善で確実な方法と言えば、その人の役に立つこと、尽力することだろう。だがそういう機会はいつもあるわけではない。だから習慣的にある種の記号、ある種の身振りで愛しているとか、評価しているとか、尊敬しているとかを表現するのだと取り決めておくことが必要となった。それぞれの国民《ナシオン》はそれぞれの考えと趣味にもっとも適当なものを選択した。それらは元来どのようなものであってもよかったのだが、どれを選ぶかはすべて自分の住む国《ペイ》の慣習によって決定されている。フランス人もトルコ人もペルシア人も礼儀作法に従わなくてはならない。だが、フランス人はフランス流の、トルコ人はトルコ流の、ペルシア人はペルシア流の礼儀作法に従わなくてはならないのである。

もしも人間が純粋な霊魂であって、外面的な記号の助けを借りなくても思想や感情を伝えあうことができたなら、礼儀作法など問題にはならなかっただろう。余計なものになっていただろう。礼儀作法が必要なのは、人間同士が分かり合えないからなのである。

礼儀知らずや皮肉屋たちが礼儀作法に反対の声を上げてもむなしい。真実の感情を覆い隠すだけのいかさまだとかいんちきだと叫んでもむなしい。彼らも当然心のなかに何らかの愛着心を持っているだろう。生まれのいい人々ならばお互いにその愛着心のしるしを交わしているのに、彼らが礼儀作法を守ったら詐欺になるというものでもないだろう。

たしかに、礼儀作法を守る人は多いのに、社会の義務に忠実な人は少ないというのは本当だ。そういう人の礼儀作法はたしかに偽物だが、しかし社会的な徳に、嫌々でも、敬意を払っていることにまちがいはない。と言うのも外見だけであっても徳のある人間の態度をするというのは、心に徳を持っているということを告白しているようなものだからである。

礼儀作法に反対だと公言する人でさえ、同胞にたいして友情や親切心や尊敬の念を持つべきだということを否定はしない。では彼らはいかなる突飛な考えで、これほど正当で欠かすことのできない感情を隠すことを望むのであろうか。

だがエルモダクトはその種の人間である。彼と十年一緒に暮らしても、挨拶ひとつ、思いやりのある眼差しや言葉のひとつも受け取ることはないだろう。彼の無関心な様子を見れば、彼がこの地上でたったひとりで生きていると思いこんでいることがわかるだろう。しかしあえて他人を拒絶する冷然たる様子に怖じ気づくことなく、自分のために何かして欲しいと頼んでみれば、彼が心の広い男だということを発見して驚くことだろう。いったん尽くしてしまえば、彼は再び元の様子に戻る。相変わらず平然と、冷たく、自分一人しか存在しないかのように。感謝の気持ちでいっぱいの君は愛着と評価と感謝のしるしを振りまくが、そうした表明は無駄である。彼はなにも見ず、なにも聞かず、なんら反応しない。エルモダクトが親切な男でなかったら、とっくに完璧な人間嫌いになっているだろう。

二　気配りについて

その定義。気配りを持つ人はどれほど愛されるか。

気配りとは自分たちの意志を他人の意志にあわせる誠実な心遣いのことである。「誠実な」心遣いと言ったわけは、他人の意志が犯罪的なものであったとしても、それに追随してしまうような意気地なしは妥協と言うよりも共犯と言うべきだからである。

だからここで私が言う気配りとは、習俗と無縁なことがらで相手の趣味に逆らわないようにすること、できる限り相手に合わせること、察知したら先回りして気を遣うことに限定される。おそらくこれはあらゆる徳のなかでも輝かしいものとは言えない。しかし少なくとも社会のなかにあっては非常に有用で尊重されるものである。

アルシダマはあんなに愛され、好かれ、可愛がられている。それは彼が誠実だからだろうか。だが誠実は尊敬を生むだけで、心を動かすものではない。彼が親切で、世話好きだからだろうか。だが彼を招いて歓待しようとする人々が彼の世話になったわけではない。では彼が陽気で、ひょうきんで、愉快な性格だからだろうか。しかし彼がそうした側面を見せて人を喜ばせるのは、陽気でいることが時宜にかなっているときだけである。彼が愛されるのは、気さくで人なつこい性格だからである。彼は自分の意向に執着しない。友人の意見に合わせて、変更し、方向を変え、別のものに作り直す。何が友人の気に入るかを察知したら、彼はその願望の先を進む。しかも喜んで、楽々とそうするので、実は彼が友人を喜ばせることだけしか考えていないときでさえ、彼が自分で選択し、自分の好みに従っているように思われるほどだ。

社交界で人気者になるには優しい物腰、快活な人柄、鋭い才気があればよい。だがそのどれも気配りほど万能ではない。親愛の情を表してもよいのはあなたと同等かそれより下の身分の人々にたいしてだけだ。快活にふるまうことが場違いなことはいくらでもある。辛辣だったり機知に富んでいる台詞はいつも思うように出るものでもないし、いつも理解されるものでもない。だがあなたが柔軟で気が利く性格であれば、そして他人の喜びに手を貸すことを自分の喜びとすることができるような人であれば、あなたのまわりにいる誰もがあなたを愛するだろうと私は保証する。それはどんな時、どんな場所、どんな状況にも通用する美徳なのだ。

ロドルフは才人である。詩人にして哲学者という二つの肩書きにこだわらず、体面を捨てて相手に気に入られるようにすることができたなら、仲間から敬遠されることもないだろう。だがどのようにすればいいのだろう。相手に合わせることは評価を前提とする。ところが韻文を作れない人、デカルトもニュートンも読んだことのない人は、彼にとってはせいぜいのところ雑役夫か徴税請負人か修道士にしかなれない自動人形、馬鹿にしか見えないのだ。彼はほかの連中よりも高等な種に属していると信じていて、自分の準則、感情、趣味が独自なものであり、ほかの連中とは違うことを吹聴するのである。相手に合わせるというのは仲間になること、意志を交わすことである。だが彼は他人を門外漢として見下している。

アグロールは可愛らしい顔立ちをしており、才気も才能も生まれながらの優美さも兼ね備えている。だが誰もが彼女を敬遠し、嫌っている。なぜだろうか。彼女は自分の感情、自分の意志を持っていないのだ。彼女は誰かが自分はこう考えるとか、自分はこういうことを望むとか口に出すのを待ってやっと決心するのだ。その人の立場が明らかになるや否や、彼女はその反対のことを考え、逆のことを希望するのである。

三　敬意について

この言葉の意味。その概念を明確に示す事例。

ここで私が言う敬意とはその場の状況あるいは相手の才能や美点を考慮して払われるべき心遣いや尊敬の念のことである。たとえば法服を着た人を前にして法律家の諷刺をすべきではない。とりわけその人物が実直で非難の余地がないときには。またたとえ非難を受けてもしかたがない人物であったとしても、非難が的を得たものであったというだけで、場違いで敵意のこもったからかいは正当化されるものではない。

一般的に包み隠しのない真実を描くと、そこには不愉快なむき出しのものがあるものであり、時として覆いを被せるほうがよい場合もある。

あなたがある大人物の前にいるとしよう。皆は競って彼に敬意を示そうとしている。あなたも慣習に従い、他の人と同じように彼に敬意を表しなさい。思慮のないクエーカー教徒のように馴れ馴れしく君呼ばわりしたり、帽子を被ったままで話しかけてはいけない。あなたがその人物の徳と才能と美点にふさわしい敬意しか払いたくないとしたら、そして彼を取り巻く栄光がはかなく無価値なものだとしたら、その場合はお好きなようにすればよい。だが私が払うことを勧めている敬意は、はかなく無価値な敬意ではない。私は軽蔑すべき人間を褒め讃えるように勧めているわけではない。愚かな人間のなかに才気を探せと言うのではない。趣味の悪い人間にいい趣味ですねと世辞を言ったり、無知な人間の機知を褒めそやせと勧めているのではない。無言で讃辞を呈するだけならば、あなたは誠実さを巻き添えにしなくてすむだろう。もしも民衆が公然と王族にたいして本当の価値に応じた敬意しか払わなかったとしたら、国家秩序にとって必要不可欠な従属関係が破壊されてしまうだろう。

イッピアは鈍重で、才能もなければ、実直さも分別も持ち合わせていない、とあなたは言う。以前彼は粗末な修道服に身を包み、薄暗い修道院のなかの隠遁者の群のなかに紛れて、這うような生活を送っていた。修道院の院長が亡くなって指導者の席が空いたとき、イッピアから信仰指導を受けていた、事情をよく知らない女性信者が彼をこのちょっとした高位につけようと企んだ。しかし彼女の策略は失敗した。イッピアには修道士たちの指導者たる能力はないと判断されたのだ。だがこの敗北に自尊心を傷つけられた女性苦行会員は、奇妙な復讐に出た。彼女は自分の指導者を司教の座につけたのだ。だから、とあなたはおっしゃる。「イッピアから十字架とロシェトゥム〔司教などが法衣として用いる短白衣〕を取り上げろ」と。「あれは思慮深い人間が目を向ける価値もない大馬鹿者だ」と。

強いて意見を求められたら、私はあなたと同じ意見だ。だがいま現にイッピアは十字架とロシェトゥムを手にしている。少なくともこのことにたいしてあなたは敬意を払うべきである。そんな些細なことに目くじらを立ててはいけない。イッピアを尊敬しろと言っているわけではないのだから、肩の力を抜きなさい。

災難や別離に打ちひしがれ、涙する人の前で楽しげなふりをしてはいけない。あなたが恐ろしい失敗で苦しんでいるときには、尽きることのない幸運に恵まれた人を捕まえて、くどくどと泣き言を言ってはいけない。

心から愛していた夫を失い泣き暮らしている寡婦に、嬉しそうな顔で、自分の愛は成就した、自分は永遠にもっとも幸福な夫であり続けるだろう、などと報告に行くものではない。

あなたはメナルクのもとに向かって走り出し、国王から寵愛のしるしを受けた、王令によって勲章を受けたと報告に行こうとしている。だがそのまま引き返したほうがいい。メナルクには同じ勲章が拒否されたのだ。あなたの喜びを共に味わう気分ではないだろう。

敬意を持つためにはある種の精神、あるいは少なくともある種の判断力が必要である。世間の慣習を守っていれば礼儀正しい人にはなれる。善良な心を持っていれば譲歩はできる。だが愚かな人はいつまでたっても敬意というものを理解することはできないだろう。

死がファニーから愛児を奪った。亡き夫との愛のかけがえのないあかしであった。多くの友人が懸命に彼女を慰め、できることなら悲しみを紛らわそうと一生懸命だった。次にアリックスがやってきた。この幸せな母親は自分が多産だということの生きたあかしをぞろぞろと連れてきた。子供たちは彼女の大切な愛と喜びの対象であり、ファニーにとっては気の毒なことに、会話の唯一の話題であった。家に入るやいなや、彼女は迷惑な話をし始めた。子供たちの長所だの、想像力のきらめきだの、洞察力のある精神だの、性格の良さだの、整った顔立ちだのと。こうして話が延々と続きそうに思われたとき、ファニーが心ならずもという様子で相手を遮り、次のように言った。そこにはある種の感情が込められていた。「親愛なるアリックス、もしもあなたが、お子さんに抱いてらっしゃる優しさほどの敬意を友人にお持ちだったなら、すばらしい方でしょうに。あなたは良い母親かもしれませんが、人を慰めることはできない人ですわ」

『百科全書』項目——習俗

立川孝一　甲山三詠訳

習俗（道徳）　自然なものでも習得されたものでもあり、また善くも悪くもあるが、人間の自由な行動であり、かつまた規範や指導を受け容れることもある。

世界の様々な民族《プープル》における習俗の多様性は、その気候風土、宗教、法、政体、物質的必要、教育、作法そして手本によって左右される。それぞれの国民《ナシオン》において、これらの要因のうちの一つがより強力に作用すると、その分他の要因の力は小さくなる。

これらのことがすべて真実であることを証明するためには、各々の習俗を詳細に説明しなければならないが、それは事典としての制約を超えるものである。しかし、我々が住んでいるような、気候が穏やかな地域における政治形態の違いのみを対象にするならば、市民の「習俗」に関してもこの〔政治形態という〕限定された視点から十分妥当な説明をすることは可能であろう。例えば、主として商業を基盤とする共和政においては、必然的に「習俗」の簡潔さ、宗教に関する寛容、質素志向、節約、そして利益と吝嗇の精神などが支配的になる。市民がそれぞれに国家行政に参加する制限君主政においては、自由が非常に重要なものと見なされるがゆえに、自由を維持するために始められた戦争は、それほどの悪ではないと見なされる。また、この種の君主政下の人民は誇り高く、寛容であり、科学や政治にたいして深い知識を有しており、余暇や放蕩の最中にあってさえ自らの特性を見失うことは決してない。婦人たちが手本を示す豊かな絶対君主政においては、名誉、野心、〔婦人にたいする〕心配り、快楽を好む気持、虚栄心、優柔さといったものが臣民の特徴となる。またこの種の政体は無為を生み出し、無為は習俗を退廃させるが、その代わりに洗練された礼儀作法を作り出す。「作法」の項参照。

習俗〔詩〕　叙事詩、悲劇あるいは喜劇の場合、この語は登場人物の性格、天性、気質を示す。このように「習俗」という用語は、ここでは一般の用法とは全く異なった使い方をされる。舞台上の登場人物の「習俗」によって、我々は彼の天性を形作っているものがどのようなものであるか、つまり、その登場人物の役割が良い傾向のものであるか、あるいは悪い傾向のものであるかを理解する。その結果として、彼の性格は一定で、恒常的なものとなり、我々は登場人物が行おうとしていることの全てを予測することができ、その人物がはじめに示した彼の傾向から離れることがない。なぜなら統一性が戯曲の始めから終りまでを支配していなければならないからである。オレステスに関しては『アンドロマック』〔ラシーヌの戯曲〕の最初の場面から、あらゆることが予測されていなければならず、彼が祭壇の下でピュロスを殺すことすら何ら驚くべきことではない。これはいわば、彼の性格の純粋さと、彼の「習俗」とがその絶頂に達した究極の表現なのである。

俺にはわからぬ。いつでもなにか不当な力が
罪ある者を平穏無事にしておきながら、罪なき者を追い回す。
わが身をふりかえってその過去のどこに目をやろうとも、
見えるものはただ不幸ばかり、それが神々の不正を責めたてている。
いっそ、神々の怒りにふさわしい身となってやれ、

っとも幸福な夫であり続けるだろう、などと報告に行くものではない。

あなたはメナルクのもとに向かって走り出し、国王から寵愛のしるしを受けた、王令によって勲章を受けたと報告に行こうとしている。だがそのまま引き返したほうがいい。メナルクには同じ勲章が拒否されたのだ。あなたの喜びを共に味わう気分ではないだろう。

敬意を持つためにはある種の精神、あるいは少なくともある種の判断力が必要である。世間の慣習を守っていれば礼儀正しい人にはなれる。善良な心を持っていれば譲歩はできる。だが愚かな人はいつまでたっても敬意というものを理解することはできないだろう。

死がファニーから愛児を奪った。亡き夫との愛のかけがえのないあかしであった。多くの友人が懸命に彼女を慰め、できることなら悲しみを紛らわそうと一生懸命だった。次にアリックスがやってきた。この幸せな母親は自分が多産だということの生きたあかしをぞろぞろと連れてきた。子供たちは彼女の大切な愛と喜びの対象であり、ファニーにとっては気の毒なことに、会話の唯一の話題であった。家に入るやいなや、彼女は迷惑な話をし始めた。子供たちの長所だの、想像力のきらめきだの、洞察力のある精神だの、性格の良さだの、整った顔立ちだのと。こうして話が延々と続きそうに思われたとき、ファニーが心ならずもという様子で相手を遮り、次のように言った。そこにはある種の感情が込められていた。「親愛なるアリックス、もしもあなたが、お子さんに抱いていらっしゃる優しさほどの敬意を友人にお持ちだったなら、すばらしい方でしょうに。あなたは良い母親かもしれませんが、人を慰めることはできない人ですわ」

神々の憎しみを正当なものにしてやろうではないか。
罪の責め苦をうける以上、罪の実りが先になくてはならぬ道理。

〔『アンドロマック』渡辺守章訳〕

ここにはラシーヌが描写したオレステスの性格、天性といった、「習俗」の素描が見られる。オレステスの内面の感情や思想と、彼が犯すであろう行為とがなんと一致していることか。なんと巧みなやり方で、これから起こるはずのことが観客に予告されていることか。

アリストテレスは正当にも、「習俗」を明確に特徴づけ、適切に表現しなければならないと明言している。さらに付け加えるなら、「習俗」は常に慣習にかなったものでなければならない。すなわち登場人物の地位、身分、時代、場所、年齢、天性に合致したものでなければならない。しかし、この種の描写を巧妙に行う技法はたくさんあり、いかなる詩人もこのことについて十分に研究しなければ、決して成功することはない。

また別種の「習俗」もある。すなわち国民的な「習俗」のことであるが、これはあらゆる詩劇を常に支配すべきもので、それを的確に特徴づけるように努めねばならない。なぜなら、それぞれの民族は固有の天性を持っているからである。

ボワロー〔ニコラ・ボワロー＝デプレオー、一六三六―一七一一〕の言葉に耳を傾けてみよう。

様々な時代や国々の「習俗」を学びなさい。
しばしば気候風土の違いが異なる気質を生み出す。
だから『クレリー』〔マドレーヌ・ド・スキュデリーの小説〕のように、
フランス風の態度や機知を古代イタリアに当てはめてはいけないし、
また、名前だけをローマ風にして我々自身の肖像画を作り、おしゃれなカトーやにやけたブルートゥスを描いてもいけない。

コルネイユはローマ人の「習俗」、あるいは彼らに固有の性格を正確にその作品のなかで描いているが、さらにまた、それらに気高さと威厳すら与えている。カエサルを前にしたコルネリア〔共和政初期から多くの著名人を出したスキピオ家の出身で、数世代前にはグラックス兄弟の母で賢婦の典型として知られるコルネリアがいるが、これは別人〕の口からは、この上もなく崇高な感情が吐露される。

カエサルよ、運命によって私はおまえの捕虜になったが、奴隷になってはいない。
鎖につながれてはいても、私は運命に立ち向かう。
おまえがどんなに期待しても、心が打ち砕かれて、
おまえを讃えたり、閣下と呼ぶようなことは決してない。
運命がどんなに手ひどく打ち据えようとも、
若きクラッススと若きポンペイウスの寡婦、
スキピオの娘、さらにはまた
ローマ人である私の勇気が運命に屈することは決してない。

これに続く部分は先の語りに勝るとも劣らない。コルネリアの怨みはその頂点に達する。

カエサルよ、勝利にだまされてはいけない。
それは私に付きまとう不幸の結果でしかないのだから。

その不幸をポンペイウスとクラッススの家へ持参金として持っていき、
二度までも私は世界全体の災いの源となった。
二度までもヒュメーン〔結婚の神〕が不釣り合いな二人を結びつけたがために、
最も正当な結婚相手からあらゆる神々が追い払われた。
不幸中の幸いと言うべきか、あの悲しいヒュメーンが
ローマの幸福のために、私をカエサルに与えるものならば。
そしてまた、あらゆる者を死に至らせるその毒を
不吉な運命の星からおまえの家にもたらすことができるなら。
いずれにしても、私が憎しみをやわらげるなどと期待しないことだ。
すでにそのことはおまえに言ったはず。カエサルよ、私はローマの女なのだ。
そしておまえの捕虜であるにもかかわらず、私のような心を持った者は、
忘れられることを恐れて、おまえに助けを求めたりは決してしない。
命令するがよい、だが望んではならない、私がおびえて屈服するなどと。
私がコルネリアであることを記憶していればそれでよい。

偉大なるコルネイユはラシーヌが受けたような批判、すなわち、〔古代の〕英雄たちをフランス化しているという批判を受けなかった。コルネイユにおいては「習俗」が流行として利用されることはなかったし、典礼を社交に合わせるように、〔古代の〕性格を〔近代のそれに〕近づけることは許されてはいなかった。『イフィゲネイア』におけるアキレウスはクリュタイムネーストラーと二人きりでいたとしても、顔を赤らめるようなことにはならないのである。

それゆえ、「習俗」という言葉は我々が「道徳」と呼んでいるものとは非常に異なった仕方で理解されねばならないし、ある場合にはそれとは関係がない。たしかにある意味で道徳は〔神話・伝説・歴史上の人物を登場させる〕悲劇の真の目的であり、悲劇は犯罪への情念を押さえ込み、社会の幸福の基礎となる徳への愛を確かなものにすること以外を目的とすべきではないのだが。

習俗（法律）　時として「慣習」や「慣例」を意味する。マルクルフ〔七世紀中頃の修道士で、書面作成術の教師〕の法律文例集〔法的書面を作成するための手本〕から、彼の時代の「習俗」がどのようなものであったかがわかる。「習俗」はまた時には、生活と「習俗」の知識と言われるように、作法としての「品行」を意味することがある。「知識」の項参照。

解説

谷川多佳子　森村敏己　立川孝一

習俗について

1　「習俗」の語と概念

西洋文明において「習俗」の語は多義的あるいは両義的である。中世においてラテン語 mos には、すでに多様な意味の受容があった。一般的には、習慣や慣例を意味し、さらに、振る舞いかたや生活様式、そして法的な面で慣習を意味した。複数形 mores は、行いや振る舞い、生活の様式、様相、特徴、さらには習俗を示し、それはモラル（道徳）の観点から用いられることが多々あった。

中世の著述家たちは、「習俗」の概念を二つの主要なコンテクストで用いていたようだ。今日の言葉でいえば、道徳的な意味と、民族学的ないし法的な視座とであり、行為の善悪についての考察が基本となっていた。アウグスティヌスにおいてもこの二つの流れを示す用例がみられる。初期の『カトリック教会の道徳について』（*De moribus ecclesiae catholicae*）では、「徳」とつながる〈mores〉が述べられている。他方『神の国』においては、良き〈mores〉を定め、悪しき〈mores〉を正すべき「法」（leges）が語られている。中世に編纂された語彙集、注釈集、法律文例集などに示されるmosあるいはmoresの一貫した意味と用法は、社会における個人の行いや振る舞いのあり方であり、それが、慣習や慣例にむすびついて、集合的なモラルの顕現ともなる。明示的ではないにしても、そこで善や悪の考え方も示されることになる（Encyclopédie de la Pléiade, *Histoire des mœurs*, III, Gallimard, 1991, p.1124 sq.）。

この二つの意味の流れはフランス語mœursでも、受け継がれている。この語は、まず、道徳的な意味を示している。リトレの辞典は、「生活を導くうえで善や悪との関連で考察される習慣」を第一にあげているし、プチ・ロベールなどの辞典も同様である。「徳」の実践にも結びつき、同義語として、morale, conduite, moralitéが挙げられる。デカルトやパスカルにもそうした用例がみられ、モラリストたちにおいてはさらに、「生き方」や「生きる術」の同義語ともなるだろう。

逆に「道徳的」（moral）という用語が、「習俗」（mœurs）に関わり、「社会的」（social）となる場合もある。たとえばベネディクト会修道士ドン・デシャン（一七一六―七四）の『道徳考』（*Observations morales*）では、道徳論が語られるのでなく、既存の社会への全面批判、「習律状態」（état de mœurs）とよばれる、あるべき社会の見取図が語られている（ドン・デシャン『道徳考』、野沢協訳、『啓蒙のユートピアIII』所収、法政大学出版局、一九九七年）。

民族誌的あるいは風俗につながる意味は多々みられる。ある民族や国民の習慣や風俗を指し示す用例は、十七―十八世紀の著作家たちのテクストに多くの記述がみられる。近代ヨーロッパは、異なる諸世界に遭遇し――新大陸、中国、アジア、アフリカ、オセアニア……――、さまざまな信仰や生活様式、行動様式に出会う。旅行記や文明論などのかたちで、民族誌的なものや風俗・風習の記述が多様かつ具体的に示されることになろう。

二十世紀の人類学者クロード・レヴィ＝ストロースは、十八世紀の著名な思想家たちのテクストに現代の民族学や人類学の視点をみいだす。そしてとりわけルソー（一七一二―七八）に、文化人類学の創始者をみる。民族誌学的体験の意味を明らかにするものとして、つぎのような『人間不平等起源論』の注が引用される――「世界一周を行い……人間や風俗を研究し……あらゆる未開の地域を観察し描写する……それから……自然と道徳と政治の歴史を書くと仮定してみよう」。そこから「われわれは一つの新しい世界が出てくるのを自分で見るだろう。そしてわれわれは自分たちの世界を知ることを学ぶだろう……」(レヴィ＝ストロース「人類学の創始者ルソー」、塙嘉彦訳、『未開と文明』所収、平凡社、一九六九年)。

さて「習俗」mœurs については、こうした二つの意味の流れですべてが説明されるわけではないにしても、このように「道徳的」と「社会的、民族誌的あるいは風俗」という二つの文脈は、しばしばつながりあって、近代のフランスではひろく用いられていく。

2　デカルトの示唆

近代はじめ十七世紀前半に書かれた、デカルト(一五九六―一六五〇)の『方法序説』を読むと、やはり「習俗」mœurs のこの二つの伝統的意味がみられる(以下は、デカルト『方法序説』、岩波文庫)。道徳、生き方への言及――「生き方(mœurs)については、ひどく不確かだとわかっている意見でも、疑う余地のない場合とまったく同じように、時にはそれに従う必要がある……」(第四部)。デカルトの場合、認識においてはごくわずかでも疑わしい点があれば、偽として斥けられる。しかし実生活、生き方においては、一度決めた以上は、疑わしくとも、一貫してそれに従うのだ、という。たとえば、森のなかで道に迷った旅人の例をあげて、判断の遅れが許されない実生活の「道徳」が提示されている。

他方、民族誌や風俗の意味での「習俗」そのものに対しては、デカルトは否定的だ。学業を終えたあと、デカルトは旅に出て、「他の人びとの習俗(mœurs)」にふれていったのだが、「他の人びとの習俗を考察するだけだった間は、わたしを確信させるものは……見いだされなかった」という。そして「前例と習慣だけで納得してきたことを……堅く信じてはいけない」のだ、と言って、「わたし自身のうち」でも研究し、「とるべき道」を選ぶため、全力を傾けようと決心する(第一部)。デカルトが最終的に見いだし確信していくのは、コギトの原理であり、レヴィ゠ストロースが次のようにデカルトを批判するような、デカルトの一端がここにみられるかもしれない――デカルトは、一人の人間の内在性から世界の外在性へとただちに移行できると考え、この両極のあいだに、さまざまな文明、つまりさまざまな人間の世界があることを見ようとはしなかったのだ、と(「人類学の創始者ルソー」)。

しかしデカルトは続けてこうも言う。「このことは、自分の国……から一度も離れなかった場合にくらべて、はるかにうまく果たせたと思われる」(第一部)。他者の習俗にふれ考察することは、デカルトの学問と哲学の構築にとって無駄ではなかった。

さて学問の方法と哲学の基礎を打ち立てるに際して、デカルトはすべてを疑い、疑わしいものを否定することから始めた。『序説』第一部では学校で教育を受けた学問に対して否定的な総括をする。習俗について、「習俗を論じた古代異教徒たちの書物」は「いとも壮麗で豪華ではあるが、砂や泥の上に築かれたにすぎない楼閣のようなもの」だ、という。これに対して「基礎」が「揺るぎなく堅固」であるのが数学だった。

古代の異教徒とは、セネカなどストア派の哲学者たちであるが、十六世紀末から十七世紀はじめ、リプシウスやデュ・ヴェールなどによるキリスト教的ストア主義が流行していた。学校時代のデカルトはここで異教徒たちの著作を問題にし、不安や不満を示しているのだが、おそらくは、学校(イエズス会系のラ・フレーシュ学院)で教えられたであろうキリスト教的道徳に対して直接に疑問を呈するのを避けるために、異教徒たちの習俗や道徳に関する著作を問題にしたのかもしれない。道徳がキリスト教から分離されることが主要な課題となるのには、十八世紀を待たなければならないだろう。

デカルト自身のこうした道徳論は数学的、機械論的な方法では完成されることはなかったが、『情念論』において、一つの解答を見ることはできよう。『情念論』は、精神（魂）の能動と受動の生理学的分析を基礎にして、徴候や表情の観察なども導入して人間の心理的な面も研究し、情念の分類を体系化しようとしている。デカルト最晩年のこの著作は、数学的・演繹的なそれまでの著作とちがって、十八世紀を予感させるような経験的、分類的なやりかたを大きく加えていることが注目される。

3　デュクロ、トゥサン、『百科全書』

「習俗」mœurs の語の意味の二つの流れは、本書で訳出されたテクスト群にも見られる。『百科全書』は、接合的に、両者を併置することからはじまる。まずやや緩やかに、前者の道徳的意味、振る舞いの「規範」の意味が導入される。習俗は、「自然なものでも習得されたものでもあり、また善くも悪くもあるが、人間の自由な行動であり、かつまた規範や指導を受け容れることもある」とまず述べる。次いで、「世界の様々な民族《プーブル》における習俗の多様性は、その気候風土、宗教、法、政体、物質的必要、教育、作法そして手本によって左右される」という後者の視点がつなげられる。

デュクロも『当世習俗論』冒頭で、習俗という「言葉に結び付けられている諸々の概念……複数の意味」を指摘する。「個人や私生活」においての善もしくは悪であり、それは徳の実践もしくは無軌道につなげられる。「国民全体」にかかわる視点では、習慣、慣習としてとらえられる。しかも人々の考え方、感じ方、行動の仕方に影響をあたえ、あるいは支配するような慣習である。デュクロはこうした方向で、習俗の科学を論じようとする。科学とは観察にもとづく経験科学である。

デカルトが『方法序説』で示唆し、『情念論』で一端をしめした、キリスト教から分離されるべき道徳の問題は、十七世紀末の過渡的な時代をへて（十七世紀末は不信仰が急速にひろまった。そしてピエール・ベールの宗教批判はその論理の透徹性と破壊力、「良心の自由」論のような普遍的視座によって、十八世紀に大きな影響をあたえる）、十八世紀、啓蒙思想家たちによって取り組まれる。フィロゾーフたちによるキリスト教批判、それがめざした、道徳のキリスト教からの分離。道徳と宗教の分離は、当時の著述家たちの共通の問題であった。そして十八世紀のフランスは、ロックに代表されるイギリス経験論が大きく流入し、学問の方法や、精神（魂）のとらえかた、さらには形而上学にも大きな転換をもたらす。

デュクロは、こうした潮流のなかで、利害関心、有益性、公共といった原理を軸にすえ、習俗論をすすめる。またそこには、デカルトの『情念論』にはじまり、モラリストたちの人間観察や心理描写をへた流れにつながる、感情や情念の描写もみられるのだが、情念の矯正や規制を語って、デュクロがこの書を閉じるとき、社会への有害性が第一の論点となっている。人間や社会の観察のあいだに一貫して見られるのは、功利主義哲学の視点といえよう。

トゥサン『習俗論』は、キリスト教道徳を批判して、近代市民社会の世俗的モラルを示す、といわれる。ただしそこには理論的な面だけでなく、きわめて具体的な、時代の風俗やたくさんのモデルが描かれている。トゥサンの描く多くの具体例は、時に、はみ出たり、ずれたり、それたりで、読者に愉快な笑いをもたらす。そして都市の風俗や民俗の具体的描写に向かうこうした方向は、のちの時代の新たな習俗論のありかたを予知させる。習俗論は、モラルと社会的・民族誌的なものから、時代や都市の習俗・風俗の観察、表象へと、その視点を移していくことになるだろう。

元編集部の村川透さんに依頼を受け、中川久定先生にお勧めいただいてこの企画に着手してから、十年余りの歳月が流れてしまった。その間の経過はともかく、仕事の結果について整理しておきたい。

デュクロ『当世習俗論』は、当初、谷川と森村の共訳ということではじまり、まず森村が訳文をつくり、それを谷川がチェックし仕上げるという段取りだった。しかし実際の作業では、谷川が訳文を読了した結果、手をくわえる必要がなかったので、森村の単独訳として刊行することになった。トゥサン『習俗論』は、全体の訳文を渡部がつくった。それを立川がチェックし、用語や細部に手をくわえた。『百科全書』「習俗」の項目は甲山が訳出し立川がチェックした。そしてそれぞれの訳稿は校正段階で、訳者全員が目をとおし、気づいた点は検討しあった。

訳者それぞれの事情から思わぬ時間がかかってしまったが、強靭かつ柔軟なリードで、仕事をまとめてくださった編集部の清水範之さんに訳者一同お礼を申し上げたい。

（谷川多佳子）

デュクロと『当世習俗論』

1　デュクロについて

十八世紀のフランス文学・思想に関心がある読者の間でも、今日デュクロの知名度は決して高くはない。モンテスキュー、ヴォルテール、ルソー、ディドロといった時代を代表する著述家たちの傍らで、デュクロはフィロゾーフの一角にかろうじて名を連ねている、といった印象を受ける。研究者の間でも事情はあまり変わらない。日本ではもちろんのこと、フランスにおいてもデュクロに関する研究蓄積は多いとは言いがたい。しかしながら、当時のフランス文壇においてデュクロはもっとも著名な作家のひとりであり、碑文・文芸アカデミー会員、アカデミー・フランセーズ終身書記という肩書きが示すように、社会的にも極めて成功した著述家であった。また、近年相次いで彼の作品の校訂版や研究論文が現れ、デュクロへの関心は高まりつつあるように見える。

＊

シャルル・ピノ・デュクロ（Charles Pinot Duclos）は一七〇四年、ブルターニュの地方都市ディナンに生まれた。父ミシェル・ピノは帽子の製造・販売業を行うと同時に、レンヌにほど近いパンポンで生産される鉄の販売権も握る富裕な商人であった。姉と兄はそれぞれ一六八六年、一六八七年の生まれであるため、シャルルはずいぶんと歳の離れた末っ子ということになる。彼がまだ二歳の時、父が死去。かなりの財産を残しており、また母ジャンヌが家業を引き継いだため、困窮に陥るということはなかったようだ。しかし、仕事に追われ、商用で家を留守にすることも多かった母は、結婚してレンヌに住む長女のもとに幼いデュクロを預けることにする。こうして彼は一七一〇年から三年間、姉の家で家庭教師につき、最初の教育を受けることになる。

当初母は息子を商人にするつもりでいたが、デュクロが優れた学力を示したことで彼女は考えを変え、より高い教育を受けさせる決心をする。こうしてデュクロはパリに送られ、ダンジョー侯爵が営む私学校の寄宿生となった。アカデミー・フランセーズ会員であり、文人の庇護者としても知られていた侯爵が設立したこの学校は、本来、貴族の子弟の教育を目的としていたが、彼らの競争心を刺激するため、一定数のブルジョワジー出身者を受け入れることにしていた。ここでもデュクロは抜きんでた成績を収めたとされる。

パリでの生活はデュクロにとって性に合うものだったようだ。私学校に次いでコレージュでの学業を終えた彼はブルターニュに戻り、法律家を目指してパリで勉学を続けたいと母に訴える。折しもフランスはローのシステムが崩壊した直後の混乱期にあり、実家の家業も倒産こそ免れたものの、かなりの打撃を被っていたが、母は息子の希望を受け入れた。しかしながら息子にとって法律家はパリで暮らし続けるための口実に過ぎなかったようだ。摂政時代の放縦な空気に浸りきったデュクロは、学業などそっちのけで、リベルタンと呼ばれる仲間たちと放蕩生活を送る。このことが母の耳に届きディナンに呼び戻された時も、デュクロは結局母を言いくるめ、パリに戻ることに成功する。このときパリへの帰途立ち寄ったレンヌで、デュクロはのちにブルターニュ高等法院主席検事となるラ・シャロテと友情を結ぶことになるのだが、ふたりの関係については後にもう一度触れることにしよう。

一七二六年、パリに戻ったデュクロは母との約束とは裏腹に、法律の勉強より文芸に没頭する。文芸への熱意は当時、多くの文人の溜まり場だったふたつのカフェに通うことでいっそうかき立てられた。すなわちカフェ・プロコップとカフェ・グラドでデュクロはモペルテュイ、ソラン、ムロン、フレレらと知り合い、さらにはブランカス家の知遇を得て、その巧みな話術と飾らない人柄ゆえに、徐々に上流社会に名を知られるようになる。やがて社交界の寵児となった彼は宮内卿モールパ伯爵やタンサン、ジョフラン、デュ・デファンといったサロンの女主人たちの後押しを受け、一七三九年、作品の出版経験のないまま碑文・文芸アカデミー会員に選出された。名門貴族であれば業績によらないこうした選出も稀ではなかったが、ブルジョワジーに対する扱いとしては極めて異例であった。

この後もデュクロは順調に出世の階段を登っていく。碑文・文芸アカデミー会員としてフランス語、ラテン語に関する考察を執筆する傍ら、『ドゥ・リュズ夫人の物語』(*Histoire de Mme de Luz*, 1740)、『＊＊＊伯爵の告白』(*Les Confessions du Comte de ****, 1741)、『アカジュとジルフィール』(*Acajou et Zirphile*, 1744) といった文学作品を次々と発表、好評を博し、上流社会でもっとも名の知られた流行作家としての地位を確立する。一七四六年にはアカデミー・フランセーズ会員、一七五一年には国王修史官、一七五五年には貴族身分を得るとともにアカデミー・フランセーズ終身書記に就任。こうした華やかな経歴にはサロンや有力者の庇護に加えて、国王ルイ十五世およびポンパドゥール夫人からの寵愛も与って力があったことは言うまでもない。

一方、デュクロは文人であるにとどまらず、一七四四年には故郷ディナンの市長およびブルターニュ地方三部会の第三身分代表議員に就任する。市長の職は修史官に抜擢された際に辞したが、三部会議員としての彼はメッスの大患後に国王の健康回復を祝い、レンヌに国王像を建立することに尽力している。貴族の位はこの功績への見返りであった。

執筆と並んで、あるいはそれ以上にデュクロが力を注いだのはアカデミー・フランセーズでの活動である。ブルターニュ三部会に出席するため九月半ばから十二月半ばまで隔年でレンヌに赴く以外、彼は週に三度開かれるアカデミーにほとんど休むことなく出席している。こうした精勤ぶりも手伝ってアカデミー内でのデュクロの発言力は徐々に高まり、終身書記となってからはなおさら強い影響力を発揮するようになる。一七六二年に公刊された『アカデミー・フランセーズ辞典』第四版の編纂に取り組む他、彼はアカデミー内部において身分差を越えた会員間の共和主義的平等の確立を主唱するとともに、アカデミーをあくまで文人中心の場とすることに努力する。このため彼は、新会員の選出に当たっては著述家を優先することに力を注いだが、こうして選ばれた会員の中にはビュフォン、コンディヤック、サン・ランベールらと並んで、のちにデュクロの後を襲って終身書記に就いたダランベールがいる。デュクロが先鞭を付けたこの改革は、その後も推進されることになるだろう。

さらにデュクロはアカデミーの独立性を高める一環として、この組織が主催する懸賞の改革にも着手した。ルイ十四世の徳を称えるために設けられた韻文部門のテーマを応募者の自由に委ねただけでなく、それまで聖書の一節をテーマとするなど宗教的内容に偏っていた雄弁部門でも、彼は「偉人頌讃」という新しいテーマを掲げる。その際、「偉人」の概念そのものも見直され、国王や著名な将軍ばかりでなく、文芸や科学で優れた業績をあげた人々も「偉人」の列に加えられるようになる。一七六八年には、デュクロ自身が『フォントネル讃』をアカデミーで読み上げているが、フォントネルは、その学識と中庸を得た人格ゆえに彼がもっとも敬愛する文人であった。

デュクロのこうした努力はアカデミーを文人の組織として独立させただけでなく、その権威を高めることにも貢献したとされる。アカデミー終身書記という職務に加え、サロンの強い支持を得ていた彼は文人の社会的地位の向上を図るうえで格好の位置を占めていたといえるだろう。しかし、同じ目的を抱いていたかに見える他のフィロゾーフたちとの関係は必ずしも良好だったとは限らない。とりわけ長老ヴォルテールとの仲は微妙である。最初にデュクロがアカデミー・フランセーズに立候補したとき、ヴォルテールもまた候補者のひとりであった。

このためデュクロはヴォルテールへの敬意から自ら立候補を辞退し、ヴォルテールの選出に力を貸した。これに対してヴォルテールは次の選挙でデュクロを支援するどころか、対抗馬を推し、当選させたのである。ヴォルテールがこうした態度を取ったのは、デュクロへの嫌悪からというより、この対抗馬を支持していたダルジャンソン侯爵との友情のせいであったようだが、いずれにせよデュクロが不快感を覚えたことは間違いない。次に一七五〇年、ヴォルテールがプロイセン国王フリードリヒの招きに応じてベルリンに赴いた際、彼自身は修史官という職を放棄するつもりはなかったにもかかわらず、ルイ十五世はこの地位をデュクロに与えてしまった。この一件もまたふたりの仲を悪化させる一因になったようだ。こののち一七六〇年頃から両者の交流は再開し、ヴォルテールはデュクロに文人の結束を訴えるようになるが、しかし、終身書記の地位にあるデュクロはヴォルテールにとって利用価値のある人間に過ぎなかった。彼はデュクロを公然と嫌っているディドロのアカデミー入りへの尽力を要求するなど、アカデミーでのデュクロの活動に口を挟み続ける。これに対し、デュクロは終始、冷淡だったという。デュクロにしてみれば、文人の結束とはいいながら、ヴォルテールの行動はあまりに党派的に映ったようである。

党派的活動を嫌い、穏健・中庸を旨とするデュクロはドルバック、グリム、デピネ夫人らのグループともそりが合わず、仲違いをしている。ディドロとの関係悪化もその結果であったようだ。こうして一七五八年頃、彼は「フィロゾーフ一派」と決別するに至り、『百科全書』からも手を引く。その一方で、デュクロは同じく彼らと袂を分かったルソーとは友人であり続けた。かつての友人たちを敵に回し、被害妄想に陥ったルソーにとってデュクロは常に変わらぬ唯一の友となった。本叢書にも訳出されているデピネ夫人の『反告白』の中でデュクロが好ましからぬ人物として描かれているのも、彼がルソーの友人であったせいである。もっともルソーの思い入れに比べ、彼に対するデュクロの友情はもっと冷静なものだったようだ。『告白』の草稿を見せられたデュクロは、そこでルソーが文人同士の争いを暴露していることに批判的な態度を取った。のちにルソーが付け加えた注の中に、『告白』を通じてただ一箇所デュクロを非難した部分があるが、それはこうしたデュクロの諫言への不満に由来するものであろう。しかし、文人の地位と権威の向上に努力してきたデュクロにとって、仲間内での諍いなど公にすべきことではなかったのである。

ルソーの「唯一の友」は、若き日に友情を結んだラ・シャロテに対してはいっそう献身的な友人であった。一七六〇年代になると地方と王権との対立が各地で生じるようになるが、ブルターニュでもまた一七六五年以降、地方三部会と王権との確執が表面化する。のちに「ブルターニュ事件」と呼ばれるこの紛争の際、三部会において指導的立場にあったのがラ・シャロテである。彼が王権によって糾弾された際、デュクロは公然とラ・シャロテを弁護し、彼の訴追を担当したカロンヌに痛烈な批判を加えるのである。この大胆な振る舞いに対して、宮内卿サン・フロランタンは警告を与えるためブルターニュにいたデュクロをパリに呼び戻す。危険を感じたデュクロは一七六六年イタリアへの旅行という口実で、一時フランスを離れることを余儀なくされるが、自分は「圧制」への屈服を拒んだに過ぎないとして、「大臣の専制」への批判的態度を変えることはなかった。

一七七二年三月二十六日、デュクロは世を去った。政府が彼の遺稿を没収した背景にはこの事件の影響があったとされる。『回想録』を含む彼の作品が出版されるにはフランス革命を待たなければならなかった。

*

十八世紀のフランスにおいて様々な文化的変化が生じたことはよく知られている。王の非神聖化、非キリスト教化、サロンやアカデミーを中核とする「公共圏」の成立とそれに伴う世論の台頭など。こうした変化に平行して、あるいはそれらに共通する要素として、著述家たちの社会的地位の上昇と影響力の増大があったことに異論はないだろう。地方都市の商人の子として生まれ、アカデミー・フランセーズの終身書記にまで登り詰めたデュクロはこうした変化の代表的な受益者であったといえよう。しかし、彼は同時にこの動きを推進した功労者でもあった。デュクロの功績は、個々の作品の影響力以上にむしろこうした活動に求められるべきであり、その意味で彼は「啓蒙の世紀」を代表する文人のひとりなのである。

2 『当世習俗論』について

『当世習俗論』(*Considérations sur les mœurs de ce siècle*)は一七五一年に出版された。それまで小説やコントの作者として知られていた彼は、この作品で初めて「習俗」の研究を目的に掲げ、「有益な作品」の執筆を意図している。

正確な執筆時期は分からないが、出版の前年にあたる一七五〇年八月二十五日にデュクロは、アカデミー・フランセーズにおいて「嫌悪と軽蔑にしか値しない人間に『愛すべき』という性質を認めている社交界の悪弊についての考察」を朗読しており、また同年九月には友人であったグラフィニ夫人に「宮廷人について」と称する部分を読み聞かせている。これらは本訳書のそれぞれ第七章と第五章に相当する部分であり、グラフィニ夫人によればラ・ブリュイエールに連なるモラリスト的内容であったという。

出版をめぐる経緯はやや複雑であった。最初の版が発売されたのは一七五一年二月末か三月初旬であったようだが、このときデュクロは正式な検閲を受けたうえで特認付き許可を得ることを避け、本来なら外国で印刷され、輸入される作品に適用される「黙許」を利用して出版している。そのためこの版には著者の名も出版者の名も記載されていない。当時の出版界において「黙許」、さらには文字通りの「黙認」という手段を用いて作品を公表することはめずらしいことではなかった。事前検閲での削除、訂正を避けるための手段として広く利用される手であったといってもよい。しかし、デュクロは文章をいくらか手直ししただけで、わずかひと月余り後の四月二十二日、今度は正式の特認付き許可を獲得したばかりか、冒頭に国王ルイ十五世への献辞を掲げる許可をも受けるのである。こうした一見奇妙な行動の背景には、六年前に出版した『ルイ十一世』をめぐるトラブルがあった。

モールパによりルイ十一世の伝記の執筆を依頼されたデュクロは、碑文・文芸アカデミー会員の特権を利用して、事前検閲ではなく、事後検閲というかたちでこの作品の出版許可を得ていた。つまり、本来なら印刷前の草稿段階で行われるはずの検閲が、印刷後に行われたのである。そのこと自体には問題はない。しかしデュクロは、許可を得たのちにすでに印刷されている作品に手を加え、流布させたのである。もちろん、加筆部分は事後検閲も受けていない。このため『ルイ十一世』は王権およびカトリック教会に対して不適切な箇所があるとの理由で出版を取り消されてしまう。これに懲りたデュクロは、まず「黙許」という方法を利用して『当世習俗論』への反応を探ろうとしたらしい。そして、弾圧の恐れなしと見極めた上で、正式の許可を取り、さらに国王への献辞を掲げてもよいという許しを得ることで、安全を確保するという作戦を取ったのである。

しかし、なぜデュクロはこうした配慮が必要だと判断したのだろうか。一見して分かるように、この作品には宮廷人、貴族さらには社交界全般への批判がちりばめられているが、それだけで禁書とされるほどの内容であるとは思えない。おそらくデュクロ自身は辛辣な風刺以上の意味をこの作品に与えていたのである。

冒頭でデュクロは、習俗の科学とは観察に基づく経験科学であり、それは自然科学と同様の確実性を持ちうる、と主張している。イギリス経験論の影響を受けたこうした態度は、道徳と宗教の分離を含意するものであり、当時の思想界にあっては多くの著述家によって共有されていた。デュクロもそうした潮流に従うひとりであったにすぎない。しかし、彼は宗教から独立した道徳を確立するうえで、感覚論に由来する快苦原理に立脚しながら、「利害関心」、「有益性」、「公共」といった概念を中心に議論を組み立てることで、功利主義哲学を表明しているのである。人間の行動原理を「利害関心」に求め、「有益性」を道徳的判断の基準とし、公共利害に貢献する行為を「有徳」、それに反する行いを「悪徳」と定義し、政府の役割は「最大多数者の幸福」の実現にあるとするデュクロの主張は、七年後、友人であったエルヴェシウスが『精神論』において体系化する思想と実質的に変わらない。また、人々の利害関心を公益の実現に向けるため、教育の役割を重視するとともに、法による処罰以上に、公共自身が与える「賞賛と軽蔑」という賞罰、ベンサムの言葉を借りれば「道徳的制裁」の機能に期待する点でも両者は共通している。エルヴェシウスは『精神論』により激しい迫害にさらされる。それを考えれば、一見、才気にあふれた風刺の書という外見の下に隠されているとはいえ、自らの道徳思想が糾弾される可能性をデュクロが危惧していたとしても不思議ではない。

ただし、『当世習俗論』と『精神論』の違いは、功利主義哲学を上流社会の観察の間にちりばめているか、あるいはそれを体系的な道徳哲学として論じているかだけではない。エルヴェシウスの場合は唯物論、無神論と結びつけて道徳を論じたことが弾圧に際しても問題にされた。宗教に無関心であったとされるデュクロだが、さすがにこうした挑発的な態度は避けている。また、エルヴェシウスは、すべての行動・判断を身体的快苦に還元するという姿勢を貫いたために、彼の体系には先天的に備わった道徳的判断の主体としての「良心」が存在する余地はない。一方、デュクロはこうした意味での良心を認め、その声に耳を傾けることを求めている。この点でデュクロの道徳思想には功利主義的要素と普遍的道徳への信頼が混在しているといえるが、ここ数年、精力的にデュクロ研究に取り組んでいるドルニエによれば、この混在が『当世習俗論』が批判を回避することのできた一因であるという（Carole Dornier, "Morale de l'utilité et Lumières française; Duclos, *Considération sur les mœurs de ce siècle* (1751)", *Studies on Voltaire and the 18th Century*, vol.362, 1998, pp.169-188.）。

いずれにせよ、道徳的判断の基準を有益性に求める基本的な姿勢が、デュクロの上流社会への批判を理解するうえで重要な点であることは確かである。貴族を批判する中で、「生まれ」が持つ価値を幻想だと断じ、高貴な生まれに対して払う敬意は単なる儀礼に過ぎないとするデュクロは、これに対置する価値として個々人の徳性を挙げる。誠実で有用な人間、善行によって社会の幸福に寄与する人物こそ真に尊敬を受けるに値する人間なのであり、彼が商人に認める価値も同じ判断によっている。父祖伝来の財産を蕩尽し、徴税官に代表されるいわば成金たちとの結婚によってかろうじて地位を保ち、何ら社会に貢献しない貴族たちに比べ、商人は国家の富を増すことで明らかに有用な人間なのである。また、社交界や宮廷人たちに浴びせられる容赦のない批判も同様である。彼らの無為や軽薄さは、徳の原理である公共にとっての有益性とは相容れないものであり、その洗練された物腰や才気は、徳や誠実さの欠如を誤魔化すための仮面に過ぎない。

『当世習俗論』を理解するうえでもうひとつの重要な論点は、「公共」あるいは「公衆」をめぐる問題であろう。先に触れたようにデュクロは公共がその配分を司る賞賛と軽蔑という「道徳的制裁」を重視しているが、この制裁が有効に機能するには公共自身が自らの利害を正確に理解している必要がある。つまり、公共の利害関心がいわば「啓蒙」されていることが道徳の向上を実現する鍵となるのである。しかし、この問題に関するデュクロの態度は曖昧である。『当世習俗論』における公衆は、時には正確に自己利害を認識する存在であるが、逆に、自らの利害に対して盲目で、流行や偏見に支配されるものとして描かれる場合もある。もちろん、こうした矛盾は、いまだ十分には啓蒙されていない公共利害をいかに教化するか、という問いを立てることで解消するはずであり、事実デュクロは、自己の幸福と公共利害との関連を教えることを目的とした一般教育の確立を説いている。しかし、その教育論はいわば原則論に留まり、少なくとも、一七五一年という段階において、世論の啓蒙に向けた具体的なプロセスは明らかにはされていない。むしろこの点は、彼が『当世習俗論』の版を重ねるうちに強く意識するようになったテーマのようである。文人同士の結束を訴える姿勢は当初から見られるが、徐々にデュクロは、公共利害を啓蒙し、世論を指導する役割を文人に求めるようになっていく。そして、こうして自己利害への認識を深めた世論は、専制への防壁として機能することが期待されるようになる（Carole Dornier, "Opinion et public dans les *Considérations sur les mœurs* de Duclos", *Dix-huitième siècle*, no.28, 1996, pp.397-413.）。言い換えれば、文人は明確にオピニオン・リーダーとしての役割を求められるようになるのであり、デュクロの思想上のこうした変化はアカデミーを舞台とした彼自身の活動と呼応するものであるといえよう。同時に、そこには「圧制」と闘ったブルターニュ事件の経験が反映しているのかもしれない。

国王を筆頭とする有力者やサロンの庇護を受け、上流社会でもてはやされ、人気作家としての地位を確立したデュクロであったが、彼は自らを迎え入れてくれた社交界や宮廷の習俗に対して厳しい視線を向け続けた。『当世習俗論』はデュクロ自身が語るように、フランス全体の習俗を論じたものではなく、またモンテスキューのように、習俗という概念自体について独自の考察を展開しているわけでもない。その意味では、この作品の思想的影響は限られたものであっただろう。しかし、鋭い人間観察と巧みな心理描写に裏打ちされた彼の叙述は当時の上流社会の実態を見事に写し出しているとともに、そこには既存の価値観への痛烈な批判と、あらたな道徳への期待とが込められているのである。

最後に、昨年出版された『当世習俗論』の校訂版（Charles Duclos, *Considérations sur les mœurs de ce siècle*. Edition critique avec introduction et notes par Carole Dornier, Honoré Champion, 2000.）の解説に拠りながら、この作品の諸版について簡単に触れておきたい。すでに述べたように「黙許」というかたちを取って公刊された初版に続いて、同一の内容の海賊版が三種類、一七五一年中に出版されている。いずれの版にも著者の名は記載されていない。次に印刷されたのが、デュクロ自身が若干の修正を加え、正式な出版許可を得たうえで、王への献辞を付した版である。著者の名前は、フランス修史官、アカデミー・フランセーズおよび文芸アカデミー会員という肩書きとともにこの版で初めて明らかにされる。同年中にはこの版の海賊版も出版されている。続いて一七六四年には著者自身により大幅な修正が施された新版が公刊される。ここでデュクロは第三章をふたつの章に分割し、それぞれ第三章、第四章としたうえで、加筆・修正を施し、第二章から第五章までのタイトルに若干の変更を加えている。さらにこの版からは「感謝と忘恩について」と題する章が末尾に置かれ、全体で十六章構成になっているが、この最後の章はもともと一七五五年に『メルキュール・ドゥ・フランス』誌のために執筆された作品であった。次いで、一七六七年にはデュクロが手を加えた最後の版が出版される。そののち、一七六九年、一七七二年に現れた三つの版の内容はいずれもこの一七六七年版と同一である。

以上のように、彼自身が関与していないものも含めて、著者の生前に出版された『当世習俗論』の版は十一に達する。むろん、この数はルソーの『エミール』やヴォルテールの『カンディード』には遠く及ばないものの、『当世習俗論』は十分な成功を収めた作品といえるだろう。

本訳書はこれらの諸版のうち、正式の出版許可のもと、著者の名を明らかにし、国王への献辞を付した一七五一年版を底本として用いた。デュクロの思想的変化をその最後の段階において示すには一七六七年版が相応しいのであろうが、紙数の関係もあり、部分的に抄訳にせざるをえない一七六七年版より、一七五一年版を全訳することにした。

なお、この解説の執筆に当たっては、一橋大学大学院言語社会研究科院生の田中大二郎氏よりいくつかの文献をご教示いただいた。記して感謝したい。


（森村敏己）

トゥサンの『習俗論』——あるべき習俗とあるがままの習俗——

1 トゥサンの生涯

フランソワ＝ヴァンサン・トゥサンは一七一五年にパリの下町——市庁舎とバスチーユのほぼ中間に位置するサン＝ポール教会の教区——で生まれた。父は靴直し職人で貧乏だったが、信仰あつく、子供の教育にも熱心だった。息子は聖職者になることを期待されていたようだが、彼が進んだのは法律家の道で、一七四一年にはパリ高等法院の弁護士になっている。だが彼が本当に望んでいたのは文学——あるいは文筆によって身を立てること——であったようだ。そうした彼の野心の最初の成果が、一七四八年に出版された『習俗論』である。

この処女作が弱冠三十三歳の無名作家を一躍パリの有名人にした。と言うのも、パリ高等法院が『習俗論』に発禁処分を下したからである（「破廉恥、不敬、冒瀆的にして、良き習俗に反する」）。当局の弾圧はトゥサンを迫害の犠牲者にまつりあげ、その著作を異端のヴェールでくるんだのである。「発禁」（一七四八年）は後のブリュッセルへの「亡命」（一七六一年と推定されている）へとつながっていくのだが、時間的なひらきからも分かるように、「発禁」がすぐに「亡命」を強いたのではない。トゥサンはしばらくはパリに留まって執筆活動を続け、『百科全書』の第一巻と第二巻（一七五一―五二年）に法律に関する項目を数百も書いている。とはいえ、一七四九年に『盲人書簡』を発表したディドロはヴァンセンヌの監獄に送られているし、トゥサンの逮捕が間近だという噂も流れていたようだ。彼は常に緊張を強いられていた。

一七五八年頃、トゥサンをとりまく環境は更に厳しさを増す。この年に出版されたエルヴェシウスの『精神論』が哲学にたいする当局の警戒心を再燃させ、十年前の『習俗論』への非難を復活させる。加えて、自らが主宰した定期雑誌の財政的破綻もあり、ついにトゥサンはパリを捨ててブリュッセルへと逃走することを余儀なくされるのである。だがそこで得た新聞編集者の仕事もまた彼を満足させるものではなかった。最後はプロイセンのフリードリヒ二世の招きに応じてベルリンに赴き、王立アカデミーの「論理学と修辞学の教授」となるが、大王との交友関係も長くは続かなかった。一七七二年ベルリンで死去（五十七歳）。

2 『習俗論』の評価

十八世紀フランスにおける作家・知識人の社会的地位とその役割については、森村敏己の解説「デュクロと『当世習俗論』」が触れているので、ここではくりかえさない。ただデュクロとトゥサンの境遇を比較するなら、少なからぬ落差を感じる。

ブルターニュの裕福な商人の家に生まれたデュクロにたいして、トゥサンはパリの下町の「靴直し職人」の息子だった。この職種は貧しい職人の代名詞のようなもので、大革命の時代にはジャコバン派の支持母体となるだろう。更にまた、本人の社会的地位という点でも、アカデミー・フランセーズの会員にまでなったデュクロと比べると、トゥサンの経歴はいかにも地味であり、また苦汁に満ちたものだった。当たりをとった著作は『習俗論』のみで、その収益の大部分も出版業者のふところにはいってしまった。やむなく収入を増やすための手間賃仕事――英語の翻訳、事典の項目執筆、出版物の校正、そして地下出版のセールス――に追われながら、彼が己れを支えていられたのは、作家として読者に語りかけ、社会を良くしたいという善意、もしくは野心の故だったろう。

六十年に満たないトゥサンの生涯で絶頂と呼べるのは、『習俗論』がその出版直後に発禁となり、世間の注目を集めた時であろう。思想史家D・モルネは一七四八―五〇年の時期を十八世紀思想史における「裂け目」と呼び、以下の著作を挙げている――トゥサンの『習俗論』、モンテスキューの『法の精神』、ビュフォンの『博物誌』のはじめの諸巻、ディドロの『盲人書簡』、『百科全書』第一巻の「趣意書」と「序論」、ルソーの『学問芸術論』。

トゥサンを除けば、大家の古典ばかりである。今日ではほとんど忘れられたかに見えるトゥサンの著作をモルネが取り上げた理由はどこにあるのだろう。

モルネにとって、トゥサンは一流の哲学者ではなかったし、おそらく二流の作家ですらなかった。けれども「われわれから見て第十級の著作家が、同時代のひとびとにとっては、第一級のそれであったということが、しばしばある」(D・モルネ『フランス革命の知的起源』上下、坂田太郎・山田九朗監訳、勁草書房、一九六九年)。つまり、モルネがトゥサンに注目したのは、その作品の独創性ではなく、社会的な影響のためだった。『習俗論』は著者存命中に十四版を重ね、それはディドロの哲学的著作よりずっと多く、エルヴェシウスの『精神論』と肩を並べるほどであったという。要するに、出版史の研究者にとっては重要だが、作品それ自体の価値はたいしたものではない、ということか。しかし本当にそうなのだろうか。

トゥサンの名前すら知らなかった訳者が、中川久定氏や谷川多佳子氏の勧めるままに『習俗論』を手にとり、読んでいくにつれて、この本がかつて一度も出会ったことのないほど奇妙で、オリジナルで、愉快で、刺激的な作品であることが分かってきた。

『習俗論』はキリスト教的な倫理を批判し、近代市民社会に即応する世俗的なモラルを理論化しようとした試みである、と言われてきた。しかしトゥサンの手法は理論一点ばりではなく、モデルとなる一六〇余の人物――良い手本もあるが、悪い手本の方が多い――を登場させ、理論に生きたイメージを付与させている。『習俗論』が一般の読者から好評であった理由のひとつは、トゥサンの巧みな描写力にあったと思われる。それは一種の『十八世紀パリ人物図鑑』でもあった。

「緒言」のなかで著者はその手法について次のように説明している。「人物の性格描写を行おうとする作者としてあえて言っておかねばならないが……私が具体的な人物を想定していないと言えば嘘になる……私はすべての肖像をモデルを観察して描いた……だがモデルについてはひとりとしてはっきり分かるようには描写しなかったし、名前は決して知られないように私の胸の内にしまってある」。

現代の読者にとって、モデルが誰であるかは知る術もないし、また大きな問題でもないだろう。だがやや堅苦しい道徳論の合い間に挿入される具体的人物描写は実に生き生きとしていて、簡潔に本質を言い表わしている。しかも多くのモデルの性格や生き方は「良き習俗」の枠からは外れ、むしろ当時のパリジャンのあるがままの姿をわれわれに示しているかのようだ。例えば、群がる借金取りを巧みな弁舌で煙にまき、追いかえすミゾクレスの場合などは抱腹絶倒もので、トゥサンの文学的才能が並々ならぬものであったことを証明している。十八世紀の読者はこうした場面に出会い、それを大いに楽しんだのであろう。

3 トゥサンの宗教論

私のような歴史家として、とりわけフランス革命の研究者として『習俗論』を見るならば、やはり気になるのはトゥサンの宗教論、とりわけ「礼拝」にたいする彼の考え方である（第一部「信仰について」の第三章における内面的礼拝と外面的礼拝についての議論）。

フランス革命史において「政教分離」の問題は大きな論争のテーマであり、カトリックとプロテスタントの対立が過去のものになったかに見える現代においても、イスラム系フランス人の増大ということもあり、「ライシテ」（国家の世俗性）の原則は今も揺れ続けている。話をフランス革命に戻せば、宗教と国家の関係については、大よそ次のような三つの立場が存在した。①カトリックをもってフランスの国教とみなし、それを道徳の基盤と信じて疑わない保守派。②政教分離を選択し、国家の世俗性（ライシテ）を主張する中道派。③キリスト教を否定するだけでなく、新しい市民礼拝を創出し、国家に「聖性」を付与しようとする革命派。

トゥサンの礼拝論は以上の三者のどれに属すのであろうか。

あらゆる外面的礼拝に批判的なトゥサンの考えは、中道派の政教分離論に近いかに見える。内面的礼拝を重視する彼はサマリアの女とイエスの対話のエピソードから、「まことの礼拝をする者たちは自分の心と真実のなかで祈るべきである」という一節を引いている（『ヨハネの福音書』）。これは、北と南に分裂していたユダヤ人がサマリアとエルサレムを中心に別個の礼拝を行っていた故事に基き、諸宗派間の対立を戒め、内面における信仰の自由を擁護したものと解釈される。国家宗教のような礼拝の形式がトゥサンにとって好ましからぬものであったことは確かである（サマリアの女のエピソードの歴史的背景については、筑波大学の池田裕教授から教えていただいた）。

ならば第三の道——革命派の市民礼拝——の可能性はトゥサンにおいては全くなかったのであろうか。「緒言」

のなかの彼の言葉がここで想起される。「私の精神は少しばかり哲学に影響されている。人が善い、あるいは悪いと判断していることすべてを書物によって変えたいと願うのは、今世紀の流行病であるが、私もこの伝染病に冒され……道徳教化を行おうと考えた」とある。

「政教分離」とは、信仰を個人の内面に閉じ込める一方で、政治を道徳から解放し、結果として功利主義への道を拓くものであるから、トゥサンのような「道徳教化」という熱病にとりつかれた知識人などは迷惑な存在にもなりかねない。道徳が個人の勝手な判断にゆだねられるものならば、そもそも『習俗論』が書かれる必要などなかったのである。フランス革命史を見ても分かるように、自由思想家たちの多くは当初こそ信仰の自由を肯定していたけれども、様々な価値観がせめぎ合う現実に直面するとともに、世論を統一し、共通の信仰を強制することの必要性に目覚めていった。後世の人はそれもまたひとつの「狂信」だと言うかもしれないが、ミイラとりのたとえにもあるように、キリスト教を批判した啓蒙思想家のなかにも、そうした狂信の萌芽はすでにきざしていたのである。

　トゥサンの両親の信仰とも関連するが、「狂信」については興味深いエピソードが伝わっている（詳細は以下を参照。Margarette Elinor Adams, *François Vincent Toussaint : Life and Works*, Boston University Graduate School, Ph. D., 1966)。トゥサンがベルリンで客死した一七七二年の翌年、プロイセンの王立アカデミーではトゥサン追悼演説が朗読されたが、そこで彼の両親について次のような言及がなされている。「彼の両親は良い家柄の出ではあったが、かなり貧しい生活を送っていた。またきわめて信仰あつく、心霊修業にはげみ、痙攣《けいれん》派の神憑りに身を捧げるほどだった」。

「痙攣派の神憑り」とは、一七二〇年代の終わり頃、パリのサン＝メダール墓地（貧乏人が多く住んでいたサン＝マルセル地区にあった）に葬られたパリス助祭（一六九〇―一七二七年）の墓前で「狂信的な」ヤンセン教徒が身体をよじらせて神憑り状態となったことを指す。トゥサンの両親が追悼演説で述べられているように本当に「狂信者」の仲間であったかは定かではないが、トゥサン自身が十七歳のとき（一七三二年）、パリス助祭に捧げるラテン語の讃辞を書いて印刷させたということからも、「痙攣派」の信仰がトゥサン父子にとって身近なものであったと考えてもよいだろう。

しかし結局のところ、青年トゥサンは聖職者にはならなかった。彼が修道士的な禁欲をどれほど嫌ったかは『習俗論』からも明らかである。第一部「信仰について」から、以下の文章を引用しておく。「イエスは安逸と快楽の追求とをとがめた。このモラルは弟子たちにどのような結果をもたらしただろうか。彼らは神憑り的な狂気におちいった。彼らは……鞭や錐で武装し、容赦なく自分自身を痛めつけた」。

『習俗論』の著者はもはやパリスに讃辞を捧げた十七歳の若者ではない。三十歳を越えた弁護士は精神と身体をもっと近代的な、そして医学的な視点から捉え直そうとする（一七四六－四八年にはディドロと共同でジェームズ博士の『医学事典』六巻を翻訳・出版している）。身体の欲求を知ることによって、それを制御すること、これが『習俗論』第二部「思慮分別について」の目ざす所である。

4　身体はコントロールできるか——「習俗」から「風俗」へ——

トゥサンは言う。「身体を精神に従属させなさい。だが身体を無視してはならない。貞節を守りなさい。だが道徳にかなった交わりを断ってはならない。富への愛には用心しなさい。だがあなたの隣人に与えることをなおざりにしてはならない」。

快楽の充足も、富や名誉の追求もそれ自体としては非難されるべきことではない。問題は、それが不節制、淫乱、吝嗇、野心のような悪徳に変化することがないように、理性によってコントロールすることが必要だ、と彼は言う。だが現実には多くの人間が、無知あるいは怠惰のために悪徳におちいっている。かくして「あるべき習俗」と「あるがままの習俗」とがトゥサンのなかで競い合うこととなる。

こうして読者は理想主義者トゥサンと現実主義者トゥサンの二つの顔のあいだでとまどい、問いを発することだろう。著者が伝えようとしているのは、あるべき市民の道徳なのか、それとも大都会のなかで本能のままに生きる男女の風俗なのか、と。これまで思想史家たちはトゥサンの道徳論のみをとりあげ、それが三流だと言って軽視した。だが社会史の視点から読み直すならば、風俗の観察者としてのトゥサンは無視できない作家である。故宮田登氏ならば、「都市の民俗学」の先駆者と呼んだかもしれない。

徳と秩序と礼節の場であるはずの「上流社会」は、現実には迷信女、才女きどり、エセ学者、三文文士の集まりでしかない。相互の愛と信頼によって結ばれるはずの夫婦も一皮めくれば、世間体をつくろうだけの関係で、離婚ができない男女は姦通に走るか、別居結婚という一時しのぎで満足する。他方、同棲という秘密結婚も少なくはない。倦怠や無気力にとらわれがちな貴族や金持のかたわらには、自己の才能をたよりに時には友人を裏切ってでも成功しようとする若いエリート予備軍（中産階級）がいる。そして社会の底辺には「知識も計画もなく右往左往する下等な集合」（下層民）が。

「教育の賜物である思慮分別と徳を身につければ、群衆のなかから抜け出すことができるだろう」とトゥサンは言うが、パリの路上に彼の姿を見出すことは稀である。トゥサンの観察眼は主としてパリのサロンに向けられていて、「都市の民俗学」としては空間的な広がりに欠ける。「路上観察者」と呼べる作家がパリに登場するのは『タブロー・ド・パリ』（邦訳『十八世紀パリ生活誌』上下、原宏編訳、岩波文庫）の著者メルシエあたりからであろう。「解説」の範囲を越えるかもしれないが、『習俗論』の潜在的可能性を考えるためにも、あえてここでメルシエとその後継者たちに登場してもらう必要がある。

5　路上観察者たちの系譜――メルシエ、ボードレール、ベンヤミン――

ルイ＝セバスチアン・メルシエ（一七四〇―一八一四年）はトゥサンより二十五年おそく、パリの職人（刀研師）の息子として生まれた。コレージュの教師から劇作家となり、それなりの成功を収めたものの、歴史物を尊重する当時の演劇界の風潮と合わず、一七七〇年には哲学的ユートピア小説『紀元二四四〇年』を発表し、一七八〇年代にはいるとパリの下町を徘徊しては実見談を書き続け、それが全十二巻の『タブロー・ド・パリ』となったのは一七八八年、つまりフランス革命前夜のことである。

トゥサンと比較して大きく変わっているのは、まず第一に空間的な広がりであろう。メルシエはサロンの外へ出て、パリの広場から露路裏まで隈なく見てまわる。その結果として、第二に社会学的な広がりがもたらされる。つまり、トゥサンが多くを語らなかった「下層民」が、より多様なリアリティを伴って登場してくる。第三の差——社会の変化、未来への予感といった「歴史」の感覚のちがい——については、トゥサンに多くを求めるのは酷であるかもしれない。メルシエはある意味で——歴史の証人になりえたという意味で——幸せであった。彼は大地震の到来を予感した地質学者のように、パリという巨大な火山のまわりを巡り、ついにはその火口をのぞきこむ。

しかし、時は更に流れ、革命は嵐のように過ぎ去り、王政復古とともに貴族的サロンもまた復活する。ブルジョワの若者たちは、ロベスピエールやサン＝ジュストの禁欲主義から解放されて、バイロン風のダンディズムに熱中する。もはや徳性ではなく、流行とファッションが都会の若者にとっての規範となる。そしてその第一原則は「新しさ」であった。

大都会の空気を支配するこの「新しさ」の感覚をいちはやくキャッチしたのは十九世紀の詩人ボードレールである。彼はそれをモデルニテ（近代性）と呼ぶのだが、絵画論「現代生活の画家」（一八六三年）のなかで次のように書いている。「流行とは、自然な生活が人間の脳に持ち込む、粗野で、低俗で、汚らしいものすべての上を漂っていく、理想的なるものの感覚の一兆候と見なされねばならない」。いかにもボードレールらしい、ひねった言い回しで少し分かりにくいが、マルクスならば下部構造と上部構造の関係、現代の学者ならハードとソフトのそれと言うかもしれない。あるいは身体と衣服の関係と言いかえてもよいだろう。とにかく「自然」なものの上には「文化」というヴェールがかぶさっていて、現代人は「本質」的なものに思いをめぐらすことは少なく、むしろ「現象」に目を奪われがちである。「中身」ではなく、「器」の新しさが重要になる。つまり、ファッションと流行こそが現代文化のキーワードなのだ。

ボードレール論から出発して、パリの都市論、そして現代の消費文明の分析へと幅を広げたベンヤミンの『パサージュ論』（今村仁司・三島憲一ほか訳、岩波書店、一九九三―五年）は、メルシエに始まる路上観察学の集大成と言える。もはやその詳細に分け入る余裕はないが、興味深いことは、ベンヤミンの指摘が、現代のアナール派歴史学の方向とも重なることである（ル・ゴフ『歴史と記憶』「訳者あとがき」参照、立川孝一訳、法政大学出版局、一九九九年）。つまり、「モデルニテ」は芸術のための芸術を否定し、大衆文化のなかに「日常性の花」を探し続ける一方で、「新しさのための新しさ」を追求するあまりに「自己破壊」を繰り返す。そして結局のところは「移ろいゆくもののなかの永遠なるもの」へと回帰していくのである。

われわれもまた、二十世紀のベンヤミンから、十八世紀のトゥサンに回帰することにしよう。「哲学」の世紀に生まれたトゥサンは、意識の上では理性と自然の法則に依拠して社会を変革しようとした。しかし、哲学者としてよりも文学者としての才能に恵まれていたトゥサンは、理屈よりは現実を描くことにより巧みであった。「あるべき習俗」よりは「あるがままの習俗」について語るとき、トゥサンはより雄弁であり、魅力的な語り手になっていたと言える。アナール派が「数量」によって分析した十八世紀の社会を、トゥサンは「人物描写」によって描き出したのである。

6　テキストについて

『習俗論』初版は一七四八年にパリで出版されたが、翻訳にあたって使用したのは、一七四九年にアムステルダムで出版された改訂版である（*Les Mœurs*, Nouvelle Edition, A Amsterdam, Aux Depens de la Compagnie, 1749）。著者名はなく、「献辞」の末尾にパナージュと記されているだけである。この版には、章や節ごとに概要をのせた十八頁にわたる目次が付されていたが、この概要は本文にも掲載されているので、本訳書の目次からは省略した。

翻訳は、はじめに渡部が訳出した原稿に立川が修整をほどこし、その後に両名で訳語の統一等を行った。『百科全書』の項目「習俗」は、第十巻（一七六五年）に収録されている。無記名であるが、執筆者はディドロと推定されている。翻訳は甲山と立川が共同で行い、谷川多佳子からも語義の説明を受けた。

なお、『習俗論』に関する資料収集にあたっては、筑波大学大学院の市川麻紀子君に手伝ってもらった。そして最後になったが、捗らぬ訳者たちの仕事に忍耐づよく付き合ってくれ、時に貴重な助言を与えてくれた国書刊行会編集部の清水範之氏に心から御礼申し上げる。

（立川孝一）

立川孝一（たちかわこういち）
1948年生まれ．プロヴァンス大学大学院博士課程修了．筑波大学歴史・人類学系．専攻フランス史．
主要著訳書――『フランス革命と祭り』（筑摩書房，1988），『フランス革命――祭典の図像学』（中央公論社，1989），オズーフ『革命祭典』（岩波書店，1988），ヴォヴェル『フランス革命の心性』（岩波書店，1992，共訳），ル・ゴフ『歴史と記憶』（法政大学出版局，1999）．

谷川多佳子（たにがわたかこ）
1948年生まれ．パリ第一大学大学院博士課程修了．筑波大学哲学・思想学系．専攻フランス近代哲学．
主要著訳書――『フランシス・ベイコン研究』（御茶の水書房，1993，共著），『デカルト研究――理性の境界と周縁』（岩波書店，1995），ディディ＝ユベルマン『アウラ・ヒステリカ』（リブロポート，1990，共訳），ライプニッツ『人間知性新論』上・下（工作舎，1993，1995，共訳），ルヴァイアン『記号の殺戮』（みすず書房，1995，共訳），デカルト『方法序説』（岩波文庫，1997）．

森村敏己（もりむらとしみ）
1960年生まれ．一橋大学大学院単位取得退学．一橋大学社会学研究科．専攻18世紀フランス思想史．
主要著書――『名誉と快楽――エルヴェシウスの功利主義――』（法政大学出版局，1993），『記憶のかたち――コメモレイションの文化史――』（柏書房，1999，共編）．

渡部 望（わたなべのぞみ）
1953年生まれ．広島大学大学院博士課程後期中退．島根県立大学総合政策学部．専攻フランス文学．
主要著訳書――『ヨーロッパを語る13の書物』（勁草書房，1989，共著），ヴォヴェル『フランス革命の心性』（岩波書店，1992，共訳）．

甲山三詠（こうざんみえ）
1973年生まれ．筑波大学大学院博士課程歴史・人類学研究科在籍．専攻フランス史．
主要論文――「心性の歴史からイマジネールの歴史へ――ジャック・ルゴフの問題意識の特徴――」（『欧米文化研究』17号，1999）．

十八世紀叢書　第二巻

習俗《しゅうぞく》　生《い》き方《かた》の探求《たんきゅう》

二〇〇一年一〇月三〇日初版第一刷発行

訳者　立川孝一　谷川多佳子　森村敏己　渡部 望　甲山三詠

発行者　佐藤今朝夫

発行所　株式会社国書刊行会

東京都板橋区志村一-一三-一五　郵便番号一七四-〇〇五六

電話〇三-五九七〇-七四二一　ファクシミリ〇三-五九七〇-七四二七

URL：http://www.kokusho.co.jp　E-mail：info@kokusho.co.jp

装訂者　芦田之定

印刷所　株式会社キャップス　株式会社エーヴィスシステムズ

製本所　大口製本印刷株式会社

ISBN4-336-03912-7

十八世紀叢書　全10巻

責任編集＝中川久定　村上陽一郎

Ⅰ　自伝・回想録——十八世紀を生きて　鈴木峯子 訳

Ⅱ　習俗——生き方の探求　立川孝一　谷川多佳子　森村敏己　渡部 望　甲山三詠 訳

Ⅲ　幸福の味わい——食べることと愛すること　戸部松実 訳

Ⅳ　歴史——非ヨーロッパへの眼ざし　市川慎一　楠本重行　藤井史郎 訳

Ⅴ　芸術の造形——ダンス／演奏／絵画　海老沢敏 訳

Ⅵ　性——抑圧された領域　斎藤 光　福沢さつき 訳

Ⅶ　生と死——生命という宇宙　飯野和夫　小松美彦　川島慶子 訳

Ⅷ　魂と身体——充足する次元　稲生 永 訳

Ⅸ　反哲学者〈アンチ・フィロゾーフ〉——『百科全書』への攻撃　鷲見洋一 訳

Ⅹ　秘教の言葉——もうひとつの底流　田中義廣 訳